キリトリ線

たまひよ
名づけ博士《はかせ》

1年間使い放題
web鑑定サービス

完全版

ログインID
・・・
アクセスキー

「たまひよ名づけ博士」web鑑定サービスの全メニューをお使いになれます。

「読み指定検索」「イメージ指定検索」「漢字指定検索」の名前例検索と
姓に合わせた「候補名鑑定」があります。

キリトリ線を切ると、中にあなた専用のログインID、アクセスキーが印刷されています。

ぜひ、赤ちゃんの名づけに役立ててくださいね。

ご利用方法

※P.26～30にスマホ画面での使い方を掲載

1

「たまひよ名づけ博士」web鑑定のページにアクセスし、左記のログインIDとアクセスキーを入力します。

［アクセス方法］

パソコン、スマートフォンから

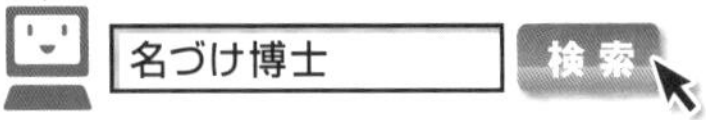

または直接アクセス

https://st.benesse.ne.jp/hakaseweb/

2

初回のみ、お客様の姓の設定が必要です。

＊一度設定した姓は変更できません。間違いのないようにご入力ください。姓は5文字まで入力できます。
＊web上で入力できない漢字は、一度代わりの漢字を入力したあと、元の字の画数を指定してください。
＊姓の設定後、1年間お使いになれます。

3

姓の設定が終わりましたら、「読み指定検索」「イメージ指定検索」「漢字指定検索」「候補名鑑定」に進めます。

こちらから、各検索・候補名鑑定画面に進めます。

たまひよ名づけ博士《はかせ》

1年間 使えます

web鑑定用ログインID・アクセスキーのお知らせ

ログインID	**d8k5p587**
アクセスキー	**Y4w536M2**

※ログインID・アクセスキーは再発行できません。大切に保管してください。

※「たまひよ名づけ博士」web鑑定サービスのすべての機能をご利用できるログインID・アクセスキーとなります。ベネッセの他のサービスにはご利用になれません。

※web鑑定サービスをお使いになれるのは、姓の設定後1年間です。

■注意事項

- 姓に使われていたり、名づけに使える漢字であってもweb上では表示できない文字があります。また、お使いのパソコン、スマートフォンによっては入力と異なる字形の文字が表示される場合があります。ご了承ください。
- 姓は、一度設定したら変更はできません。間違いのないようにご入力ください。姓は5文字まで入力できます。
- 名づけ博士の名前例はたまひよの商品・サービスをご利用のお客さまからお寄せいただいた実例です。あて字も含まれていますので、ご注意ください。
- 推奨動作環境は下の表のとおりです。
- スマートフォン以外の携帯電話からはお使いになれません。

推奨動作環境

デバイス	OS/ブラウザ
パソコン	Windows10以上 ・Google Chrome 最新 ・Microsoft Edge 最新 Mac OSX（10.15）以上 ・Safari 最新
スマートフォン	iOS 13以上 Android 9以上 ・標準ブラウザ

※1）ただし、左記の環境でも、お客様の接続環境などにより、一部の機能が動作しない場合や画面が正常に表示されない場合があります。

※2）このサイトでは、Cookie、JavaScriptおよびスタイルシートを使用しております。ブラウザの設定でCookie、JavaScriptおよびスタイルシートを有効にした上でご利用ください。

※3）JIS90字形で定められている文字のみご利用いただけます。JIS2004字形セットのパソコンをご利用の場合、一部、入力と異なる文字表示となります。

キリトリ線

最高の名前が必ず見つかる!

最新

たまひよ

男の子のしあわせ名前事典

たまごクラブ

特別編集

名前は赤ちゃんへの最初のプレゼント

「生まれてくるわが子に、最高の名前をプレゼントしたい！」
それはすべてのママ・パパの願いですね。
この本には男の子ならではの名づけのヒントがいっぱい！
たまひよ読者の実例名前を紹介するこの本と、
姓に合った名前検索が簡単にできるweb鑑定で
世界にたった一つのすてきな名前を
赤ちゃんにプレゼントできますように。

この本に使われている漢字の画数は『福武漢和辞典』『ベネッセ新修漢和辞典』（以上ベネッセコーポレーション刊）と監修者の栗原里央子先生の見解を参考にしていますが、お使いになる辞典、姓名判断の流派によっては画数の異なる場合があります。名前をつけられる際に、ご自分でしっかり確認されることをおすすめします。

＼これだけは押さえておきたい／

男の子の名づけ 特徴と成功のコツ 5大ポイント

男の子は将来、姓が変わらない可能性もあるため、慎重に名前を考えましょう。
文字の選択肢が多いメリットを生かして！

1 今の姓とのバランスを重視して

基本的に今の姓と合う名前を考える

男の子の名前は女の子に比べ、添え字も多く、名前の字の組み合わせが多いのが特徴です。選択肢が多い（＝自由度が高い）からこそ、交友関係や将来の職場など社会性を考えて名前をつけることが大切です。

将来、姓が変わる可能性もありますが、男の子は、基本的には今の姓に合う名前を考えていきます。

姓によく使われる漢字

1位	田	6位	木
2位	藤	7位	井
3位	山	8位	村
4位	野	9位	本
5位	川	10位	中

姓と同じ字や似た字形を避ける

男の子の名づけのポイントは、今の姓と同じ字や、似た字形を避けることです。

たとえば「藤田藤生」や「土屋至」は、同じ漢字や部首が姓と名前に重複するため、バランスが悪くなります。また、同じ字形があると、書くときの流れがつくりづらくなることもあるので注意しましょう。将来、姓が変わる可能性があると考えるなら、「姓によく使われる漢字」（上参照）を名前に入れるのは避けたほうが無難です。

男の子の場合、「一真」「蓮二」「三輝」などの漢数字を用いるケースが多いのも特徴。画数の少ない漢数字で名前のバランスを整えるのもいいでしょう。

2 男女でイメージするものが異なる

男の子のイメージは「たくましさ」「強さ」に集中

たまひよ読者が男の子の名前を考えるときのイメージは、「たくましい」「強い」が目立ちました。特定のイメージを持つ名前にするには、そのイメージを思い浮かべられる漢字を入れる方法があります。

「翔」「郎」「斗」「太」なら男の子、「愛」「花」「彩」「美」なら女の子の名前というように、漢字には、それぞれの性で多く使われているものがあります。

両方の性をイメージできる漢字もありますが、漢字を選ぶときには、どのような意味があるか、それはわが子の名前としてイメージが合うのかを調べておきましょう。

たまひよママ&パパに聞きました

男の子・女の子の名前のイメージは?

男の子

- たくましい
- 強い
- 大きい
- 元気・わんぱく
- 活発
- 自由・のびやか
- 海や空などの自然
- 明るい
- 勇気がある
- 知的
- かっこいい

など

女の子

- かわいらしい
- 優しい
- やわらか
- 美しい
- ふわっとしている
- 愛らしい
- 華やか
- 花のイメージ
- おしゃれ
- ほがらか
- 温かい　など

3 男女で名前の音が異なる

男の子・女の子で読み方も違う?

男の子	女の子
音《と》	音《ね》
例 和音《かずと》 海音《かいと》	例 和音《かずね》 海音《あまね》
陽《よう・はる》	陽《ひ》
例 陽介《ようすけ》 陽斗《はると》	例 陽菜《ひな》 陽南乃《ひなの》
心《しん》	心《ここ・み》
例 謙心《けんしん》 心吾《しんご》	例 心美《ここみ》 心結《みゆ》

同じ漢字でも音で性別が分かれる

漢字には、それぞれの性で多く使われているものがあることは先に述べましたが、音（読み方）でもそれぞれの性で多く使われているものがあります。たとえば「和音」。同じ漢字を使っても、男の子は「かずと」、女の子は「かずね」と読ませる人が多いです。

中性的な名前の場合、音で工夫する手も

中性的な名前の場合は、性別を間違えられるのを避けたければ、音で男女の区別をつける手も。

「中性的な名前をつけたい」「まだ性別がはっきりしない」という人は、男女どちらでも使える名前を考えておいて、性別がわかった段階でふさわしい音をあてるという方法もあります。

4 男の子は添え字の数が多い

あえて人気漢字を選ばない選択も

男の子は女の子に比べて、添え字（P.49参照）の数は多いのですが、近年は「太」「大」「斗」など特定の漢字が人気で、頭を悩ませるママ・パパも多いようです。

添え字以外のメインの漢字にも流行はあります。人気の漢字・添え字を使うと、将来、まわりの子どもと似た名前になる可能性もあります。

そこで、人気が集中しがちな添え字ではなく、あえて別の添え字をあててみるといいでしょう。あるいは、メインの漢字か添え字のどちらかを、人気漢字以外から選んでみてはいかがですか。すると、新鮮な印象になるかもしれません。

5 男の子は2音から6音と幅広い

漢字の選択肢が広いのは3音・4音

男の子には、2音から6音の名前をつける人が多く、音の自由度が高いのが特徴。中でも、あてる漢字の選択肢が広いのは3音・4音です。

また1字名の中でも、近年は「蓮」（れん）、「陸」（りく）など2音の名前も見受けられます。ニックネームとしても呼びやすいので、気になる人は2音の名前をチェックしてみてください。

5音以上の場合はメインの漢字に注目

「りゅうのすけ」「こうたろう」など、5音以上の名前も人気。ただし、昔から親しまれている名前だけに、「○之介」「○太郎」など、使われる添え字が限定されがち。添え字に合わせるメインの漢字で個性を出すといいでしょう。男の子は音も漢字も自由度が高いとはいえ、姓名の漢字合計は6字以内にとどめ、常識の範囲内を心がけて。

たまひよママ&パパに聞きました

男の子・女の子の名前を考えるポイントは?

- 男の子は姓とのバランス重視、女の子は年を重ねても恥ずかしくない名前
- 男の子は読み間違えられない名前、女の子はやわらかい音の名前
- 男の子は画数重視、女の子は音の響き重視
- 男の子はパパから1字、女の子はママから1字をとった名前
- 男の子は漢字1字、女の子はひらがな名前
- 男の子はたくましく強いイメージ、女の子はかわいらしいイメージの漢字を入れる
- 男の子は漢字の意味重視、女の子は字形・音が美しい名前　など

の方法を見つけよう！

チェックが
多かった
名づけ方法の
ページへ！

プをチェック！　あなたに合った名づけ方法が見つかるはず♪

音にこだわるタイプ

P.14へ

たまひよ名づけ博士web鑑定の
「読み指定検索」なら、
お気に入りの読みや、
その読みを含めた良運の名前が、
約3万件の豊富な名前例の中から
探せます！（詳しくはP.26〜30）

- □ 響きのいい名前にしたい
- □ 胎児ネームがある
- □ 呼びたい愛称がある
- □ 音の持つパワーにこだわりたい

イメージにこだわるタイプ

P.15へ

たまひよ名づけ博士web鑑定の
「イメージ指定検索」なら、
イメージに合う良運の名前を、
約3万件の豊富な名前例の中から
探せます！（詳しくはP.26〜30）

- □ こんな子になってほしいという強い願いがある
- □ イメージのいい名前をつけてあげたい
- □ 夫婦の趣味にちなんでつけたい
- □ 好きなものから発想を広げたい

タイプ別チェックテストで

あなたにピッタリの名づけ

「何から考えていけばいいのかわからない…」。そんな人は、下記のタイ

漢字にこだわるタイプ

P.16へ

- ■ すでに使いたい漢字が決まっている
- ■ 親や祖父母などの名からとりたい漢字がある
- ■ 漢字が持つ意味にこだわりたい
- ■ 使う漢字に親の願いを込めたい

たまひよ名づけ博士web鑑定の「漢字指定検索」なら、

使いたい漢字を含んだ良運の名前を、約3万件の豊富な名前例の中から探せます！（詳しくはP.26〜30）

画数にこだわるタイプ

P.17へ

- ■ 運勢のいい画数が気になる
- ■ 姓名判断による名前の吉凶を調べたい
- ■ 姓と相性のいい名前をつけたい
- ■ 陰陽五行説による名前の吉凶も気になる

たまひよ名づけ博士web鑑定の「漢字指定検索」「候補名鑑定」なら、

良運の名前を探したり、運勢を鑑定したりできます。面倒な画数計算が不要で便利！

（詳しくはP.26〜30）

STEP

＼名前決定までのアプローチ／

1 呼びたい響きから考える

pi pi pi
chi chi

まずは好きな響き、いいなと思う読み方をリストアップ。思いついた名前は実際に声に出して、その名前が発音しづらくないか、聞き取りやすいかどうかを確認します。「れんくん」「ひろくん」など、気に入った愛称から考えてもOK。

直感派の人向け

音にこだわるタイプ

「読み」や「愛称」を重視する人向け。音の持つイメージは、その人の印象や性格にも影響するといわれています。一生を通してその音で呼ばれるので、親しみのある名前を選んで。

STEP

2 名前例をたくさん見る

たとえば「ひろと」にしたいと読みが決まっている人は、「ひろと」の名前例を見てみて。愛称を「ひろくん」や「ひろ」にしたい人は、「ひろのり」「ひろふみ」などの名前例もチェック。いくつか読みの候補があって迷っている人は、候補の読みの名前例をたくさん見て、気に入ったものに○をつけていきながら絞るのもよいでしょう。

弘人	広人	ひろと	裕貴	博貴	裕隆	裕崇	洋貴	弘貴	弘隆	弘崇
7	7		24	24	23	23	21	17	16	16
大翔	大登	啓仁	寛人	裕人	博人	洸斗	悠人	啓人	紘人	洋人
15	15	15	15	14	14	13	13	13	12	11
宏翔	宏都	滉斗	弘登	広渡	寛斗	寛仁	皓斗	陽斗	裕斗	裕仁
19	18	17	17	17	17	17	16	16	16	16
優翔	滉翔	寛翔	裕翔	裕登	寛都	裕都	紘登	浩翔	浩登	洋翔
29	25	25	24	24	24	23	22	22	22	21

＼スマホでも探せる！／

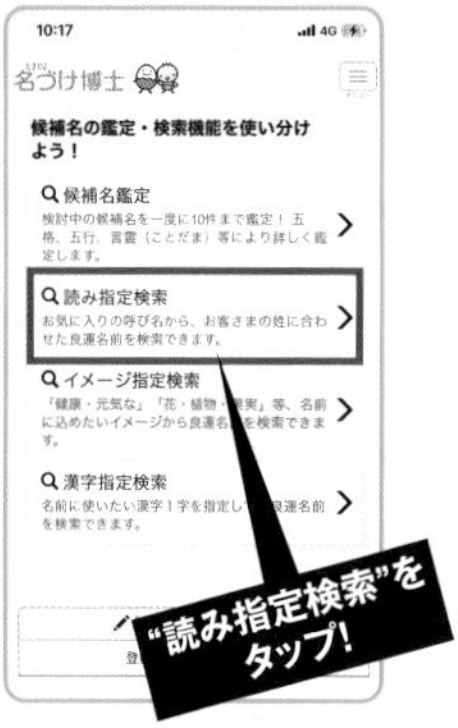
10:17
名づけ博士
候補名の鑑定・検索機能を使い分けよう！
候補名鑑定
検討中の候補名を一度に10件まで鑑定！ 五格、五行、言霊（ことだま）等により詳しく鑑定します。
読み指定検索
お気に入りの呼び名から、お客さまの姓に合わせた良運名前を検索できます。
イメージ指定検索
漢字指定検索
“読み指定検索”をタップ！

STEP

3 決まった読みに漢字をあてはめる

読みが決まったら、それに合う漢字を考えていきます。雄大なイメージなら「弘都」、優しいイメージなら「優人」など、漢字の組み合わせで与える印象も変わります。「読み別漢字リスト」（P.199参照）や「万葉仮名風の漢字一覧」（P.51参照）も活用してみて。ただし、こだわりすぎて読みにくくならないように注意。音の持つパワー、「ことだま（言霊）で見る名前」（P.82参照）も参考に。

宏翔	宏都	滉斗	弘登	広渡	寛斗	寛仁	皓斗	陽斗	裕斗	裕仁	尋斗	弘都	央都	滉人	比呂斗
19	18	17	17	17	17	17	16	16	16	16	16	16	16	15	15
優翔	滉翔	寛翔	裕翔	裕登	寛都	裕都	紘登	浩翔	浩登	洋翔	祐翔	優斗	紘都	拓翔	優人
29	25	25	24	24	24	23	22	22	22	21	21	21	21	20	19

STEP

4 姓とのバランスを確認

オカシクナイ？

あてはめた漢字の意味や読みがおかしくないかチェックしましょう。「みつき」を「海月」とした場合、「くらげ」とも読めます。また、姓と合わせると「大庭加門（おおばかもん）」のような意図しない意味になってしまうこともありますから、実際に書いたり、読み上げたりして確認するのがおすすめ。

詳しくはP.79へ

願いを込めたい人向け

イメージにこだわるタイプ

季節、自然、子どもへの願いなど、まずイメージを決定。そこからイメージを表す漢字と名前例を探していきます。ほかに、漢字の持つ意味からイメージを広げていく方法もあります。

\ 名前決定までのアプローチ /

STEP 1 どんなイメージがいいか考える

「明るい子に」と願いを込めたり、ママとパパの共通の趣味から考えたり、赤ちゃんが生まれる季節や干支《えと》にちなんだり。海や花、音楽など、ママやパパが好きなものから発想を広げていってもいいですね。

Smile
hobby
Love

STEP 2 イメージから連想する名前例をチェック

image

「イメージから選ぶ男の子の名前」（P.207参照）には、季節、干支、自然、込めたい願いなど、いろいろなイメージから連想される「イメージ漢字」と「名前例」があります。これを読んでみて、気に入ったものを見つけたり、さらに発想を広げていったりしてもいいでしょう。

\ スマホでも探せる！ /

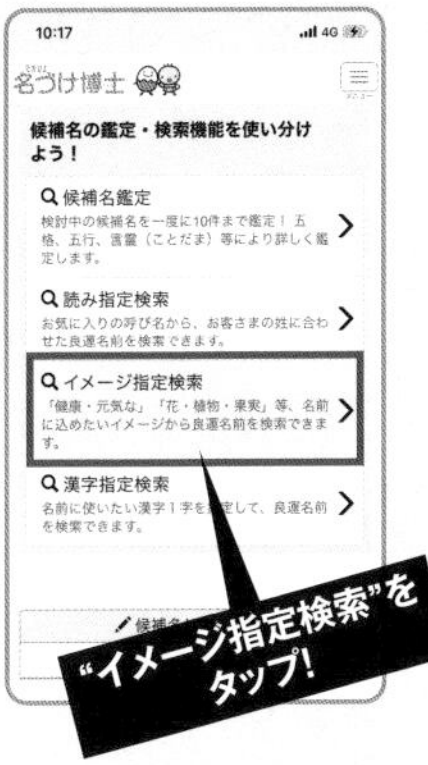
10:17
名づけ博士
候補名の鑑定・検索機能を使い分けよう！
候補名鑑定
検討中の候補名を一度に10件まで鑑定！ 五格、五行、言霊（ことだま）等により詳しく鑑定します。
読み指定検索
お気に入りの呼び名から、お客さまの姓に合わせた良運名前を検索できます。
イメージ指定検索
「健康・元気な」「花・植物・果実」等、名前に込めたいイメージから良運名前を検索できます。
漢字指定検索
名前に使いたい漢字１字を指定して、良運名前を検索できます。
"イメージ指定検索"をタップ!

STEP 3 イメージの漢字から発想を広げる

幸福

幸運に恵まれて
満ちたりた人生を
歩みますように

裕 恵 倖 寿 平
愛 祥 泰 和 多
慶 晏 朗 幸 安

和久 11 幸大 11 倖大 13 倖也 13 幸多 14 倖太 14 祥太 14 亮平 14
倖正 15 幸之介 15 倖平 15 祥平 15 将平 15 泰世 15 泰平 15 寿弥 15
裕大 15 裕也 15 竜平 15 亮多 15 恵多 16 裕斗 16 恵吾 17 祥吾 17
祥希 17 瑛多 18 翔多 18 祥弥 18 泰芽 18 真幸 18 慶介 19 慶太 19
祥真 20 慶次 21 幸太郎 21 慶成 21 愛紀 22 虎太朗 22 倖太郎 23 優多 23
慶和 23 幸志郎 24 祥太朗 24 泰輔 24 慶一郎 25 慶悟 25 倖輔 25 泰樹 26

236

「幸福」のイメージでつけたいなら、そのイメージの漢字を探してみます。たとえば、「幸」「和」「祥」「慶」。メイン漢字を決めたら、それに合う漢字を探します。男の子らしい「大」を合わせて「幸大（こうだい）」、添え字をつけて「幸太（こうた）」などのように考えてみましょう。名前例から選んでもOK。

STEP 4 姓とのバランスを最終確認

名前だけのイメージにこだわりすぎて、姓とのバランスが悪くなっている場合もあります。必ず紙に書いて確認してみましょう。また、声に出して読んでみるのも大事。姓とのイメージがあまりにかけはなれているのも考えものです。気になる場合は画数も最後にチェックしてみて。

詳しくはP.207へ

意味重視の人向け
漢字にこだわるタイプ

使いたい漢字が決まっている人向け。漢和辞典を使いこなすのは大変ですが、「画数別おすすめ漢字リスト」（P.255参照）には、画数、主な読み、意味、願い、名前例があって便利！

STEP 1 使いたい漢字から考える

＼ 名前決定までのアプローチ ／

好きな漢字を書き出してみましょう。「ママやパパの名前の1字を使いたい」「生まれた季節にちなんだ漢字を」「願いを込めたい」など、思いついたものを書き出してみて。「画数別おすすめ漢字リスト」（P.255参照）を見ながら、好きな漢字を抜き出していっても。

STEP 2 漢字の意味や願いをチェック

使いたい漢字の意味を「おすすめ漢字」や市販の漢和辞典で調べてみましょう。たとえば「逸」は「すぐれている、ぬきんでる」などのいい意味もありますが、「はずれる、わがまま」などのマイナスの意味も。辞典によって載っている意味は異なりますが、悔いのない範囲で調べておいて。「おすすめ漢字」内の「願い」も参考に。

＼ スマホでも探せる！ ／

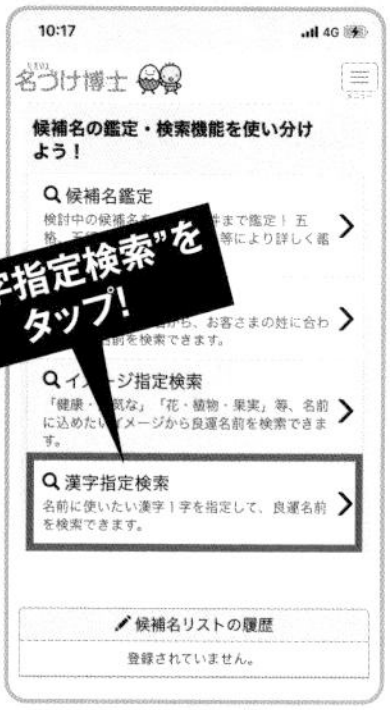

STEP 3 メインの漢字に組み合わせる漢字を選ぶ

メインの漢字が決まったら、組み合わせる漢字を選びます。「おすすめ漢字」からもう1字選んでもいいでしょう。「おすすめ漢字」には名前例もありますから、それも見てみて。「添え字一覧」（P.49参照）や「男の子の人気添え字」（P.183参照）も参考にしてください。

STEP 4 姓とのバランスを最終確認

名前が決まったら姓と名前を書いてみて。漢字の意味や願いにこだわりすぎて、不本意な名前になっていないか、バランスが悪くないかをチェックしてみましょう。さらに声に出して、読んでみましょう。気になる場合は画数も最後にチェックしてみて。

詳しくはP.255へ

占いが好きな人向け

画数にこだわるタイプ

赤ちゃんの幸せを願って、つけたい名前の画数が吉数（運勢のいい画数）になる名前を考える方法。姓名判断は、流派がいろいろあるので、一つの流派に決めて考えるとよいでしょう。

＼ 名前決定までのアプローチ ／

STEP 1 画数名づけを確認する

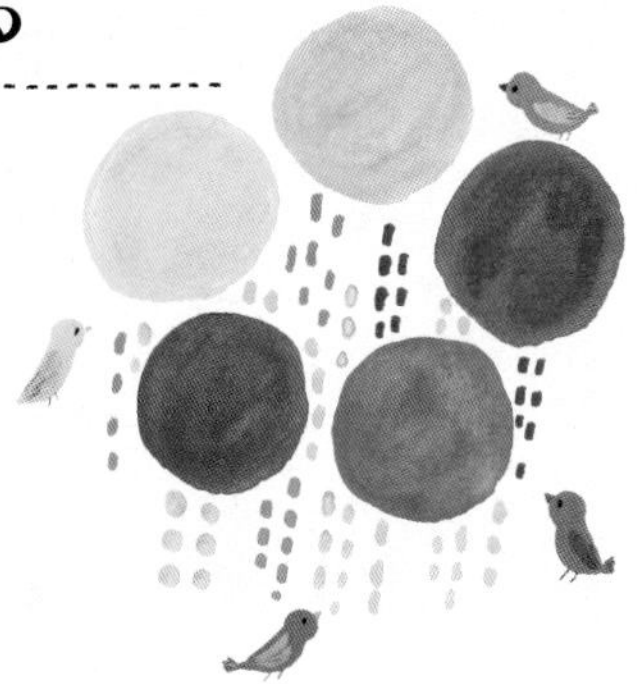

姓名を構成する文字の画数を5つの部位ごとに計算した「五格」を基本とします。まず五格それぞれの意味と数え方を理解しましょう（P.337参照）。姓と名前の文字数が違う場合、「仮成数《かせいすう》」（P.338参照）を加える必要があるので、該当する人は確認しておきましょう。「陰陽五行」（P.340参照）も気になる人は参考にしてみて。

STEP 2 「姓別吉数リスト」と「画数組み合わせリスト」を活用

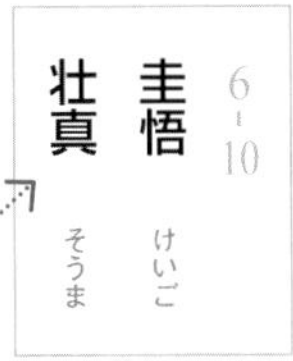

画数を重要視するなら、「姓別吉数リスト」（P.359参照）を活用！ 姓に合う名前の画数がわかるリストです。いい画数、吉数がわかったら、今度は「画数組み合わせリスト」（P.403参照）を活用。たとえば佐藤の「姓別吉数リスト」の中の6・10を「画数組み合わせリスト」で探すと、「圭悟」「壮真」などの名前が見つかります。

＼ スマホでも探せる！ ／

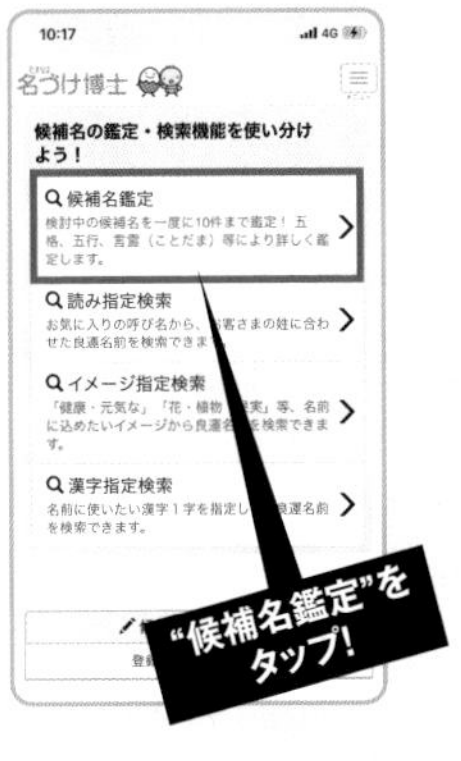

STEP 3 吉数になるよう組み合わせを探す

つけたい読みがある場合、吉数の漢字を探してみて。たとえば「佐藤」さんが「そうま」とつけたい場合、「姓別吉数リスト」（P.359参照）の吉数の組み合わせの中の6・10を「音から選ぶ男の子の名前リスト」（P.95参照）から探すと、「壮馬」などが該当します。使いたい漢字がある場合は、その漢字の画数を基にして、組み合わせる漢字を「画数別おすすめ漢字リスト」（P.255参照）から選んでいきます。

STEP 4 響きや漢字を決めたあと画数をチェックする

画数を重視するあまり、読みや漢字など、全体的にバランスが悪くなっていないかチェックしましょう。また、音や漢字重視の名前でも、画数が気になる場合は、最後にチェックしてみて。画数重視で名前を決めていく以外では、吉数になる確率は高くはないので、あまりこだわりすぎないように。吉数にしたい場合は、漢字を1字変更するとうまくいく場合も。

詳しくはP.335へ

ほかにも

名づけのヒントはいっぱい！

名づけの方法はまだまだたくさんあります。
以下にヒントを挙げましたので、
選択肢を広げてみてください。

最後の文字（添え字）から決めてみる

男の子だったら「郎」がつく名前にしたいという人は、「人気添え字」で名前例をチェック！「添え字一覧」を見て添え字を決めてから、組み合わせる漢字を考えるという方法もあります。

▶ 添え字一覧 P.49　▶ 人気添え字 P.183

異体字（旧字）も取り入れたい

「特徴のある字にしたい」ときは、異体字を使う手も。中でも「来」の旧字「來」は、とても人気があります。また、「つけたい名前が人気名前だったので避けたい」「つけたい名前の画数がよくない」などの場合も、異体字にしてみてもいいでしょう。上手に取り入れてみて。

▶ 名前に使える人名用漢字の異体字 P.43

国際的な名前にしたい！

「国際的な名前にしたい」という人は、P.46の「外国語をヒントに探す」を見てみましょう。注意する点はP.59にも載っているので、押さえておいて。国際的な名前は、漢字・かなだけでなく、ローマ字でも書いてみるのが◎。そのときは、P.60・61も参考にしてください。

▶ 外国語感覚の名前にするなら P.59

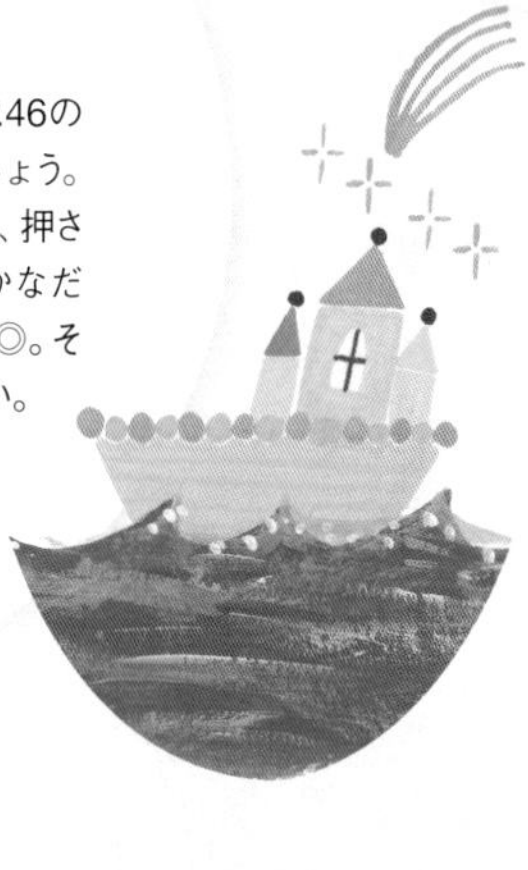

CONTENTS

CONTENTS

第2章 音から選ぶ 男の子の名前

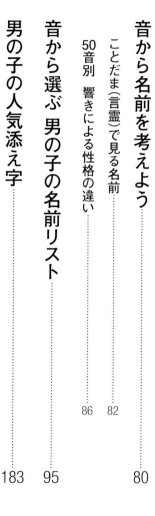

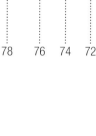

CONTENTS

第3章 イメージから選ぶ 男の子の名前

第4章 画数別 おすすめ漢字リスト

第5章 画数から選ぶ 男の子の名前

本書について

●本書に使われている漢字の画数は『福武漢和辞典』『ベネッセ新修漢和辞典』（以上ベネッセコーポレーション刊）と監修者の栗原里央子先生の見解を参考にしていますが、お使いになる辞典、姓名判断の流派によっては、画数の異なる場合があります。名づけの際に、ご自分でしっかりと確認されることをおすすめします。

●本書で紹介している名前やデータは、2005年1月から2023年9月までに、たまひよ編集部、およびたまひよの商品・サービスをご利用のお客さまより寄せられた赤ちゃんのお名前の中からテーマに合ったものを抽出して掲載しています。

●本書で使われている漢字の字形については、法務省の定めた字形に基づいています。書体により微細な相違点はありますが、それらの相違は活字のデザイン上の相違に属するもので、字形の違いではないと考えられるものを使用しています。

●名前の漢字の読み方に関しては、名前に使える漢字であれば、あて字も含まれるため、漢和辞典にない読み方をしているものもありますのでご注意ください。

●名前の届け出が受理されるかどうかは、各自治体により判断が異なります。掲載した名前の例が必ず受理されるとは限りませんので、ご了承ください。

STAFF

表紙デザイン／フロッグキングスタジオ

表紙・総扉イラスト／ヨモギ田リョオコ

目次イラスト／わたなべちいこ

本文デザイン／小出大介（COLORS）

取材・文／尼崎道代、秋元 薫、伊藤あかね、岸本祐子、吉原佳音、抜井芳栄

校正／聚珍社、東京出版サービスセンター、くすのき舎、岡田 啓、樗木恭子

イラスト／mahicotori、小倉ともこ、the rocket gold star、ニーヤ・アキ、鈴木to-co*、本郷けい子、M@R

たまひよ名づけ博士web鑑定の使い方

本書＋webで最高の名前探しができます!

約3万件のデータから名前例検索が簡単にできる「たまひよ名づけ博士web鑑定」は候補の絞り込みや姓に合わせた鑑定ができて便利！名づけに関する知識が詰まった本書で赤ちゃんの名前候補を挙げ、さらに名前例が豊富なwebを併用すれば、わが子にぴったりの最高の名前が見つかります。

たまひよ名づけ博士web鑑定って?

約3万件のデータから姓の画数に合った名前例を検索できるサービスです

気になる「読み」「漢字」「イメージ」の条件を選択するだけで、あなたの姓に合った名前例が検索できます。また、候補名を入力して鑑定することも！

●読み指定検索

「はるくん」「ゆうくん」など、呼び方や名前の読み方、音の響きから検索できます。

●漢字指定検索

「悠」「幸」など名前に使いたい漢字がある場合に、漢字1字から検索できます。

●イメージ指定検索

「健康・元気な」など、名前のイメージから検索できます。

●候補名鑑定

「悠真」など具体的な候補名を画数、その名になったときの性格、運勢など、総合的に鑑定できます。

※名づけ博士の名前例は実例です。あて字も含まれていますのでご注意ください。

START

まずは、**スマホ**または**パソコン**で

st.benesse.ne.jp/hakaseweb

にアクセス

手順1 ログインIDとアクセスキーを入力します

※スマホ画面の場合で説明します。

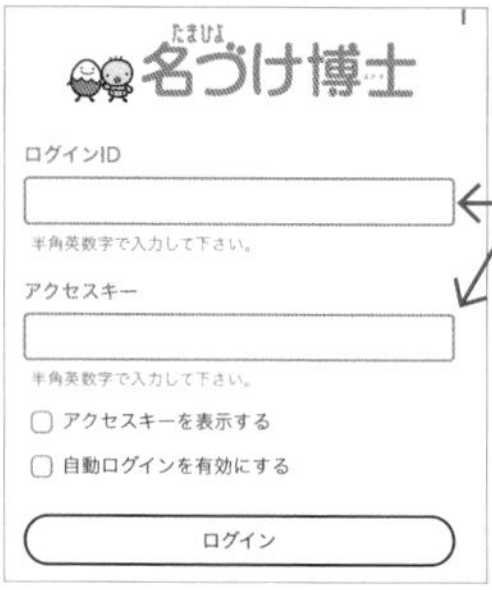

ここに入力

この袋とじの中のログインIDとアクセスキーを確認

手順2 初回のみ「姓」を設定します

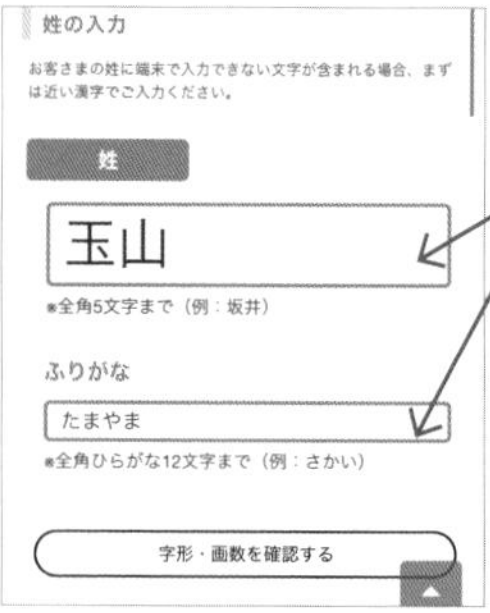

ここに入力

必ず確認を

●一度設定した姓は変更できません。間違いのないように十分注意して、入力してください。姓は5文字まで入力可能です

●web上で入力できない漢字は、一度代わりの漢字を入力したあと、元の字の画数を指定してください

webサービスは、姓の設定後、1年間使えます

手順3 読みor漢字orイメージ指定検索、候補名鑑定から好みのweb鑑定をやってみよう

ここをタップするとこの画面に。やってみたい項目をタップします

下にスクロールすると出てくる「候補名の鑑定・検索機能を使い分けよう！」内をタップしてもそれぞれの機能を使えます

★パソコンの場合は画面上部のタブか下部にある「候補名の鑑定・検索機能を使い分けよう！」内の各ボタンをクリック

●ログインIDとアクセスキーを入力すれば、スマホとパソコンなど複数の端末で利用することも可能です。

読みを指定して検索したい

「ゆうま」といった名前そのものの読みや、「ゆう」という読みを一部に使いたい、
名前の最初の音を「ゆ」にしたい場合などは「読み指定検索」で探せます。

手順1 メニューを開いて「読み指定検索」をタップします

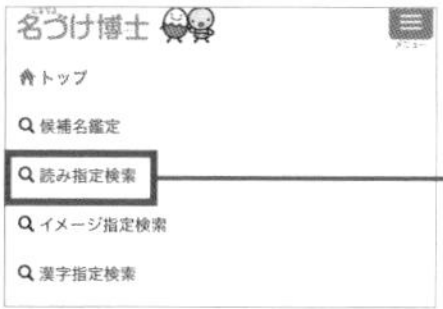

★パソコンの場合は画面上部のタブか下部のボタンをクリック

ここをタップ

手順2 「読み」を入力して「一致条件」（それぞれの説明は下記参照）「性別」を選択。最後に「検索する」をタップします

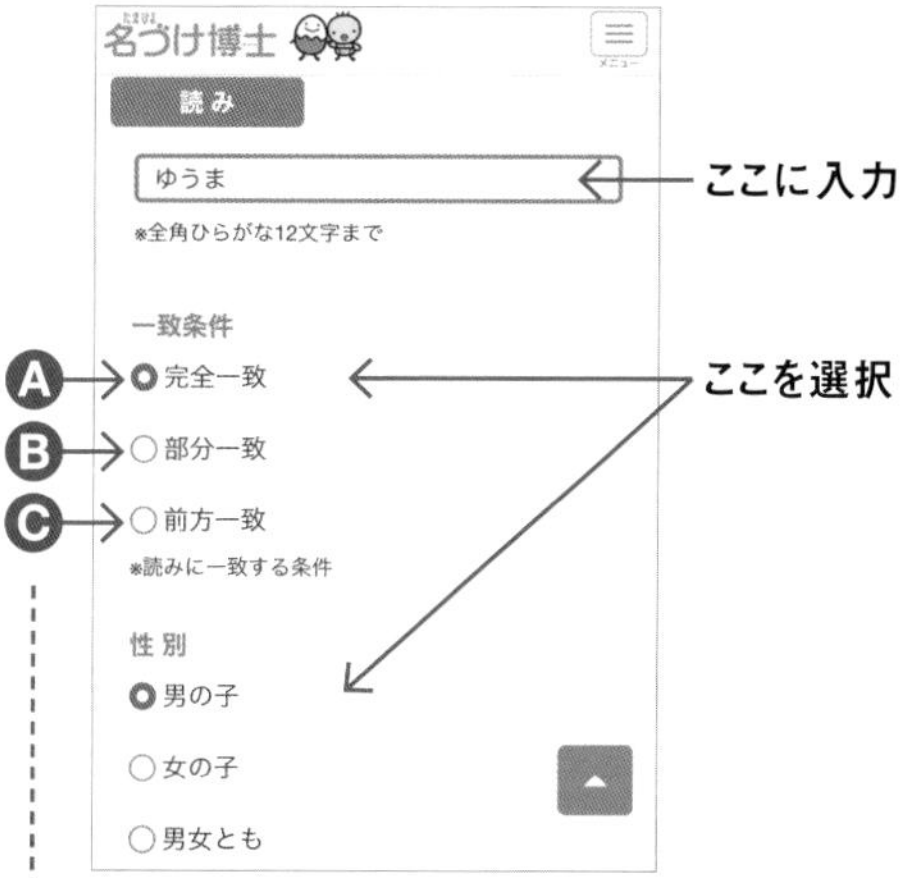

手順3 候補名が表示されます。さらに詳しい説明を見たい場合は「候補名鑑定」をタップ。お気に入りの名前は「候補名リスト」に登録

（詳しくはP.30参照）

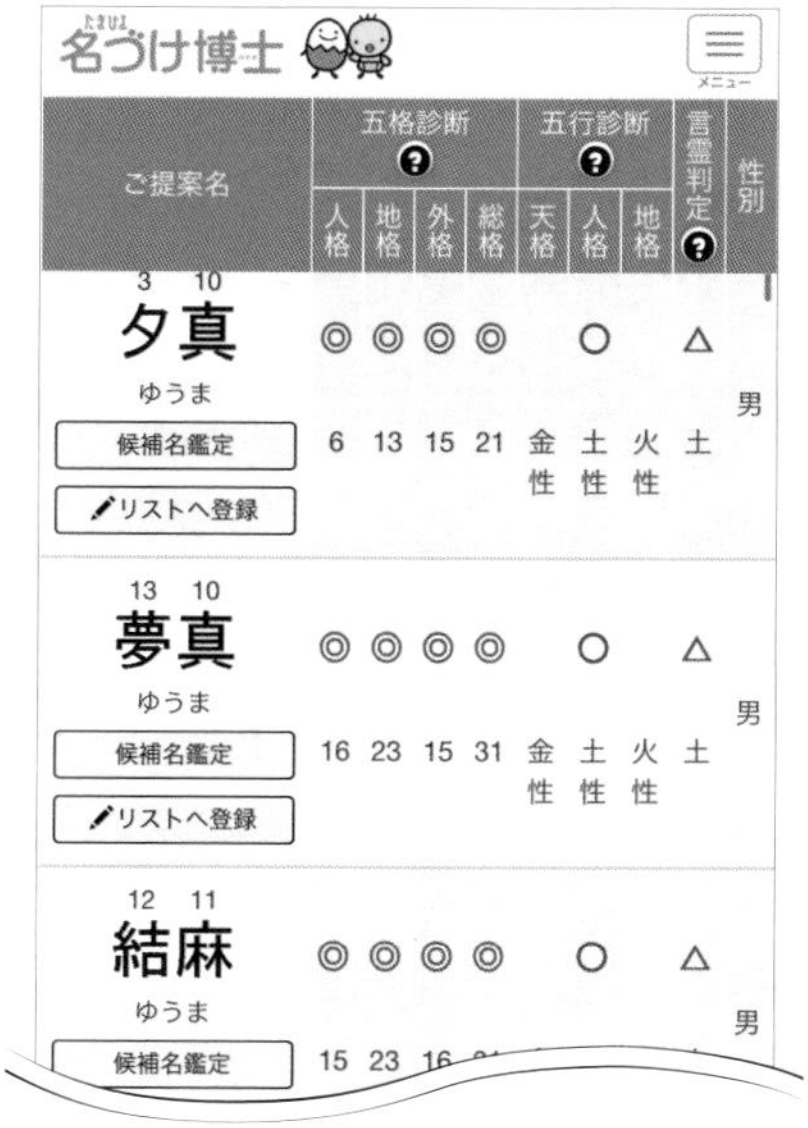

A 完全一致

名前の読み方そのものを検索するときは、これを選択。たとえば「ゆうま」で検索した場合は「由真」「夕真」など、読み方に一致した名前が出てきます。

B 部分一致

その読みが含まれている名前を検索するときは、これを選択。たとえば「ゆう」で検索した場合は「史悠（しゆう）」「友基（ゆうき）」など、「ゆう」が含まれる名前が出てきます。

C 前方一致

その読みから始まる名前を検索するとき、または最初の音だけ決まっている場合は、これを選択。たとえば「ゆ」で検索すると「千翔（ゆきと）」など「ゆ」で始まる名前が出てきます。

イメージを指定して検索したい

「季節にちなみたい」「願いを込めたい」など具体的なイメージが決まっている場合は、「イメージ指定検索」を使って探してみましょう。

手順1 「イメージ指定検索」をタップします

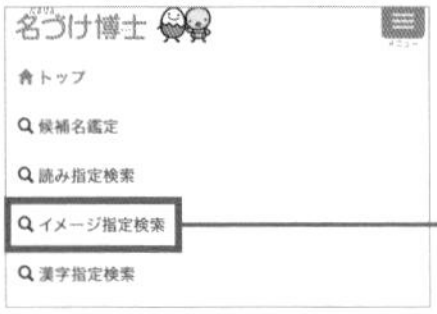

★パソコンの場合は画面上部のタブか下部のボタンをクリック

ここをタップ

手順2 好きなイメージを選択します

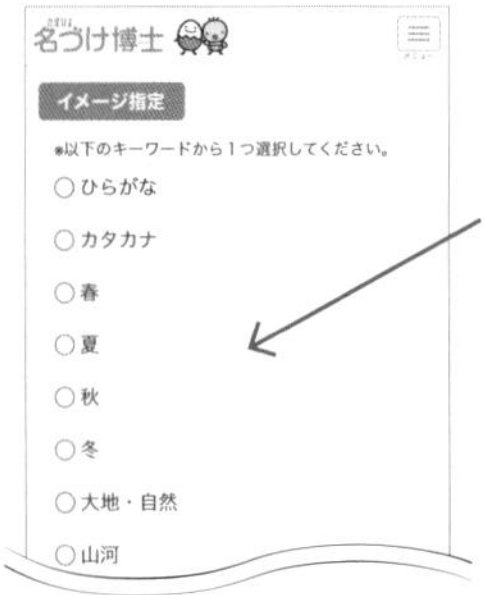

どれか1つを選択

下にスクロールしていくと全部で30のイメージがあります。好きなものを1つ選んで

手順3 下にスクロールして性別を選択し「検索する」をタップ

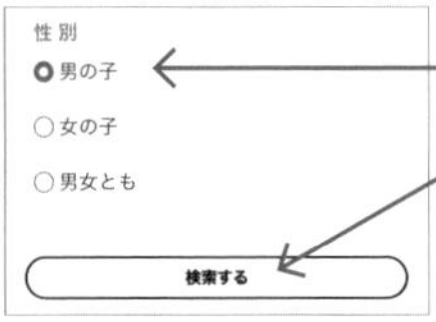

どれか1つを選択

ここをタップ

漢字を指定して検索したい

使いたい漢字が決まっている場合は、「漢字指定検索」を使って。好きな漢字を1字入力すると、候補名が表示されます。

手順1 「漢字指定検索」をタップします

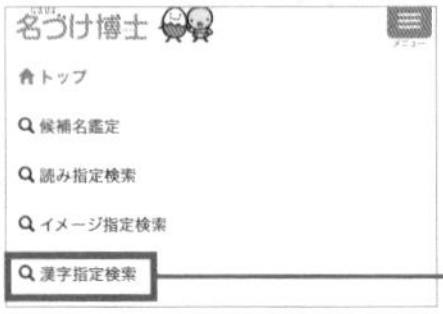

★パソコンの場合は画面上部のタブか下部のボタンをクリック

ここをタップ

手順2 使いたい漢字を1字入力して「性別」を選択。「字形を確認する」をタップ

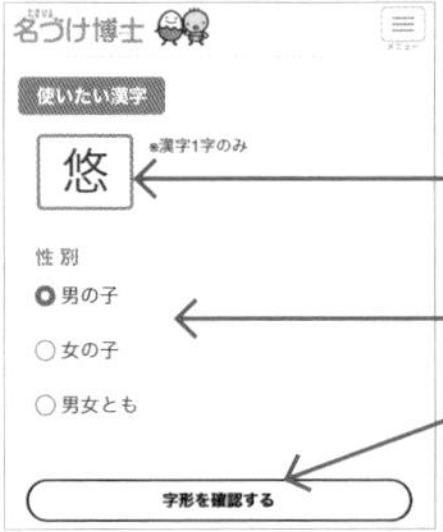

漢字を入力

どれか1つを選択

最後にここをタップ

手順3 入力した漢字が正しく表示されているか確認したあと「検索する」をタップ

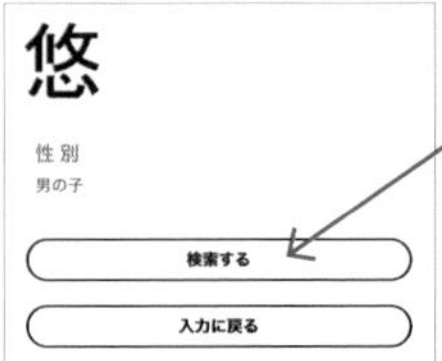

ここをタップ

※入力内容が違っていた場合は「入力に戻る」をタップ

手順4 候補名が表示されます。さらに詳しい説明を見たい場合は「候補名鑑定」をタップ。お気に入りの名前は「候補名リスト」に登録 （詳しくはP.30参照）

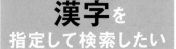

候補名を鑑定したい

「悠真」など具体的な候補名を漢字の意味、画数のよさ、その名になったときの性格、運勢などとのバランスまで総合的に鑑定したい場合は「候補名鑑定」を活用して。

手順1 「候補名鑑定」をタップします

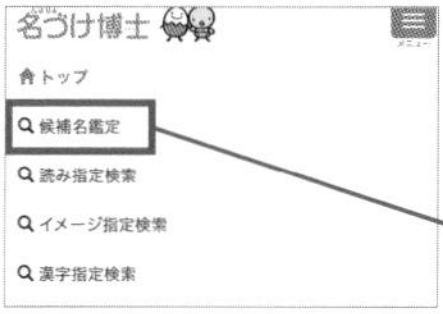

ここをタップ

★パソコンの場合は画面上部のタブか下部のボタンをクリック

手順2 候補名を入力

1回につき最大10件まで入力できます

ここに入力

手順3 下にスクロールして「字形を確認する」をタップして候補名が正しく表示されているか確認したあと「鑑定する」をタップ

ここをタップ

※入力内容が違っていた場合は「入力に戻る」をタップ

手順4 鑑定結果が表示されます。お気に入りの名前は「候補名リスト」に登録

（詳しくはP.30参照）

「候補名鑑定」で詳しい「鑑定結果」が！
リスト登録もOK!

読み or 漢字 or イメージ指定検索で表示される名前例の下の「候補名鑑定」をタップするか、P.29のように「候補名鑑定」を活用すると詳しい鑑定結果が！候補名は100件までリストに登録できるので、その中から検討してくださいね。

最大100件まで「候補名リスト」に登録できます

気に入った名前はここをタップ

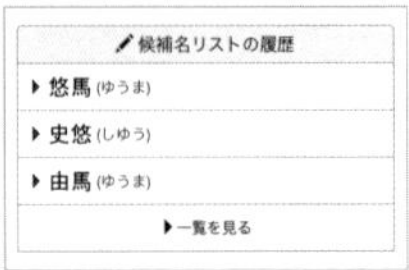

トップ画面で「候補名リストの履歴」が確認できます

「候補名リスト」の表示はメニューをタップして選択

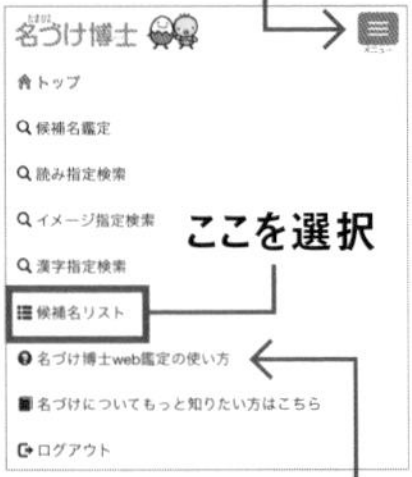

ここを選択

使い方がわからなくなったらここを見て

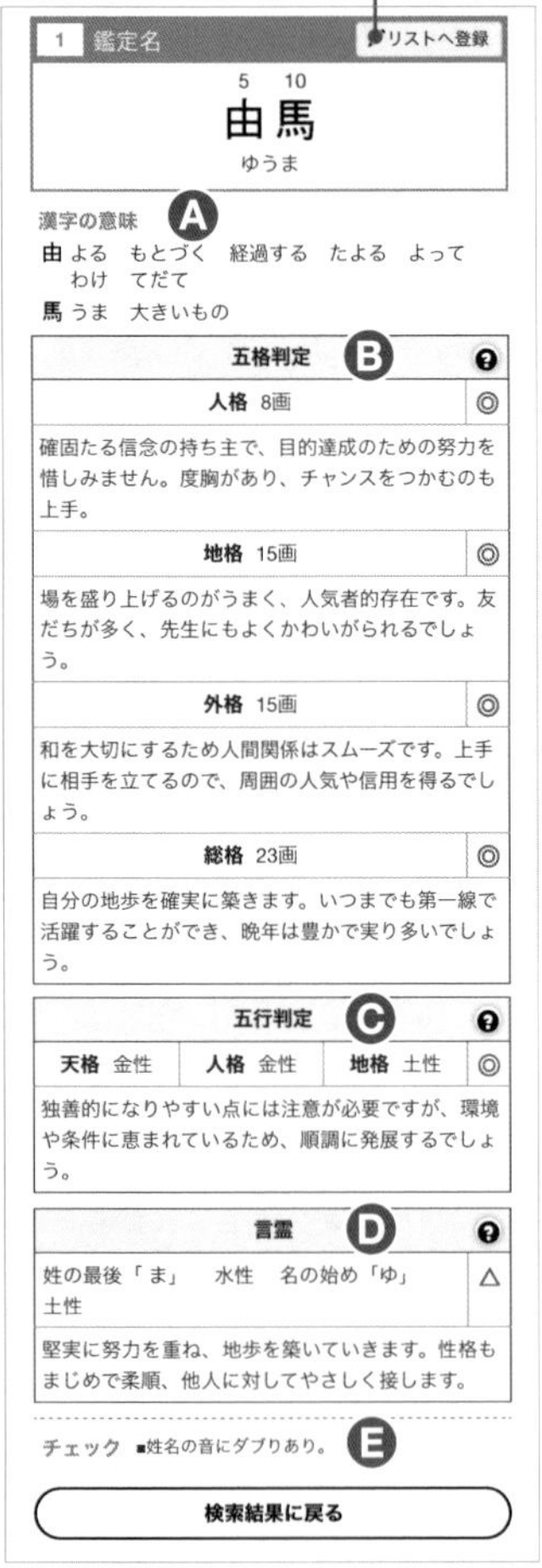

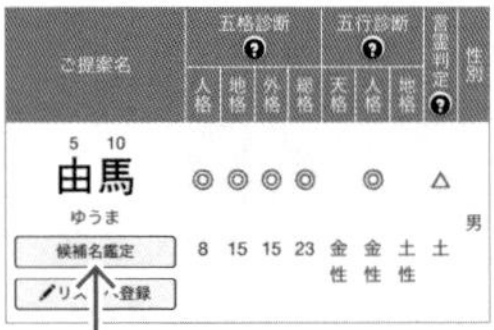

ここをタップすると
左記の詳しい鑑定が出てきます

A 漢字の意味

名前にふさわしくない意味が含まれていないか、ここで確認

B 五格《ごかく》判定

すべてが◎になる名前には限りがあります。五格の詳細はP.337でチェック

C 五行判定

陰陽五行占いの結果。詳細はP.340をチェック

D 言霊《ことだま》

音が持つパワー占いの結果。詳細はP.82をチェック

E チェック

画数の多少や音のダブりなど、全体的なバランスについてのアドバイス

第1章

名づけの基礎知識

この章では、名づけにおけるルールや注意点、
出生届の書き方・出し方など、
名づけに関する基本事項を紹介します。
名前を考え始めるとき、そして決まった名前の
最終チェックのときに読んでください。

近ごろの人気名前も要チェック!

はじめに知りたい 男の子の 名づけの注目ポイント

性別が男の子とわかったら、本格的に名づけをスタート!
注目ポイントをつかんでおくと頭の中が整理できます。
名づけがスムーズに始められるように、つけ方のコツをご紹介。

強い印象の名前に注目

傾向

力強い印象を持ち だれでも読みやすい

ここ数年は自由な発想で名づける人が多くなり、男女差のない名前、個性的な名前が増えてきました。そんな中で、男の子に人気の名前も健在です。たとえば「大和」（やまと）、「太一」（たいち）など、パパの世代から多い名前、「龍之介」（りゅうのすけ）、「大雅」（たいが）など見た目も響きも力強い名前などです。これらの名前は、強さやたくましい印象があり、比較的読みやすいといえます。

つけ方

漢字の意味を調べて 強さを出す

強い印象の名前にしたい人は、「どっしりした重みがある」「強さがある」「堂々としている」などのキーワードを先に決めてから、名前の候補を探してもいいでしょう。

たとえば「豪」「威」「健」など、イメージに合う漢字を選び、ほかの字と組み合わせる方法です。漢字の持つ意味を調べるなら第4章「画数別おすすめ漢字リスト」を参考にするといいでしょう。

今ほど名前がバラエティに富んでいなかった時代は、けっこう強い印象のある名前がありました。子どものころの卒業アルバムを見てみると、「同級生にこんな名前の人がいたなぁ」と、いい名前に出会えるかもしれませんよ。

親の願いを込めた名前に注目

傾向

願いを込めた名前は由来を説明しやすい

最近の人気名前を見ると、ママやパパが赤ちゃんの輝かしい未来を思い描いてつけた様子が目に浮かびます。

たとえば「大翔」（ひろと）なら世界に大きく羽ばたく人になってほしい、「颯太」（そうた）なら、さわやかな子に育ってほしいという思いが伝わります。雄大さや人生の輝きを願う傾向は、人気漢字の上位にある「翔」「輝」「陽」からもわかります。

いつの日か、子どもから名前の由来を聞かれたとき、親の思いを込めた名前ならきちんと説明できますね。

子どもも「僕の名前には、ママとパパの愛情がたくさん込められている」とわかり、うれしいに違いありません。

つけ方

期待・夢・希望をふくらませてつける

おなかの赤ちゃんが男の子とわかれば、わが子の未来をあれこれ想像するのが、より楽しくなります。たとえば、優しい子になってほしい、学校に行ったら勉強に励んでほしい、といくつも願いが出てくることでしょう。

これは名づけのステップとして大切なこと。なぜなら思いをめぐらせて名前を考えるとスムーズに決まることが多いからです。

第3章「イメージから選ぶ男の子の名前」には、具体的な思いとそれに合った名前が挙げられているので、ぜひ参考にしてください。

個性的な名前に注目

傾向
つけ方

難読だけど、存在感はぴかいち！

個性的な名前も人気です。これらの名前のメリットは、インパクトが強く、周囲のだれとも重ならないことでしょう。

中には外国語のような響きも多く、カタカナにしてもしっくりするのが特徴です。まず音を決めてから万葉仮名風の漢字（P.51参照）をあてはめて、画数のよいものを選ぶことが多いようです。

ここで注意してほしいのは、凝りすぎて、名づけられた子ども自身が困らないかということ。成長してから、先生や友だちに何度も読み方や漢字を聞かれることもあるので、読みやすさを考慮しましょう。

存在感があって、なおかつ子どもがしあわせになる名づけを考えましょう。

ユニセックスな名前に注目

流行つけ方 性別はわかりにくいが魅力はさらにアップ

ユニセックスな名前といえば、以前は「かおる」「ひろみ」「ひかる」などが人気でした。少し前までは「ゆい」「ゆうき」が男女ともに人気の名前で、最近は女の子に多かった名前「あおい」「ひなた」「はる」などを男の子につけることも増えてきました。時代とともに名づけの感覚が変化した表れといえます。

性別を超えた名前は人を引きつける魅力がありますが、学校や社会では性別を間違われることもあります。どこかで子どもの性別について聞かれる場面もあることでしょう。多少わずらわしくても構わないと思えば、その名前がベストです。

たまひよ 男の子にも女の子にも共通人気の読みランキング

男の子、女の子のどちらにも人気の読みをランキングで紹介します。それにあてた人気の名前も挙げました。

	男の子例	女の子例
1位 あおい	蒼 碧	葵 蒼依
2位 ひなた	陽向	ひなた
3位 つむぎ	紬	紬
4位 りお	理央	莉緒
5位 そら	空	そら
6位 はる	晴	はる
7位 あお	碧	蒼
8位 せな	星那	瀬奈
9位 あさひ	朝陽	あさひ
10位 すい	翠	翠

※2023年「たまひよ」調べ

近ごろ気になる名づけのテクニック

女の子に人気の漢字＋《プラス》男の子に人気の添え字 ＝《イコール》男の子のいい名前 完成

女の子に人気の漢字はいくつかありますが、
これに男の子に人気の添え字を組み合わせると、とてもすてきな名前が完成します。
漢字は華やかに、でも呼び名はかっこいい名前にしたい人は、ぜひ考えてみて！

たとえば…

女の子に人気の漢字	男の子に人気の添え字	
彩	斗	あやと
結	斗	ゆいと
愛	杜	まなと
凜	翔	りと
梨	都	りつ
杏	介	きょうすけ
莉	樹	りき
咲	哉	さくや
桜	太	おうた
柚	樹	ゆずき

女の子に人気の漢字	男の子に人気の添え字	
朱	馬	しゅうま
優	波	ゆうは
笑	吾	しょうご
心	平	しんぺい
葵	斗	あおと
綾	太	りょうた
蘭	真	らんま
藍	翔	あいと
瞳	哉	とうや
璃	久	りく

※男の子に使いたい添え字の一覧は49ページを参照してください。

いい名前をつけるために

名づけのお約束

**赤ちゃんに最高の名前をプレゼントしたい思いはだれでも同じですよね。
そのためには、名づけの基本を知ることが大切です。
ここでは、名づけのテクニック、出生届の書き方・出し方を紹介しますので、
ぜひ役立ててください。**

最高の名前を贈る親としての心がまえ

赤ちゃんが一生つき合っていく名前だからこそ、漢字も響きも画数も最高にしたいと、あれこれ悩むことでしょう。ママとパパの思いを込めた名前をつけるために、名づけには押さえるべきポイントがいくつかあります。

法律で決められたルール、よい名前をつけるためのテクニックを知っておきましょう。

BESTの名前とは?

名前とは、親が赤ちゃんに贈る最初のプレゼント。一生つき合うものなので、赤ちゃんの幸せや、素晴らしい人生を願う気持ちをたくさん込めてください。

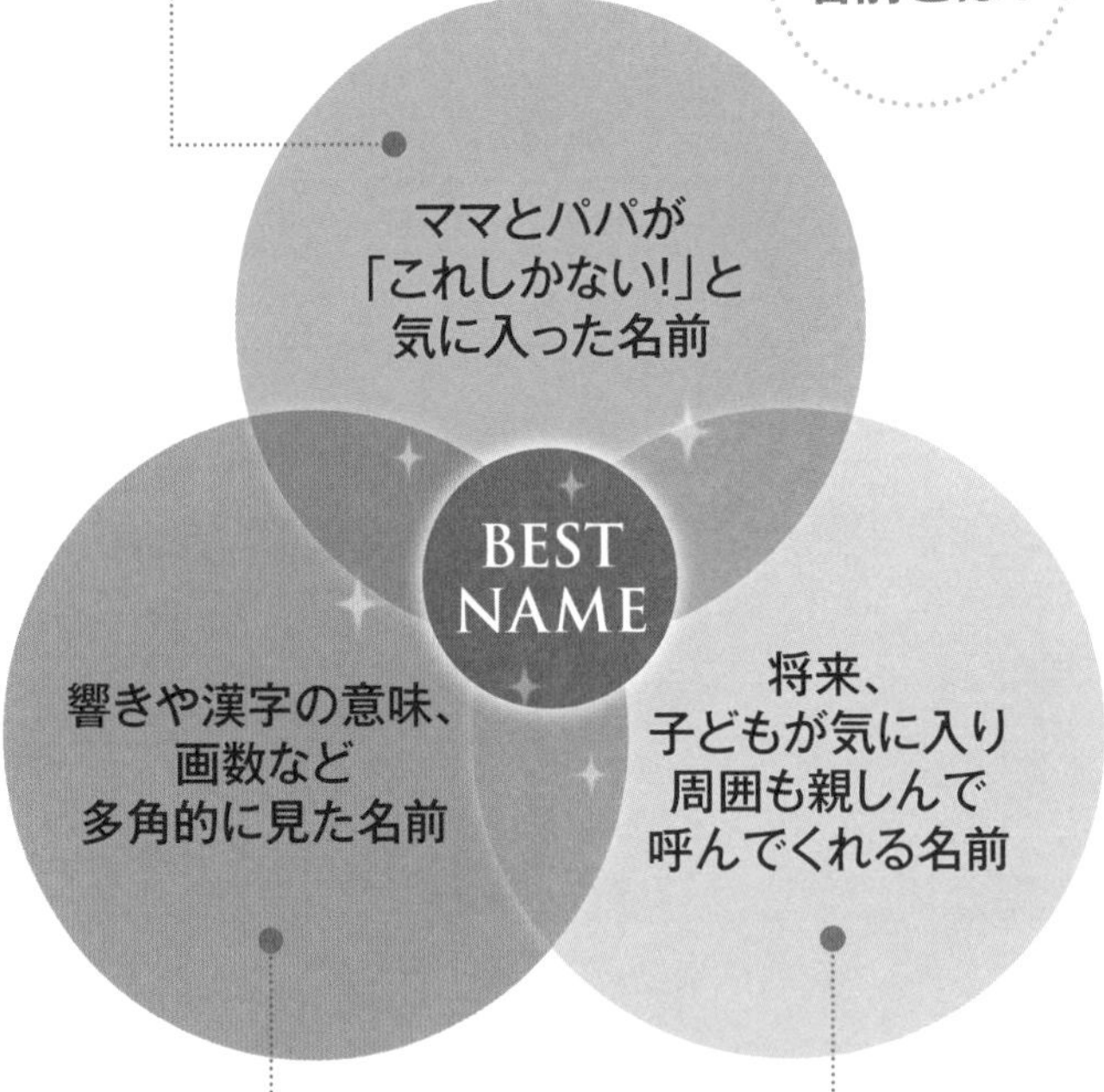

名前に使う漢字がどんな意味を持つのか調べましょう。漢字には意外と知らない意味がたくさんあります。響きの印象、画数なども調べておくと、よりよい名づけができます。

親の愛情が込められているのはもちろん、名づけられた赤ちゃんが、自分の名前を好きになってくれるか、まわりも受け入れてくれるかどうかも大切です。

必ず知っておきたいルール

法律で決められている名づけの注意3つのポイント

1 使える漢字は決められている

名前に使える漢字は、戸籍法で決められている常用漢字と人名用漢字の約3000字体です（P.469〜参照）。この中には名前には避けたい字も含まれ、実際に使える数はもっと少なくなります。

また、名前に使える漢字は字形も定められています。漢字には、同じ字でも書き方の違う異体字や略字、通用していても正しい字とは異なる俗字があります。

詳しくは法務省のホームページの「戸籍統一文字情報」を見てください。

2 使えるものと使えないもの

●アルファベットを名前に使うことは、認められていません。

●1、2、3などの算用数字、Ⅰ、Ⅱ、Ⅲなどのローマ数字は使えません。

●一、二、三などの漢数字は使えます。

●「ー（長音記号）」「ヽ・ヾ・々（繰り返し記号）」は使えます。「南々斗」（なと）のように、名前のすぐ上の文字を繰り返すときに使えます。

●旧かな遣いの「ゐ・ヰ（い）」「ゑ・ヱ（え）」の4文字は使えます。

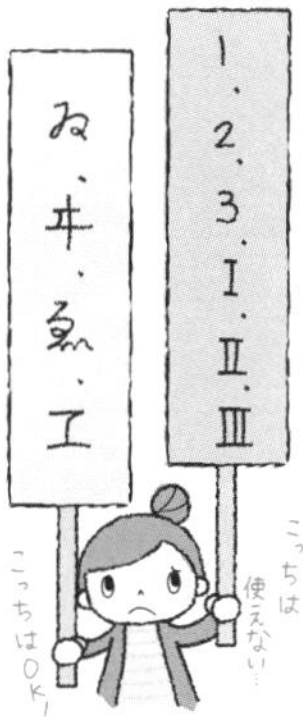

3 漢字の読み方の自由と制限

●**読み方**　※漢字の読み方は自由で、制限はありません。実際、「空」と書いて「すかい」と読ませるようなあて字の例もありますが、常識の範囲内のほうがいいでしょう。あまりにも読みづらいと、将来子どもが困るかもしれません。また、漢字には音読みと訓読みのほか、「名のり」と呼ばれる、とくに名前に用いられる特別な読み方があります。

●**長さ**　名前の長さも法律上では決まりはなく、凝った長い名前もつけられます。でも、あまりに長い名前だと、読んだり書いたりするときに、親も子どもも面倒な思いをするので、呼びやすさ、書きやすさに配慮した長さにしましょう。

※令和7年5月以降、戸籍法改正により変更予定

名づけの注意点はここ!

いい名前をつけるチェックポイント

男の子の名前は「かっこよさ」にこだわる人が多いですが、
それだけで名前を決めないほうがいいケースも。
いろいろな角度から見て、よりよい名前をつけてあげましょう。

〜しづらい名前に注意して

言いづらい

男の子で姓が変わる可能性が少ないと考えるなら、姓と名前とのバランスはとても大切です。言いづらい名前の多くは、姓と名のつながりに問題があるようです。

まずはラ行に注意してください。ラ行の音が姓名の中に多いと、発音しづらい名前になります。たとえば「相原蘭馬」（あいはら・らんま）を声に出してみると、発音しづらいのがわかります。姓の最後がラ行の人は、名前の最初の音はラ行を避けたほうが賢明です。

ほかに、「小川渡（おがわ・わたる）」、「山野登（やまの・のぼる）」のように、姓の最後と名前の最初が同じ音の場合と、「高井英人（たかい・えいと）」のように姓の最後と名前の最初がともに母音の場合は、発音しにくくなります。

聞き取りづらい

カ行・サ行・タ行・ハ行の音が姓名の中に多いと聞き取りにくくなります。

とくに「キ、ク、シ、チ、ツ、ヒ、フ」などははっきり発音しないこともあるので、「佐々木」（ささき）、「菊池」（きくち）など、姓がこれらの音で構成されている場合は、名前の音にも気をつけましょう。

上で説明した「言いづらい名前」は、聞きづらい名前にもなります。あまり神経質になる必要はありませんが、姓と名を続けて声に出して確認してみましょう。

ヤマノノボル
ヤマノノボル
・・・
イラッ
やっぱ言いづらい。

書きづらい

「慶」や「耀」のように、15画以上になる多画数の漢字を名前に使うなら、組み合わせる字は、15画未満に抑えたほうがいいでしょう。多画数の漢字を2文字組み合わせると、名前だけで30画を超えるので、実際に書くのがたいへんです。

漢字を口頭で伝えづらい

「名前はどんな漢字ですか?」と聞かれたとき、難しい漢字は説明しづらいものです。紙があれば書いて見せられますが、電話での問い合わせには苦労することもあります。難しい漢字は避けるか、使う場合は1字にとどめましょう。

えっと
チョンチョン
に横棒で…

姓とのバランスに注目。書いて、読んで確認を

バランスって
大事だなぁ
多
黒瀬駿輝
少
三木一夫

姓の画数とのバランス

●姓が多画数

基本的に30画以上の姓は多画数と考えます。ここに多画数の名前をつけると、書くのが面倒になるだけでなく、見た目も重い印象に。かといって、画数の少ない名前だと不安定な姓名になります。姓が多画数なら、名前の合計画数は10～20画くらいにしてバランスをとりましょう。

●姓が少画数

画数の合計が10画未満の姓は、少画数と考えます。この場合、名前も少画数にすると、書いたときに軽い感じに見えて、少し頼りない印象になることも。男の子の場合は、名前の合計画数を15～20画くらいでまとめると、見た目のバランスがよくなるでしょう。姓と名前を実際に紙に書いてみて、確認しながら名前を考えてみてください。

1字姓

「泉」「滝」「沢」などの1字姓の場合、名前は2字名か3字名にすると全体のバランスがよくなります。

1字名にすると、書いたときに短すぎて単語や熟語に見えたり、寸詰まりの印象になってしまったりします。

後述しますが、1字姓の人は姓と名の区切りがはっきりわかる漢字を使うことも大事なポイントです。

滝　蓮　←つまった印象
滝　蓮太　←バランスはgood
滝　蓮太郎　←バランスはgood

3字姓

「佐々木」「大久保」などの3字姓には、2字名がおすすめです。

男の子は「〇一郎」や「〇之介」と3文字の名前をつけたくなりますが、3字名にすると3字姓と合わせて6文字になるので長くなります。かといって1字名では、見た目が頭でっかちの、少々バランスの悪い名前に見えます。

とくに、万葉仮名風の名前やひらがなの名前は3字名になりやすいので、避けたほうがいいかもしれません。

画数差のある姓

たとえば「瀬川」の場合、「瀬」が19画なのに対して「川」は3画で、16画の差があります。このとき「瀬川大翔」（せがわひろと）とすると、いちばん上と下が重くアンバランスに。姓に画数差があるときは、画数が多い字と少ない字を交互に配置することでバランスがとれます。この場合は「瀬川裕人」（せがわひろと）とすると印象がよくなります。

縦割れ

縦割れとは、「松沢湊助」（まつざわそうすけ）のように、姓名を構成している漢字が左右に割れてしまうこと。姓の最後の字と、名前の1字目の部首が同じだと、さらに強調されてしまいます。

姓名を縦書きにしてみるとバラバラな感じがわかるので、書いて確認してみましょう。名前に左右をつなぐヨコ線のある漢字を使うと解決できます。「松沢崇介」にすると見た目もよくなります。

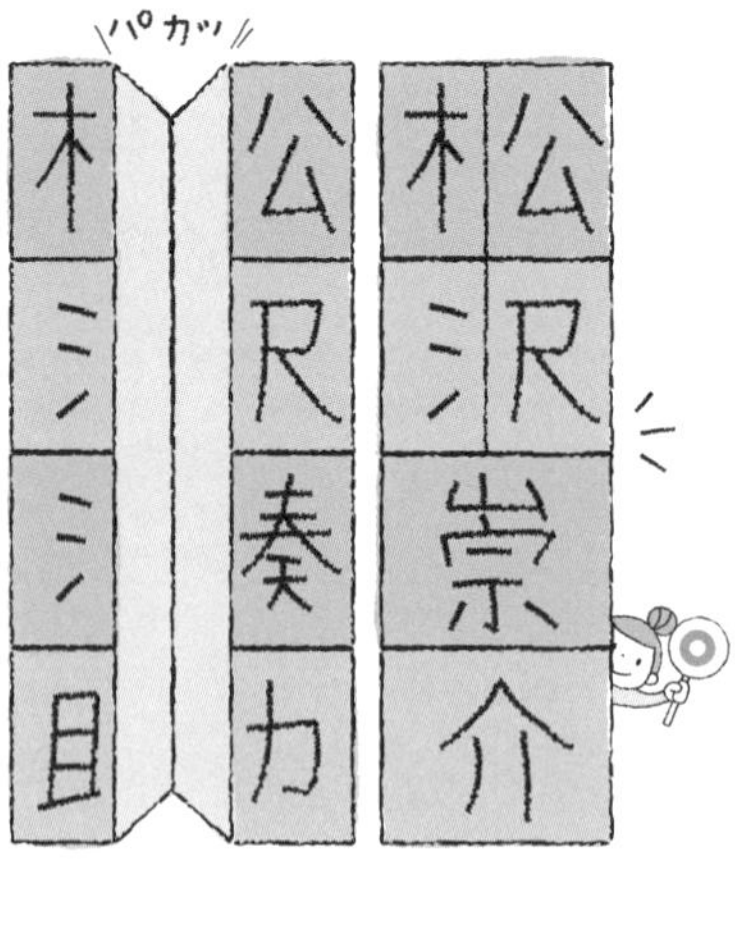

へんやつくり

漢字を構成しているへんやつくりが姓名でダブってしまうと、あまりよい印象を与えません。たとえば「浦沢浩汰」（うらさわこうた）だと、「さんずい」ばかりが目立ってしまいます。

このようなときは「浦沢康太」などに変えるとずっと安定します。「きへん」や「にんべん」も同様です。

「小林桂二」（こばやしけいじ）や「柳沢涼太」（やなぎさわりょうた）のように、姓の最後の文字と名前の1字目に同じ部首が続くのも、あまりバランスがよくありません。実際に書き出してチェックするといいでしょう。

姓と名の区切り

書いたときに、姓名の区切りがわかりづらい名前があります。1字姓の人に多いようですが、たとえば「安」さんの場合、名前を「安　達海」（やす・たつみ）にすると「安達　海」（あだち・かい）とも区切ることができ、まったく違う名前に見えてしまいます。

この場合、姓と名の区切りがはっきりする別の名前にしたほうがいいのですが、どうしても「たつみ」にこだわりがあるのなら、「安　辰巳」「安　竜海」などのように漢字を変えてみましょう。姓でもよく使われる漢字を名前に使うときは、このような気配りが大切です。

濁音

「けんご」「たいが」などの濁音の入った名前は、音に男の子らしい重厚感が出るのでおすすめですが、姓に濁音がある場合、名前にも濁音を入れるのは注意が必要です。姓名の中に濁音が多いと、濁った音に聞こえがちだからです。

たとえば「曽我部源吾」（そがべげんご）と「曽我部健汰」（そがべけんた）を比べてみると、印象の違いは一目瞭然。

どうしても濁音を入れた名前にしたいなら、濁音は姓名合わせて2文字までを目安にするといいでしょう。

左右対称、タテ・ヨコの線ばかりの名前

太市《たいち》
圭介《けいすけ》
幸介《こうすけ》
大喜《だいき》
文太《ぶんた》

一平《いっぺい》
一喜《かずき》
未来《みらい》
日出人《ひでと》
元章《もとあき》

「八木大介」のように、左右に開いた文字で構成されている姓は、見た目に安定感がありますが、名前まで左右対称だと、ちょっと面白味がありませんね。
同じように、「田中由高」などタテ・ヨコの線だけで構成されている姓に、同じようなタテ・ヨコの線だけの名前をつけると、角ばった印象を与えます。
どちらも非対称の漢字を入れることで、見た感じがよくなります。

ガチャガチャだなぁ
そがべげんご
そがべけんた
こっちがイイね

避けたいケースにも気をつけて

置き換え

日本人の姓の多くは漢字2文字ですが、その中には上下を逆にしても通用するものがあります。「中山」→「山中」、「松村」→「村松」などは、初対面の人はとくに勘違いしやすいものです。

こうした姓で、「和俊」（かずとし）→「俊和」（としかず）、「正昭」（まさあき）→「昭正」（あきまさ）などのように、置き換えが起こりやすい名前を持ってくると、たいへん混乱しやすい姓名になるため、名前には置き換えが起きにくいものを考えましょう。

また、「貴大」（たかひろ）や「大貴」（だいき）のように読み方が異なる場合も、見た目には混乱しやすいので避けたほうがいいかもしれません。

姓と名の重複

姓名の音は10音にも満たないので、この中でいくつも音が重複していると音感を悪くします。高橋孝夫（たかはしたかお）など2音の重複はもとより、森田達也（もりたたつや）のように1音の重複にも気をつけてください。ひらがなで書き出してみて、重複を確かめるようにしましょう。

姓と名の音が重複している名前の例

山本	元樹	やまもと・もとき
清水	瑞希	しみず・みずき
野島	昌樹	のじま・まさき
大橋	勝太	おおはし・しょうた
生田	太陽	いくた・たいよう
丸山	雅斗	まるやま・まさと
井上	瑛士	いのうえ・えいじ
宇佐美	光輝	うさみ・みつき

よくある姓

人気がある名前は、言い換えれば「たくさんの人がつけている名前」でもあります。日本人に多い姓（佐藤や鈴木）の人が人気の名前をつけると、同姓同名が多くなります。同姓同名の人は学校でも社会に出ても混乱しやすいので、できれば避けたいところ。日本人に多い姓の人は、名前の漢字や読みを1字変えるなどの工夫をしてみるといいでしょう。

名前に使える 人名用漢字の異体字

使いたい漢字の画数が合わない場合は
その漢字の異体字(旧字)をあたってみてもいいでしょう。
ただ異体字の中には、名前には避けたい「悪」というような字も含まれているので、
ここでは名づけに活用できそうな字の一部を紹介しています。

勉 9	燈 16	莊 10	盡 14	讓 24	涉 10	祝 10	兒 8	嚴 20	劍 15	勳 16	器 16	樂 15	櫻 21	亞 8	旧字
勉 10	灯 6	荘 9	尽 6	譲 20	渉 11	祝 9	児 7	厳 17	剣 10	勲 15	器 15	楽 13	桜 10	亜 7	新字
つとむ	とう	そう	じん	じょう	しょう	しゅく	じ	げん	けん	くん	き	がく	おう	あ	読み

神 10	獎 14	緖 15	社 8	廣 15	顯 23	薰 17	響 22	寬 14	溫 13	逸 12	琢 12	朗 11	龍 16	每 7	旧字
神 9	奨 13	緒 14	社 7	広 5	顕 18	薫 16	響 20	寛 13	温 12	逸 11	琢 11	朗 10	竜 10	毎 6	新字
じん	しょう	お	しゃ	ひろ	けん	かおる	きょう	ひろし	おん	いつ	たく	ろう	りゅう	まい	読み

條 11	將 11	壽 14	驗 23	惠 12	曉 16	氣 10	海 10	祐 10	謠 17	步 7	德 15	藏 18	靜 16	粹 14	旧字
条 7	将 10	寿 7	験 18	恵 10	暁 12	気 6	海 9	祐 9	謡 16	歩 8	徳 14	蔵 15	静 14	粋 10	新字
じょう	しょう	じゅ	けん	けい	あきら	き	かい	ゆう	よう	ほ	のり	ぞう	せい	すい	読み

渚 12	郞 10	彌 17	壘 18	來 8	飜 21	梅 11	都 12	禪 17	穗 17	旧字
渚 11	郎 9	弥 8	塁 12	来 7	翻 18	梅 10	都 11	禅 13	穂 15	新字
なぎさ	ろう	や	るい	らい	ほん	うめ	と	ぜん	ほ	読み

敍 11	福 14	壯 7	祥 11	國 11	藝 18	祈 9	應 17	穰 22	旧字
叙 9	福 13	壮 6	祥 10	国 8	芸 7	祈 8	応 7	穣 18	新字
じょ	ふく	そう	しょう	くに	げい	き	おう	じょう	読み

迷うこともあるでしょう。でも楽しく!

候補の名前を考えてみよう

出産予定日までもうすぐの人も、まだまだの人も、
名づけに思いをめぐらせられるのは妊娠中の今。
自分に合った方法で、名前の候補をたくさん見つけてください。

性別が男の子とわかった! さあ、ここから始めましょう

性別がわからない時期は、名づけといっても漠然としていて、芸能人の子どもの名前をチェックしたり、名づけの本に目を通したりするくらいで、まだまだ考えが固まっていない人も多いでしょう。

でも性別が男の子とわかったら、より具体的に名前を考えられるということ。赤ちゃんに贈る、たった1つの名前を考えはじめましょう。

名づけの手掛かりを見つける4つのコツ

いい名前をつけるには、まずはいくつか候補を出してみるといいでしょう。そこで、名づけの参考になるのは、「音」「イメージ」「漢字」「画数」の4つの発想法です。

これらから、自分に合った方法で、名づけをスタートさせてください。赤ちゃんが将来、「自分の名前が大好き!」と思ってくれたら親としても幸せですね。

音

呼びやすさ、響きなどに注目

イメージ

希望や願いなどに注目

漢字

漢字の持つ意味などに注目

画数

画数による運などに注目

音 「音・響き」の印象から決めよう

好きな音や呼び名が決まっている

初めから「○○」と呼びたい、と呼び名が決まっている人は、漢字をいろいろと当てはめてみましょう。「はると」なら「晴翔」「陽斗」「春飛」など、漢字の組み合わせ次第で、読みは同じでも印象はとても変わります。思っていた以上に候補の漢字が出てくる名前もあります。

個性的な呼び名にする場合、あとから漢字を当てはめるのは少し難しいかもしれませんが、万葉仮名（P.51参照）のテクニックを使えば大丈夫。「レオ」なら「玲央」など、1音を1つの漢字で当てはめます。心に決めた呼び名を大事にして、名前を見つけてください。

最初の音だけ先に決める

名前の音には、その子の性格や人生にも影響するパワーがあるといわれます。音や響きにはそれぞれ特徴・性格があり、赤ちゃんのころから繰り返し呼ばれているうちに、子どもの印象や性格にかかわるというものです。

下の表「各段の音の持つイメージ」というのは、占いと似ていますが、音から決める名づけにはたいへん参考になります。名前の最初の文字を決めれば、音の持つ特徴を赤ちゃんの将来に託すこともできます。P.86の「50音別　響きによる性格の違い」も参考にして、好きな響きの音を見つけてください。

各段の音の持つイメージ

あ段	前向き・決断力 向上心
い段	控え目・気配り 勤勉
う段	几帳面・強気 直感力
え段	明朗活発・誠実 慎重
お段	熱心・堅実 包容力

外国語をヒントに探す

世界に出ても通用する名前にしたいと思うなら、外国語の響きをまねて、魅力のある呼び名を考えてみましょう。

外国の人名や地名などで、日本でも使えそうな音はいくつかあります。たとえば、アラン、ケント、シオン、シュウ、ジョー、ジョージ、タイガ、ライト、ルイ、レオなら、日本でも通用する名前といえるでしょう。外国の映画やドラマを観ながら、使えそうな名前を探すと楽しい名づけができそうです。

気をつけたいのは、日本の名前としてはよくても、外国語にするとマイナスの意味になるかもしれないということ。たとえば「アグリ」と名づけたら、英語圏ではugly（醜い）と聞こえます。

外国人風の名前は、個性的な響き、かっこいい印象など、名前を魅力的にしたいときに使うといいかもしれません。

50音表を活用して名前の候補を広げる

短い音（呼び名）でもお気に入りが1つあれば、そこから50音表を使ってパターンの違う名前を考えることができます。「はる」の響きが気に入り、名前に使いたいと思ったら、すぐに頭に浮かぶのは「はると」ですが、50音表で文字を合わせていくと「はるお、はるく、はるき、はるた、はるま、はるや」といい名前がたくさん浮かんできます。

最近は2音の名前も人気です。名前に使いたいけれど、まわりと同じ名前にはしたくないという場合には、50音表を生かして3音にしてみるのも手です。たとえば「りく」なら「りくお、りくま、りくと、りくや」と広がります。

人気の名前にこの方法でアレンジを加えれば、周囲と重なる可能性は低くなり、新鮮な呼び名ができます。楽しい作業なので、口に出したり、書いてみたりしながら、すてきな名前を見つけてください。

男の子の名前をニックネームから見つけよう

ここでのニックネームとは、親しみを込めて呼ぶ愛称のことで、
本来の名前を少し崩したり、短くしたりしたものです。
小さいころは、本来の名前よりニックネームで呼ぶほうが多いかもしれないので、
「こう呼んであげたいな」という思いを大切にしてください。
胎児ネームが決まっている人もこの方法がおすすめです。

1
赤ちゃんをこんなふうに呼びたいな～という呼び名・ニックネームを考えます。実際に声に出してみると、実感できます。

2
ニックネームとつながりそうな名前を探します。95ページからの「音から選ぶ男の子の名前リスト」も参考に。

3
気に入った名前の読みが決まったら、合う漢字を当てはめてみましょう。漢字の組み合わせで印象も大きく変わります。

たとえば…

「あっくん」と呼びたいな

呼び名は何がいいかな？

- あいと → 愛斗、藍翔
- あきら → 晃、亮
- あつや → 敦也、篤哉

漢字を変えると印象が違うね

ニックネームから名前を考える例

ニックネーム	呼び名（漢字の組み合わせ）
いっくん	いくま（生馬）　いつき（樹）　いっさ（一颯）
おーくん	おおが（大雅）　おうた（凰太）　おさむ（理）
かーくん	かける（翔）　かつしげ（勝重）　かなた（奏汰）
こーくん	こうき（光輝）　こうへい（航平）　こうよう（光洋）
さっくん	さくと（朔杜）　さとし（慧）　さきょう（左京）
しーくん	しおん（紫音）　しどう（獅童）　しもん（志文）
そうくん	そうすけ（奏輔）　そうた（蒼太）　そうすけ（創資）
ひろくん	ひろき（紘貴）　ひろや（裕哉）　ひろと（大翔）
よっくん	ようた（陽汰）　よしたか（嘉孝）　よしき（芳樹）
るーくん	るきや（瑠稀哉）　るい（類）　るか（瑠夏）
れんくん	れん（蓮）　れんたろう（蓮太郎）　れんじ（廉士）

男の子だからこそ、名前で呼びたい！

名前をしっかりと呼びたい人は、ニックネームになりにくい名前を選んでみては。たとえば「しん」くん、「りょう」くん、「げん」くんなどの、短めの名前は力強さも感じられます。

漢字

「使いたい漢字」を見つけよう

好きな漢字に添え字を合わせてみる

使いたい漢字は決まっているのに、名前が思いつかないときは、いろいろな添え字を組み合わせてみるといいでしょう。添え字とは「悠真」（ゆうま）の真、「大翔」（ひろと）の翔などのことです。

「龍」を例にとってみましょう。いろいろな添え字を合わせると、「龍一、龍我、龍次、龍太、龍人」などの名前になりますし、「龍之介、龍太郎、龍二郎」など2文字の添え字もよく合います。

最近は、特定の添え字に人気が集まる傾向があるので、「斗」なら「杜」に、「也」なら「弥」を使うと、男らしくて個性のある名前になるでしょう。

あえて添え字なしの1字名でもかっこいい

男の子は2字名（漢字2文字）が多いので、添え字はとても有効ですが、あえて添え字を使わない選択もあります。実際、1字名は見た目に新鮮で、目を引くよさがあるため、1字名にする人も増えています。

ただし、同じような発想をする人も多いので、特定の漢字に人気が集中する傾向があります。

そこで、男の子の名前によく使われる漢字をアトランダムに抜粋してみると、「蓮……れん」「樹……いつき」「湊……みなと」「翔……しょう」「悠……ゆう」「颯……はやて」「翼……つばさ」「駿……しゅん」「涼……りょう」「仁……じん」「昴……すばる」などが挙げられます。

1字名は、見た目はシンプルですが、声に出してみると言いきる感じがしてスピード感があると思いませんか？

ただし、1字名だと漢字の意味が限られてくる場合もあるので、漢和辞典などでよく意味を調べてから命名するのがおすすめです。

使いたい字や読みに添え字を合わせて 男の子に合う 添え字一覧

あらかじめ使いたい字や読みが決まっていて、名前をつけたいときは、
その文字や読みに添え字をプラスしてみましょう。
万葉仮名風の3文字の名前をつけるときにも、添え字は活躍します。

● 1文字の添え字

あき	旭映暁晃晄朗秋彰昭晶章爽彬明陽亮
いち	一壱逸市
お	於央旺王男緒生夫朗雄
おみ	臣
が	牙我芽賀雅
かず	一員数量和
き	葵喜器基嬉岐希幾揮旗機毅気畿祈季稀紀規貴起軌輝己樹城生槻来暉騎麒熙
きち	吉
ご	五伍午吾悟梧瑚護
ごう	郷剛豪
さく	作朔策索
さと	覚郷賢悟聡知智敏諭利理里怜
し	梓此司示史士始市志思獅至視詞資偲嗣
じ	司侍児慈時次滋治爾蒔二路
しげ	栄慈滋重成盛繁茂
すけ	介佐資助丞典甫輔佑祐亮
ぞう	三蔵造
た	多太汰
だい	大
たか	貴喬教尭敬孝高峻崇嵩尊鷹隆
たけ	偉威岳毅健建剛豪丈竹武孟猛赳
つぐ	継貢嗣次二
てる	映瑛輝光照
と	十人斗杜飛登途都翔渡刀
とし	季歳寿淑俊聡年敏稔利理駿
とも	供共知智朝伴朋友
なり	業就成斉也
のぶ	延述叙伸信宣暢展
のり	紀規教矩訓憲宣則典徳範法
はる	治春榛晴張遥陽
ひこ	彦
ひさ	永久玖寿尚悠
ひで	栄英秀
ひと	人仁
ひろ	拡寛啓宏広弘浩紘尋大拓博裕洋
ふみ	史文 ※「ぶみ」でも使用
へい	兵平 ※「べい」でも使用
ほ	浦帆保圃歩甫輔穂
ま	真馬摩磨麻万満茉
み	海見三視実深美未巳弥
みち	充径通途道満倫路迪
みつ	光三充満
む	武務夢
もん	紋門
や	哉埜八也冶夜耶野弥矢椰
やす	安易恭康泰晏保靖庸廉
ゆき	往幸行征倖雪之
よし	佳嘉快喜儀義吉慶好祥宣善能美芳由良
ろう	労朗郎

● 2文字の添え字

いちろう	一郎　一朗
さく	作久
じろう	二郎　次郎　二朗　次朗
たろう	太郎　太朗　多郎　汰郎
のすけ	之介　乃助　乃輔
ひこ	比古

万葉仮名のイメージで漢字を当てる

万葉仮名とは『万葉集』などに用いられている表現法で、本来の意味とは関係なく、仮名のように漢字を当てることです。ここでの万葉仮名風の名前とは、「亜偉琉」（あいる）のように、1字が1音を表す名前のこと。女の子に使われる傾向がありますが、男の子の名前にも使うことができます。ちなみに、宇宙飛行士の向井千秋さんの夫は「万起男」（まきお）、ノーベル賞受賞者の江崎氏は「玲於奈」（れおな）で、万葉仮名風の名前です。

挟み字を次々と変えて違う名前に

万葉仮名風の名前にするときは、1字目には愛着のある字を使いたいもの。3文字目には、添え字をつけるとまとめやすいでしょう。

ここで紹介する挟み字のテクニックとは2文字目に注目する方法です。たとえば「亜○翔」としてみます。○の部分に、「万葉仮名風の漢字一覧」（P.51）の中から合う漢字を入れてみましょう。「亜衣翔、亜沙翔、亜矢翔……」など、印象の違うさまざまな名前になります。

これもあて字!? 男の子 女の子とも近年よく見かける漢字の読ませ方

人気名前の中にも、あて字や万葉仮名風の読ませ方が見受けられます。広く認知されつつある読み方の一例をご紹介します。ただ、まわりの人に読んでもらえるか、好意的に受け入れられるかを考えることが大切ですね。

寧［ね］
「ねい」とは読みますが、本来「ね」とは読みません。
例：寧々…ねね
瑠寧…るね

愛［あ］
「あい・まな」とは読みますが、本来「あ」とは読みません。
例：琉愛…るあ
結愛…ゆあ

翔［と］
「しょう」とは読みますが、本来「と」とは読みません。
例：大翔…ひろと
翔愛…とあ

音［のん］
「おん・おと」とは読みますが、本来「のん」とは読みません。
例：夏音…かのん
花音…かのん

桜［お］
「おう・さくら」とは読みますが、本来「お」とは読みません。
例：音桜…ねお
真桜…まお

心［こ・ここ］
「こころ」とは読みますが、本来「こ・ここ」とは読みません。
例：心愛…ここあ
心音…ここね

優［ゆ］
「ゆう」とは読みますが、本来「ゆ」とは読みません。
例：美優…みゆ
心優…みゆ

男の子に合う

気に入った名前に当てはめてみよう

万葉仮名風の漢字一覧

懐かしさや優しさが感じられる万葉仮名。
好きな音や響きは決まったけれど、しっくりくる漢字が見つからない人は、
万葉仮名風の漢字を用いてみるのもいいでしょう。

あ	安亜阿
い	以伊衣依委威唯尉惟偉維緯
う	卯右宇有佑祐
え	江栄重衛
お	夫王巨央生男於音旺桜雄緒
か	日加可伽佳果河茄珈珂夏袈嘉樺榎霞
が	我芽峨賀雅駕牙
き	己木生伎気岐希来城軌起基規喜幾揮稀貴暉旗箕器嬉槻毅畿輝機樹麒葵熙
ぎ	伎宜義儀誼
く	久来玖矩駆駈
こ	己古来児虎弧胡湖琥瑚誇鼓
ご	五互午伍呉吾悟梧醐檎護
さ	左早佐作沙咲砂紗嵯瑳
し	士仔史司四市此至孜志始姿思偲梓視紫詞獅詩資
じ	二司次児侍治時滋慈蒔路爾
す	州朱寿洲栖素須諏
ず	寸寿津逗
せ	世勢瀬
そ	素曽曾楚礎
た	太多汰
ち	千地治知茅致智稚馳薙
つ	津通都
で	出
と	人刀十斗杜途都登翔兜
な	七名那奈南梛
に	二仁弐
ね	音祢峰嶺
の	乃之能埜野
は	巴羽波琶葉芭
ひ	日比灯飛斐陽桧
び	弥枇毘琵
ふ	二夫扶芙阜冨富
ほ	帆甫朋歩保圃浦輔穂蒲葡
ま	万茉真馬満摩磨
み	三巳水未見実弥海美深視
む	六武務夢蕪
め	芽
も	百茂
や	八也矢冶夜弥哉耶埜野椰
ゆ	夕友由有佑侑宥柚祐唯悠愉裕諭優
よ	与予世代誉
ら	良楽螺羅
り	吏利里俐哩浬理璃
る	流琉留瑠
れ	令礼伶怜玲
ろ	呂路蕗露鷺
わ	吾和輪環

人気の名前をアレンジしてわが子らしく決める

人気の名前をそのままつけたくないけれど、流行を意識した名前にしたい場合は、少しだけアレンジしてみましょう。

たとえば人気名前ランキングで上位に入る「悠真」（ゆうま）。「悠」は漢字ランキングでも人気なので「悠」を生かし、添え字を変化させてみます。「悠輔」（ゆうすけ）、「悠哉」（ゆうや）、「悠太」（ゆうた）、「悠一郎」（ゆういちろう）。呼び名を変えたくなければ、添え字を「悠磨」「悠茉」などにすると、新鮮さを加えられます。

歴史上の人物をまねたり1字もらったり

尊敬している歴史上の人物がいるならば、その名前にあやかるのもいいでしょう。わが子も立派な人になってほしいという表れですね。時代にもよりますが、歴史上の人物名はとても参考になります。

ただ、その人物があまりにも偉大すぎると、子どもが名前コンプレックスに陥ることも……。また、歴史上の人物は、波瀾万丈の人生を歩んでいることも多いので、名前から1文字だけもらうとか、読みは同じでも漢字を変えるなどの配慮をしたほうがいいでしょう。

家族のつながりを名前で表す

もしもママとパパ両方の名前に、同じ漢字が使われていたら、それはすてきな偶然！　せっかくなので、子どもにも同じ字をつけてみませんか？

たとえば、ママは「貴子」（たかこ）、パパは「貴明」（たかあき）なら、お兄ちゃんが「浩貴」（ひろき）、弟は「雅貴」（まさき）というように。

家族の絆が強くなる感じがして、漢字は同じでも読みは違うので、しつこさはありません。同じ漢字ではなく、音だけ共通にする方法もあります。

間違えやすい漢字

×がついている漢字は名前には使えない字体です。

使える漢字とよく似ているので、とくに注意が必要。

出生届を提出するときに指摘されて、「画数が変わってしまった」

「考え直さなくてはならなくなった」ということがないよう、よく確認しておきましょう。

漢和辞典を味方にして探す

名づけのヒントとして漢和辞典も役に立ちます。画数や意味、なりたちなどを調べるのはもちろん、今まで気がつかなかった漢字に出合えたり、知らなかった漢字の意味がわかったりします。

また、漢字には一般の読みのほかに、人の名前に使える特別な読み方（名のり）があり、漢和辞典にはこれも紹介されています。1文字ごとに、名づけに使える常用漢字や人名用漢字であるかも明記されているので、たいへん便利です。

もし電子辞書があれば、調べるのはもっと早くなるので、名づけの作業もスムーズに運ぶでしょう。漢字を調べるのがどんどん楽しくなるかもしれません。

ただし、画数が変わった漢字もいくつかあるので、最新の辞典を用意したほうが安心です。下に凡例の見方を紹介しますので、辞書を引くときの参考にしてください。

一0 【一】(1) 教常 イチ イッ 漢呉 質

常用音訓 イチ・イッ ひと・ひ

なりたち 指事 一 横線一本で数「一つ」の意を表す。

じめ」、ひとまとめ、同じなどの意に

意味 ①ひとつ。(ア)物や事のひ

うひとつ。片方。「一半《イッパン》」(ウ)あ

「一夜《イチヤ》」 ②ひとたび。(ア)い

一能レ之、己百レ之《ひとひとたびこれをよくすれば、おのれこれをヒャ》

〔中庸〕(イ)いったん…すると。「

て。「一新《イッシン》」⑦もっぱら。「専一

こと。「誠一《セイイツ》」⑨わずか。すこ

《イチアク》」⑩いつに。いったい。なんと。

める助字「一何《イッになんぞ》」《国語》

めしに。

人の名 おさむ・か・かず・かつ・くに

ただ・ち・のぶ・はじむ・はじめ・ひ・

し・まこと・まさし・もと

参考 金銭証書などには、「壱(

いることがある。

常用漢字

一般の社会生活の中で、日常的に使う漢字の目安として定められた漢字のことです。この辞典では「常」と表示されています。常用漢字のうち、小学校で学習するものを「教育漢字」といい、「教」で示している辞典もあります。常用漢字はすべての文字を名前に使うことができます。

画数

この辞典では漢字の下に総画数、漢字の上に部首を除いた画数が記されています。辞典によって表示のしかたが違うこともありますので気をつけましょう。

人の名

音読み・訓読み以外の、とくに名前に使われる漢字の読み方です。「名のり」と記されていたり、記号で示されている辞書もあるので、各辞典の凡例を確認しておきましょう。

意味

その漢字の持っている意味が記されています。P.255以降でも漢字の意味の一部を紹介していますが、1つの文字でも実にさまざまな意味があるので、漢和辞典もチェックしてみて。中にはよくない意味の漢字もあります。漢字を決めるときは、ぜひ目を通してくださいね。

艹9 【葵】(12) 人 艹9【葵】 キ 漢 因 1610

なりたち 形声 艹(くさ)と、音を表す癸《キ》(めぐる意)とで、茎の周りに順に花をつける植物の名、「あおい」の意を表す。

意味 ①あおい(あふひ)。アオイ科の多年草。②「山葵《サンキ》」は、わさび。アブラナ科の多年草。根は香辛料になる。

人の名 あおい・まもる

人名用漢字

常用漢字以外で名前に使うことが認められている漢字のことです。この漢和辞典では「人」と表示してありますが、辞典によっては違うマークで示していることもあります。辞典を使う前に、凡例（マークの解説など、その辞典の使い方の説明）をチェックしておきましょう。

これは使える、役に立つ!

候補名の意外なヒント集

候補の名前がなかなか思い浮かばない…と、うまくスタートできなくても大丈夫!
意外と身近なものには名づけのヒントがたくさん隠れています。
小まめにチェックして、イメージをふくらませてみましょう。

昔の年賀状

友人や会社の人たちから届いた年賀状。過去のママとパパの分を合わせれば、かなりの枚数になりますね。名づけの参考にするだけでなく、ダブらないように子どもの名前は欠かさずチェックしましょう。

テレビ番組の登場人物

番組の登場人物や芸能人の名前をひととおり見てみましょう。主役の名前はもとより、脇役にもいい名前があるかもしれません。また番組の最後に紹介されるプロデューサーや製作スタッフの名前もヒントになるでしょう。

マンガや小説

マンガや小説には、人を引きつける名前がたくさん出てきます。登場人物の名前をそのままもらったり、漢字を変えたりするのもいいでしょう。念のため、漢字の意味と、名づけに使える漢字かどうかを調べておいて。

雑誌『たまごクラブ』『ひよこクラブ』

『たまごクラブ』と『ひよこクラブ』は読者参加型の雑誌なので、数多くの読者名が掲載されています。子どもの名前にはフリガナがふってあり、性別もわかるところが便利。漢字と読みの両方から、ひらめきがもらえそう。

宝塚歌劇団の男役

芸能人の名前を参考にする人はたくさんいますが、視点を変えて宝塚歌劇団の男役の名前を見てみては? 公式ホームページにアクセスすれば、華やかな芸名にピンとくるかも!? 使える漢字かどうかを調べるのも忘れずに。

フリーペーパー、タウン誌の赤ちゃん紹介欄

無料配布のタウン誌やPR誌などにある、出生欄や赤ちゃん紹介コーナー。実際につけられた名前なので、ここから最近の傾向を読み取ることもできます。かわいい赤ちゃんの写真を見ながら参考にできるのもいいところ。

イメージ

「輝かしい未来」を心に思い浮かべて

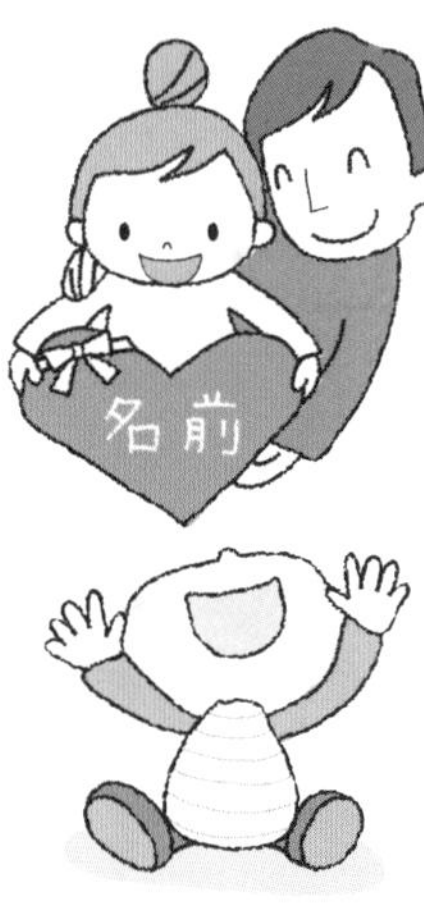

希望や願いを子の名前に託す

名づけの基本にあるのは、わが子へのあふれんばかりの愛情です。この愛情を名前に託して、赤ちゃんにプレゼントしましょう。願いが多すぎて整理できなくても構いません。まずは紙に書き出してみてください。

「素直でみんなに好かれる子」「外を走り回る元気な子」「仕事で成功する子」など、思いつくまま書いているうちに、イメージがわいてきて、使いたい漢字が出てきます。

たとえば「素直」という言葉にピンときたら辞典で調べてみます。「心が正しいこと、正直」という意味があるので、候補の漢字は「素・直・心・正」に。これらの漢字に、添え字をつけるなどして名前を考えてみましょう。P.255の「画数別おすすめ漢字リスト」では、名前例も出ているので活用してください。

もっと具体的に「オリンピックに出てほしい」と思えば、オリンピック選手の名前にあやかったり、「学者になってほしい」と思えば、ノーベル賞受賞者の名前から1字もらったりするうちに、理想の名前に近づくことでしょう。

季節をヒントに考える

生まれた季節をイメージさせる名前は美しい印象を与えます。春夏秋冬の漢字を使うのはもちろん、俳句などに使われる季語にも注目すると、よい名前が考えられそうです。

季語の一部を例に挙げると、春は「桜、東風」、夏は「茂、涼風」、秋は「月、秋晴、流星」、冬は「冬凪、聖夜」など。

ちなみに四季は、春は3～5月、夏は6～8月、秋は9～11月、冬は12～2月ですが、歳時記※では、春は立春（2月4日）から、夏は立夏（5月5日）から、秋は立秋（8月7日）から、冬は立冬（11月7日）からと区別が異なります。

（※年によって日にちが異なることがあります）

地名から名づけのヒントを

ママとパパに思い出の場所はありませんか？　日本の土地、山や川には、美しい響きがたくさんあり、そこから子どもの名前をつけるケースも見られます。

そのまま名前に使うのはもちろん、漢字を1字もらったり、読みをまねしてもいいでしょう。

もし、夫婦で旅行する予定があれば、その地域の名前、山や川の名前をメモに書き留めておくと、あとで名づけに役立つかもしれません。旅先に限らず、故郷に目を向けてもいいでしょう。

男の子なら大自然から見つける

自然を見渡せば、男の子の名前に合う漢字が見えてきます。自然といえば「大地」が思い浮かびますが、強くたくましい印象で、そのまま名前として使えます。大地にそびえる「山」に関心がある人なら、山にかかわる「岳、嶺、登、高、崇」を使っても名前を連想できますね。

さわやかな印象を持つ「空」と「風」、夢やロマンを与えてくれる「海」もイメージを広げやすい漢字です。「空」は「蒼空（そら）」と変化させて、今や人気の名前になっていますし、「風」は、風の吹く音の意味を持つ「颯」の字が名づけによく使われています。

海が好きならば、海にちなんだ「渚、帆、洋、航、汐、凪」などの漢字もあります。どれも男の子の名前にぴったり。パワーを与えてくれそうな「太陽」「光」、壮大で神秘的な「月」「星」「宇宙」に興味があれば、これも名づけのヒントになります。図鑑などをひもとけば、イメージの幅もぐーんと広がり、すてきな名前が生まれそうです。

雄大な印象を持たせたいなら、自然をイメージさせる漢字を使うのがおすすめです。

美しい地名の例

大樹	たいき	（北海道）
大成	たいせい	（北海道）
青海	あおみ	（東京）
大和	やまと	（神奈川）
天竜	てんりゅう	（長野県）
穂高	ほたか	（長野県）
呉羽	くれは	（富山県）
由比	ゆい	（静岡県）
武豊	たけとよ	（愛知県）
伊吹	いぶき	（滋賀県）
世羅	せら	（広島県）
日向	ひゅうが	（宮崎県）

画数

「運のよい画数」ならさらによい名前に

姓名判断をするメリット

画数といえば姓名判断ですが、画数にこだわる人もいれば、まったく気にしない人もいます。名前で人生がすべて決まるわけではありませんから、姓名判断をしない選択もあるでしょう。

出生届を出してから「やっぱり画数が気になる。もしもよくなかったらどうしよう……」と心配するくらいなら、出生届を出す前に姓名判断をしておくとよいでしょう。

とくに男の子の場合は姓が変わる可能性が少ないので、姓と合わせて吉数になるよい名前をつければ、画数に関しては安心です。

どこまで画数にこだわるか?

姓名判断にはいくつかの流派があり、同じ画数でも流派によって運がよかったり悪かったりします。どの流派にも通じる吉数の名前にしたいと思っても、それは不可能に近いので、1つの流派に絞りましょう。ただ、画数ありきで始めると、制約が増えて名前を考えるのが難しくなることもあります。

はじめに自分の好きな方法で候補名を出し、最後に名前を絞り込むときに姓名判断を使えば、すっきりと名前が決まります。

ママとパパで意見が分かれたときにも、姓名判断でよい画数の名前を選べばお互いに納得することでしょう。

Point＊Advice

外国語感覚の名前にするなら

「海外で活躍してほしい」「外国の人と自由に交流できるような子に」
といった願いを名前に込めるママやパパもいます。
ここでは、外国語感覚の名前をつけるコツを紹介します。

音から入るアプローチを

外国語には、従来の日本語にない音の組み合わせがたくさんあります。個性的で外国語感覚の名づけをするなら、この外国語の音を、日本語の音や意味にあてはめるやり方があるでしょう。

音や意味を取り入れるにも、主に２つの方法があります。

１つは、外国語の人名・地名・形容詞などの音を、そのまま日本語にあてはめていくこと。「ルイ」（男性の人名）→「類」、「瑠以」などがこれにあたります。

意味を取り入れるときの注意

もう１つは、外国語感覚のあて字です。その単語の音だけでなく、意味まで含めて日本語にはめ込む方法です。名前の読み※は自由という法則を最大限に利用していく超訳です。たとえば、run→「走」（らん）、luna→「月」（るな）などです。ただし、将来、子どもが幼稚園や小学校に通うときに担任の先生が１回で正しく読んでくれるかどうかは、あやしいでしょう。まわりにすんなり読んでもらいたいなら、避けたほうがいい場合もあります。

また、せっかくつけた外国語感覚の名前が、「外国で通用するか」についてもよく吟味する必要があります。たとえば、イタリア語で「カツオ」は男性器を、フランス語では「コン」が女性器を意味し、ひんしゅくを買ってしまうからです。

また別の観点からいうと、フランス語の場合、h（アッシュ）は発音しませんから、日本語でハ行の音から始まる名前の人はア行の音で呼ばれる可能性が大です。「ハル（陽）」くんは「アル」くんと呼ばれたりするわけです。

外国語感覚の名づけは、辞書で調べたり、語学に強い人にアドバイスをもらってから決めたほうがいいでしょう。

※令和7年5月以降、戸籍法改正により変更予定

ヘボン式ローマ字一覧表

名前は漢字やカナだけでなく、ローマ字表記することも多いもの。
名づけのときはもちろん、赤ちゃんのパスポートを取得するときに役立ててください。

ヘボン式ローマ字つづり一覧表

あ a	い i	う u	え e	お o
か ka	き ki	く ku	け ke	こ ko
さ sa	し shi	す su	せ se	そ so
た ta	ち chi	つ tsu	て te	と to
な na	に ni	ぬ nu	ね ne	の no
は ha	ひ hi	ふ fu	へ he	ほ ho
ま ma	み mi	む mu	め me	も mo
や ya		ゆ yu		よ yo
ら ra	り ri	る ru	れ re	ろ ro
わ wa				を o
ん n(m)				
が ga	ぎ gi	ぐ gu	げ ge	ご go
ざ za	じ ji	ず zu	ぜ ze	ぞ zo
だ da	ぢ ji	づ zu	で de	ど do
ば ba	び bi	ぶ bu	べ be	ぼ bo
ぱ pa	ぴ pi	ぷ pu	ぺ pe	ぽ po

きゃ kya	きゅ kyu	きょ kyo
しゃ sha	しゅ shu	しょ sho
ちゃ cha	ちゅ chu	ちょ cho
にゃ nya	にゅ nyu	にょ nyo
ひゃ hya	ひゅ hyu	ひょ hyo
みゃ mya	みゅ myu	みょ myo
りゃ rya	りゅ ryu	りょ ryo
ぎゃ gya	ぎゅ gyu	ぎょ gyo
じゃ ja	じゅ ju	じょ jo
びゃ bya	びゅ byu	びょ byo
ぴゃ pya	ぴゅ pyu	ぴょ pyo

ヘボン式ローマ字表記で注意する点

ヘボン式ローマ字の表記には、いくつかのルールがあります。
ルールをマスターして正しく表記しましょう。

① 撥《はつ》音《おん》（“ん”で表記する音）

ヘボン式ではB・M・Pの前にNの代わりにMを置きます。

例 **Jumma**（じゅんま）

② 促《そく》音《おん》（つまる音。“っ”）では子音を重ねて示します。

例 **Ikki**（いっき） **Issa**（いっさ） **Etchu**（えっちゅう）

※ただし、チ（chi）、チャ（cha）、チュ（chu）、
チョ（cho）音にかぎり、その前にtを加えます。

③ 長音表記

「おう」または「おお」はOかOHによる
長音表記のいずれかを選択できます。

氏名のふりがな	パスポートに記載することができる表記一覧	
	ヘボン式ローマ字表記	OHによるローマ字表記
オオ	O	OH
オオノ	ONO	OHNO
コオリ	KORI	KOHRI
オウ	O	OH
コウノ	KONO	KOHNO
オウギ	OGI	OHGI
カトウ	KATO	KATOH
ヨウキ	YOKI	YOHKI

※ヘボン式ローマ字表記またはOHによる長音表記のいずれかの表記をパスポートでいったん選択したら、
それ以降のパスポートの申請は必ず選択した方式を一貫して使用し、途中で変更することがないようにしましょう。

※長音が入る姓の人で、家族間で姓の表記が異なっている場合、外国に入国する際にトラブルが生じる場合があります。
姓の表記の選択では、家族が同一の表記になるように注意しましょう。

名づけのゴールはすぐそこ!

候補名がそろったら本命を絞り込もう

赤ちゃんのために、たった1つのプレゼントを決めるときがやってきました。
思い悩んでつけた名前はきっと最高に違いありませんが、
最後にもう一度、これだけは確認しておきましょう。

ママとパパ 2人で決める

赤ちゃんにつけたい名前がいくつもあって1つに絞れないときは、姓と名を書き出してみましょう。全体を見てバランスのいい名前はどれでしょうか？ 声に出してみて、イメージにぴったりの名前はありますか？ ひらめき（インスピレーション）も大切です。もちろんママだけではなく、パパにも参加してもらって共同作業にしましょう。

まだあるかも？ 名づけの〝うっかり〟

これまでに説明した名づけの注意点をクリアしているなら、「いい名前」といっていいでしょう。生まれた赤ちゃんの顔を見てから決める人は、候補を2つ、3つまで絞るといいかもしれません。

うっかり見逃している点もあるかもしれないので、出産までの間に、さらにチェックを重ねてください。

うっかり 1 変なあだ名になることはない？

将来、子どもが変なあだ名をつけられないように気を配りたいものです。「大場奏人」（おおばかな人）のように、からかわれやすい名前にならないよう確認しましょう。

また、「山田 登」（やまだのぼる）「橋田 渡」、（はしだわたる）のように、姓と名の意味が近すぎると、友だちに冷やかされるかもしれません。

真平（しんぺい→まっぴら）など読み方が変わるものも要注意。イニシャルが「N・G」「W・C」「S・M」になるのも避けましょう。

うっかり2

近くに同じ名前や愛称の子どもはいる？

身近なところに同名の子どもがいると、名前を呼んだときに同時に振り向くのでややこしくなります。ご近所やお友だち、その兄弟に同じ名前がいないか、わかる範囲で確かめましょう。

また、名前は違っても愛称が同じになるケースがあります。たとえば「しゅんや」「しゅんすけ」「しゅんいち」「しゅんぺい」は、みな「しゅんくん」と呼ばれがちです。

とくに小さいころは、姓より名前で呼ばれることが多いので、同じ名前はできるだけ避けたいのですが、人気の名前をつけた場合は、どんなに気をつけても重なってしまうことがあります。幼稚園や保育園に入ったら、同じ名前の友だちがいたという話もよく聞きます。

今できることは、知っている範囲で同じ名前をつけないこと、人気の高い名前は工夫することでしょう。

うっかり3

マイナスの意味はないですか？

名前のほとんどは漢字の組み合わせで決まりますが、場合によって思いがけない意味を持つことがあります。たとえをいくつか挙げてみましょう。

●「心太」→ところてん ●「海星」→ひとで ●「海月」→くらげ ●「聖林」→ハリウッド ●「和尚」→おしょう ●「公司」→コンス（中国語で会社の意味） ●「信士」→仏門に入った男性、戒名に添える語 ●「徳利」→とっくり ●「佳人」→かじん（美女のこと） ●「良人」→りょうじん（夫のこと）。

意味を知らなければ、そのままつけてしまいそうですが、あとで別の意味があることに気づいて、名前に愛着がなくなっては大変です。そんな意味とは知らずにつけた……ということがないように、漢和辞典で別の意味や読み方がないか、確かめてみましょう。

これで最終決定!

ママもパパもみんな大好きな名前である

思い悩んで名前を決めたママとパパ。この2人が決めた名前を、赤ちゃんも気に入ってくれるでしょうか？

これから一生、赤ちゃんはこの名前とつき合い、家族やまわりの人に支えられながら生きていきます。だからこそ、本人にも家族にも、社会にも受け入れられる名前がいいでしょう。

そして、子どもが自分の名前に愛着を持ってくれたら、最高の名づけができたといえるのではないでしょうか。

ママ、パパの「なぜ？　なに？」にお答えします

初めての 名づけQ&A

名づけを進めているうちに出てきた疑問の数々……。
名前を決定する前に、1つずつ解決していきましょう。
監修の栗原里央子先生にアドバイスをいただきました。

Q1 よい画数でないと、子どもの人生は運が悪くなる？

気に入った漢字があるので、名前に使いたいのですが、姓と合わせるとよい画数になりません。画数のよい名前をつけないと子どもはしあわせになれない？

A 人の運命は画数だけで決まるわけではありません。運命は「生年月日」「環境・経験」「遺伝」「開運法」の4つの要素が左右するといわれ、姓名判断は開運法の中に含まれているので、影響力としてはそれほど大きくないのです。

名づけが単なる画数合わせに終わっては、それこそ「よい名前」から離れてしまうでしょう。

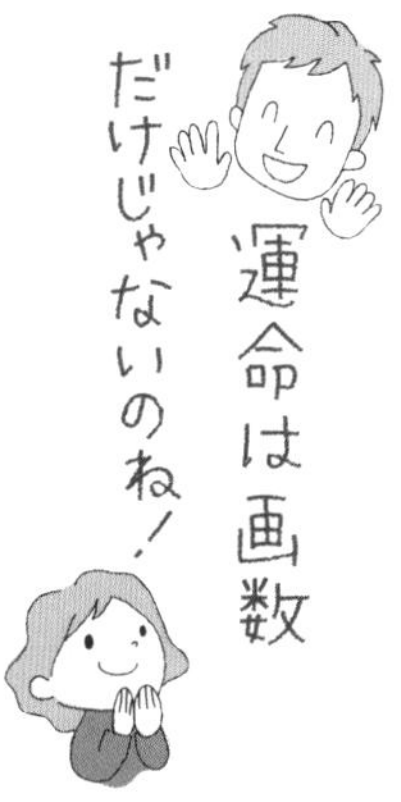

Q2 親子間で相性がよくなる名前にするには？

私は父と折り合いが悪く、子どものころから、しょっちゅうケンカばかりしていました。そのせいもあって、生まれてくる子どもとは仲よくやっていきたいと思っています。親子間で相性のいい名前をつける方法はありますか？

A ママ・パパの名前から1字つける場合、音も同時につけるのはどうでしょう。発音が同じ、または近いと耳から入りやすく、口にしたときに親近感を覚えやすいものです。名前で呼んでいると、自然と絆が生まれ、きっと仲のよい親子になるでしょう。

ただ、ママ・パパから1字つける場合、その字の応用度が高いかどうかがポイントになります。応用しにくい字を無理して使い、違和感が出ないようにしてください。「親の名から1字つけると、親を超えられない」というのはまったくの迷信です。

Q3 兄弟が生涯ずっと仲よくしてくれる名前は？

昨年長男が生まれ、名前は「広大」（こうだい）にしました。今、おなかには2人目の男の子がいるので、兄弟仲よく育ってほしいと願っています。兄弟で相性のよい名前のつけ方を教えてください。

A この場合なら、兄弟ともに「大」の字を使ってみたらどうでしょうか？人気漢字の「大」には、「だい、ひろ」という読み方があります。この字は応用がきくので、「大○」とする方法も考えられます。たとえば、大輔（だいすけ）、大地（だいち）、大成（たいせい）、大和（やまと）などです。

Q4 3兄弟に統一感のあるかっこいい名前をつけたい

先日、おなかの赤ちゃんが男の子とわかりました。前から子どもは3人欲しいと思っていたので、あと2人が男の子だった場合を考えて、今から3人の名前を準備しようと思います。3兄弟にふさわしい、かっこいい名前をつけるコツはありますか？

A 3兄弟に「太・平・洋」の文字を1字ずつ使った人がいます。3人の名前を1字ずつ合わせると、ある言葉になるというのは、すてきなアイデアですね。あるいは、関連のある漢字を3つ考え、1文字ずつあてはめてもいいでしょう。たとえば日・月・星のイメージなら、左のような名前が候補に挙がります。

例 日…朝日（あさひ）、日雄（ひゆう）
月…悠月（ゆづき）、汰月（たつき）
星…一星（いっせい）、龍星（りゅうせい）

Q5 家族共通の漢字「義」でよい名前をつけたい

夫の家は代々、男の子が生まれたら「義」の字を使うのがしきたりになっています。祖父は「義助」、父は「義太郎」、夫は「義雄」。私たちの子どもも「義」を使うものと決められているのですが、私は「陸」や「蓮」など、今風の1字名をつけたいのです。

古くてかたいイメージの「義」を使って、なんとか読み方や組み合わせで今風の名前にできないでしょうか？

A 「義」には「立派な・正しい道」など、とてもよい意味がありますから、むしろおすすめの漢字です。

読み方は「ぎ」ではなく、「よし」という音にして、人気のある添え字を組み合わせます。この場合、「義」は画数が多いので、添え字には画数の少ないものを選んでください。

例 義生（よしき）、義斗（よしと）
義也（よしや）

Q6 「一郎」を「じろう」と読ませてもいいですか?

名前に使える漢字は決まっていますが、読み方は自由であると聞いています。たとえば、「一郎」を「じろう」と無理に読ませても構わないのでしょうか? 許容の範囲を教えてください。

A ※原則として読み方は自由です。実際に「飛翔」と書いて「つばさ」と読ませる名前があります。これは社会通念上認められる範囲ですが、「一郎」を「じろう」と読ませる極端なケースでは、役所の窓口で受理されないでしょう。

あまり無理な読み替えは避けるようにしましょう。あくまでも常識の範囲内にとどめてください。

Q7 二男の名前に、「一」を入れられる?

2人目の男の子を出産しました。長男は「朔也」(さくや)という名前ですぐに決まったのですが、二男はなかなかいい名前が浮かばず、夫婦でやっと決めたのが「龍一」(りゅういち)という名前。でも「二男に『一』を使ったらまぎらわしいのでは?」という両親の意見もあり、迷っています。年子なので、二男が長男に間違えられる心配もあるので、やめたほうがよいでしょうか?

A 長男に「二郎」、二男に「一郎」とつけても法的に問題はないでしょう。ただ、数詞は序列を表すので、混乱する可能性はあります。

まわりから何度も間違われるようでは、子どもたちに迷惑がかかるので、考え直すのも一考です。上のお子さんが「朔也」なら、添え字の「也」を兄弟でそろえて、「龍也」(りゅうや)などとするのはどうでしょうか。

Q8 個性的な名前は、おじいちゃんになったときに変?

子どもに「類」(るい)という名前をつけたいのですが、パパと冗談で「この子が年をとったら『類じいさん』だね。ちょっと変だなあ」という話になりました。子どもの名前は年をとったときのことまで考えてつけるべきですか?

A 「類」という名前、かっこいいですね。年齢を重ねたときの感じ方は、人それぞれ。人気の読み方なので、同世代の子どもたちによくある名前です。そのころは「類じいさん」のような名前も珍しくなく、違和感もないと思います。

※令和7年5月以降、戸籍法改正により変更予定

Q9 歴史上の人物にあやかって「家康」とつけたい

パパは歴史が好きなので、「男の子なら、歴史上有名な武将の名前をつけたい」と言っています。「家康」「信長」「清盛」などを挙げていますが、私は「古すぎる！　名前負けしそう！」と反対しています。歴史関係で、今でも違和感のない名前なら夫婦で納得できるのですが、よい方法はないでしょうか。

A 歴史上の人物にあやかる場合は、すでに功績がわかっているので、イメージが覆される心配がありません。ただし、あまりにも偉大な人物だと、そのイメージに引きずられて、将来名前でからかわれるかもしれません。

候補に挙げられた名前は、今の時代の名前としては古めかしいように感じます。幕末から明治にかけて活躍した人物なら、今でも通用する名前が見られるので、ご夫婦で検討してみてください。

例　龍馬、晋作、博文、隆盛、利通

Q10 男の子にひらがなの名前はおかしい？

パパの名前は、ひらがなで「たけし」です。パパは気に入っているので、子どもの名前もひらがなにしたいそうです。でも、男の子でひらがなの名前は珍しく、私はどうしようかと悩んでいます。もし、男の子に合うひらがなの名前のつけ方があれば、教えてください。

A 男の子のひらがな名は、それほど多くはありませんが、漢字のように字の意味にとらわれることがないため、考えやすいと思います。ひらがなの名前は、音だけの勝負ともいえ、個性的な音の名前につけるとぴったりはまるでしょう。

音でいえば3音程度で、通常、漢字1字で表記されるような名前を考えてみるとよいでしょう。

ひらがなだけでなく、カタカナも参考にするといいかもしれません。

Q11 結婚して姓が変わることを考えたほうがいい？

結婚前、パパの名前は「武藤由高」でした。でも結婚して、私の姓に変わったら「山田由高」に。なんだかカクカクした感じです。子どもにはこんなことがないように、もし姓が変わっても、バランスのとれた名前にしたいのですが……。

A 姓が変わる・変わらないは、まだ先のことですし、考え始めたらきりがありません。夫婦別姓の時代も間もなくやってくるかもしれません。基本的には、今の姓で考えましょう。

名前は「山田」に合うように、左右対称ではない漢字から選ぶといいでしょう。

Q12 夫の両親がつけた名前を断る方法はある？

赤ちゃんの名前に、夫の両親が以前から考えていたという「佐々木英夫」を提案してきました。義父の「英治」からとった名前だそうですが、私たちは「翼」と決めていたため、気まずい雰囲気に。うまく断る方法はありませんか。

A 義理の両親から突然名前を提案されても、すぐに受け入れられないのは当然ですよね。「英夫」という名前自体はいいと思いますが、これは祖父母世代に多い名前です。

姓名を合わせると、「木」「英」「夫」と似た形の漢字が並ぶのでバランスの点からはあまり感心しません。

そこで、ご両親を説得するのに、姓名判断を使ってはいかがでしょう。「英夫」は12画で苦難数の1つです。一方、「翼」は17画で「積極的、地位と財産を築く吉数」。それをお話しすれば、ご両親も意見を変えてくれるかもしれません。

Q13 旧字体の姓は、何画と数えるのが正しいの？

赤ちゃんの名前は姓名判断をして決めようと思っています。わが家では、普段は「小沢」と書いていますが、戸籍上では「小澤」です。姓の画数はどちらを基準にすればいいですか？

また、子どもの名を「薫」にしたいのですが、「くさかんむり」は3画だという人と、4画だという人がいます。どちらが正しいのでしょうか？

A 戸籍上が「小澤」であれば、「小澤」で画数を数えるのが基本です。しかし、姓名判断とは姓名全体の画数で占うもの。日常生活で「小沢」と表記しているならば、「小沢」で画数を数えたほうがいいでしょう。

「くさかんむり」は、流派によって6画、4画、3画と数え方が違うようです。本書の場合は、名前は公認された文字（常用漢字・人名用漢字）を見たままの字体の画数で数えているので、「くさかんむり」は3画となっています。ですから、「薫」は16画と数えましょう。

Q14 外国人のように「○○Jr.」とつけたい

海外スターのように「○○Jr.」と、かっこいい名前にしたいのですが、日本でも名前に「Jr.」とつけられますか？

A 残念ながら答えはノーです。「Jr.」をはじめとしたアルファベットは、名前には使えません。ただ、「○○ジュニア」とカタカナに変えれば名前として登録できますが、日本で生活をするのであれば、おすすめできません。

同じくミドルネームにあこがれている人もいますが、これもカタカナにすれば登録できます。日本の戸籍には姓と名の欄があるだけで、ミドルネームの欄はありません。ですから、「安部洋平」（あべようへい）の名前にジェームスというミドルネームをつけたいと思ったら、名前の欄に「ジェームス洋平」と登録することになります。名づけは個人の自由ですが、特別な理由がない限り、子どもを悩ませてしまうのでやめましょう。

Q15 親子で同じ名前にしてもいいの？

パパはすてきな名前の持ち主で、赤ちゃんにつけてもいいくらい今風です。ふとした疑問ですが、親子で漢字も読みも同じにして戸籍登録できますか？

A 法律上、同じ戸籍内で同じ漢字の名前を使用することは認められていません。しかし、同じ漢字がいけないだけで、カタカナやひらがなに変えたり、漢字を変えて同じ読み方にすれば可能です。ただ、家庭内に同姓同名の人がいたら混乱するので避けたほうがいいでしょう。

Q16 将来、同じ名前の人と結婚したらどうなるの？

おなかの子は男の子で、名前は「優」にほぼ決まり。でも1つだけ心配事が…。それは、将来「優ちゃん」と結婚したらどうなるのかということです。

A 「ゆう」「ひなた」「そら」など男女両方で人気の名前は、将来、結婚相手と同姓同名になる可能性があります。

その場合は、基本的に2人とも同じ姓で同じ名前になりますが、社会的に不都合が生じる理由があれば、家庭裁判所に改名を申し出ることができます。

スムーズに提出するために

出生届の書き方と出し方

赤ちゃんが生まれたら、名前を記入して出生届を役所などに提出します。
これで正式に戸籍に登録されることになるので、慎重に進めましょう。

赤ちゃんが生まれたら まず出生届を用意しよう

出生届は病院や産院で渡されることが多いので、あまり心配はいりませんが、不安なときは母親学級や役所などで事前に聞いておくといいでしょう。

病院・産院でもらう

病院や産院で出産した場合は、退院するまでに、出生届を渡してくれるので、自分で準備する必要はありません。このとき、出生届の右半分にある「出生証明書」は、お産に立ち会った医師、または助産師など法的資格のある人が記入してくれます。

ただ施設によっては用意されないこともあるので、前もって確認しましょう。

役所でもらう

自宅出産などの場合は自分で用意しなければならないので、自治体の役所の戸籍担当窓口でもらいましょう。出張所や支所に用意されていることもあるので、確認してから行くようにしましょう。

何枚必要か?

赤ちゃん1人につき1枚が必要です。1通の出生届に2人分の記入欄はありません。ですから双子が生まれたら2通、三つ子の場合は3通必要となります。

病院で双子を出産した場合、当然のことながら出生証明書を2人分記入した状態で、2通手渡されます。

※マイナンバー制度により、今後、手続きや書類が変更になる可能性があります

名づけ&主な行事 タイムスケジュール

出生届の提出期限をうっかり忘れてしまうことのないように、あらかじめチェックしておきましょう。お祝い事の行事日程も参考にしてね。

スタート

妊娠

▼

予定日までに候補選び

名前は赤ちゃんの顔を見てからという人も、出産予定日までには男女それぞれの候補名をいくつか考えておいたほうが安心です。出産後14日間は、あっという間です。

▼

1日目　誕生　○月○日

赤ちゃんとの対面はどうでしたか？　赤ちゃんにぴったりの名前を選んであげましょう。まだ考えていなかった人は、これからが勝負！　期限に間に合うように考えましょう。

▼

7日目　お七夜　○月○日

赤ちゃんの命名式とお披露目を行います。誕生した日から7日目に行うのがしきたりですが、最近では日にちにこだわらない傾向も。半紙や奉書紙に赤ちゃんの名前を書いて、神棚や床の間などへ。

▼

ゴール

14日目　出生届提出期限

市区町村の役所に出生証明書、出生届、印鑑、母子健康手帳、国民健康保険証（加入者のみ）を持参して、出生届を提出します。提出期限が役所の休日の場合は、休み明けが提出期限となります。遅れないよう注意しましょう！

▼

30日前後　お宮参り　○月○日

お宮参りとは、赤ちゃんが生後30日前後のころに神社にお参りをする習慣のこと。現在ではあまり時期にこだわらず、赤ちゃん・ママの体調のよいときにお参りすることも増えています。

▼

100〜120日　お食い初め　○月○日

一生食べ物に困らないように、健康に過ごせますようにとの願いを込めて、初めておっぱい・ミルク以外のものを食べさせる行事。実際には、お赤飯などを食べさせるまねをします。

くれぐれも字の間違いに注意

いざ記入！その前に…

記入のしかたは難しくはありませんが、ママが書くのか、パパが書くのか、事前に相談しておいたほうがいいでしょう。字の間違いがないように、細心の注意を払ってください。

誰が書くか❶〈出生届〉

出生届は、右半分が「出生証明書」、左半分は「出生届」になっています。この「出生届」は届出人（原則として父母）が記入することになっています。

ママが書く場合もあれば、産後疲れや赤ちゃんのお世話で忙しいママに代わって、パパが書くこともあります。夫婦ともに書き方を理解しておくと安心です。

誰が書くか❷〈出生証明書〉

右半分の「出生証明書」はお産に立ち会った医師や助産師が記入します。自宅出産した場合は、立ち会ってくれた助産師など資格のある人が記入します。

ただ、医師や助産師は「子の氏名」欄の記入をしないので空欄のままです。役所に提出する際にも、空欄でも問題はありません。

お手本を見ながら書けば安心

出生届 記入のポイント

出生届は役所に提出するときに戸籍係の人がチェックします。
不備なく、受け付けてもらえるように、正確に記入しましょう。

記入の注意

鉛筆や消えやすいインキで書かないでください。

子が生まれた日からかぞえて14日以内に出してください。

子の本籍地でない市区町村役場に提出するときは、2通提出してください（市区町村役場が相当と認めたときは、1通で足りることもあります。）。2通の場合でも、出生証明書は、原本1通と写し1通でさしつかえありません。

子の名は、常用漢字、人名用漢字、かたかな、ひらがなで書いてください。子が外国人のときは、原則かたかなで書くとともに、住民票の処理上必要ですから、ローマ字を付記してください。

よみかたは、戸籍には記載されません。住民票の処理上必要ですから書いてください。

□には、あてはまるものに☑のようにしるしをつけてください。

筆頭者の氏名には、戸籍のはじめに記載されている人の氏名を書いてください。

子の父または母が、まだ戸籍の筆頭者となっていない場合は、新しい戸籍がつくられますので、この欄に希望する本籍を書いてください。

届け出られた事項は、人口動態調査（統計法に基づく指定統計第5号、厚生労働省所管）にも用いられます。

出生証明書

	子の氏名		男女の別　1男　2女
	生まれたとき		令和　年　月　日　午前 午後　時　分
(10)	出生したところ及びその種別	出生したところの種別	1病院　2診療所　3助産所　4自宅　5その他
		出生したところ	番地 番　号
		(出生したところの種別1〜3) 施設の名称	
(11)	体重及び身長		体重　グラム　身長　センチメートル
(12)	単胎・多胎の別		1単胎　2多胎（　子中第　子）
(13)	母の氏名		妊娠週数　満　週　日
(14)	この母の出産した子の数		出生子（この出生子及び出生後死亡した子を含む）　人 死産児（妊娠満22週以後）　胎
(15)	1医師 2助産師 3その他		上記のとおり証明する。 令和　年　月　日 (住所) 番地 番　号 (氏名)　印

記入の注意

夜の12時は「午前0時」、昼の12時は「午後0時」と書いてください。

体重及び身長は、立会者が医師又は助産師以外の者で、わからなければ書かなくてもかまいません。

この母の出産した子の数は、当該母又は家人などから聞いて書いてください。

この出生証明書の作成者の順序は、この出生の立会者が例えば医師・助産師ともに立ち会った場合には医師が書くように1、2、3の順序に従って書いてください。

「出生証明書」は出産した施設で記入してもらいます。

記入前、記入後には必ずチェック!

※「出生証明書」は解説のため縮小されています。

❶日付

役所に提出する日を記入します。夜間・休日窓口に出すときも、提出する日を記入。

❷赤ちゃんの名前の読み方※

名前の読み方を記入するのは、住民票の処理のために必要なもので、戸籍には記載されません。

❸嫡出子

「嫡出子」とは、正式に婚姻の手続きをした夫婦の間に生まれた子のことです。「嫡出子でない子」とは、正式に婚姻の手続きをしていない女性から生まれた子のことです。

❹生まれたところ

右側の出生証明書「出生したところ」と同じ住所を都道府県名から書きます。

❺世帯主の氏名

世帯主がパパでなく、赤ちゃんの祖父の場合は、祖父の氏名を記入。「世帯主との続き柄」は「子の子」と記入します。

❻生年月日

元号（昭和・平成・令和）で書く決まりになっています。西暦ではありません。

❼本籍

本籍が住所と違い、正しくわからない場合は、本籍地が記載された住民票をもらって確認しましょう。筆頭者とは戸籍のはじめに記載されている人のことです。

❽母の職業

専業主婦の場合は、「無職」と記入します。

❾届出人

届出人とは、役所の窓口に持参した人のことではありません。原則として赤ちゃんの父親か母親です。

＊書き間違えたら、その箇所に二重線を引き、押印して余白に正しく書き直します。修正液は使えません。

※令和7年5月以降、戸籍法改正により変更予定

出　生　届

❶ 令和　　年　　月　　日 届出

長　殿

受理　令和　年　月　日 第　　号	発送　令和　年　月　日		
送付　令和　年　月　日 第　　号	長印		

書類調査	戸籍記載	記載調査	調査票	附票	住民票	通知
※ ❷				❸		

(1) 生まれた子	（よみかた）	たま　ひよこ	
	子の氏名	氏 多摩　名 陽代子	父母との続き柄：☑嫡出子　□嫡出でない子　（長 □男 ☑女）
(2)	生まれたとき	令和 ◯ 年 1月 1日 ☑午前 □午後 10時 00分	
(3)	❹生まれたところ	東京都多摩市落合1丁目34 番地 番 号	
(4)	住所（住民登録をするところ）	東京都千代田区神田神保町2丁目44 番地 番 号	
		❺世帯主の氏名 多摩恵一	世帯主との続き柄 子
(5) 生まれた子の父と母	❻父母の氏名 生年月日（子が生まれたときの年齢）	父 多摩恵一 平成◯年 8月31日（満◯歳）	母 多摩久美子 平成◯年 6月13日（満◯歳）
(6)	❼本籍（外国人のときは国籍だけを書いてください）	東京都千代田区神田神保町2丁目44 番地 番	
		筆頭者の氏名 多摩恵一	
(7)	同居を始めたとき	平成 ◯ 年 10月（結婚式をあげたとき、または、同居を始めたときのうち早いほうを書いてください）	
(8)	子が生まれたときの世帯のおもな仕事と	□1. 農業だけまたは農業とその他の仕事を持っている世帯 □2. 自由業・商工業・サービス業等を個人で経営している世帯 □3. 企業・個人商店等（官公庁は除く）の常用勤労者世帯で勤め先の従業者数が1人から99人までの世帯（日々または1年未満の契約の雇用者は5） ☑4. 3にあてはまらない常用勤労者世帯及び会社団体の役員の世帯（日々または1年未満の契約の雇用者は5） □5. 1から4にあてはまらないその他の仕事をしている者のいる世帯 □6. 仕事をしている者のいない世帯	
(9)	父母の職業	（国勢調査の年…　年…の4月1日から翌年3月31日までに子が生まれたときだけ書いてください） 父の職業 会社員	母の職業 会社員 ❽
その他			

❾ 届出人	☑1. 父 □母　□2. 法定代理人（　　）　□3. 同居者　□4. 医師　□5. 助産師　□6. その他の立会者　□7. 公設所の長	
	住所 （4）欄に同じ	番地 番 号
	本籍 （6）欄に同じ　番地 番	筆頭者の氏名
	署名 多摩恵一　印	平成 ◯ 年 8月 31日生

事件簿番号	

いよいよ名前を戸籍に登録

出生届を提出しよう

ママとパパが決めた世界一の名前を出生届に記入したら、速やかに提出します。

誰が提出するの?

出生届を役所に提出するのは原則として赤ちゃんの父母です。実際、ママはまだ入院中だったり、産後の疲れもあったりするので、パパが行くケースも多いようです。赤ちゃんの両親とも提出に行けない場合は、同居者などの代理人でも構いません。郵送することもできますが、念のため事前に確認をしておきましょう。

赤ちゃんの両親以外の人が提出する場合は、出生届にもれがないか、必ず見直しましょう。記載に間違いがあった場合、代理人ではその場で訂正することはできません。

万が一、赤ちゃんの名前の漢字が間違っていても、気づかずにそのまま戸籍に登録されてしまいます。可能な限り、赤ちゃんの両親どちらかが行くようにしましょう。

どこへ提出するの?

提出先は次の役所の戸籍窓口です。

- **届出人（父母）の本籍地**
- **住民票のある市区町村**
- **赤ちゃんの出生地（病院などの所在地）**

これらが法律上で規定されている提出先となります。

夜間・休日窓口に出す場合

受付時間内に役所に行けない場合は、夜間・休日受付窓口（守衛室など）に提出することができます。場所はわかりにくいこともあるので、事前に確認しておくといいでしょう。書類は一旦預かりの形になり、後日、受付時間帯に審査され、正式に受理・決定となります。ただ、夜間・休日窓口では母子健康手帳の出生届出済証明、子どもに関する手当・助成の手続きなどはできないので、再び通常の受付時間に役所に行くことになります。

いつまでに提出するの?

出生届は、赤ちゃんが生まれた日から数えて14日以内に提出することが法律で定められています。また14日目が土日祝日などで役所が休みのときは、休み明けの日まで延長されます。

通常の受付時間に届けられない場合は、夜間・休日窓口でも受け付け可能です。期限を過ぎると、過料（5万円以下）の対象になることもあるので、注意してください。

そのほかに必要なものは?

正確に記入した出生届のほかに必要なものがあります。1つは印鑑。その場で間違いに気がついたときに、線を引いて訂正し印鑑を押します。もう1つは母子健康手帳。「出生届出済証明」の箇所に証明をしてもらいます。

また出生届と直接関係ありませんが、国民健康保険加入者の場合、出産育児一時金の手続きがあるので、国民健康保険証、預金口座番号がわかるものを持参しましょう。

出生届提出時の持ち物チェックリスト

- □ 医師の証明がある出生証明書と記入済みの出生届
  ※親の本籍地に提出する場合でも、それ以外のところで提出する場合でも、1通でかまいません。
- □ 届出人の印鑑
- □ 母子健康手帳
- □ 国民健康保険証（加入者のみ）

14日以内とは? もし過ぎたら?

出生届の提出期限14日以内を間違えないようにしましょう。たとえば生まれた日が4月1日なら、14日目は4月14日です。14日を過ぎても受理はしてもらえますが、1日でも遅れたら「戸籍届出期間経過通知書」に遅れた理由を書かなければならず、戸籍にもそのことが記載されてしまいます。遅延の理由によっては過料が科せられることもあります。

↓ 生まれた日　　　　提出期限 ↓

1日目	2	3	4	5	6	7	8	9	10	11	12	13	14日目	平日の開庁日

14日目が土日祝休日の場合は翌開庁日まで延びる ↑

困ったとき、どうすればいい?

出生届 Q&A

出生届に関する質問を集めてみました。
さらに詳しく知りたい場合は、
役所で尋ねてみれば間違いがありません。

Q1 母子健康手帳がなくても出生届は提出できる?

私は里帰り出産で、しばらく実家にいます。その間、パパは自宅で一人暮らし。母子健康手帳は私が持っていたいのですが、出生届は、母子健康手帳がなくても提出できますか?

A できます。母子健康手帳を持っていくのは、母子健康手帳に出生届を受けた役所が証明をする欄があるためです。後日、役所に母子健康手帳を持参すれば、証明してもらえます。

Q2 出生届を受け付けてもらえないこともある?

せっかく書いた出生届を受け付けてもらえないときは、どんなときですか?

A 出生届は、役所に提出するときに戸籍係の人が、記入に不備がないかを確認します。不備とは、親の生年月日の年号を西暦で書いた、誤字脱字や記入もれがある、そして名前に使用できない漢字が使われている場合などです。その場で訂正できればいいですが、最初からやり直しになることもあります。

Q3 海外で出産をした場合の手続きは?

夫の仕事の都合で、アメリカで出産することに。アメリカで生まれた赤ちゃんは、みんなアメリカ国籍になると聞いていますが、私たち夫婦は日本人なので子どもが日本国籍でなくなるのか心配です。

A 海外で出産した場合は、出生の日から3カ月以内に、その国の日本大使館、または本籍地の役所に出生の届出をしなくてはなりません。赤ちゃんが生まれた産院で出生証明書を書いてもらい、日本語訳文を添付し提出します（郵送も可能）。アメリカは、生まれたすべての赤ちゃんにアメリカ国籍を与える国なので、必ず出生届と一緒に日本国籍保留の届出をしてください。

出生届の「その他」の欄に「日本の国籍を留保する」と記入し、署名押印をします。これを行わないと、生まれたときにさかのぼって日本の国籍を失い、アメリカ国籍だけになってしまいます。

Q4 届けてすぐに間違いに気づいたけれど…

よい画数をと考えて「拓摩」（たくま）と命名。ところが出生届を提出するときにうっかりして「拓磨」と書いてしまいました。翌日、間違いに気づきましたが、すぐに申し出れば訂正できますか？

A もし、まだ戸籍に記載されていなければ、印鑑を持参して窓口に行けば訂正できる可能性があります。しかし、一度戸籍に記載されてしまうと、そう簡単には直すことができません。

どうしても訂正したい場合は、家庭裁判所に「名の変更許可」を申し立てる必要があります。

ただ、「画数がよくない」という理由では難しい場合が多いでしょう。画数がよくないからといっても、それで運命が決まってしまうわけではありません。無理に改名するよりは、現在のままをおすすめします。

Q5 改名は簡単にできますか？

今考えている名前に自信がありませんが、提出期限の14日目が近づいてきています。あとから別の名前に変えることはできますか？

A 結論からいうと、この理由では改名できません。改名するためには、まず家庭裁判所の許可を得ることが必要で、改名が許可される理由は、

①奇妙な名前である ②難しくて正確に読まれない ③同姓同名者がいて不便である ④異性と紛らわしい ⑤外国人と紛らわしい ⑥〇年〇月神官・僧侶となった（やめた） ⑦通称として長年使用した ⑧その他、の8項目です。

ですから、名前の画数が悪い、やっぱり気に入らないなどの理由では、改名はできません。

あとから「やっぱり違う名前のほうが…」とならないよう、名づけは、赤ちゃんのしあわせを願って慎重に行ってください。このことを常に心に留めておきましょう。

Point＊Advice

きょうだい名づけのポイント

双子や上の子がいる場合に、関連性を持たせた名前をつける方法があります。「家族の絆を大切に」「きょうだい仲よく」という願いを込めた、きょうだい名づけのコツを紹介します。

添え字やイメージでつながりを

きょうだいの名前を並べて書く機会は、意外に多いものです。調和のとれた名づけをするには、いくつかの方法があります。

最も一般的なのは、同じ添え字を使うことです。「祐希」「和希」といったように、メインの漢字は変えるけれど、同じ添え字の「希」を使うことで統一感を生むのです。男女ともに使える添え字を選べば、性別の異なるきょうだいでも調和します。

また、１字名、３字名、ひらがな名前、カタカナ名前など、名前の字数や形式で全体の印象を似せる方法もあります。ママ・パパで名前の印象が似ていれば、家族全体で共通したテーマを持つことも可能でしょう。

また、名前に込めるイメージを、きょうだいで共通させる方法もおすすめです。

親の１字をその子に使うことで、家族で統一感を持たせることもできるでしょう。「男の子ならパパ、女の子ならママの名前から１字を使って」という人もいます。

きょうだい名前のパターン例

添え字「希」でつながる場合	親の1字「洋」でつながる名前
［例］	［例］
祐希 ゆうき（男の子）	貴洋 たかひろ（男の子）
和希 かずき（男の子）	洋介 ようすけ（男の子）
真希 まき（女の子）	洋香 ひろか（女の子）
海のイメージでつながる場合	**1字名でつながる場合**
［例］	［例］
海斗 かいと（男の子）	蓮 れん（男の子）
航介 こうすけ（男の子）	翼 つばさ（男の子）
渚 なぎさ（女の子）	葵 あおい（女の子）

ニックネームのカブりを避ける

とはいえ、名前には、ほかの人と区別をつける役割があります。家できょうだいの名前を呼ぼうとしたとき、「ゆうちゃん」が２人いては混乱の元。きょうだいの名前を考えるときには、ニックネームのカブりを避ける配慮が大切です。「しょうちゃん」と「そうちゃん」のように、似たような響きにならないかもチェックしましょう。

逆に、きょうだいでも極端に雰囲気の違う名前だと不自然に感じることがあります。たとえば、双子なのに「龍」と「一」など、画数の多い・少ないが極端な名前はアンバランスな印象を受けるかもしれません。また、「大翔」と「次郎」など、今風の名前と昔からある名前だと、ちぐはぐに感じられます。

きょうだい名づけだからこそできる、バランスのいい名前を見つけてくださいね。

BOY'S NAME

第2章

音から選ぶ男の子の名前

「こんな響きの名前をつけたい！」という
こだわりの音がある人は、音から名前を考えてみましょう。
この章では、音の持つ性質や実例から名前を考えていきます。

※読み仮名の「ず」「づ」の区別については実例に基づいています。

※本書では、仮成数（P.339）を加えて吉数にする場合も考えて、
画数としてそのままでは吉数ではない名前例も掲載しています。

声に出してみるとわかりやすい!

音から名前を考えよう

昨今は、音の響き（読み方）から名前を考える方法も人気です。
音によって印象も変わるので、呼びやすさも考えながら名前を選びましょう。

お気に入りの音から候補名を考えよう

名づけを考えるとき、「気に入った音（読み方）がある」「わが子をこう呼びたい」と考えている人におすすめです。

まずは、お気に入りの音を糸口に、名前を考えていきましょう。その名前が呼びやすいか、必ず声に出してみてください。発声する音量によって印象も変わってくるので、将来その名前を呼ぶシーンを想像して、声に大小をつけてみるといいでしょう。

また、名前だけでなく、姓から通して呼んだときの印象はどうか、将来どんなニックネームで呼ばれるかなどを想定しておくことも大切です。

選んだ音に合う漢字をあてはめていく

音が決まったら、その音に合う漢字を選びましょう。選んだ漢字の印象が、読み方に合っているかどうかをチェックすることも忘れずに。

音から漢字を選ぶときは、字を区切る場所をいろいろ変えてみるのもおすすめです。たとえば「なつき」ならば漢字を「な・つき」とあてるのか、「なつ・き」とするのか、また「な・つ・き」と1音に1字をあてる万葉仮名風の漢字（P.51を参照）にするのかでも違ってきます。

バランスや意味も考えて、音にふさわしい漢字を探しましょう。

音から選ぶ名づけのコツ

1 響きを声に出して候補を選定

気に入った音や読みを思いつくままに挙げてみましょう。思いついた名前は、繰り返し声に出し、響きを確認しておくのがコツ。「こうくん」「ゆうちゃん」など、ニックネームから考えていく方法もあります。

2 響きが決まったら漢字を選ぼう

音から考えた候補名を挙げたら、次にその名前に漢字をあてはめましょう。うまく合う漢字が見つからないときには、名前の字を区切る場所をいろいろ変えて、その音に合う漢字を探します(P.95〜182を参照)。

3 姓名のバランスがとれているかを確認

あてはめる漢字が決まったら、姓名を続けて紙に書いてみて(タテ書き・ヨコ書きで)、漢字(字形)のバランスを見ます。また、姓名を読み上げて響きのバランスも確認。このときに、漢字と響きの統一感があるかもチェックしましょう。

4 名前に使える漢字か、漢和辞典でチェック!

最後に、画数など気になるところをチェックしておきましょう。また、「いい名前が浮かんだのに、使用できない漢字だった」とあとで困らないように、必ず最新の漢和辞典や法務省のホームページなどで、最終チェックをしてください。

人気の頭音ランキング

		〈読みの一例〉
1位	あ	あさひ　あお　あらた　あおと　あおい
2位	り	りつ　りく　りつき　りくと　りん
3位	ゆ	ゆいと　ゆうま　ゆうと　ゆうひ　ゆづき
4位	は	はると　はる　はやと　はやて　はるま
5位	そ	そうま　そら　そうた　そう　そうすけ
6位	か	かなと　かいと　かい　かえで　かなた
7位	し	しゅう　しょうま　しょう　しょうた　しょうへい
8位	い	いつき　いおり　いぶき　いっしん　いと
9位	と	とあ　とうま　とわ　とうや　ともや
10位	こ	こたろう　こはく　こう　こうき　こうだい

※2023年「たまひよ」調べ

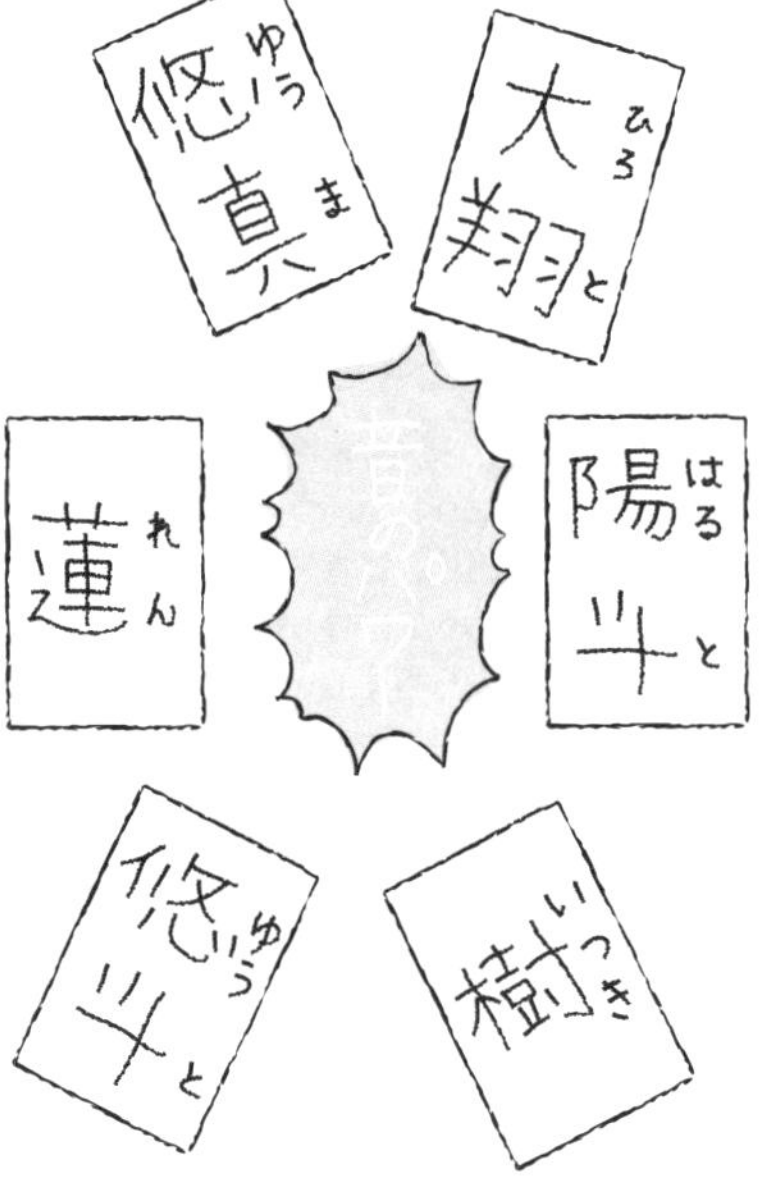

ことだま(言霊)で見る名前

候補名をたくさん挙げたものの、どれがいいか迷ったときに、音の持つパワー「ことだま」をヒントに絞り込むのもいいでしょう。

ことだまとは?

文字に画数のパワーがあるように、音にもパワーがある

昔から音（言葉）にはそれぞれパワーが宿っているといわれてきました。そのパワーをことだま（言霊）といいます。文字の場合の画数のパワーは、名前を書くたびに増していきますが、同様にことだまは名前を呼ばれることでそのパワーを増します。呼ばれる頻度が高いほど、その音のパワーが増すわけですから、愛称と名前が違う場合は、よく呼ばれる愛称の音のパワーが増す、ということになります。

人の一生の中では、書くことより呼ばれることのほうがはるかに多いため、ことだまのパワーは大切になってくるのです。

姓名判断では音は5つの性に分類されます

ことだまは大きく分けて「木性」「火性」「土性」「金性」「水性」の5つの性に分けられます。とくに名前の第1音が大切で、その人の性格に大きく影響してきます。名前をことだまで見るときは、まず、第1音がどれに分類されるかを、ことだま早見表で探し出してください。その後、第2音、第3音……と見ていくといいでしょう。

ことだま早見表

音	性
アイウエオ	土性
カキクケコ	木性
サシスセソ	金性
タチツテト	火性
ナニヌネノ	火性
ハヒフヘホ	水性
マミムメモ	水性
ヤユヨ	土性
ラリルレロ	火性
ワヲ	土性
ン	土性

※濁音(゛)、半濁音(゜)の音は、清音と同じに。また、「キョ」「イッ」などの拗音や促音は、それぞれ「キ」「イ」と考えます。

ことだまを名づけに生かすには？

姓のいちばん下の音の性と隣り合う性の音から名前の第1音を選ぶのがベスト

姓と名のつながりにことだまを生かすことができます。5つの性は右下の図のようになり、隣り合う音同士は相性がいいとされています。とくに、矢印は調和の関係を示しています。ことだまを名づけに生かすには、この性の関係をもとに、姓のいちばん下の音に隣り合う性の音を、名前の第1音に持ってくるようにすればいいのです。

たとえば、「クリハラ・ユウマ」という姓名の場合、姓のいちばん下の音は「ラ」で火性です。名前のいちばん上の音は「ユ」でヤ行なので土性となり、隣り合う性同士でことだま的にも音のつながりがいいことになります。

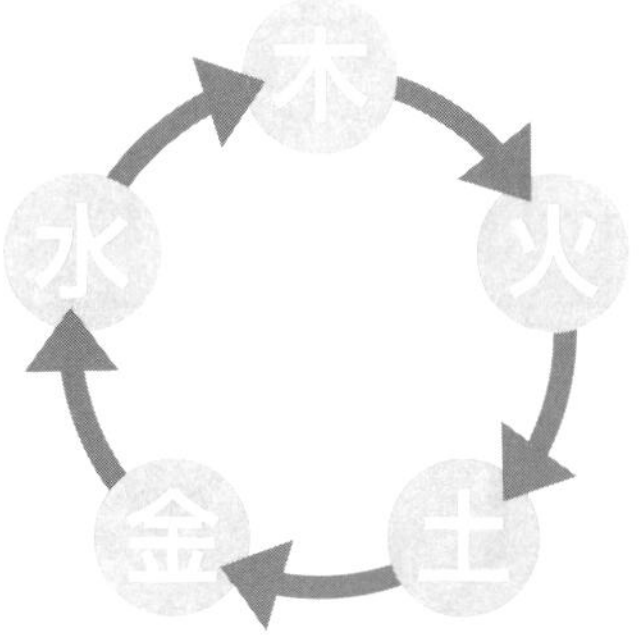

ことだまの性の関係は、画数における五行の考え方と同じです。隣り合う性同士の関係がよく、矢印の関係は調和を表し、とくによい関係とされます。

別の例

姓のいちばん下の1音
ア行
（土性）

名前の第1音
サ行
（金性）

近《コン》藤《ドウ》颯《ソウ》太《タ》

※例に挙げた「近藤颯太」という名前を見ると、姓のいちばん下の1音は「ウ」でア行、名前の第1音は「ソ」でサ行となり、ことだま早見表で見ると、それぞれ、土性と金性であることがわかります。これを右の図にあてはめると、隣り合う性同士で調和の関係になりますから、この名前はことだまで見るといい名前であるといえます。

ことだまの頼りすぎに注意

ことだまは、名づけを考えるときのいいヒントとなりますが、ことだまだけにとらわれてしまっては、名づけの本来の意味を見失ってしまうことになりかねません。

生まれてきた赤ちゃんに贈る最初のプレゼントが名前です。ママ、パパの願いや感覚を大切にしてください。名前の候補をいくつか挙げた上で、その中の1つを決めるときの最後の絞り込みのためにことだまを使う、という方法をおすすめします。

木性　カキクケコ

意志が強く向上心にあふれる

カ行は「牙音《がおん》」とも呼ばれ、息が奥歯に触れて出てくる音です。木性の音で始まる男の子の名前には「カイト」「コウタ」「ケンジ」などがあり、数は多めです。

名前の第1音が木性音の人は早熟型で、早いうちから運気が開けるでしょう。交際範囲も広く、社交的なので、いろいろな人とのつき合いを通じてネットワークを広げていきます。社会的にも信用や人望を得るでしょう。

人間関係においては話術が巧みなことと、温和な性格が手伝って、だれからも好かれる人になります。その半面、肝心なときに優柔不断になったり、重要な場面で逃げ腰になるなど、度胸に欠けることがあります。また、考えすぎてチャンスを逃したりすることもありますが、努力しだいで、夢は十分かなえられます。

火性　タチツテト　ナニヌネノ　ラリルレロ

知識欲が旺盛で美的センスに優れる

火性音は「舌音《ぜつおん》」とも呼ばれるように、舌で発する音です。男の子の名前では「タクミ」「ナオユキ」「リョウ」などがそうです。

名前の第1音が火性の人は、頭の回転が速く、知識欲が旺盛です。知識の収集に熱心なため、学問や研究を好みます。知識欲はファッションなどにも向けられ、美的センスも磨かれておしゃれなので周囲に華やかな印象を与えるでしょう。

半面、華やかさを好むあまり、生活が華美になったり浪費もしやすいので、経済観念をしっかり持つことが大切です。華やかさは人間関係にも及び、いつも周囲の目を集めようとしますが、つき合いが長続きせず、広く浅い交際を繰り返すことになりがちです。また、すぐ感情を表に出しがちな傾向もあるでしょう。

土性　アイウエオ　ヤユヨ　ワヲン

きまじめな努力家潤滑油の役割も果たす

「喉音《こうおん》」とも呼ばれ、喉から発する音が土性です。男女ともに人気のある音で、男の子では「ユウキ」「ユウタ」など「ユウ」で始まる名前が人気です。

名前の第1音が土性の人は、他人に優しく、奉仕的に接します。人の輪の中で、潤滑油的な役割に向いています。努力型で、着実に地位を築いていきます。一見地味ですが、最終的にはそれまでの努力が実を結び、大きな成功を収める人です。人生設計も堅実で、危なげがないのも特徴です。

ただ、きまじめさが裏目に出て、視野が狭くなりがちです。思い込みも激しく頑固なので、一度こうと思ったらなかなか他人の意見に耳を貸しません。

また、自分からすすんで新しいことに挑戦するようなことも少ないでしょう。

金性　サシスセソ

リーダーシップをとれる人生エンジョイ型

「歯音《しおん》」と呼ばれ、息が前歯に触れて出る音です。音感がかたいので、名前を音で分けた場合、数はそれほど多くありません。男の子では「ショウ」や「ソウタ」などが人気です。

名前の第1音が金性音の人は活発で行動力があります。人をまとめ、先導する力があるので、人の上に立つようになるでしょう。経済観念もしっかりしていて豊かな生活が送れます。動き回ることで運気を引き寄せられる人なので、よく働きよく稼ぐことで人生を楽しむことができるでしょう。

交際範囲が広く、目上の人にかわいがられたり、有力者からの引き立ても受けそうです。半面、自分の実力以上のことをしようとする面があります。度が過ぎると社会的信用を失いがち。さらに過労や美食が過ぎて健康を損ねやすい面もあります。

水性　ハヒフヘホ　マミムメモ

コツコツと努力を重ねどんな環境にも順応

「唇音《しんおん》」と呼ばれ、息が唇に触れて出てくる音が水性の音です。よく使われる男の子の名前では「ハルキ」「マサシ」などがあります。

第1音が水性音の人は、どんな環境にも順応できる能力があります。また、小さなことから始め、しだいに大きくしていくといった創業者的な気質も備えています。華やかさを嫌い、人に見えないところで着実に努力を重ねていくので、気がつくとかなりの成功を収めているでしょう。

その半面、気苦労が多かったり、ネガティブ思考の傾向もあります。困難にぶつかったときに、安易に逃避する道を選んだり、人を拒絶して引きこもりがちになることもあります。対人関係は淡泊ですが、相手の気持ちをとらえるのは上手です。

名前の第1音以外の音にも意味があります

第1音がその人の性格形成に大きく影響することはこれまでに述べてきましたが、この第1音が、願いを込めた理想の性格とすると、第2音にはその人がいちばん自然でいるときの性格を、最後の音には最終的にたどりつく性格を表します（2音の名前の場合は、左図のように第2音を最後の音と考えます）。50音が持つそれぞれの意味については、P.86〜94にありますので参考にしてください。

50音別

響きによる性格の違い

名前の音の響きから、性格を占ってみましょう。
とくに、名前の最初の音は印象が強いもの。
あなたは、音の響きにどんな願いを込めますか？

あ　前向きに発展する、すべての音の始まり

50音の始まりの音「あ」が名前につく人は、発展的な性格です。創造力や決断力に優れ、何事にも前向き。実行力もあるためリーダーシップを発揮します。一方、自己主張が強く、独断で強引に物事を推し進めようとすると、人との間で争いを起こし、孤立してしまうことも。

い　静穏な性格の内に強さを秘めています

穏やかで控えめな性格。外には目立って表れないものの、粘り強さもあります。困難にも負けず地道な努力を続けて成功を収めるタイプですが、引っ込み思案が過ぎればせっかくの運も逃しがち。だれからも愛されますが、求められると断りきれないところも。異性とのつき合いは慎重に！

う　縁の下の力持ち。大事なものを守ります

思いやりのある優しい性格。親孝行で自分の家族を大切に守ります。社交性があるとはいえないため、人の上に立って大きな事業を成し遂げるのは苦手ですが、コツコツと几帳面《きちょうめん》に自分の役目をこなします。消極的で心配性、優柔不断な一面もあり、くよくよ思い悩まないことが大切です。

え　明朗快活に困難にも立ち向かいます

明るく活発な人です。多少の困難や苦労にもめげずに、積極的に立ち向かっていく行動力で成功を収めます。ただし、移り気で集中力が持続しないところもあり、失敗を恐れて逃げ腰になってしまうと、さらに失敗を重ねる悪循環に陥ります。また、人に利用されて苦労することもあります。

お·を

こだわりを持ち、綿密に計画を立てるタイプ

こだわりが強く、綿密に計画を立てて、熱心に打ち込むタイプ。仕事の面でも成功します。おおらかで温和な態度を身につければ人から好かれますが、強情な面が出すぎるとトラブルに。人を信頼できずに心の中に不満をためると、ささいなことでも腹を立ててしまいます。

か

気配りと決断力で信頼を集め、躍進します

穏やかで万事によく気が回り、冷静な判断ができるので周囲の信頼を集めます。一度取りかかったことは、たとえ困難があってもそれを乗り越え、成功に導く能力を秘めています。しかし、しっかりしているようで気弱な部分もあり、実行力が伴わない場合は中途半端に終わってしまうことも。

き

華やかな雰囲気。でも内面は寂しがり屋

華やかな雰囲気をまとい、たいていのことでは成功を収める知力・体力にも恵まれています。ただ、他人の意見を聞き入れず、性急に自分の思いどおりに事を運ぼうとすると、友だちや家族からも疎まれがちになりそう。交友関係はにぎやかですが、内面は寂しがり屋です。

く

負けず嫌いの社交家。周囲の支えで達成

意志が強く負けず嫌いな性格です。社交的で人当たりもよく、才気に恵まれていますから、まわりの人たちから引き立てや援助を受けて困難なことも成し遂げることができます。ただし、飽きっぽい性格が前面に出ると、何をしても長続きせず、大きな成功を収めることはできません。

け

人生の浮き沈みも、持ち前の明るさでクリア

明朗快活な性格です。情に厚く、誠実で人から信頼されます。ただし、盛運と衰運を繰り返す暗示もあります。ついているときも調子に乗りすぎず、不運なときに備えることが大切です。活発さが短気・粗暴というマイナスの形で表れることもあり、浮き沈みの激しい人生を送る可能性も。

こ

用心深い努力家。堅実な人生を歩み、人気者に

物静かで誠実な性格がだれからも好感を持たれます。コツコツと努力を続け、大きな失敗や波乱も少ない堅実な人生を歩みます。消極的で小心なため、いつも周囲に遠慮しすぎてチャンスを逃しがち。用心深く、リスクはできる限り避けようとするので、大きな成功は難しいかもしれません。

さ 知らない土地でも笑顔と向上心で成功

陽気で華やかなことが好き。常に向上心を忘れず、実行力もあるため、周囲からリーダーとして頼りにされます。独立心も旺盛で、自分をアピールする才能にも恵まれているので成功します。故郷を離れてより大きく発展する暗示があります。ただし、陽気さを失うと不運に見舞われることも。

し 長く続く誠実な人間関係を築けます

表向き温和な態度が人から好意を持たれますが、実は頑固で警戒心の強い性格。交際範囲はあまり広がることはありませんが、誠実にじっくりとつき合うことができます。潜在的な能力を秘めているので、不平不満を抑えて能力を発揮するように心がければ、成功を収めることができます。

す 世話好きでNOと言えないお人好し

世話好きでお人好し。頼まれるとイヤと言えない性格で、損な役回りを引き受けてしまうことも多いでしょう。また、派手好きで、気前よく散財する傾向があります。意志の強さを発揮して、こまかいことに悩まず、自信を持って物事に取り組んでいけば幸運が訪れます。

せ プライドが高い野心家。抜群の行動力を発揮

頭脳明晰で情熱に満ちあふれています。野心を持って物事に意欲的に取り組むので、学業や仕事でまずまずの成果を上げることができます。ただし、高望みをしすぎたり、プライドの高さが災いして失敗することがあるかもしれません。地道な努力が、幸福の日々を送る秘訣《ひけつ》です。

そ つき合い上手で平和を愛する正直者

穏やかな性格の平和主義者です。だれとでも平等に正直につき合い、友好的な関係を保てますが、それが過ぎれば八方美人と言われることもあります。また、何事もよく考えた上で慎重に行動するタイプです。人と争うのが苦手で、大きな勝負や競争の激しい仕事にはあまり向いていません。

た　正義感が強く熱心。猪突猛進タイプ

外見は温和な印象を与えますが、内には闘争心を秘めて、走りだすと止まらないタイプです。計画性もあり、熱心に働くので成功を収めます。正義感が強く、自分とは直接かかわりがなくても、曲がったことは見逃せずに人と衝突することも。異性関係でも思い込んだら一途になるタイプです。

ち　勤勉さで身につけた知識や技術で成功

意志が強く、努力を惜しまない人です。探究心や知識欲も旺盛で、優れた技術を身につけることができます。困難を物ともせず、目標に向かってやり抜く力を持っています。多少の苦労やトラブルはあるものの、年齢を重ねるにつれて成果が表れ、経済的にも豊かになっていきます。

つ　自分の意見を持ち、強気で押し通します

自我が強く、人の助言に耳を貸したがらないタイプ。能力がある人ですから、強い性格がよい方向に向かえば、大きな成功を収めることができます。虚栄心や頑固な面が出すぎると、対人関係でトラブルを起こしたり、自分も他人も平穏ではいられなくなるので気をつけましょう。

て　交際上手で何事も真剣に挑戦します

何事にも真剣に取り組み、困難も乗り越えることができる性格。誠実で人当たりもいいため、スムーズな対人関係が成功への足がかりになるでしょう。ただし、見栄を張って浪費したり、思うように成果が上がらないことにあせると、苦労を重ねたにもかかわらず失敗が続くことがあります。

と　慎重さと気配り、根気強さが成功へ導きます

冷静沈着で、根気強さ、忍耐力があります。こまやかな心配りで、成功を手にすることができます。しかし、消極的になりすぎると、せっかくの努力も効果が上がらず、チャンスを逃してうまくいかないことも。異性関係では用心深い半面、気が多いところがあります。

な

全力を傾け進歩し続ける頑張り屋

負けず嫌いで、常に人より一歩進んだポジションを取ろうとします。何事にも全力を傾け、熱心に取り組むことで、成功を収めます。ただし、その性格が悪いほうに出てしまうと、短気で意地悪になりがちです。家族や周囲の人たちとトラブルを起こして、人間関係が停滞するので注意。

に

リーダーを陰で支える努力家で責任感も強い

温和で責任感の強い性格です。人を引っ張っていくより、トップを補佐する立場に向いています。とても思慮深く、人情にも厚いため、周囲からの人望を集めます。ただし、怠け心に負けると責任逃れな態度が目立つようになり、何事もうまくいかなくなる恐れがあります。

ぬ

引っ込み思案な性格。踏み出す勇気が必要です

知性や才能もありますが、優柔不断で意志が弱いと、長所をうまく生かせません。ここぞというときにためらったり、踏みきれずにチャンスを逃しがちに。引っ込み思案もほどほどにして、時には勇気を出し、目標に向かっていく努力をすることで、運が開けていきます。

ね

穏やかな性格で人との和を大切にします

穏やかで人と争うことをしないため、だれにでも好かれます。力のある先輩や上司の引き立てがあって成功します。また、円満な家庭を築くこともできます。しかし、積極性や自立心がたりないと、何事も中途半端で終わりがちに。あれこれ思い悩むより、まず行動を起こすことも大切です。

の

頼りになる冷静沈着な知恵者

広い視野を持ち、落ち着いて判断することができる人です。包容力があり、人情に厚い性格で、人から慕われ、頼りにされます。時にはその寛容さを利用されることもありますが、全般的に幸運を手に入れることができます。ただし、冷静さが表に出すぎると嫌われてしまいます。

ふ 批判にもめげず自分の道を進んでいきます

直感力にすぐれ、聡明で決断も速い人です。人の言葉に惑わされず、自分の進むべき道に迷いがないので、交渉事も有利に運ぶことができます。ただし、理想が高すぎると思わぬ失敗を招くことも。手が届かないと思えば早々にあきらめてしまい、判断が早急すぎることもあります。

へ 慎重に行動するタイプ。晩年に運が開けます

どんなときもよく考え、慎重に行動する人です。無駄づかいを嫌ってコツコツと努力を続けます。中年期までは苦労も多いですが、しだいに運が開け、晩年には恵まれた生活を送ることができます。ただし、目の前の困難から逃避しようとすれば、不運が続くので注意しましょう。

は 自分の道を切り開く、独立心旺盛な行動派

思ったことはすぐに行動に移す、積極的な性格。加えて、社交的で交際上手です。強い意志を持ち、自分で道を切り開いて、成功につなげます。半面、強引で独り善がりな行動に走ってしまうと、対人関係がうまくいかなくなったり、家族ともぎくしゃくして孤独を感じてしまう場合も。

ほ クリエイティブな才能に恵まれ努力で成功

創造力に恵まれ、高い技術を身につけることができます。派手なパフォーマンスはありませんが、堅実な努力に結果が伴います。しかし、人間関係ではあまり深いかかわりを好まず、他人を信じられなくて非社交的になってしまうことも。良好な人間関係を築くことで、幸運に恵まれます。

ひ 強運の持ち主。満ちたりた生活を手に入れます

目標に向かい、地道な努力を重ねるタイプ。どんな困難にもくじけず、自分の信念を貫き、強運に守られて成功を手にします。物質的・精神的にも満たされた幸福な生活を送ることができます。しかし、頑固な面が表に出ると、人間関係につまずき、努力しても報われない不運を嘆くことに。

ま　何事にも熱心。巧みな話術で周囲の人気者に

頭の回転が速く、ウィットに富んだ会話も得意です。仕事に誠実に取り組み、熱意が実を結んで成功するでしょう。才知におぼれず謙虚であれば、周囲の人からも好かれます。口先だけで、着実な努力を怠ると、成果は上がらず、不遇な生活に甘んじることになってしまいます。

み　華やかで話好き。美的センスのある情熱家

明るく、にぎやかなことが好きな性格。情熱的で美的才能に恵まれています。熱意と明るさがプラスに働き、仕事で成功し、家庭生活も豊かなものに。しかし、軽はずみな言動やつい口にしてしまった他人の悪口によって、誤解を受けることがあります。嫉妬《しっと》心からの異性とのトラブルにも注意。

む　温厚で控えめ。しんの通った強さも持つ

温厚で控えめな性格。家庭に恵まれ、円満に暮らすことができます。知的でよく考えてから行動に移すタイプで、自分の意志を貫く強さも持っているため、人知れずいつのまにか成功を収めています。しかし、積極性に欠けるため、せっかくのチャンスを逃したり、孤独を感じることも。

め　一見穏やか。内面には情熱を秘めています

おとなしく温和な印象を与えますが、内面の感情の起伏は激しい人です。そのエネルギーを前向きな行動に向ければ、成功への道が開けます。物事を悲観的にとらえ、不安におそわれて心の平静を失ったり、見栄を張って失敗することも。勇気を出して積極的に物事に取り組むことが大切。

も　人を引きつける魅力を備え、人脈づくりも得意

社交的で人を引きつける魅力があります。体も丈夫で精力的に働くので、多くの人からの信頼を得られます。人脈をつくることも得意なので成功するでしょう。ただ、自分の才能を過信したり、情にもろく、異性に一途になりがちな面もあります。異性とのつき合いには注意が必要です。

ら　頭の回転が速く、世渡り上手。気まぐれな面も

頭脳明晰、世渡り上手で、物事を自分に有利に運ぶ才能があります。まとまった財産を築くこともできるでしょう。しかし、気まぐれな言動で、人に不誠実な印象を与えてしまうと、寂しい晩年を送ることになります。誠意のある振る舞いを心がけていれば、心豊かに暮らせます。

り　さばさばした性格。華やかなことを好みます

性格は明るく、華やかなことを好みます。たくさんの人に囲まれているのが好きで、交友関係は広く浅く……。思うことをはっきりと主張しますが、あまりに自分の考え方にこだわりすぎると、人から敬遠され、人間関係がうまくいかなくなることも。周囲との協調も大切です。

や　チャンスを味方にし、抜群の実行力で活躍

精力的に仕事をこなす、やり手です。知識も豊富で実行力があり、チャンスをつかんで成功します。強い運に恵まれ、たいていのことはうまくやり遂げます。ただし、わがままや自我を押し通しすぎると、周囲の人とトラブルを起こしたり、人望を失って失敗につながります。

ゆ　自分の感性を頼りに、賢く先を見通します

感受性が強く、先見の明があります。上手に時流に乗って成功を収めることができます。困難に直面してもあきらめない根気強さを身につければ、何事もうまくいきます。また、頑固なところがあり、一度思い込むと人の意見を聞く耳を持ちません。新しいことに挑戦するのはやや苦手。

よ　思いやりにあふれ、周囲を笑顔にします

思いやりがあり、人のためになることを喜んでする人。円満な人柄でだれからも信頼され、人と人との間をうまく取り持ったり、リーダーとして慕われることも多いでしょう。賢さと熱意も備わって成功を収めます。情が深く、異性関係で深みにはまって思わぬ失敗をすることも。

わ　お金に困らない財運とタフな精神力の持ち主

　頭がよく、タフな精神力の持ち主。金銭を手に入れる才覚と財運に恵まれ、豊かな一生を送ることができます。何事にも細心の注意を払い、大きな成功を収めますが、したたかな印象を持たれがちです。物欲に走ると、周囲から油断のならない人と見られてしまうので気をつけましょう。

ん　まじめな努力を続けることで報われます

　まじめで優しい性格です。派手なところはありませんが、人知れず地道な努力を続けて、いつかその才能が開花します。周囲の人をよく気づかうので、だれからも好かれます。一方で、自分が思い込んだことを容易に変えようとしないため、回り道をすることもあるでしょう。

※「ん」は名前のまん中や最後に入る場合があるので、参考にしてください。

る　目立つことは苦手。穏やかな幸せを好みます

　おとなしく、あっさりした性格。平凡で穏やかな生活を好みます。人を出し抜こうという野心を持ちません。誠実な人柄が好感を呼び、目上の人から何かと引き立てがあり、仕事面での成功につながります。異性関係などでは、消極的で人頼みな性格が災いすることもあります。

れ　鋭い洞察力と処理能力でリーダーを補佐

　頭脳明晰で知識欲があり、鋭い洞察力を持っています。事務的な仕事を処理する能力に優れ、リーダーを補佐する役目に向いています。その一方で、やきもちやきなところもあるため、家族や仲間から疎まれることも。心をおおらかに人を受け入れることで、運も開けます。

ろ　責任感の強さと誠実さで自然とリーダーに

　責任感が強く誠実な人柄で、まわりから尊敬を集めます。リーダーとなってその才能や指導力を存分に発揮し、大いに活躍するでしょう。地位や財産を手に入れ、充実した人生を送ることができます。しかし、自分のプライドにこだわりすぎると、周囲の人に嫌われてしまいます。

音から選ぶ 男の子の名前リスト

あ

あいき

名前	画数	地格
藍希	18・7	25
愛輝	13・15	28
愛樹	13・16	29
藍輝	18・15	33

あいと

名前	画数	地格
愛斗	13・4	17
藍斗	18・4	22
愛翔	13・12	25
藍都	18・11	29

あいのすけ

名前	画数	地格
愛之助	13・3・7	23
藍之介	18・3・4	25

あいる

名前	画数	地格
愛琉	13・11	24
藍琉	18・11	29
藍瑠	18・14	32

あお

名前	画数	地格
青	8	8
蒼	13	13
碧	14	14
蒼央	13・5	18

あおい

名前	画数	地格
葵	12	12
蒼	13	13
碧	14	14
葵生	12・5	17
蒼天	13・4	17
蒼生	13・5	18
蒼衣	13・6	19
碧生	14・5	19
碧伊	14・6	20
葵威	12・9	21
蒼依	13・8	21
蒼威	13・9	22
碧依	14・8	22
葵偉	12・12	24
蒼惟	13・11	24
蒼唯	13・11	24
蒼偉	13・12	25
碧惟	14・11	25
碧偉	14・12	26
蒼維	13・14	27

あおき

名前	画数	地格
碧希	14・7	21
蒼貴	13・12	25
碧輝	14・15	29

あおし

名前	画数	地格
葵士	12・3	15
蒼士	13・3	16
碧士	14・3	17
蒼史	13・5	18
蒼志	13・7	20
碧志	14・7	21
蒼紫	13・12	25

あおと

名前	画数	地格
葵人	12・2	14
蒼人	13・2	15
葵仁	12・4	16
葵斗	12・4	16
蒼大	13・3	16
碧人	14・2	16
蒼斗	13・4	17
碧仁	14・4	18
碧斗	14・4	18
碧杜	14・7	21
碧飛	14・9	23
葵翔	12・12	24
蒼登	13・12	25
碧翔	14・12	26

あおば

名前	画数	地格
葵羽	12・6	18
青葉	8・12	20
碧羽	14・6	20
蒼波	13・8	21
蒼馬	13・10	23
葵葉	12・12	24

※漢字の右側の数字は画数です。名前下の数字は地格になります。
※実例の名前ですので、あて字も含まれています。ご注意ください。

碧葉 26

あかつき

暁 12

あき

瑛 12
暁 12
陽 12
明貴 20
亜輝 22
明樹 24

あきお

旭生 11
明夫 12
晃生 15
章夫 15
暁生 17

あきと

旭人 8
明人 10
亮人 11
晃人 12
明斗 12
朗人 12
章人 13
彬人 13
亮仁 13
瑛人 14
暁人 14
晃斗 14
瑛士 15
暁士 15
章仁 15
章斗 15
瑛仁 16
瑛斗 16
暁斗 16
彰人 16
陽仁 16
陽斗 16
明音 17
諒人 17
彰斗 18
晃都 21
晃翔 22
暁都 23
暁登 24
暁翔 24
耀斗 24
陽登 24
亜樹斗 27

あきのり

明徳 22
彰則 23

あきひこ

明彦 17
瑛彦 21

あきひさ

明久 11
晃久 13
瑛久 15
暁久 15
晃寿 17
彰久 17
諒久 18

あきひと

明仁 12
昭仁 13
亮仁 13
暁人 14
晃仁 14
彬仁 15
彰人 16
陽仁 16
諒人 17
彰仁 18
耀仁 24

あきひろ

明弘 13
暁大 15
晃弘 15
明宏 15
亮宏 16
彰大 17
明紘 18
明裕 20
暁洋 21
彰宏 21
明寛 21
章博 23
瑛寛 25

あきふみ

明史 13
晃文 14
瑛文 16
晶文 16
彬史 16

あきや

瑛也 12 3 15
暁也 12 3 15

あきら

アキラ 2 3 2 7
明 8 8
玲 9 9
晃 10 10
章 11 11
彬 11 11
瑛 12 12
晶 12 12
陽 12 12
彰 14 14
聡 14 14
輝 15 15
亮良 9 7 16
晃良 10 7 17
瑛良 12 7 19
輝良 15 7 22

あさき

旭希 6 7 13
朝輝 12 15 27

あさと

安里 6 7 13
麻斗 11 4 15
朝斗 12 4 16
亜沙斗 7 7 4 18
亜聡 7 14 21
朝登 12 12 24

あさひ

旭 6 6
旭飛 6 9 15
朝日 12 4 16
旭陽 6 12 18
朝飛 12 9 21
朝陽 12 12 24

あすか

飛鳥 9 11 20
明日翔 8 4 12 24

あすま

明日真 8 4 10 22
明日馬 8 4 10 22

あつき

充希 6 7 13
厚希 9 7 16
純希 10 7 17
充輝 6 15 21
篤生 16 5 21
敦紀 12 9 21
淳貴 11 12 23
篤希 16 7 23
惇貴 11 12 23
敦基 12 11 23
篤季 16 8 24
敦貴 12 12 24
篤紀 16 9 25
敦暉 12 13 25
篤貴 16 12 28
敦樹 12 16 28
篤輝 16 15 31
篤樹 16 16 32

あつし

温 12 12
敦 12 12
敦士 12 3 15
敦之 12 3 15
厚志 9 7 16
淳司 11 5 16
淳史 11 5 16
篤 16 16
敦司 12 5 17
敦史 12 5 17
惇志 11 7 18
温志 12 7 19
篤史 16 5 21
篤志 16 7 23

あつと

淳人 11 2 13
惇人 11 2 13
温人 12 2 14
暖人 13 2 15
敦仁 12 4 16
敦斗 12 4 16
篤人 16 2 18
篤斗 16 4 20
敦登 12 12 24

あつなり

淳成 11 6 17
篤成 16 6 22

あつのぶ

淳信 11 9 20
篤伸 16 7 23

あつのり

篤典 16 8 24
篤紀 16 9 25

あつひこ
敦彦 21

あつひと
敦仁 16
篤人 18
篤仁 20

あつひろ
温大 15
淳弘 16
敦弘 17
篤大 19
篤広 21
篤弘 21
篤宏 23
敦啓 23
敦裕 24
敦寛 25

あつや
惇也 14
温也 15
敦也 15
篤也 19
淳哉 20
篤弥 24

あつろう
敦郎 21
敦朗 22
篤郎 25
篤朗 26

あまと
天音 13
天飛 13

あまね
周 8
天音 13

あもん
亜門 15
亜紋 17

あやた
彩太 15
絢太 16
綾太 18

あやと
文人 6
礼人 7
郁人 11
郁斗 13
彩人 13
彪人 13
絢人 14
絢士 15
彩仁 15
彩斗 15
文都 15
絢斗 16
綾人 16
綺人 16
綾斗 18
彩翔 23
綾翔 26

あゆき
歩希 15
歩輝 23
歩樹 24

あゆた
歩太 12
歩汰 15

あゆと
歩人 10
歩士 11
歩斗 12
亜友斗 15
歩音 17
歩優人 27

あゆむ
歩 8
あゆむ 10
歩武 16
歩望 19
歩夢 21

あらし
嵐 12
嵐士 15
嵐史 17
嵐志 19

あらた
新 13
新大 16
新太 17
新多 19
新汰 20

あると
有人 8
有斗 10
有音 15
歩音 17

有翔 18

あれん
歩蓮 18
亜蓮 20

あんじ
庵司 16
安慈 19
杏慈 20
晏慈 23
庵慈 24

い

いお
惟央 16
唯央 16

偉央 17
偉生 17
偉雄 24

いおり
庵 11
庵里 18
伊央里 18
伊織 24
威織 27
惟織 29
唯織 29
偉織 30

いくと
育人 10
郁人 11
郁仁 13

郁斗 13
幾斗 16
郁登 21
郁翔 21

いくま
生真 15
生眞 15
育真 18
郁真 19
育磨 24
伊久磨 25

いくみ
育己 11
育未 13
郁未 14
育海 17

郁海 18

いくや
郁也 12
育哉 17
郁弥 17
郁哉 18

いさお
功 5
勲 15

いさみ
勇 9
勇海 18

いさむ
勇 9
功武 13
勇武 17

いしん
維心 18
維新 27

いずき
泉希 16
稜生 18
稜喜 25

いずみ
泉 9
和泉 17
泉澄 24

いたる
至 6
到 8
格 10
達 12

いちき
一希 8
一輝 16

いちご
一悟 11
一期 13
一護 21
壱護 27

いちた
一太 5
一汰 8
壱太 11
壱汰 14

いちと
一斗 5
一登 13

一翔 13

いちのすけ

一之介 8
一之助 11

いちや

一弥 9
壱哉 16

いちる

一瑠 15
壱琉 18

いちろ

一路 14
壱路 20

いちろう

一郎 10
一朗 11
壱朗 17

いっき

一希 8
一葵 13
一喜 13
一貴 13
一輝 16
一樹 17

いつき

一生 6
一絆 12
惟月 15
偉月 16
一毅 16
一輝 16
樹 16
乙樹 17
維月 18
樹生 21
壱輝 22
壱樹 23
逸貴 23
樹希 23
逸樹 27
樹貴 28
慈樹 29
樹輝 31

いっけい

一啓 12
一景 13
一慶 16
一慧 16

いっさ

一冴 8
壱冴 14
一瑳 15
一颯 15
逸冴 18

いっしん

一心 5
一真 11
壱心 11
壱信 16

いっせい

一生 6
一成 7
一星 10
一晟 11
壱世 12
一晴 13
一惺 13
壱成 13
一聖 14
一誠 14
壱征 15
壱星 16
壱晟 17

いった

一太 5
一汰 8
壱太 11

いってつ

一哲 11
一徹 16

いっと

一斗 5
壱斗 11
一登 13
一翔 13

いっぺい

一平 6
壱平 12
逸平 16

いぶき

一吹 8
伊吹 13
衣吹 13
依吹 15
威吹 16
一歩希 16

泉吹 16
勇吹 16
息吹 17
惟吹 18
唯吹 18
維吹 21
一歩輝 24
伊吹樹 29

う

ういちろう
宇一郎 16

うきょう
右京 13
佑匡 13
右恭 15
佑京 15
佑恭 17

うしお
潮 15

うた
羽汰 13
詩 13
詩大 16
詩太 17
雅楽 26

うみ
海 9
宇海 15
羽海 15
優海 26

え

えいいち
英一 9
栄一 10
瑛一 13
榮一 15

えいいちろう
英一郎 18
栄一郎 19
瑛一郎 22
瑛一朗 23
詠一朗 23

えいき
瑛己 15
英希 15
栄希 16
瑛生 17
瑛紀 21
瑛基 23
英輝 23
映輝 24
瑛貴 24
英樹 24
瑛暉 25
瑛輝 27
瑛樹 28

えいきち
永吉 11
英吉 14
瑛吉 18

えいさく
英作 15
栄作 16

えいし
瑛士 15
英志 15
瑛志 19
衛司 21

えいじ
英二 10
英士 11
英司 13
栄司 14
瑛二 14
瑛士 15
栄志 16
瑛仁 16
英治 16
瑛司 17
詠史 17
永慈 18
瑛次 18
瑛志 19
瑛治 20
英嗣 21
瑛慈 25

えいしゅん
瑛俊 21
英駿 25

えいじろう
瑛二朗 24
瑛次郎 27

えいしん

- 英心（8・4）12
- 栄心（9・4）13
- 瑛心（12・4）16
- 英真（8・10）18
- 瑛信（12・9）21
- 瑛真（12・10）22
- 瑛慎（12・13）25

えいすけ

- 英介（8・4）12
- 栄介（9・4）13
- 英佑（8・7）15
- 瑛介（12・4）16
- 瑛佑（12・7）19
- 瑛祐（12・9）21
- 瑛亮（12・9）21
- 英輔（8・14）22
- 栄輔（9・14）23
- 瑛輔（12・14）26

えいた

- 永太（5・4）9
- 英大（8・3）11
- 永汰（5・7）12
- 英太（8・4）12
- 映太（9・4）13
- 栄太（9・4）13
- 瑛大（12・3）15
- 英汰（8・7）15
- 瑛太（12・4）16
- 詠太（12・4）16
- 瑛多（12・6）18
- 榮太（14・4）18
- 瑛汰（12・7）19

えいだい

- 永大（5・3）8
- 瑛大（12・3）15

えいたろう

- 永太朗（5・4・10）19
- 英太郎（8・4・9）21
- 栄太郎（9・4・9）22
- 瑛太郎（12・4・9）25
- 瑛太朗（12・4・10）26

えいと

- 英人（8・2）10
- 映人（9・2）11
- 栄人（9・2）11
- 英斗（8・4）12
- 映斗（9・4）13
- 瑛人（12・2）14
- 詠人（12・2）14
- 瑛士（12・3）15
- 栄杜（9・7）16
- 瑛仁（12・4）16
- 瑛斗（12・4）16
- 詠斗（12・4）16
- 榮人（14・2）16
- 永翔（5・12）17
- 衛人（16・2）18
- 英翔（8・12）20
- 栄翔（9・12）21
- 瑛音（12・9）21
- 瑛都（12・11）23
- 瑛登（12・12）24
- 瑛翔（12・12）24

えにし

- 縁（15）15
- 縁士（15・3）18

お

おうが

- 桜我（10・7）17
- 央雅（5・13）18
- 桜河（10・8）18
- 旺雅（8・13）21
- 桜雅（10・13）23
- 凰雅（11・13）24

おうき

- 旺生（8・5）13
- 央基（5・11）16
- 桜希（10・7）17
- 凰希（11・7）18
- 旺輝（8・15）23
- 凰貴（11・12）23
- 桜輝（10・15）25

おうしろう

- 旺史朗（8・5・10）23
- 桜士朗（10・3・10）23
- 旺志郎（8・7・9）24
- 旺志朗（8・7・10）25

おうすけ

- 旺介（8・4）12
- 央祐（5・9）14
- 桜介（10・4）14
- 旺佑（8・7）15
- 凰介（11・4）15

旺祐 8 9 17
旺亮 8 9 17
桜佑 10 7 17
桜典 10 8 18
央輔 5 14 19
桜亮 10 9 19
應介 17 4 21
櫻介 21 4 25

おうせい
央成 5 6 11
桜生 10 5 15
桜成 10 6 16
旺星 8 9 17
桜聖 10 13 23

おうた
央汰 5 7 12
旺太 8 4 12
桜大 10 3 13
桜太 10 4 14
凰太 11 4 15
桜汰 10 7 17

おうたろう
央太郎 5 4 9 18
桜太郎 10 4 9 23
桜太朗 10 4 10 24
凰太郎 11 4 9 24

おうのすけ
旺之介 8 3 4 15
桜之介 10 3 4 17

おうや
桜也 10 3 13
桜弥 10 8 18

おおが
大芽 3 8 11
大雅 3 13 16

おさむ
修 10 10
理 11 11

おと
音 9 9
音人 9 2 11
音斗 9 4 13

おとや
音也 9 3 12
音弥 9 8 17
音哉 9 9 18

おりと
央利斗 5 7 4 16
織人 18 2 20

か

かい
快 7 7
海 9 9
開 12 12
楷 13 13
魁 14 14
諧 16 16
可偉 5 12 17
甲斐 5 12 17
櫂 18 18
夏唯 10 11 21
榎惟 14 11 25

かいき
海希 9 7 16
海輝 9 15 24
海樹 9 16 25

かいし
海史 9 5 14
海至 9 6 15
海志 9 7 16
魁士 14 3 17

かいじ
海司 9 5 14
快慈 7 13 20
魁志 14 7 21
櫂司 18 5 23

かいしゅう
海舟 9 6 15
海周 9 8 17
海柊 9 9 18

かいせい
快成 7 6 13
海生 9 5 14
快征 7 8 15
快青 7 8 15
海成 9 6 15
快星 7 9 16
快晟 7 10 17
海青 9 8 17
凱成 12 6 18
快晴 7 12 19
海晟 9 10 19
快誠 7 13 20
魁成 14 6 20

名前	各字画数	総画
海晴	9・12	21
海惺	9・12	21
海誠	9・13	22
海靖	9・13	22
海静	9・14	23
魁晟	14・10	24
櫂成	18・6	24

かいち

名前	各字画数	総画
嘉一	14・1	15
快知	7・8	15
海知	9・8	17
海智	9・12	21

かいと

名前	各字画数	総画
快人	7・2	9
快斗	7・4	11
海人	9・2	11
海斗	9・4	13
楷人	13・2	15
魁人	14・2	16
開斗	12・4	16
凱仁	12・4	16
凱斗	12・4	16
魁斗	14・4	18
海音	9・9	18
快翔	7・12	19
諧斗	16・4	20
海翔	9・12	21
魁飛	14・9	23

かいや

名前	各字画数	総画
楷也	13・3	16
海弥	9・8	17
海哉	9・9	18

かいよう

名前	各字画数	総画
海陽	9・12	21
櫂洋	18・9	27

かいら

名前	各字画数	総画
海来	9・7	16
海良	9・7	16
海來	9・8	17

かいり

名前	各字画数	総画
浬	10	10
快吏	7・6	13
快里	7・7	14
海吏	9・6	15
海李	9・7	16
海里	9・7	16
快理	7・11	18
海浬	9・10	19
海理	9・11	20
魁李	14・7	21
魁里	14・7	21
魁俐	14・9	23
海璃	9・15	24
櫂里	18・7	25

かいる

名前	各字画数	総画
快琉	7・11	18
海琉	9・11	20
海瑠	9・14	23

かえで

名前	各字画数	総画
楓	13	13

かおる

名前	各字画数	総画
郁	9	9
薫	16	16
馨	20	20

かける

名前	各字画数	総画
翔	12	12
駆	14	14
駈	15	15
翔流	12・10	22
翔琉	12・11	23
駆流	14・10	24
駆琉	14・11	25
駈琉	15・11	26

かずあき

名前	各字画数	総画
一晃	1・10	11
一陽	1・12	13
主明	5・8	13
和昭	8・9	17
和晃	8・10	18
一耀	1・20	21

かずき

名前	各字画数	総画
一希	1・7	8
一紀	1・9	10
一起	1・10	11
一葵	1・12	13
一稀	1・12	13
一貴	1・12	13
和希	8・7	15
一毅	1・15	16
一輝	1・15	16
和季	8・8	16
一樹	1・16	17
和紀	8・9	17
千輝	3・15	18
和基	8・11	19
和絆	8・11	19

和貴	8	12	20
和毅	8	15	23
和輝	8	15	23
和樹	8	16	24

かずさ

一冴	1	7	8
一紗	1	10	11
一颯	1	14	15
和沙	8	7	15

かずし

一司	1	5	6
一史	1	5	6
一志	1	7	8
和士	8	3	11
和司	8	5	13
和史	8	5	13
和志	8	7	15

かずたか

一隆	1	11	12
一貴	1	12	13
和孝	8	7	15
和隆	8	11	19
和貴	8	12	20
和敬	8	12	20

かずと

一仁	1	4	5
和人	8	2	10
和士	8	3	11
和仁	8	4	12
和斗	8	4	12
一登	1	12	13
一翔	1	12	13
千翔	3	12	15
和音	8	9	17
和都	8	11	19

かずとし

一寿	1	7	8
和俊	8	9	17
和駿	8	17	25

かずとら

一虎	1	8	9
和虎	8	8	16

かずなお

一直	1	8	9
和直	8	8	16

かずなり

一成	1	6	7
和也	8	3	11
和成	8	6	14

かずのり

一紀	1	9	10
一範	1	15	16
和典	8	8	16
和徳	8	14	22
和範	8	15	23

かずはる

一陽	1	12	13
和陽	8	12	20

かずひこ

一彦	1	9	10
和彦	8	9	17

かずひさ

一寿	1	7	8
和久	8	3	11
和寿	8	7	15

かずひと

一仁	1	4	5
和人	8	2	10
和仁	8	4	12

かずひろ

一宏	1	7	8
一浩	1	10	11
一博	1	12	13
一裕	1	12	13
和広	8	5	13
和弘	8	5	13
和宏	8	7	15
一優	1	17	18
和博	8	12	20
和寛	8	13	21

かずふみ

一史	1	5	6
和史	8	5	13

かずほ

和帆	8	6	14
一穂	1	15	16
和歩	8	8	16
和穂	8	15	23

かずま

一真	1	10	11
一馬	1	10	11
一眞	1	10	11
千真	3	10	13
主真	5	10	15
一磨	1	16	17
寿真	7	10	17

和真 8 10 18
和馬 8 10 18
和眞 8 10 18
寿磨 7 16 23
数馬 13 10 23
和磨 8 16 24

かずまさ

一匡 1 6 7
一将 1 10 11
和正 8 5 13
和将 8 10 18
和真 8 10 18
和雅 8 13 21
和優 8 17 25

かずや

一也 1 3 4
一矢 1 5 6
一弥 1 8 9
一哉 1 9 10
和也 8 3 11
和矢 8 5 13
和弥 8 8 16
和哉 8 9 17

かずゆき

一幸 1 8 9
和之 8 3 11
和幸 8 8 16

かずよし

一善 1 12 13
一慶 1 15 16
和義 8 13 21
和慶 8 15 23

かつき

勝己 12 3 15
克紀 7 9 16
嘉月 14 4 18
克基 7 11 18
勝紀 12 9 21
克輝 7 15 22
克樹 7 16 23
勝貴 12 12 24
勝輝 12 15 27

かづき

楓月 13 4 17
嘉月 14 4 18

かつと

克斗 7 4 11
勝斗 12 4 16

かつとし

克俊 7 9 16
勝利 12 7 19

かつなり

克成 7 6 13
勝成 12 6 18

かつのり

克典 7 8 15
克紀 7 9 16
克徳 7 14 21

かつひこ

克彦 7 9 16
勝彦 12 9 21

かつひさ

克尚 7 8 15
勝久 12 3 15

かつひろ

克洋 7 9 16
勝弘 12 5 17

かつま

克真 7 10 17
勝真 12 10 22

かつみ

克 7 7
克実 7 8 15
勝巳 12 3 15
克海 7 9 16
勝海 12 9 21

かつや

克也 7 3 10
克弥 7 8 15
克哉 7 9 16
勝哉 12 9 21

かつゆき

克之 7 3 10
克幸 7 8 15

かなう

叶 5 5
叶生 5 5 10
叶羽 5 6 11

かなた

叶大 5 3 8
叶太 5 4 9
叶多 5 6 11
奏大 9 3 12
哉太 9 4 13
奏太 9 4 13
奏多 9 6 15

奏汰 16

かなで

奏 9
奏音 18

かなと

叶人 7
哉人 11
奏人 11
奏仁 13
奏斗 13
奏杜 16
叶登 17
叶翔 17
奏音 18
奏都 20
奏登 21
奏翔 21

かなむ

叶夢 18
奏夢 22

かなめ

要 9
叶芽 13
奏芽 17
奏明 17

かねつぐ

兼続 23

かむい

神威 18
可夢偉 30

かん

貫 11
敢 12
寛 13
幹 13
環 17

かんじ

寛二 15
敢士 15
寛治 21
莞爾 24

かんすけ

勘介 15
貫介 15
寛介 17
幹介 17

かんた

莞太 14
栞太 14
勘太 15
敢大 15
貫太 15
寛大 16
幹大 16
敢太 16
寛太 17
幹太 17
栞汰 17
勘汰 18
寛多 19
幹汰 20

かんたろう

莞太郎 23
勘太郎 24
貫太郎 24
栞太朗 24
敢太郎 25
寛太郎 26
幹太郎 26
寛太朗 27

がく

学 8
岳 8
楽 13
賀久 15
岳玖 15
樂 15
雅久 16

がくと

学人 10
岳人 10
岳斗 12
楽人 15
楽斗 17
岳登 20
岳翔 20
楽都 24

き

きいち

希一 8
喜一 13
貴一 13
輝一 16
樹一 17

貴壱 19

きいちろう
喜一郎 22
貴一郎 22
貴一朗 23
輝一朗 26

きしん
希心 11
輝心 19

きずき
絆希 18

きずな
絆 11

きっぺい
吉平 11
桔平 15

きひろ
希大 10
輝大 18
貴啓 23
希優 24

きょう
叶 5
京 8
恭 10
響 20

きょういち
叶一 6
恭一 11
響一 21

きょういちろう
叶一郎 15
京一郎 18
恭一朗 21
響一郎 30

きょうご
京吾 15
恭伍 16
京悟 18
恭悟 20
恭梧 21
響吾 27

きょうしろう
京士朗 21
京志郎 24
恭志郎 26

きょうすけ
享介 12
京介 12
京右 13
恭介 14
京佑 15
喬介 16
京祐 17
恭助 17
恭佑 17
恭典 18
恭祐 19
杏輔 21
恭奨 23
恭輔 24
響介 24

きょうた
杏太 11
京太 12
恭大 13
恭太 14
京汰 15
響大 23
響太 24

きょうたろう
匡太郎 19
享太郎 21
京太郎 21
恭太郎 23
響太郎 33
響太朗 34

きょうへい
匡平 11
京平 13
恭平 15
恭兵 17
響平 25

きょうま
叶真 15
匡真 16
恭真 20
響真 30

きょうや
京也 11
恭也 13
恭矢 15
京哉 17
恭弥 18
恭哉 19
響也 23

きよし

清 11　11
清志 11 7　18

きよしろう

清志郎 11 7 9　27
清志朗 11 7 10　28

きよたか

清孝 11 7　18
清高 11 10　21
清貴 11 12　23
聖隆 13 11　24

きよと

清人 11 2　13
清斗 11 4　15
聖人 13 2　15
聖斗 13 4　17
清登 11 12　23
清翔 11 12　23
聖都 13 11　24
聖翔 13 12　25

きよはる

清春 11 9　20
聖治 13 8　21

きよまさ

清正 11 5　16
清将 11 10　21
聖将 13 10　23

きりと

桐人 10 2　12
桐斗 10 4　14

きりや

桐也 10 3　13
桐弥 10 8　18

きりゅう

希琉 7 11　18
稀琉 12 11　23
輝流 15 10　25
輝竜 15 10　25

ぎんじ

銀二 14 2　16
銀士 14 3　17
銀司 14 5　19
銀次 14 6　20
銀志 14 7　21
銀治 14 8　22

ぎんた

銀大 14 3　17
銀太 14 4　18
銀汰 14 7　21

く

くうが

空我 8 7　15
空芽 8 8　16
空雅 8 13　21

くうご

空吾 8 7　15
空悟 8 10　18

くうと

空斗 8 4　12
空叶 8 5　13
空翔 8 12　20
空澄 8 15　23

くうや

空也 8 3　11
空矢 8 5　13
空弥 8 8　16
空哉 8 9　17

くおん

久温 3 12　15
久遠 3 13　16
玖音 7 9　16

くにあき

邦明 7 8　15
邦昭 7 9　16

くらのすけ

蔵乃介 15 2 4　21
蔵之介 15 3 4　22
蔵之助 15 3 7　25

くりゅう

空琉 8 11　19
玖龍 7 16　23

け

けい

圭 6　6
佳 8　8
京 8　8
恵 10　10
桂 10　10
啓 11　11
渓 11　11
彗 11　11
敬 12　12

景 12
恵 12
慶 15
慧 15
憬 15

けいいち

圭一 7
圭市 11
恵一 11
啓一 12
敬一 13
慶一 16

けいいちろう

圭一朗 17
恵一郎 20
啓一郎 21
恵一朗 21
敬一郎 22
敬一朗 23
慶一郎 25
慶一朗 26

けいご

圭吾 13
佳吾 15
京吾 15
圭悟 16
啓伍 17
圭梧 17
恵吾 17
桂吾 17
佳悟 18
啓吾 18
敬吾 19
景吾 19
啓悟 21
恵梧 21
慶伍 21
慶吾 22
慧吾 22
慶悟 25

けいし

圭司 11
圭史 11
啓士 14
恵司 15
啓司 16
啓史 16
渓史 16
敬史 17
啓志 18
慶士 18
慧士 18
敬志 19
慶志 22

けいじ

啓二 13
圭治 14
恵司 15
啓司 16
敬司 17
恵治 18
慶士 18
敬次 18
慶司 20
慶次 21
慶志 22
慶治 23

けいしろう

恵史郎 24
慶志郎 31

けいじろう

啓次郎 26
慶次郎 30
慶治郎 32

けいしん

圭信 15
敬心 16
恵伸 17
啓真 21
慶信 24
慶真 25

けいすけ

圭介 10
圭右 11
佳介 12
圭佑 13
恵介 14
佳佑 15
京佑 15
啓介 15
圭祐 15
敬介 16
景介 16
佳祐 17
佳亮 17
恵佑 17

啓佑 18
慶介 19
慧介 19
圭輔 20
敬祐 21
恵祐 21
佳輔 22
慶佑 22
恵輔 24
慶祐 24
慶亮 24
啓輔 25

けいそう

圭蔵 21
恵蔵 25
敬蔵 27

けいた

圭太 10
佳大 11
佳太 12
京太 12
恵大 13
奎太 13
恵太 14
桂太 14
啓太 15
渓太 15
恵多 16
敬太 16
景太 16
惠太 16
啓多 17
恵汰 17
桂汰 17
啓汰 18
慶大 18
慶太 19
慧太 19
敬汰 19
慶汰 22

けいたろう

圭太郎 19
桂太郎 23
啓太郎 24
恵太朗 24
啓太朗 25
敬太郎 25
惠太郎 25
慶太郎 28
慧太朗 29

けいと

圭人 8
圭斗 10
佳斗 12
恵人 12
啓人 13
渓人 13
恵斗 14
敬人 14
景人 14
啓仁 15
啓斗 15
恵叶 15
景斗 16
惠斗 16
圭都 17
慶人 17
慧人 17
啓杜 18
圭登 18
慶仁 19
慧斗 19
佳翔 20
恵都 21
恵翔 22
啓翔 23
景都 23
惠翔 24
慶翔 27
慧翔 27

けいま

圭真 16
恵真 20
啓真 21
慶真 25
慧真 25

けいや

景也 15
恵弥 18
慶也 18
慶弥 23
慧弥 23

けん

拳 10
健 11
絢 12

- 堅 12
- 憲 16
- 賢 16
- 謙 17

けんいち

- 健一 12
- 賢一 17
- 謙一 18

けんいちろう

- 健一郎 21
- 健一朗 22
- 謙一郎 27

けんご

- 研吾 16
- 健吾 18
- 健悟 21
- 憲吾 23
- 賢吾 23
- 謙吾 24
- 謙悟 27

けんし

- 健史 16
- 健志 18
- 賢史 21
- 憲志 23
- 謙志 24

けんじ

- 健二 13
- 健司 16
- 健史 16
- 健志 18
- 健治 19
- 賢司 21
- 賢志 23
- 顕司 23
- 健嗣 24
- 賢治 24

けんしょう

- 健匠 17
- 健将 21
- 健祥 21
- 賢生 21
- 健翔 23
- 賢尚 24

けんしろう

- 研士郎 21
- 健士朗 24
- 健史郎 25
- 健志郎 27
- 賢士郎 28
- 賢志郎 32
- 謙志郎 33

けんじろう

- 健二郎 22
- 謙二郎 28

けんしん

- 剣心 14
- 健心 15
- 絢心 16
- 堅心 16
- 兼伸 17
- 健伸 18
- 健晋 21
- 健真 21
- 謙心 21
- 絢真 22
- 健進 22
- 憲伸 23
- 賢伸 23
- 健慎 24
- 謙臣 24
- 憲信 25
- 憲真 26
- 謙信 26
- 謙真 27

けんすけ

- 健介 15
- 絢介 16
- 健佑 18
- 健祐 20
- 賢介 20
- 謙介 21
- 賢佑 23
- 健輔 25
- 賢祐 25
- 賢輔 30

けんせい

- 健正 16
- 健生 16
- 健成 17
- 健晟 21
- 賢生 21
- 謙正 22
- 賢成 22
- 健晴 23
- 謙成 23

健11 誠13 24
賢16 誠13 29

けんぞう

賢16 三3 19
建9 蔵15 24
憲16 蔵15 31

けんた

建9 太4 13
研9 太4 13
健11 大3 14
絢12 大3 15
健11 太4 15
絢12 太4 16
健11 多6 17
健11 汰7 18
賢16 大3 19
憲16 太4 20
賢16 太4 20
謙17 太4 21

けんたろう

建9 太4 郎9 22
剣10 太4 郎9 23
健11 太4 郎9 24
健11 太4 朗10 25
堅12 太4 郎9 25
憲16 太4 郎9 29
賢16 太4 郎9 29
謙17 太4 郎9 30
謙17 太4 朗10 31

けんと

研9 人2 11
健11 人2 13
絢12 人2 14
剣10 斗4 14
絢12 士3 15
健11 仁4 15
健11 斗4 15
絢12 斗4 16
憲16 人2 18
賢16 人2 18
謙17 人2 19
賢16 仁4 20
賢16 斗4 20
建9 登12 21
謙17 斗4 21
健11 登12 23
健11 翔12 23
謙17 登12 29

けんのすけ

健11 之3 介4 18
健11 之3 助7 21

けんや

健11 也3 14
健11 矢5 16
賢16 也3 19
健11 哉9 20
憲16 哉9 25
賢16 哉9 25

けんゆう

健11 友4 15
健11 佑7 18
健11 祐9 20
謙17 友4 21
健11 悠11 22
賢16 侑8 24
健11 優17 28

げん

元4 4
玄5 5
弦8 8
絃11 11
源13 13

げんき

元4 気6 10
元4 希7 11
元4 基11 15
弦8 希7 15
元4 葵12 16
元4 喜12 16
元4 稀12 16
元4 貴12 16
弦8 紀9 17
玄5 稀12 17
玄5 暉13 18
絃11 希7 18
元4 輝15 19
玄5 樹16 21
弦8 輝15 23
弦8 樹16 24
源13 貴12 25

げんた

元4 太4 8
玄5 太4 9
元4 汰7 11
弦8 太4 12
彦9 太4 13

弦汰 15
紘太 15
源大 16
源太 17

げんたろう

元太朗 18
紘太郎 24
源太郎 26

げんと

元人 6
玄人 7
元斗 8
紘人 13
元翔 16
玄都 16
源斗 17

げんのすけ

弦之介 15
弦之助 18

げんや

元也 7
玄也 8
玄弥 13

こ

こう

功 5
巧 5
光 6
孝 7
幸 8
昊 8
恒 9
皇 9
洸 9
倖 10
晃 10
紘 10
航 10
康 11
滉 13
煌 13
鴻 17
琥羽 18

こういち

公一 5
弘一 6
光一 7
孝一 8
宏一 8
幸一 9
洸一 10
晃一 11
耕一 11
航一 11
晄一 11
康一 12
皓一 13
滉一 14

こういちろう

功一郎 15
弘一郎 15
光一郎 16
孝一郎 17
宏一朗 18
幸一郎 18
昊一朗 19
晃一郎 20
航一郎 20
晄一郎 20
康一郎 21
晃一朗 21
耕一朗 21
煌一郎 23
滉一朗 24
煌一朗 24

こうえい

弘英 13
幸英 16
昂英 16
幸栄 17
光瑛 18
晃英 18
航英 18
洸瑛 21
滉英 21
煌英 21
煌瑛 25

こうが

光我 13
光峨 16
昊河 16
巧雅 18
晃河 18
航河 18

光雅 19
孝雅 20
煌我 20
幸雅 21
恒雅 22
晃雅 23
航雅 23
康雅 24
皐雅 24
煌雅 26

こうき

光生 11
公希 11
昂己 11
弘希 12
光希 13
孝希 14
康己 14
倖生 15
光紀 15
幸希 15
晃生 15
航生 15
虹希 16
洸希 16
煌己 16
倖希 17
功稀 17
晃希 17
紘希 17
航希 17
晄希 17
光稀 18
康希 18
煌生 18
孝貴 19
輝生 20
幸喜 20
広輝 20
弘毅 20
光輝 21
功樹 21
恒貴 21
皇稀 21
亘輝 21
洸貴 21
孝輝 22
宏輝 22
晃貴 22
滉紀 22
孝樹 23
幸輝 23
康葵 23
康稀 23
昂輝 23
晃暉 23
浩暉 23
昊輝 23
幸樹 24
恒輝 24
昂樹 24
皇輝 24
虹輝 24
昊樹 24
煌基 24
倖輝 25
恒樹 25
晃輝 25
浩輝 25
紘輝 25
航輝 25
洸樹 25
煌貴 25
康輝 26
晃樹 26
航樹 26
皓輝 27
滉樹 29
煌樹 29
輝樹 31

こうさく

幸作 15
耕作 17
幸朔 18

こうし

光志 13
晃士 13
航士 13
幸志 15
晃史 15
皓士 15
恒志 16
康至 17
浩志 17
晄志 17
鴻志 24

こうじ

光志 13
晃司 15
康司 16
晃志 17
航志 17
煌司 18

こうしろう

孝士郎 19
幸士郎 20
幸士朗 21
光志郎 22
倖士朗 23
幸史朗 23
康士郎 23
晃士朗 23
孝志朗 24
幸志郎 24
航史郎 24
昊志郎 24
皓士郎 24
洸志郎 25

こうじろう

宏次朗 23
幸次郎 23
倖次郎 25

こうしん

幸心 12
洸心 13
康心 15
弘真 15
煌真 23

こうすけ

弘介 9
孝介 11
幸介 12
昂介 12
光佑 13
公亮 13
恒介 13
亘佑 13
洸介 13
巧祐 14
紘介 14
耕介 14
航介 14
幸助 15
幸佑 15
康介 15
昂佑 15
昊佑 15
孝祐 16
孝亮 16
宏祐 16
幸典 16
昂典 16
皓介 16
耕助 17
航佑 17
煌介 17
康佑 18
晃祐 19
浩亮 19
光輔 20
康祐 20
晃輔 24
浩輔 24
航輔 24
康輔 25

こうせい

光生 11
孝成 13
昂世 13
洸世 14
光星 15
晃生 15
紘生 15
航世 15
晄世 15
光晟 16
康世 16
康生 16
光清 17
康成 17
弘晴 17
幸晟 18
弘誠 18
昴星 18
煌世 18
煌生 18
好誠 19
煌成 19
宏誠 20
幸聖 21
幸誠 21
康晟 21

昂聖 21
煌星 22
康晴 23
晃誠 23
航聖 23
康聖 24
康誠 24
皓聖 25
煌聖 26

こうた

孔太 8
功太 9
弘太 9
光太 10
孝太 11
宏太 11
幸大 11
昊大 11
幸太 12
昂太 12
昊太 12
洸大 12
倖大 13
光汰 13
航大 13
虹太 13
洸太 13
晃太 14
浩太 14
耕太 14
航太 14
幸汰 15
康太 15
昂汰 15
昊汰 15
恒汰 16
虹汰 16
洸汰 16
煌大 16
康多 17
晃汰 17
浩汰 17
航汰 17
煌太 17

こうだい

公大 7
功大 8
広大 8
弘大 8
光大 9
孝大 10
宏大 10
幸大 11
昂大 11
昊大 11
洸大 12
晃大 13
浩大 13
紘大 13
耕大 13
航大 13
晄大 13
康大 14
皓大 15
嵩大 16
滉大 16
煌大 16

こうたろう

弘太郎 18
光太郎 19
孝太郎 20
宏太郎 20
孝太朗 21
宏太朗 21
幸太郎 21
昂太郎 21
幸太朗 22
光汰朗 23
晃太郎 23
航太郎 23
高太郎 23
康太郎 24
耕太朗 24
航太朗 24
煌太郎 26

こうのすけ

公之介 11
光之介 13
孝之介 14
幸之介 15
昊之介 15
洸乃介 15
恒之介 16
洸之介 16
孝之助 17
晃之介 17

航之介 17
幸之助 18
康之介 18
煌之介 20
鴻之介 24

こうへい

公平 9
功平 10
広平 10
光平 11
孝平 12
宏平 12
幸平 13
昂平 13
洸平 14
晃平 15
浩平 15
紘平 15
耕平 15
航平 15
康平 16
皓平 17
滉平 18
煌平 18

こうま

功真 15
光真 16
幸真 18
昊馬 18
晄馬 20
康真 21
光磨 22
煌真 23
煌馬 23

こうめい

功明 13
弘明 13
孝明 15
幸明 16
昂明 16
晃明 18
航明 18
滉明 21
煌明 21

こうや

昊也 11
幸矢 13
航也 13
孝弥 15
晃矢 15
航矢 15
幸弥 16
煌也 16
晃弥 18
煌哉 22

こうよう

弘陽 17
昂洋 17
光陽 18
向陽 18
宏陽 19
航洋 19
幸陽 20
紅陽 21
煌陽 25

こうりゅう

孝龍 23
幸龍 24

こころ

心 4
志 7
心良 11

こじろう

小次郎 18
虎士朗 21
虎次郎 23
琥二郎 23
琥士郎 24
琥士朗 25
琥次朗 28

こたろう

小太郎 16
虎太郎 21
虎太朗 22
虎汰郎 24
琥大郎 24
琥太郎 25
琥大朗 25
瑚太郎 26
琥太朗 26
琥汰朗 29

こてつ

小鉄 16
虎哲 18
虎鉄 21
虎徹 23

琥鉄 25
琥徹 27

こなん
虎楠 21
琥南 21
瑚南 22

こはく
虎珀 17
琥白 17
琥珀 21

ごう
剛 10
郷 11
豪 14
悟央 15
悟生 15

ごうき
剛己 13
剛生 15
豪己 17
豪希 21
剛毅 25
豪貴 26

ごうし
剛士 13
豪士 17
豪志 21

ごうた
剛太 14
剛汰 17
豪太 18
豪汰 21

ごろう
吾郎 16
吾朗 17

さ

さいと
彩斗 15
彩登 23

さきと
咲人 11
咲斗 13
咲都 20
咲翔 21

さく
朔 10
朔久 13
咲玖 16
朔玖 17
朔空 18

さくたろう
咲太郎 22
咲太朗 23
朔太郎 23
朔太朗 24

さくと
咲人 11
咲斗 13
咲都 20
咲翔 21
朔都 21
朔登 22

さくま
咲真 19
朔真 20
朔馬 20

さくや
朔也 13
朔矢 15
咲弥 17
咲哉 18
朔弥 18

さすけ
冴介 11
佐助 14
冴祐 16
冴亮 16
颯介 18
颯助 21

さつき
皐月 15
颯月 18
颯希 21
颯紀 23
颯輝 29
颯樹 30

さとき
智生 17
聡希 21
里樹 23
聡樹 30

さとし
怜史 13
聡 14

- 慧 15
- 智士 15
- 智之 15
- 哲史 15
- 悟志 17
- 智司 17
- 智史 17
- 慧士 18
- 智至 18
- 理志 18
- 聡司 19
- 聡史 19
- 智志 19
- 聡志 21

さとる

- 悟 10

- 哲 10
- 暁 12
- 智 12
- 惺 12
- 聖 13
- 聡 14
- 慧 15
- 惺琉 23

し

しおん

- 士苑 11
- 士恩 13
- 士温 15
- 志音 16

- 心温 16
- 史温 17
- 紫苑 20
- 史穏 21
- 獅苑 21
- 至穏 22
- 詩音 22
- 獅恩 23

しげき

- 成希 13
- 茂樹 24

しげる

- 茂 8
- 慈 13

しずく

- 雫 11
- 雫久 14

しづき

- 士月 7
- 梓月 15
- 紫月 16
- 獅月 17
- 詩月 17

しどう

- 士道 15
- 志道 19
- 獅堂 24
- 獅童 25
- 獅道 25

しのぶ

- 忍 7
- 志信 16

しもん

- 士門 11
- 史門 13
- 士紋 13
- 志門 15
- 獅門 21
- 詩門 21

しゅう

- 舟 6
- 秀 7
- 周 8
- 柊 9
- 修 10
- 崇 11
- 脩 11
- 朱羽 12
- 嵩 13
- 柊生 14
- 珠生 15
- 柊羽 15
- 珠羽 16
- 柊佑 16

しゆう

- 志有 13
- 志侑 15
- 史悠 16
- 志優 24

しゅういち

- 秀一 8
- 周一 9
- 柊一 10
- 修一 11

しゅういちろう

秀一郎 17
周一郎 18
秀一朗 18
柊一郎 19
修一郎 20
修一朗 21
脩一朗 22

しゅうき

柊希 16
柊貴 21
秀輝 22
脩喜 23
柊輝 24

しゅうご

秀伍 13
秀吾 14
周吾 15
柊伍 15
柊吾 16
修吾 17
秀梧 18
脩吾 18
修悟 20
脩悟 21

しゅうさく

周作 15
柊作 16

しゅうじ

秀士 10
柊二 11
秀司 12
修士 13
柊司 14
修司 15
秀治 15
柊次 15
柊志 16
修志 17
修治 18

しゅうすけ

秀介 11
柊介 13
周助 15
崇介 15
秀祐 16
秀亮 16
柊佑 16
嵩介 17
柊亮 18
秀輔 21
修輔 24

しゅうせい

秀成 13
柊成 15
秀星 16
秀晟 17
柊晴 21
修聖 23

しゅうぞう

修三 13
修造 20

しゅうた

秀大 10
秀太 11
周太 12
柊大 12
柊太 13
修太 14
秀汰 14
宗汰 15
崇太 15
脩太 15
嵩大 16
柊汰 16
修汰 17

しゅうだい

秀大 10
周大 11
修大 13

しゅうたろう

秀太郎 20
周太郎 21
秀太朗 21
柊太郎 22
修太郎 23
柊太朗 23
修太朗 24
脩太郎 24

しゅうと

秀人 9
宗士 11
秀斗 11
柊人 11
周斗 12
修人 12

修10士3 13
秋9斗4 13
柊9斗4 13
修10斗4 14
崇11仁4 15
嵩13人2 15
脩11斗4 15
柊9杜7 16
秀7都11 18
柊9都11 20
柊9翔12 21

しゅうへい

秀7平5 12
周8平5 13
宗8平5 13
柊9平5 14
修10平5 15
脩11平5 16

しゅうま

秀7真10 17
秀7馬10 17
周8真10 18
秀7麻11 18
柊9真10 19
柊9馬10 19
修10真10 20
柊9麻11 20
脩11真10 21
脩11馬10 21
秀7磨16 23
嵩13馬10 23
周8磨16 24
柊9磨16 25
脩11磨16 27

しゅうや

周8也3 11
宗8也3 11
柊9也3 12
修10也3 13
柊9矢5 14
秀7弥8 15
秀7哉9 16
嵩13也3 16
脩11矢5 16
周8哉9 17
柊9弥8 17
秋9哉9 18
嵩13矢5 18
柊9哉9 18
修10哉9 19
崇11弥8 19
脩11哉9 20

しゅり

守6里7 13
朱6里7 13
珠10吏6 16
朱6璃15 21

しゅん

旬6 6
俊9 9
春9 9
峻10 10
隼10 10
竣12 12
舜13 13
諄15 15
駿17 17
瞬18 18

しゅんいち

俊9一1 10
峻10一1 11
隼10一1 11
駿17一1 18

しゅんいちろう

俊9一1郎9 19
隼10一1朗10 21
駿17一1郎9 27
駿17一1朗10 28

しゅんき

隼10生5 15
俊9希7 16
俊9輝15 24
駿17希7 24
俊9樹16 25
隼10輝15 25
駿17貴12 29
駿17輝15 32

しゅんご

俊9吾7 16
舜13悟10 23
駿17伍6 23
駿17吾7 24

しゅんさく

俊9作7 16
峻10作7 17
駿17作7 24

しゅんじ

隼司 15
俊志 16
駿志 24
駿治 25

しゅんすけ

俊介 13
峻介 14
隼介 14
俊佑 16
竣介 16
舜介 17
隼亮 19
竣亮 21
駿介 21
瞬介 22
俊輔 23
春輔 23
峻輔 24
駿助 24
駿佑 24
駿祐 26
駿亮 26

しゅんせい

俊成 15
隼成 16
俊晴 21
竣星 21
駿成 23

しゅんた

俊太 13
旬汰 13
隼大 13
隼太 14
俊汰 16
春汰 16
竣太 16
隼汰 17
駿太 21
駿多 23
駿汰 24
瞬汰 25

しゅんたろう

旬太郎 19
春太郎 22
俊太朗 23
峻太郎 23
隼太郎 23
竣太郎 25
駿太郎 30
駿太朗 31

しゅんと

旬人 8
俊斗 13
隼斗 14
舜人 15
舜斗 17
俊翔 21
春翔 21
駿斗 21

しゅんのすけ

旬之介 13
俊乃介 15
春之介 16
隼之介 17
駿之介 24
瞬之介 25
駿之助 27

しゅんぺい

旬平 11
俊平 14
春平 14
峻平 15
隼平 15
駿平 22

しゅんや

俊也 12
隼也 13
旬哉 15
隼矢 15
舜也 16
俊弥 17
春弥 17
俊哉 18
峻弥 18
竣哉 21
舜弥 21
駿矢 22
瞬矢 23
駿弥 25

しょう

匠 6
尚 8
昇 8
将 10
祥 10

渉 11
章 11
翔 12
聖 13
彰 14
樟 15
翔央 17
翔生 17

しょういち

将一 11
祥一 11
翔一 13

しょういちろう

匠一郎 16
正一朗 16
将一郎 20
将一朗 21
祥一朗 21
勝一郎 22
翔一郎 22
翔一朗 23

しょうえい

匠栄 15
昇英 16
翔永 17
匠瑛 18
将英 18
祥英 18
翔英 20
照英 21
聖英 21
翔栄 21
将瑛 22
翔瑛 24
照瑛 25

しょうき

翔己 15
祥希 17
翔生 17
翔希 19
匠輝 21
彰希 21
昇輝 23
尚樹 24
翔喜 24
翔稀 24
翔貴 24
将輝 25
祥輝 25
翔暉 25
翔輝 27
翔樹 28

しょうご

尚吾 15
昇吾 15
昌吾 15
正悟 15
匠悟 16
将伍 16
省吾 16
将吾 17
祥吾 17
尚悟 18
昇悟 18
章吾 18
翔吾 19
奨吾 20
彰吾 21
章悟 21
奨悟 23
聖悟 23
彰梧 25
正護 25

しょうじ

昇司 13
将司 15

しょうすけ

湘介 16
翔介 16
翔亮 21
祥輔 24

しょうせい

匠生 11
将生 15
翔生 17
翔成 18
将星 19
翔政 21
翔星 21
将誠 23
翔晴 24
翔惺 24

しょうた

正太 9
匠太 10
尚大 11

昇大	8 3	11
尚太	8 4	12
昌太	8 4	12
将大	10 3	13
昭太	9 4	13
省太	9 4	13
将太	10 4	14
祥太	10 4	14
晶大	12 3	15
渉太	11 4	15
章太	11 4	15
翔大	12 3	15
勝太	12 4	16
湘太	12 4	16
祥多	10 6	16
翔太	12 4	16
奨太	13 4	17
聖太	13 4	17
彰太	14 4	18
翔多	12 6	18
翔汰	12 7	19

しょうだい

昇大	8 3	11
将大	10 3	13
勝大	12 3	15
翔大	12 3	15

しょうたろう

正太郎	5 4 9	18
匠太郎	6 4 9	19
正太朗	5 4 10	19
昇太郎	8 4 9	21
昌太郎	8 4 9	21
尚太朗	8 4 10	22
将太郎	10 4 9	23
祥太郎	10 4 9	23
将太朗	10 4 10	24
章太郎	11 4 9	24
笙太郎	11 4 9	24
勝太郎	12 4 9	25
晶太郎	12 4 9	25
翔太郎	12 4 9	25
勝太朗	12 4 10	26
聖太郎	13 4 9	26

しょうと

翔人	12 2	14
勝斗	12 4	16
翔斗	12 4	16
翔登	12 12	24
聖翔	13 12	25

しょうのすけ

匠之介	6 3 4	13
笙之介	11 3 4	18
彰之介	14 3 4	21

しょうへい

匠平	6 5	11
昇平	8 5	13
昌平	8 5	13
将平	10 5	15
祥平	10 5	15
章平	11 5	16
湘平	12 5	17
翔平	12 5	17

しょうま

匠真	6 10	16
尚真	8 10	18
昇馬	8 10	18
将真	10 10	20
将馬	10 10	20
祥真	10 10	20
祥眞	10 10	20
笙真	11 10	21
笙馬	11 10	21
翔真	12 10	22
翔馬	12 10	22
奨真	13 10	23
聖真	13 10	23
尚磨	8 16	24
彰馬	14 10	24
昇磨	8 16	24
将磨	10 16	26

しょうや

昇也	8 3	11
将也	10 3	13
匠哉	6 9	15
将矢	10 5	15
翔也	12 3	15
奨也	13 3	16
尚弥	8 8	16
翔矢	12 5	17
将弥	10 8	18
祥哉	10 9	19
翔弥	12 8	20
湘哉	12 9	21
翔哉	12 9	21

しりゅう

史竜	5 10	15

志竜 17
志琉 18
志隆 18
子龍 19
司龍 21
志龍 23
獅龍 29

しろう

志郎 16
志朗 17
獅朗 23

しん

心 4
伸 7
芯 7
信 9
晋 10
真 10
眞 10
紳 11
進 11
慎 13
新 13

しんいち

心一 5
伸一 8
信一 10
晋一 11
真一 11
眞一 11
進一 12
慎一 14
新一 14

しんいちろう

伸一郎 17
伸一朗 18
信一朗 20
真一郎 20
紳一郎 21
進一郎 21
慎一郎 23
新一朗 24

しんご

伸吾 14
心悟 14
臣吾 14
信吾 16
真吾 17
進吾 18
慎吾 20
晋悟 20
紳悟 21

しんじ

真士 13
信司 14
伸治 15
慎二 15
晋司 15
信志 16
進司 16
慎司 18
真治 18
慎治 21
真慈 23

しんすけ

真介 14
慎介 17
真佑 17
芯輔 21
信輔 23

しんた

心大 7
芯太 11
信太 13
進太 15
慎太 17
真汰 17

しんたろう

心太郎 17
心太朗 18
伸太郎 20
芯太郎 20
伸太朗 21
芯太朗 21
信太郎 22
信太朗 23
晋太郎 23
真太郎 23
紳太郎 24
進太郎 24
慎太郎 26
新太郎 26
愼太郎 26

しんのすけ

心之介 11
心之丞 13

伸之介 14
真乃介 16
伸之助 17
晋之介 17
真之介 17
芯之助 17
眞之介 17
紳之介 18
進之介 18
信之助 19
慎之介 20
真之助 20
心之輔 21
紳之助 21
慎之助 23
新之助 23
慎之輔 30

しんぺい

心平 9
芯平 12
信平 14
晋平 15
慎平 18
新平 18

しんや

信也 12
心哉 13
臣弥 15
伸哉 16
慎也 16
信哉 18
真哉 19
慎弥 21
新弥 21
慎哉 22

じえい

慈英 21
慈瑛 25

じゅん

洵 9
准 10
純 10
隼 10
淳 11
惇 11
順 12
準 13
潤 15
諄 15

じゅんいち

准一 11
純一 11
淳一 12
潤一 16

じゅんいちろう

純一郎 20
淳一郎 21
純一朗 21
順一朗 23
潤一郎 25

じゅんき

純希 17
純基 21
淳暉 24
純輝 25

じゅんせい

純青 18
順成 18
純晟 20
潤成 21
純晴 22
淳晴 23
純聖 23

じゅんた

純大 13
純太 14
淳太 15
惇太 15
順太 16
準太 17
純汰 17
潤太 19

じゅんと

淳人 13
潤斗 19

じゅんのすけ

純乃介 16
准之介 17
純之介 17
淳之介 18
惇之介 18
潤乃介 21
潤之介 22
潤之助 25

じゅんぺい

洵平 11

准平 15
純平 15
隼平 15
惇平 16
淳平 16
絢平 17
順平 17
潤平 20

じゅんや

准也 13
純也 13
淳也 14
絢也 15
準也 16
潤也 18
純弥 18
洵哉 18
純哉 19
惇哉 20
潤弥 23

じょう

丈 3
丞 6
譲 20

じょうじ

丈治 11
丈嗣 16
丈慈 16
譲司 25

じょうたろう

丈太郎 16
丈太朗 17
丞太郎 19
城太郎 22

じん

仁 4
迅 6
尋 12

じんせい

仁成 10
仁誠 17

じんた

仁太 8
仁汰 11
尋太 16

じんたろう

仁太郎 17
仁太朗 18

す

すい

粋 10
翠 14

すかい

透海 19
澄海 24

すぐる

英 8
卓 8
優 17

すずと

涼斗 15
涼都 22

すずのすけ

涼之介 18
鈴之助 23

すすむ

進 11
奨 13

すなお

直 8
素直 18

すばる

昴 9
昴琉 20
澄晴 27

すみと

純斗 14
澄人 17

せ

せい

成 6
星 9
晟 10
晴 12
惺 12
聖 13
誠 13
誓 14
静 14
聖生 18

せいいち

征一 9

晴一 13
誠一 14

せいいちろう
正一郎 15
成一郎 16
晴一朗 23
誠一郎 23
誠一朗 24

せいご
成吾 13
星伍 15
成悟 16
星吾 16
惺吾 19
聖吾 20
誠吾 20
靖吾 20
晟悟 20
清悟 21
晴悟 22
聖悟 23
誠剛 23
靖悟 23
静悟 24

せいじ
征士 11
成司 11
征史 13
清司 16
誠士 16
聖仁 17
惺司 17
誠司 18
誠史 18
誠次 19
聖志 20
誠志 20
誠治 21
誠慈 26
誠路 26

せいじゅうろう
清十郎 22

せいしろう
清士郎 23
清史郎 25
誠士郎 25
盛志郎 27
誠史郎 27
誠志郎 29
誠志朗 30

せいた
成汰 13
星太 13
星多 15
晴大 15
清太 15
星汰 16
晴太 16
惺太 16
聖太 17
誠太 17
晟汰 17
誓太 18
惺汰 19
聖汰 20

せいだい
晟大 13
清大 14
晴大 15
聖大 16
誠大 16

せいたろう
征太郎 21
政太朗 23
星太朗 23
晟太郎 23
清太郎 24
晴太郎 25
清太朗 25
惺太郎 25
晴太朗 26
誠太郎 26
惺太朗 26
聖太朗 27
誠太朗 27

せいと
星斗 13
聖人 15
誠人 15
惺斗 16
聖斗 17
惺翔 24
聖翔 25

せいのすけ
誠之介 20
誠之助 23

誠之輔 30

せいま

成真 16
星馬 19
晟真 20
惺真 22
聖真 23
聖馬 23
誠真 23

せいめい

成明 14
晴明 20

せいや

成也 9
征也 11
成矢 11
星也 12
正弥 13
晟也 13
成弥 14
星矢 14
清也 14
成哉 15
晴也 15
惺也 15
晟矢 15
聖也 16
誠也 16
靖也 16
星夜 17
晴矢 17
惺矢 17
星哉 18
聖矢 18
誠矢 18
晟弥 18
晴弥 20
清哉 20
惺弥 20
晴哉 21
聖弥 21
聖耶 22
誠哉 22
誓哉 23
静哉 23

せいりゅう

成龍 22
聖竜 23
惺琉 23
青龍 24
聖龍 29

せな

征那 15
星南 18
聖那 20
瀬七 21
惺南 21
聖南 22
瀬名 25
瀬那 26

せら

聖良 20
世羅 24
瀬良 26
聖羅 32

せんたろう

千太郎 16
千太朗 17
仙太郎 18

せんり

千里 10
泉里 16

ぜん

善 12
然 12
禅 13

ぜんた

善太 16
然太 16
禅太 17

そ

そう

壮 6
宗 8
奏 9
爽 11
創 12
想 13
蒼 13
聡 14
颯 14
奏羽 15
想生 18
蒼生 18

そういち

壮一 7
宗一 9
宗市 13
創一 13
蒼一 14
聡一 15

そういちろう

壮一郎 16
壮一朗 17
宗一郎 18
宗一朗 19
崇一郎 21
爽一郎 21
創一郎 22
爽一朗 22
想一郎 23
蒼一郎 23
湊一朗 23
総一郎 24
聡一郎 24
総一朗 25
聡一朗 25

そうえい

宗瑛 20
颯英 22

そうき

壮希 13
想生 18
颯生 19
蒼希 20
奏稀 21
聡希 21
颯希 21
宗輝 23
颯紀 23
創喜 24
奏輝 24
創輝 27
蒼輝 28
蒼樹 29
颯樹 30

そうご

壮吾 13
宗吾 15
壮悟 16
奏吾 16
創吾 19
想吾 20
蒼吾 20
颯吾 21
想悟 23
蒼悟 23
想梧 24
颯悟 24
颯梧 25

そうし

宗士 11
壮志 13
宗志 15
創士 15
湊士 15
崇史 16
奏志 16
想士 16
蒼士 16
創史 17
颯士 17
蒼史 18
創志 19
総司 19
蒼志 20
颯志 21
蒼思 22

そうじ

宗治 16
蒼士 16
総司 19

そうじゅ

壮樹 22
奏樹 25
蒼樹 29

そうしろう

宗士郎 20
壮史朗 21
奏士郎 21
創士郎 24
奏史朗 24
湊士郎 24
蒼士郎 25
颯士朗 27
蒼史朗 28
蒼志郎 29
颯志郎 30

そうじろう

宗次郎 23

宗次朗	8 6 10	24

そうすけ

壮介	6 4	10
宗介	8 4	12
奏介	9 4	13
宗佑	8 7	15
創介	12 4	16
奏佑	9 7	16
惣介	12 4	16
湊介	12 4	16
宗祐	8 9	17
想介	13 4	17
蒼介	13 4	17
奏祐	9 9	18
総介	14 4	18
聡介	14 4	18
颯介	14 4	18
湊佑	12 7	19
蒼佑	13 7	20
聡佑	14 7	21
湊祐	12 9	21
颯助	14 7	21
颯佑	14 7	21
蒼祐	13 9	22
蒼亮	13 9	22
奏輔	9 14	23
聡祐	14 9	23
颯祐	14 9	23
颯亮	14 9	23
爽輔	11 14	25

そうた

壮大	6 3	9
壮太	6 4	10
宗太	8 4	12
奏大	9 3	12
壮汰	6 7	13
奏太	9 4	13
宗汰	8 7	15
崇太	11 4	15
創大	12 3	15
奏多	9 6	15
爽太	11 4	15
湊大	12 3	15
創太	12 4	16
奏汰	9 7	16
惣太	12 4	16
蒼大	13 3	16
湊太	12 4	16
想太	13 4	17
蒼太	13 4	17
颯大	14 3	17
崇汰	11 7	18
爽汰	11 7	18
総太	14 4	18
聡太	14 4	18
颯太	14 4	18
創汰	12 7	19
想汰	13 7	20
蒼汰	13 7	20
颯多	14 6	20
聡汰	14 7	21
颯汰	14 7	21
奏詩	9 13	22
颯詩	14 13	27

そうだい

壮大	6 3	9
宗大	8 3	11
創大	12 3	15
湊大	12 3	15
蒼大	13 3	16
聡大	14 3	17
颯大	14 3	17

そうたろう

壮太朗	6 4 10	20
宗太郎	8 4 9	21
宗太朗	8 4 10	22
奏太郎	9 4 9	22
奏太朗	9 4 10	23
崇太郎	11 4 9	24
爽太郎	11 4 9	24
創太郎	12 4 9	25
湊太郎	12 4 9	25
創太朗	12 4 10	26
蒼太郎	13 4 9	26
湊太朗	12 4 10	26
聡太郎	14 4 9	27
蒼太朗	13 4 10	27
颯太郎	14 4 9	27
蒼汰郎	13 7 9	29

そうと

壮人	6 2	8
奏斗	9 4	13
颯人	14 2	16
蒼斗	13 4	17
颯斗	14 4	18
颯翔	14 12	26

そうのすけ

宗之介 15
颯之介 21
蒼之助 23

そうへい

壮平 11
宗平 13
奏平 14
創平 17
蒼平 18
颯平 19

そうま

壮真 16
壮馬 16
宗真 18
宗馬 18
奏真 19
爽真 21
創真 22
湊真 22
想真 23
蒼真 23
蒼馬 23
蒼眞 23
総真 24
聡真 24
聡馬 24
颯真 24
颯馬 24
奏磨 25

そうや

宗矢 13
壮弥 14
湊也 15
蒼也 16
聡也 17
颯也 17
奏哉 18
蒼矢 18
颯矢 19
創哉 21
想弥 21
蒼弥 21
颯弥 22
颯哉 23

そうわ

奏和 17
蒼和 21

そら

空 8
宙 8
昊 8
大空 11
壮良 13
空良 15
奏来 16
奏良 16
奏來 17
想良 20
蒼良 20
聡良 21
蒼空 21
蒼來 21
颯良 21
蒼羅 32

そらと

空人 10
空斗 12
空飛 17
空翔 20

た

たいが

大我 10
太我 11
大河 11
大峨 13
大賀 15
太賀 16
大雅 16
太雅 17
泰我 17
泰河 18
泰芽 18
大駕 18
汰雅 20
泰雅 23
泰駕 25

たいき

大希 10
太希 11
泰己 13
大晄 13
泰生 15
大葵 15

大喜 15
大貴 15
太稀 16
太貴 16
大幹 16
大暉 16
泰希 17
泰季 18
大輝 18
泰紀 19
大樹 19
太樹 20
大騎 21
汰輝 22
泰喜 22
泰毅 25
泰輝 25
泰樹 26

たいし

大士 6
太士 7
大志 10
太志 11
泰士 13
汰志 14
泰司 15
泰史 15
泰至 16
大嗣 16
大詩 16
太獅 17
泰志 17
大唯志 21

たいじ

泰司 15
大慈 16
泰志 17

たいじゅ

大珠 13
大樹 19
太樹 20
泰樹 26

たいしん

大心 7
太心 8
太進 15
泰伸 17
泰慎 23

たいすけ

太介 8
太助 11
太亮 13
泰介 14
泰佑 17
太輔 18
泰典 18
泰亮 19
泰輔 24

たいせい

大成 9
太成 10
大征 11
汰成 13
大晟 13
太晟 14
泰世 15
泰生 15
大晴 15
大惺 15
汰星 16
泰成 16
大聖 16
大誠 16
太聖 17
泰征 18
汰晴 19
泰晟 20
泰清 21
泰盛 21
泰聖 23
泰誠 23
泰靖 23

たいぞう

大蔵 18
泰造 20
泰蔵 25

たいち

太一 5
汰一 8
太地 10
太壱 11
泰一 11
大知 11
太知 12
泰千 13
大智 15

太智 16
泰地 16
泰治 18
泰知 18

たいちろう

太一郎 14
太一朗 15

たいと

泰人 12
泰斗 14
泰杜 17
泰都 21
泰翔 22

たいへい

太平 9
泰平 15

たいよう

大洋 12
太洋 13
大遥 15
太遥 16
太陽 16
大耀 23
太耀 24
泰燿 28

たいら

平 5
太良 11
平良 12
泰良 17
泰楽 23
平羅 24

たかあき

孝明 15
孝晃 17
高明 18
敬亮 21
貴章 23
貴瑛 24
貴彰 26

たかお

貴夫 16
崇生 16

たかし

孝 7
崇 11
天志 11
隆 11
敬 12
孝司 12
孝史 12
高士 13
尚志 15
崇史 16
隆史 16
隆志 18
貴志 19

たかと

宇人 8
天斗 8
孝人 9
孝斗 11
貴人 14
崇仁 15
嵩人 15
隆斗 15
貴斗 16
敬斗 16
尊斗 16
崇登 23
貴登 24
貴翔 24
鷹斗 28

たかとし

孝俊 16
貴俊 21

たかなり

崇成 17
隆成 17
貴成 18

たかのぶ

孝信 16
貴信 21

たかのり

孝典 15
孝紀 16
孝則 16
尚典 16
隆典 19
隆則 20
貴紀 21
孝徳 21
孝範 22
貴教 23
孝憲 23
高徳 24

隆徳 25

たかはる

孝治 15
天晴 16
天陽 16
崇陽 23
隆晴 23
貴晴 24

たかひさ

貴久 15
敬久 15

たかひと

崇仁 15
嵩人 15
隆仁 15
貴仁 16
敬仁 16
尊仁 16

たかひろ

孝大 10
孝弘 12
峻大 13
孝宏 14
貴大 15
高弘 15
嵩大 16
誉大 16
隆広 16
隆弘 16
貴弘 17
崇宏 18
隆宏 18
崇裕 23
隆博 23
貴博 24
貴裕 24
貴寛 25
鷹宏 31

たかふみ

孝史 12
崇文 15
隆文 15
貴文 16
崇史 16
隆史 16
敬史 17
嵩史 18
誉史 18

たかまさ

崇正 16
崇将 21
隆将 21
貴雅 25

たかや

孝也 10
高也 13
天哉 13
隆也 14
貴也 15
敬也 15
尊也 15
孝哉 16
昂弥 16
嵩也 16
嵩矢 18
崇哉 20
貴哉 21
嵩哉 22
鷹也 27

たかゆき

孝之 10
隆之 14
貴之 15
敬之 15
孝幸 15
嵩之 16
隆行 17
貴行 18
高幸 18
隆幸 19

たから

宝 8
宝良 15
高良 17
崇良 18
貴良 19

たく

卓 8
拓 8
琢 11

たくし

卓史 13
拓史 13
拓志 15

たくと

巧人 7

巧斗 9
匠斗 10
卓人 10
拓士 11
拓仁 12
匠杜 13
琢人 13
匠音 15
匠飛 15
巧都 16
巧翔 17
匠都 17
拓翔 20
琢登 23

たくま

逞 11
巧真 15
巧馬 15
匠真 16
拓真 18
拓馬 18
拓眞 18
巧磨 21
琢真 21
琢馬 21
逞真 21
逞馬 21
匠磨 22
拓摩 23
卓磨 24
拓磨 24
琢磨 27

たくみ

工 3
功 5
巧 5
匠 6
巧巳 8
拓巳 11
拓未 13
巧海 14
匠海 15
巧望 16
拓実 16
拓弥 16
卓海 17
拓海 17
琢海 20

たくむ

拓武 16
巧夢 18
拓夢 21
琢夢 24

たくや

巧也 8
卓也 11
拓也 11
巧弥 13
拓矢 13
琢也 14
匠哉 15
拓弥 16
卓哉 17
拓哉 17
拓耶 17

たくろう

巧朗 15
拓郎 17
拓朗 18
琢郎 20

たけし

丈士 6
壮 6
岳 8
武 8
剛 10
健 11
剛士 13
武司 13
武史 13
豪 14
岳志 15
毅 15
剛司 15
武志 15
健史 16
剛志 17

たけと

丈斗 7
壮人 8
岳人 10
威人 11
武仁 12
武斗 12
健人 13
健斗 15

丈翔 15
雄斗 16
毅人 17

たけとら

武虎 16
毅虎 23

たけのり

武典 16
武憲 24

たけはる

丈晴 15
武陽 20
健晴 23

たけひと

岳人 10
健人 13
健仁 15

たけひろ

岳大 11
武大 11
剛大 13
健大 14
雄大 15
丈寛 16
岳洋 17
武浩 18
健洋 20
健裕 23
健寛 24

たけふみ

武文 12
岳史 13
健史 16

たける

岳 8
健 11
猛 11
尊 12
丈流 13
丈琉 14
丈瑠 17
武流 18
武留 18
岳琉 19
武琉 19
健琉 22
尊琉 23
健瑠 25
毅琉 26

たすく

匡 6
丞 6
佑 7
侑 8
祐 9
将 10
侑久 11
輔 14
輔久 17
翼 17

ただし

正 5
忠 8
忠司 13

ただのぶ

忠信 17

ただよし

忠義 21
忠慶 23

たつおみ

龍臣 23

たつき

竜己 13
竜生 15
樹 16
立基 16
竜希 17
達希 19
樹生 21
龍生 21
辰輝 22
辰樹 23
竜暉 23
龍希 23
達稀 24
達貴 24
竜輝 25
竜樹 26
龍輝 31
龍樹 32

たつし

立志 12
達志 19
龍志 23

たつと

達人 14

達斗 16
龍翔 28

たつのすけ
龍之介 23

たつのり
辰徳 21
達徳 26

たつひこ
達彦 21
龍彦 25

たつひと
達仁 16
龍人 18

たつひろ
達大 15
達洋 21
龍弘 21
達裕 24

たっぺい
竜平 15
達平 17
龍平 21

たつま
辰馬 17
達真 22
辰磨 23
龍真 26

たつみ
辰海 16
竜海 19
達海 21
龍海 25

たつや
辰也 10
竜也 13
達也 15
辰弥 15
竜矢 15
辰哉 16
達矢 17
竜弥 18
竜哉 19
龍也 19
達弥 20
樹矢 21
達哉 21
樹弥 24
龍弥 24
龍哉 25

たつる
樹 16
竜琉 21

たつろう
達郎 21
達朗 22

たもつ
保 9

たろう
大郎 12
太郎 13
太朗 14
多朗 16

だい
大 3

だいき
大生 8
大希 10
大城 12
大葵 15
大喜 15
大揮 15
大稀 15
大貴 15
大暉 16
大毅 18
大輝 18
大樹 19
大騎 21

だいご
大伍 9
大吾 10
大悟 13
大琥 15
大護 23

だいし
大士 6
大史 8
大志 10
大資 16

だいすけ
大介 7
大助 10
大佑 10
大亮 12
大輔 17
大翼 20

だいち
大地 9
大知 11
大智 15
太智 16

だいと
大斗 7
大登 15
大翔 15

だいや
大也 6
大矢 8
大弥 11
大哉 12

だいゆう
大侑 11
大雄 15
大優 20

だん
弾 12
暖 13
檀 17

ち

ちあき
千明 11
千秋 12
千晃 13
千瑛 15
千陽 15
千耀 23

ちから
力 2
主税 17

ちさと
千智 15
千聖 16
千慧 18
知聖 21
知慧 23

ちはや
千隼 13
千颯 17
知隼 18
知駿 25

ちはる
千春 12
千晴 15
千陽 15
智春 21
智晴 24
智陽 24

ちひろ
千弘 8
千拓 11
千紘 13
知央 13
知広 13
千尋 15
千博 15
千裕 15
知宏 15
智大 15
千寛 16
智広 17
知紘 18
千優 20
知寛 21
智洋 21
智尋 24

つ

つかさ
元 4
司 5
吏 6
司冴 12
司紗 15

つきと
月斗 8
月翔 16

つばき
椿 13
椿樹 29

つばさ
翼 17
翼早 23
翼冴 24

つよし
剛 10
剛士 13
豪 14
毅 15
剛司 15

剛(10)史(5) 15
剛(10)志(7) 17
豪(14)志(7) 21

て

てつ
哲(10) 10
鉄(13) 13
徹(15) 15

てつお
哲(10)生(5) 15
鉄(13)生(5) 18
哲(10)雄(12) 22

てつし
哲(10)士(3) 13
哲(10)史(5) 15
哲(10)志(7) 17

てつしょう
鉄(13)生(5) 18
哲(10)将(10) 20
鉄(13)将(10) 23

てつしん
哲(10)心(4) 14
鉄(13)心(4) 17
徹(15)心(4) 19

てつせい
哲(10)生(5) 15
哲(10)成(6) 16
哲(10)誠(13) 23

てつた
哲(10)大(3) 13
哲(10)太(4) 14
哲(10)汰(7) 17
鉄(13)太(4) 17
徹(15)太(4) 19

てつぺい
哲(10)平(5) 15
哲(10)兵(7) 17
鉄(13)平(5) 18
徹(15)平(5) 20
鉄(13)兵(7) 20

てつや
哲(10)也(3) 13
哲(10)矢(5) 15
鉄(13)也(3) 16
徹(15)也(3) 18
哲(10)哉(9) 19
徹(15)弥(8) 23

てつろう
哲(10)郎(9) 19
哲(10)朗(10) 20
鉄(13)郎(9) 22
徹(15)郎(9) 24
徹(15)朗(10) 25

てる
瑛(12) 12
輝(15) 15
耀(20) 20

てるあき
輝(15)明(8) 23
輝(15)晃(10) 25

てるき
晃(10)希(7) 17
瑛(12)希(7) 19
輝(15)季(8) 23
輝(15)紀(9) 24
輝(15)貴(12) 27
輝(15)樹(16) 31

てるま
輝(15)真(10) 25
輝(15)馬(10) 25

てるや
瑛(12)也(3) 15
暉(13)也(3) 16
輝(15)弥(8) 23
輝(15)哉(9) 24

てるゆき
輝(15)之(3) 18
輝(15)幸(8) 23

てんせい
天(4)成(6) 10
天(4)星(9) 13
天(4)晟(10) 14
天(4)晴(12) 16
天(4)聖(13) 17

てんま
天(4)真(10) 14
天(4)馬(10) 14
天(4)眞(10) 14
典(8)真(10) 18
天(4)舞(15) 19

てんゆう
天(4)佑(7) 11
天(4)祐(9) 13
天(4)悠(11) 15

と

とあ

斗亜 4 7 11
斗空 4 8 12
斗蒼 4 13 17
翔亜 12 7 19
澄空 15 8 23

とうい

冬威 5 9 14
斗唯 4 11 15
透生 10 5 15
斗偉 4 12 16
登生 12 5 17
冬偉 5 12 17
登偉 12 12 24

とうご

斗吾 4 7 11
冬悟 5 10 15
東吾 8 7 15
桐吾 10 7 17
透吾 10 7 17
東悟 8 10 18
統伍 12 6 18
統吾 12 7 19
柊悟 9 10 19
橙伍 16 6 22

とうま

斗真 4 10 14
斗眞 4 10 14
斗麻 4 11 15
冬真 5 10 15
冬馬 5 10 15
桐真 10 10 20
透真 10 10 20
兜馬 11 10 21
透麻 10 11 21
登真 12 10 22
統真 12 10 22
東磨 8 16 24
燈真 16 10 26
橙真 16 10 26

とうや

冬也 5 3 8
斗弥 4 8 12
桐也 10 3 13
冬弥 5 8 13
桃也 10 3 13
透也 10 3 13
登也 12 3 15
桃矢 10 5 15
統也 12 3 15
東弥 8 8 16
透弥 10 8 18
橙矢 16 5 21
橙弥 16 8 24

とうり

桃李 10 7 17

とおる

亨 7 7
透 10 10
徹 15 15
透琉 10 11 21

とき

斗希 4 7 11
斗貴 4 12 16
十輝 2 15 17
斗輝 4 15 19
登貴 12 12 24

ときお

時央 10 5 15
時生 10 5 15

ときや

時也 10 3 13
季弥 8 8 16
季哉 8 9 17
時哉 10 9 19
斗希哉 4 7 9 20
斗輝也 4 15 3 22

とくま

徳真 14 10 24
徳馬 14 10 24

としあき

寿明 7 8 15
俊明 9 8 17
敏明 10 8 18
利章 7 11 18
俊陽 9 12 21
駿明 17 8 25

としかず

寿和 7 8 15
稔和 13 8 21

としき

敏生 10 5 15
寿紀 7 9 16

俊希 16
敏希 17
俊稀 21
寿樹 23
利樹 23
俊輝 24
俊樹 25
隼輝 25
敏輝 25
駿輝 32

としはる

俊治 17
俊晴 21

としひと

利仁 11
俊仁 13

としひろ

俊宏 16
俊洋 18
俊浩 19
俊博 21

としや

俊也 12
隼也 13
俊矢 14
寿弥 15
寿哉 16
稔也 16
利哉 16
俊弥 17
俊哉 18
敏哉 19

としゆき

利之 10
敏之 13
俊行 15
俊幸 17

とむ

斗夢 17
都夢 24
登夢 25

とも

友 4
知 8
朋 8
智 12

ともあき

友明 12
友亮 13
友晃 14
知明 16
友陽 16
知晃 18
朋晃 18
智明 20
智昭 21
智亮 21
智瑛 24
智彰 26

ともかず

友一 5
友和 12
智一 13
智和 20

ともき

知己 11
友希 11
知生 13
知希 15
智己 15
倫生 15
友喜 16
友稀 16
友貴 16
知紀 17
智生 17
朋紀 17
智希 19
友輝 19
朋貴 20
友樹 20
智紀 21
智基 23
智規 23
朋輝 23
朋樹 24
智輝 27
朝輝 27
智樹 28

ともたか

友隆 15
友貴 16
智隆 23

ともなり

朋也 11
知成 14

智成 18

とものり

友則 13
智紀 21
智則 21
知憲 24
智徳 26

ともはる

友春 13
友悠 15
友晴 16
友陽 16
智治 20
智春 21
智陽 24
朝陽 24

ともひこ

朋彦 17
智彦 21

ともひさ

朋久 11
智久 15
朝久 15
友悠 15
智悠 23

ともひで

知秀 15
智英 20

ともひと

友仁 8
知仁 12
智仁 16

ともひろ

友宏 11
知広 13
知弘 13
友洋 13
倫大 13
知宏 15
智大 15
友裕 16
智広 17
智弘 17
友寛 17
智宏 19
知博 20
知裕 20
知寛 21
智洋 21
智浩 22
智博 24
智裕 24
知優 25

ともふみ

知史 13
智文 16
智史 17

ともや

友也 7
知也 11
朋也 11
友弥 12
友哉 13
倫也 13
智也 15
朝也 15
知弥 16
朋弥 16
智矢 17
朋哉 17
智弥 20
智哉 21

ともゆき

友之 7
朋之 11
友幸 12
知行 14
智之 15
知幸 16
智行 18
智幸 20

ともろう

友郎 13
知朗 18
智朗 22

とらのすけ

虎之介 15
虎乃丞 16
虎之丞 17
虎之助 18
虎之輔 25

とわ

十和 10
斗羽 10
冬羽 11
斗和 12

杜和 7 8 15
飛羽 9 6 15
飛和 9 8 17
永遠 5 13 18
翔和 12 8 20

なお

尚 8 8
直 8 8
成央 6 5 11
那央 7 5 12
那生 7 5 12
尚央 8 5 13
尚生 8 5 13
直央 8 5 13
直生 8 5 13
南央 9 5 14
南朋 9 8 17
直桜 8 10 18
那緒 7 14 21
直緒 8 14 22

なおあき

尚明 8 8 16
直明 8 8 16
直亮 8 9 17

なおき

直己 8 3 11
尚生 8 5 13
直生 8 5 13
尚希 8 7 15
直希 8 7 15
眞生 10 5 15
尚季 8 8 16
直季 8 8 16
尚紀 8 9 17
直紀 8 9 17
直起 8 10 18
尚揮 8 12 20
尚貴 8 12 20
直葵 8 12 20
尚暉 8 13 21
尚輝 8 15 23
直毅 8 15 23
直輝 8 15 23
尚樹 8 16 24
直樹 8 16 24
奈央樹 8 5 16 29

なおずみ

直純 8 10 18
直澄 8 15 23

なおた

直大 8 3 11
直太 8 4 12
尚汰 8 7 15

なおたか

尚孝 8 7 15
直隆 8 11 19
尚賢 8 16 24

なおたろう

尚太郎 8 4 9 21
直太郎 8 4 9 21
直太朗 8 4 10 22

なおと

尚人 8 2 10
直人 8 2 10
七音 2 9 11
尚仁 8 4 12
尚斗 8 4 12
直仁 8 4 12
直斗 8 4 12
直央人 8 5 2 15
直生人 8 5 2 15
那音 7 9 16
尚音 8 9 17
尚都 8 11 19
尚登 8 12 20
尚翔 8 12 20
直登 8 12 20
直翔 8 12 20

なおひこ

尚彦 8 9 17
直彦 8 9 17

なおひろ

尚大 8 3 11
尚央 8 5 13
直広 8 5 13
直弘 8 5 13
尚宏 8 7 15
直寛 8 13 21
直優 8 17 25

なおふみ

尚文 8 4 12
尚史 8 5 13
直史 8 5 13

なおまさ
直正 13
直政 17
直将 18
尚優 25
直優 25

なおや
尚也 11
直也 11
尚矢 13
直矢 13
尚弥 16
直弥 16
尚哉 17
直哉 17
直埜 19
順哉 21

なおゆき
尚之 11
直之 11
尚志 15
直志 15
尚幸 16
直幸 16

なぎ
凪 6
梛 11
凪海 15

なぎさ
渚 11
凪冴 13
渚沙 18

なぎと
凪人 8
凪斗 10
凪杜 13
梛人 13
渚斗 15
凪都 17

なつお
夏央 15
夏生 15

なつや
那月 11
夏己 13
夏生 15
奈槻 23
夏毅 25

なつき
夏輝 25
夏樹 26

なつき
七希 9
七輝 17
七樹 18

ななせ
七星 11
七聖 15

ななと
七斗 6
七音 11
七都 13
七翔 14

ななみ
七海 11
七碧 16

なゆた
那由太 16
那由多 18

なる
成 6
成流 16
成琉 17
那琉 18
成瑠 20
那瑠 21

なるき
成希 13
成紀 15
成基 17
成揮 18
成輝 21
成樹 22

なるみ
成海 15
成望 17

に

にちか
二千翔 17

ね

ねお
寧央 19
音緒 23

の

のあ
乃蒼 15
埜亜 18
野亜 18
望蒼 24

のぞみ
希 7
望 11
希海 16
希望 18
望海 20

のぞむ
希 7
望 11
希武 15
希望 18
希夢 20
望夢 24

のぶあき
伸明 15
信明 17

のぶひこ
伸彦 16
信彦 18

のぶゆき
伸之 10
信之 12
伸幸 15
信行 15

のぼる
昇 8
登 12

のりあき
典明 16
憲明 24
徳晃 24

のりひろ
典弘 13
典宏 15
紀洋 18

のりゆき
典之 11
紀之 12
敬之 15
徳之 17

は

はく
伯 7
珀 9
珀久 12
羽玖 13
羽来 13

はくと
伯斗 11
珀斗 13
博斗 16
珀登 21

はじめ
一 1
元 4
朔 10
基 11
創 12
肇 14

はなみち
花道 19

はやた
隼大 13
隼太 14
隼汰 17
駿太 21
颯汰 21

はやて
颯 14
隼颯 24

はやと
ハヤト 6
迅人 8
快人 9
迅士 9
迅斗 10
隼 10
快斗 11
勇人 11
隼人 12
捷人 13
早杜 13
隼士 13
勇仁 13
勇斗 13
隼斗 14

捷斗 15
快音 16
颯人 16
隼杜 17
颯士 17
駿人 19
隼飛 19
羽也登 21
駿斗 21
隼都 21
勇翔 21
隼翔 22
颯音 23
颯飛 23
颯矢斗 23
駿杜 24
颯翔 26
駿翔 29

はる

大 3
ハル 4
治 8
春 9
悠 11
温 12
晴 12
遥 12
陽 12
暖 13
榛 14
巴琉 15
羽琉 17
巴瑠 18
芭琉 18
波琉 19
羽瑠 20
春琉 20
悠流 21
波瑠 22
春瑠 23
晴琉 23
葉琉 23
葉瑠 26
陽瑠 26

はるあき

春明 17
晴明 20
陽明 20
春陽 21
晴彬 23
悠瑛 23
晴陽 24

はるいち

春一 10
晴一 13
晴市 17

はるおみ

春臣 16
悠臣 18
晴臣 19
遥臣 19

はるか

悠 11
遥 12
遼 15
遥可 17

はるき

治希 15
晴己 15
青希 15
大貴 15
明希 15
陽己 15
元貴 16
春希 16
春来 16
悠生 16
治紀 17
遥生 17
陽生 17
春紀 18
大輝 18
暖生 18
悠希 18
温希 19
晴希 19
悠季 19
遥希 19
陽希 19
晴季 20
暖希 20
悠紀 20
遥季 20
陽季 20
春喜 21
春稀 21

春貴 21
晴紀 21
遥紀 21
陽紀 21
陽城 21
悠基 22
遼希 22
温基 23
温絆 23
治輝 23
晴基 23
晴規 23
青輝 23
明輝 23
悠葵 23
悠喜 23

悠稀 23
悠貴 23
遥基 23
陽基 23
陽絆 23
温稀 24
春輝 24
晴喜 24
晴稀 24
晴貴 24
明樹 24
悠暉 24
遥葵 24
遥稀 24
遥貴 24
陽葵 24

陽稀 24
陽貴 24
遼紀 24
温暉 25
春樹 25
遥暉 25
陽暉 25
悠輝 26
温輝 27
春騎 27
晴輝 27
悠樹 27
遥輝 27
陽輝 27
温樹 28
晴樹 28

遥樹 28
陽樹 28
遼樹 31

はるく

晴久 15
遥久 15
悠空 19
晴空 20
陽空 20
春駈 24

はるた

春太 13
晴大 15
悠太 15
遥大 15
陽大 15
温太 16
春汰 16
晴太 16
暖大 16
遥太 16
陽太 16
暖太 17

はるたか

悠天 15
晴天 16
悠孝 18
晴孝 19
春尊 21

はるたろう

春太郎 22
春太朗 23
晴太郎 25

はると

ハルト 6
治人 10
栄人 11
春人 11
治斗 12
春仁 13
春斗 13
悠人 13
温人 14
晴人 14
遥人 14
陽人 14
温大 15
晴士 15

大翔 15
暖人 15
悠仁 15
悠斗 15
遥士 15
遥大 15
陽士 15
陽大 15
元翔 16
春杜 16
榛人 16
晴仁 16
晴斗 16
悠叶 16
遥仁 16
遥斗 16

陽仁 16
陽斗 16
暖仁 17
暖斗 17
遥叶 17
遼人 17
春飛 18
悠杜 18
羽琉斗 21
温音 21
春登 21
春翔 21
晴飛 21
遥音 21
陽音 21
陽飛 21

悠都 22
晴都 23
悠登 23
悠翔 23
遥都 23
陽都 23
温翔 24
晴渡 24
晴登 24
晴翔 24
遥翔 24
陽登 24
陽翔 24
晴澄 27
陽澄 27
遼翔 27

はるなり

春成 15
晴成 18

はるのすけ

春之介 16
晴乃介 18
晴之介 19
晴之祐 24

はるのぶ

春信 18
晴信 21

はるひ

春日 13
晴日 16
陽日 16
悠飛 20

春陽 21
悠陽 23
晴陽 24

はるひこ

春彦 18
晴彦 21
遥彦 21

はるひさ

悠久 14
温久 15
晴久 15
陽久 15
晴悠 23
陽悠 23

はるひと

春人 11
晴一 13
悠人 13
温人 14
遥人 14
陽人 14
悠仁 15
温仁 16
晴仁 16
陽仁 16
暖仁 17
遼人 17
遼仁 19

はるふみ

悠史 16
陽文 16
陽史 17

はるま

晴万 15
暖万 16
明真 18
春真 19
春馬 19
春眞 19
玄磨 21
悠真 21
悠馬 21
悠眞 21
脩真 21
晴真 22
晴馬 22
晴眞 22
遥馬 22
陽真 22
陽眞 22
暖真 23
陽麻 23
春磨 25
遼真 25
遼馬 25

はるみ

春海 18
晴海 21
遥海 21
陽海 21

はるみち

春道 21
春路 22
晴道 24
陽道 24

はるや

悠也 14
晴也 15
遥也 15
陽也 15
治弥 16
暖也 16
悠矢 16
晴矢 17
陽矢 17
春哉 18
遼也 18
晴弥 20
遥弥 20
温哉 21
晴哉 21
遥哉 21
陽哉 21

はるゆき

温之 15
晴之 15
陽之 15
春幸 17
陽幸 20

はんと

帆斗 10
絆人 13
絆斗 15

ばんり

万里 10
絆理 22

ひいろ

日彩 15
陽色 18
陽彩 23

ひかり

光 6
ひかり 7
輝 15
光璃 21

ひかる

ヒカル 6
光 6
ひかる 8
晃 10
晄 10
輝 15
光流 16
光琉 17
光瑠 20
輝流 25
輝琉 26

ひさき

悠希 18
尚輝 23

ひさし

央 5
寿 7
久志 10
悠 11

尚史 13
尚志 15
悠史 16
悠志 18

ひさと

久人 5
久斗 7
寿人 9
寿斗 11
悠人 13
久登 15
久翔 15
悠斗 15
尚翔 20

ひさのり

久典 11
久徳 17

ひさや

久也 6
久弥 11
悠矢 16

ひじり

聖 13

ひであき

秀明 15
英明 16
秀晃 17
秀彰 21

ひでお

英夫 12
秀雄 19
英雄 20

ひでかず

秀一 8
英和 16

ひでき

秀希 14
秀喜 19
英貴 20
英輝 23
秀樹 23
英樹 24

ひでたか

英孝 15
英峻 18
秀崇 18
秀隆 18
秀鷹 31

ひでと

秀人 9
英人 10
秀仁 11
秀斗 11
英斗 12
瑛斗 16
秀登 19
秀翔 19
英翔 20

ひでとし

秀寿 14
英寿 15
英利 15
秀俊 16
秀敏 17

ひでとら

秀虎 15
英虎 16

ひでのぶ

秀伸 14
秀信 16

ひでゆき

英之 11
秀行 13
秀幸 15

ひとき

仁紀 13
一輝 16
仁稀 16

ひとし

仁 4
一志 8
仁志 11
人詩 15
仁嗣 17

ひなた

日向 10
日向太 14
日那太 15
陽大 15
日奈太 16
陽太 16
日向汰 17
陽向 18
陽汰 19
日南汰 20
飛南大 21

陽向大 21
陽奏 21
陽奈太 24
陽向汰 25
陽詩 25
陽南太 25

ひなと

日向人 12
日向斗 14
陽人 14
陽斗 16
陽南人 23
陽登 24
陽翔 24

ひびき

響 20
日々輝 22
響己 23
響生 25
響希 27
響紀 29
響起 30
響基 31
響葵 32
響稀 32
響貴 32

ひゆう

飛勇 18
陽悠 23
陽優 29

ひゅうが

日向 10
彪我 18
彪河 19
彪峨 21
彪雅 24

ひゅうま

彪真 21
彪馬 21
飛雄馬 31

ひより

日和 12
陽和 20

ひりゅう

飛竜 19
飛龍 25

ひろ

大 3
央 5
広 5
紘 10
啓 11
比呂 11
尋 12
裕 12
寛 13
滉 13
飛呂 16
陽呂 19
陽路 25

ひろあき

広明 13
弘明 13
大晃 13
宏明 15
広晃 15
弘晃 15
大彰 17
浩明 18
裕明 20
寛明 21
宏彰 21
裕晃 22
寛朗 23
浩彰 24

ひろかず

大和 11
宏和 15
浩和 18
紘和 18
裕和 20
寛和 21

ひろき

弘生 10
大希 10
弘希 12
公紀 13
浩己 13
拓希 15
宙希 15
裕己 15
祐希 16
洋希 16
洸希 16
広貴 17
弘貴 17

浩希 17
宏基 18
大輝 18
宏貴 19
浩紀 19
寛希 20
広輝 20
弘輝 20
広樹 21
弘樹 21
浩基 21
紘基 21
寛紀 22
浩貴 22
啓貴 23
宏樹 23
宙輝 23
拓樹 24
博貴 24
裕貴 24
皓貴 24
寛貴 25
浩輝 25
浩樹 26
啓樹 27
裕輝 27
博樹 28
優輝 32

ひろし

弘 5
大志 10
裕 12
寛 13
浩史 15

ひろたか

弘宇 11
大貴 15
弘崇 16
弘隆 16
弘貴 17
洋貴 21
裕崇 23
裕隆 23
博貴 24
裕貴 24

ひろと

広人 7
弘人 7
大斗 7
宏人 9
広斗 9
拓人 10
宏斗 11
洋人 11
紘人 12
啓人 13
悠人 13
洸斗 13
博人 14
裕人 14
寛人 15
啓仁 15
大登 15
大翔 15
比呂斗 15
滉人 15
央都 16
弘都 16
尋斗 16
裕仁 16
裕斗 16
陽斗 16
皓斗 16
寛仁 17
寛斗 17
広渡 17
弘登 17
滉斗 17
宏都 18
宏翔 19
優人 19
拓翔 20
紘都 21
優斗 21
祐翔 21
洋翔 21
浩登 22
浩翔 22
紘登 22
裕都 23
寛都 24
裕登 24
裕翔 24
寛翔 25
滉翔 25
優翔 29

ひろなり

弘成 11
浩成 16
博成 18
寛成 19

ひろのぶ

宏伸 14
啓伸 18
裕展 22

ひろのり

宏典 15
博則 21
裕範 27

ひろふみ

洋文 13
浩文 14
啓文 15
博文 16
裕史 17
寛史 18

ひろまさ

弘将 15
大雅 16
寛将 23
博雅 25

ひろみち

弘道 17
啓道 23
裕道 24

ひろむ

大武 11
弘武 13

ひろむ（続き）

大夢 16
広夢 18
宏夢 20
寛武 21
拓夢 21
浩夢 23
紘夢 23
啓夢 24
博夢 25
裕夢 25

ひろや

大也 6
弘也 8
大弥 11
丈哉 12
洋也 12
広弥 13
央哉 14
弘哉 14
博也 15
寛也 16
宏哉 16
紘弥 18
浩哉 19
寛弥 21
裕哉 21
皓哉 21

ひろゆき

弘行 11
拓之 11
洋之 12
広幸 13
紘之 13
宏幸 15
博之 15
寛之 16
洋幸 17
浩幸 18
裕行 18
裕幸 20
寛幸 21

ふう

風 9
楓 13
風羽 15

ふうが

風我 16
風河 17
風芽 17
楓我 20
楓河 21
颯我 21
風雅 22
楓峨 23
風駕 24
楓賀 25
楓翔 25
楓雅 26
鳳雅 27
楓駕 28
颯駕 29

ふうき

名前	画数	総画
楓己	13・3	16
風希	9・7	16
楓希	13・7	20
楓季	13・8	21
風輝	9・15	24
楓貴	13・12	25
風樹	9・16	25

ふうご

名前	画数	総画
風吾	9・7	16
楓吾	13・7	20
楓悟	13・10	23
風護	9・20	29

ふうた

名前	画数	総画
楓大	13・3	16
風汰	9・7	16
楓太	13・4	17
楓汰	13・7	20
風詩	9・13	22

ふうと

名前	画数	総画
風人	9・2	11
風斗	9・4	13
楓斗	13・4	17
風音	9・9	18
風翔	9・12	21
楓登	13・12	25
楓翔	13・12	25

ふうま

名前	画数	総画
楓万	13・3	16
風真	9・10	19
楓真	13・10	23
楓馬	13・10	23
楓眞	13・10	23
楓麻	13・11	24
風舞	9・15	24
風磨	9・16	25

ふうや

名前	画数	総画
楓也	13・3	16
風弥	9・8	17
風哉	9・9	18

ふく

名前	画数	総画
福	13	13

ふたば

名前	画数	総画
二葉	2・12	14
双葉	4・12	16

ふみあき

名前	画数	総画
文明	4・8	12
史明	5・8	13

ふみたか

名前	画数	総画
史高	5・10	15
史崇	5・11	16
史隆	5・11	16

ふみと

名前	画数	総画
文人	4・2	6
史人	5・2	7
史斗	5・4	9
郁人	9・2	11
郁斗	9・4	13
史都	5・11	16
文翔	4・12	16
郁翔	9・12	21

ふみや

名前	画数	総画
文也	4・3	7
史也	5・3	8
郁也	9・3	12
文弥	4・8	12
史弥	5・8	13
文哉	4・9	13
史哉	5・9	14
文埜	4・11	15
郁弥	9・8	17
郁哉	9・9	18

ふみゆき

名前	画数	総画
史行	5・6	11

ふゆき

名前	画数	総画
冬希	5・7	12

ぶんた

名前	画数	総画
文大	4・3	7
文太	4・4	8
文汰	4・7	11

へ

へいぞう

名前	画数	総画
平蔵	5・15	20

ほ

ほくと

名前	画数	総画
北斗	5・4	9
北都	5・11	16

ほしと

名前	画数	総画
星斗	9・4	13
星登	9・12	21

ほたか

名前	画数	総画
帆貴	6・12	18

歩高 18
穂高 25

ほだか

帆高 16
歩高 18
穂高 25

ほまれ

誉 13
歩希 15

まいと

舞人 17
舞斗 19
真紘 21

まお

真央 15
真生 15
眞生 15
麻央 16
磨央 21
真緒 24

まきと

蒔人 15
槙人 16
槙斗 18
真希人 19
真輝斗 29

まこと

真 10
眞 10
真人 12
慎 13
誠 13
誠人 15
諒 15
誠斗 17
真琴 22

まさあき

正明 13
昌明 16
将明 18
真明 18
雅明 21
雅章 24

まさおみ

正臣 12
将臣 17
雅臣 20

まさかず

将一 11
正和 13
昌和 16
政和 17
将和 18
雅和 21

まさかつ

将克 17
正勝 17

まさき

柾 9
正希 12
将己 13
正紀 14
将生 15
真生 15
政希 16
将希 17
正貴 17
真幸 18
真咲 19
雅希 20
正輝 20
将基 21
正樹 21
将貴 22
将暉 23
昌輝 23
雅基 24
柾輝 24
将輝 25
真輝 25
雅樹 29
聖樹 29

まさし

匡 6
匡史 11
将司 15
将史 15
昌志 15
真史 15
雅士 16
将志 17
真志 17
優士 20

まさしげ

正成 11
正茂 13

まさたか

正孝 12
正隆 16
将孝 17
昌隆 19
政隆 20
真隆 21
将貴 22
雅崇 24
雅隆 24
雅貴 25

まさと

正人 7
匡人 8
政人 11
将人 12
昌斗 12
真人 12
眞人 12
政斗 13
柾斗 13
理人 13
将斗 14
雅人 15
聖人 15
誠人 15
勝斗 16
晶斗 16
雅斗 17
聖斗 17
誠斗 17
諒人 17
将虎 18
優人 19
将都 21
優斗 21
将翔 22
雅都 24
真聡 24
雅登 25
雅翔 25
優翔 29

まさとし

昌利 15
正敏 15
将敏 20
雅俊 22

まさとら

正虎 13
将虎 18
雅虎 21

まさなり

正成 11
将成 16
真成 16
優成 23

まさのぶ

正信 14
政信 18

まさのり

正典 13
正則 14
政典 17
将徳 24
真徳 24
雅憲 29

まさはる

正治 13
昌治 16
将治 18
雅治 21
勝春 21
雅晴 25

まさひこ

正彦 14
真彦 19
雅彦 22

まさひと

柾人 11
将仁 14
雅仁 17

まさひろ

正弘 10
将大 13
真大 13
将広 15
昌宏 15
真弘 15
将宏 17
真宏 17
正寛 18
政博 21
将博 22

雅浩 13 10 23
雅裕 13 12 25

まさふみ
将文 10 4 14
将史 10 5 15
真史 10 5 15
雅史 13 5 18

まさみち
正道 5 12 17
昌道 8 12 20

まさみつ
正光 5 6 11
将光 10 6 16
雅光 13 6 19

まさむね
正宗 5 8 13
征宗 8 8 16
政宗 9 8 17
将宗 10 8 18
雅宗 13 8 21

まさや
正也 5 3 8
将也 10 3 13
真也 10 3 13
正哉 5 9 14
匡哉 6 9 15
真矢 10 5 15
雅也 13 3 16
聖也 13 3 16
誠也 13 3 16
柾弥 9 8 17
雅矢 13 5 18
将弥 10 8 18
真弥 10 8 18
将哉 10 9 19
真哉 10 9 19
雅哉 13 9 22

まさゆき
正之 5 3 8
昌之 8 3 11
正行 5 6 11
将之 10 3 13
真之 10 3 13
雅之 13 3 16
昌幸 8 8 16
誠之 13 3 16
政幸 9 8 17
将幸 10 8 18
雅幸 13 8 21

まさよし
正佳 5 8 13
正義 5 13 18
政義 9 13 22
将義 10 13 23
将慶 10 15 25

まさる
大 3 3
将 10 10
勝 12 12
優 17 17

まなと
真人 10 2 12
真士 10 3 13
眞士 10 3 13
真斗 10 4 14
愛斗 13 4 17
真杜 10 7 17
真那斗 10 7 4 21
真翔 10 12 22
愛都 13 11 24
愛翔 13 12 25
真成都 10 6 11 27

まひろ
真大 10 3 13
眞大 10 3 13
真央 10 5 15
真広 10 5 15
万裕 3 12 15
真宏 10 7 17
真拓 10 8 18
真宙 10 8 18
真紘 10 10 20
真尋 10 12 22
真寛 10 13 23
真滉 10 13 23
麻尋 11 12 23
真優 10 17 27

まもる
守 6 6
衛 16 16
護 20 20

み

みきお
幹生 13 5 18

樹央 21
樹生 21

みきと

幹人 15
未来斗 16
幹斗 17
樹人 18
樹杜 23
未来翔 24

みきや

三希也 13
未希也 15
幹也 16
幹矢 18
幹弥 21
樹矢 21
未来哉 21
樹弥 24

みくと

未来斗 16
未来翔 24

みこと

命 8
尊 12
尊人 14
尊斗 16
海琴 21

みずき

瑞己 16
瑞生 18
瑞希 20
瑞来 20
瑞季 21
瑞紀 22
瑞記 23
瑞基 24
瑞葵 25
瑞喜 25
瑞稀 25
瑞貴 25
瑞輝 28
瑞樹 29

みずと

瑞人 15
瑞斗 17

みちと

道人 14
道斗 16

みちひと

道人 14
道仁 16

みつき

充生 11
光希 13
充希 13
光紀 15
光稀 18
光貴 18
三輝 18
充稀 18
光輝 21
充輝 21
光樹 22
実輝 23
満樹 28

みつたか

光孝 13
充孝 13

みつはる

光春 15
光晴 18
充陽 18

みつひろ

光弘 11
光宏 13
光洋 15

みつる

光 6
充 6
満 12
光流 16

みなぎ

海凪 15
幹凪 19

みなと

皆人 11
湊 12
南斗 13
湊人 14
海七斗 15
水都 15
湊士 15
湊大 15
湊仁 16
湊斗 16
湊友 16

海夏人 21
南翔 21
湊音 21
海南斗 22
湊都 23
湊登 24
湊翔 24

みのる
実 8
稔 13
實 14
穂 15

みはる
実晴 20
海晴 21
海遥 21

みひろ
心裕 16
海紘 19
海尋 21
心優 21

みらい
みらい 8
未来 12
光来 13
未來 13
弥来 15
海来 16
実來 16
未徠 16
海來 17
望来 18

むさし
武蔵 23

むつと
睦人 15

むつみ
睦 13
睦実 21
睦海 22

むねのり
宗則 17
宗範 23

むねはる
宗治 16

めいと
明人 10

めぶき
芽吹 15

もとい
基 11

もとき
元希 11
幹 13
元基 15
元規 15
基生 16
元喜 16
元輝 19
元樹 20
基貴 23
基樹 27

もとなり
元成 10
基成 17

もとはる
元春 13
元晴 16
基晴 23

もとひろ
元洋 13
基弘 16

もとやす
元泰 14
元康 15

やくも
八雲 14
陽雲 24

やすあき
泰明 18
康晃 21
康彰 25

やすたか
康孝 18

名前	画数	総画
康貴	11 12	23
靖隆	13 11	24
靖貴	13 12	25

やすと

名前	画数	総画
康人	11 2	13
康仁	11 4	15
康斗	11 4	15

やすなり

名前	画数	総画
泰也	10 3	13
泰成	10 6	16
康成	11 6	17

やすのり

名前	画数	総画
泰典	10 8	18
康徳	11 14	25

やすはる

名前	画数	総画
泰治	10 8	18
泰陽	10 12	22
康晴	11 12	23

やすひと

名前	画数	総画
康人	11 2	13
康仁	11 4	15

やすひろ

名前	画数	総画
泰大	10 3	13
保弘	9 5	14
恭弘	10 5	15
康弘	11 5	16
康宏	11 7	18
恭裕	10 12	22
靖洋	13 9	22
康裕	11 12	23
泰寛	10 13	23
靖紘	13 10	23

やすふみ

名前	画数	総画
康文	11 4	15
泰史	10 5	15

やすまさ

名前	画数	総画
康将	11 10	21
康雅	11 13	24

やすゆき

名前	画数	総画
康之	11 3	14
保行	9 6	15
泰幸	10 8	18
靖幸	13 8	21

やひろ

名前	画数	総画
八尋	2 12	14
矢尋	5 12	17

やまと

名前	画数	総画
倭	10	10
大和	3 8	11
倭人	10 2	12
倭斗	10 4	14

ゆ

ゆい

名前	画数	総画
唯	11	11
結	12	12
唯生	11 5	16
悠生	11 5	16
結生	12 5	17
優生	17 5	22

ゆいき

名前	画数	総画
唯生	11 5	16
唯希	11 7	18

ゆいた

名前	画数	総画
唯太	11 4	15
結太	12 4	16
唯汰	11 7	18

ゆいと

名前	画数	総画
由人	5 2	7
惟人	11 2	13
唯人	11 2	13
結人	12 2	14
唯士	11 3	14
惟斗	11 4	15
結士	12 3	15
唯斗	11 4	15
由衣斗	5 6 4	15
結仁	12 4	16
結斗	12 4	16
唯冬	11 5	16
結叶	12 5	17
由翔	5 12	17
結杜	12 7	19
唯音	11 9	20
結音	12 9	21
惟登	11 12	23
惟翔	11 12	23
結都	12 11	23
唯登	11 12	23
唯翔	11 12	23
結登	12 12	24
結翔	12 12	24

ゆう

名前	画数	総画
友	4	4
由	5	5

有 6
佑 7
侑 8
勇 9
宥 9
祐 9
悠 11
有生 11
由宇 11
湧 12
裕 12
遊 12
雄 12
佑羽 13
侑宇 14
勇羽 15

悠友 15
柚羽 15
結友 16
悠生 16
優 17
悠宇 17
悠羽 17
悠有 17
結羽 18
悠佑 18
優生 22
優有 23
優海 26

ゆうあ

悠亜 18
優有 23

優空 25

ゆういち

友一 5
佑一 8
侑一 9
勇一 10
祐一 10
悠一 12
裕一 13
雄一 13
祐市 14
優一 18

ゆういちろう

佑一郎 17
有一朗 17
佑一朗 18

侑一郎 18
祐一郎 19
悠一郎 21
悠一朗 22
裕一郎 22
雄一郎 22
裕一朗 23
雄一朗 23
優一郎 27

ゆうが

有我 13
夕雅 16
佑峨 17
悠我 18
由雅 18
悠河 19

雄我 19
雄河 20
侑雅 21
勇雅 22
悠賀 23
優我 24
悠雅 24
結雅 25
優河 25
優雅 30
優駕 32

ゆうき

佑己 10
有生 11
侑己 11
友城 13

佑希 14
勇生 14
祐生 14
佑季 15
勇気 15
裕己 15
侑希 15
勇希 16
友貴 16
宥希 16
悠生 16
祐希 16
侑季 16
結生 17
有規 17
祐季 17

雄12 生5 17
悠11 希7 18
祐9 紀9 18
夕3 輝15 18
佑7 貴12 19
勇9 起10 19
悠11 季8 19
雄12 希7 19
友4 樹16 20
悠11 紀9 20
祐9 基11 20
裕12 季8 20
勇9 喜12 21
勇9 貴12 21
悠11 起10 21
有6 輝15 21

祐9 稀12 21
祐9 貴12 21
雄12 紀9 21
侑8 暉13 21
悠11 基11 22
結12 絆11 23
佑7 樹16 23
悠11 葵12 23
悠11 揮12 23
悠11 稀12 23
悠11 貴12 23
裕12 基11 23
雄12 基11 23
侑8 輝15 23
優17 希7 24
勇9 輝15 24

湧12 貴12 24
祐9 輝15 24
裕12 喜12 24
裕12 貴12 24
雄12 貴12 24
侑8 樹16 24
勇9 樹16 25
宥9 樹16 25
悠11 綺14 25
祐9 樹16 25
悠11 輝15 26
結12 輝15 27
悠11 樹16 27
裕12 輝15 27
裕12 樹16 28
雄12 樹16 28

優17 貴12 29
優17 輝15 32
優17 樹16 33

ゆうご

佑7 吾7 14
友4 悟10 14
勇9 伍6 15
友4 梧11 15
侑8 吾7 15
勇9 吾7 16
宥9 吾7 16
有6 悟10 16
祐9 吾7 16
悠11 伍6 17
悠11 吾7 18
侑8 悟10 18

勇9 悟10 19
裕12 吾7 19
雄12 吾7 19
悠11 悟10 21
悠11 梧11 22
裕12 悟10 22
雄12 悟10 22
優17 吾7 24
優17 悟10 27
悠11 護20 31
優17 護20 37

ゆうさく

友4 作7 11
有6 作7 13
勇9 作7 16
祐9 作7 16

悠11 作7 18
雄12 作7 19
悠11 朔10 21

ゆうし

友4 志7 11
侑8 士3 11
勇9 士3 12
祐9 士3 12
侑8 史5 13
佑7 志7 14
悠11 士3 14
雄12 士3 15
侑8 志7 15
勇9 志7 16
悠11 司5 16
悠11 史5 16

悠至 17
悠志 18
湧志 19
優士 20
優史 22
優至 23
優志 24

ゆうじ

祐二 11
侑士 11
祐士 12
悠二 13
侑司 13
勇司 14
祐司 14
裕士 15
雄士 15
勇志 16
悠司 16
悠史 16
雄司 17
優司 22
優志 24
悠嗣 24
優治 25
優慈 30

ゆうじろう

悠士郎 23
裕二郎 23
勇次郎 24
裕二朗 24
裕次郎 27

ゆうしん

友心 8
佑心 11
侑心 12
勇心 13
悠心 15
結心 16
湧心 16
裕心 16
雄心 16
悠伸 18
悠信 20
優心 21
悠真 21
悠慎 24
優真 27

ゆうじん

勇仁 13
悠人 13
悠仁 15
雄仁 16
優仁 21

ゆうすけ

友介 8
佑介 11
侑介 12
勇介 13
友祐 13
友亮 13
宥介 13
祐介 13
悠介 15
悠友 15
結介 16
佑亮 16
勇佑 16
湧介 16
裕介 16
雄介 16
祐典 17
勇祐 18
友輔 18
悠助 18
悠佑 18
祐亮 18
悠祐 20
悠亮 20
佑輔 21
優介 21
裕亮 21
雄亮 21
勇輔 23
優助 24
優佑 24
悠輔 25
裕輔 26
悠翼 28

ゆうせい

佑成 13
侑世 13
侑成 14
勇成 15
宥成 15
祐成 15

佑7 星9 16
悠11 世5 16
悠11 正5 16
悠11 生5 16
結12 生5 17
佑7 晟10 17
友4 聖13 17
悠11 成6 17
湧12 成6 18
祐9 星9 18
裕12 成6 18
雄12 成6 18
悠11 星9 20
勇9 晴12 21
悠11 晟10 21
祐9 惺12 21

雄12 星9 21
優17 生5 22
勇9 聖13 22
勇9 誠13 22
優17 成6 23
悠11 晴12 23
悠11 惺12 23
悠11 聖13 24
悠11 誠13 24
悠11 靖13 24
雄12 聖13 25
優17 星9 26
優17 晟10 27
優17 晴12 29
優17 聖13 30
優17 誠13 30

ゆうた

友4 太4 8
佑7 大3 10
佑7 太4 11
勇9 大3 12
祐9 大3 12
侑8 太4 12
勇9 太4 13
宥9 太4 13
柚9 太4 13
祐9 太4 13
佑7 汰7 14
悠11 大3 14
結12 大3 15
勇9 多6 15
悠11 太4 15

祐9 多6 15
雄12 大3 15
侑8 汰7 15
結12 太4 16
湧12 太4 16
祐9 汰7 16
裕12 太4 16
雄12 太4 16
悠11 汰7 18
裕12 多6 18
結12 汰7 19
雄12 汰7 19
優17 大3 20
優17 太4 21
優17 多6 23
優17 汰7 24

悠11 詩13 24

ゆうだい

友4 大3 7
由5 大3 8
侑8 大3 11
勇9 大3 12
祐9 大3 12
結12 大3 15
湧12 大3 15
裕12 大3 15
雄12 大3 15
優17 大3 20

ゆうたろう

夕3 太4 郎9 16
友4 太4 郎9 17
友4 太4 朗10 18

由5 太4 郎9 18
有6 太4 郎9 19
佑7 太4 郎9 20
佑7 太4 朗10 21
侑8 太4 郎9 21
勇9 太4 郎9 22
宥9 太4 郎9 22
祐9 太4 郎9 22
勇9 太4 朗10 23
祐9 太4 朗10 23
悠11 太4 郎9 24
悠11 太4 朗10 25
裕12 太4 郎9 25
雄12 太4 郎9 25
裕12 太4 朗10 26
雄12 太4 朗10 26

優太郎 30
優太朗 31

ゆうと

友士 7
夕斗 7
佑人 9
由斗 9
有斗 10
侑人 10
佑斗 11
勇人 11
友杜 11
宥人 11
柚人 11
祐人 11
侑斗 12
勇斗 13
悠人 13
祐仁 13
祐斗 13
結人 14
裕人 14
友都 15
悠仁 15
悠斗 15
雄士 15
侑杜 15
結仁 16
結斗 16
佑音 16
佑飛 16
勇杜 16
友登 16
友翔 16
湧仁 16
湧斗 16
裕仁 16
裕斗 16
雄斗 16
有都 17
由登 17
雄冬 17
佑都 18
有登 18
佑翔 19
優人 19
悠音 20
侑翔 20
優仁 21
優斗 21
勇翔 21
柚翔 21
祐登 21
悠都 22
悠登 23
悠翔 23
裕都 23
結翔 24
優杜 24
裕登 24
裕翔 24
雄登 24
優音 26
優都 28
優登 29
優翔 29

ゆうのすけ

有之介 13
佑之介 14
侑之介 15
勇之介 16
柚之介 16
祐之介 16
悠之介 18
裕之介 19
悠之助 21
優乃介 23
悠之亮 23
優之介 24
優之助 27

ゆうひ

夕陽 15
友陽 16
由陽 17
有陽 18
勇陽 21
雄飛 21
悠陽 23
結陽 24
湧陽 24
雄陽 24
優飛 26
優陽 29

ゆうへい

友平 9
有平 11

佑平 12
侑平 13
勇平 14
祐平 14
悠平 16
結平 17
裕平 17
雄平 17
優平 22

ゆうほ

勇歩 17
悠歩 19
雄歩 20

ゆうま

夕真 13
友真 14
友馬 14
由真 15
由眞 15
有真 16
佑真 17
佑馬 17
佑眞 17
侑真 18
侑馬 18
勇真 19
勇馬 19
祐真 19
祐馬 19
悠真 21
悠馬 21
悠眞 21
結真 22
結馬 22
湧真 22
裕馬 22
裕眞 22
雄真 22
雄馬 22
雄眞 22
佑磨 23
悠雅 24
悠慎 24
侑磨 24
勇磨 25
優真 27
優馬 27
優眞 27
悠磨 27
雄磨 28
優磨 33

ゆうや

友也 7
佑也 10
侑也 11
祐也 12
友哉 13
由弥 13
結也 15
裕也 15
雄也 15
佑哉 16
悠矢 16
侑弥 16
結矢 17
祐弥 17
裕矢 17
勇哉 18
宥哉 18
悠弥 19
結弥 20
優也 20
悠哉 20
裕弥 20
結哉 21
裕哉 21
雄哉 21
優矢 22
悠椰 24
優弥 25
優哉 26

ゆうり

佑吏 13
勇吏 15
祐吏 15
勇利 16
悠吏 17
悠利 18
悠李 18
悠里 18
祐理 20
悠理 22
優利 24

ゆうわ

佑和 15
侑和 16

悠羽	11・6	17
悠和	11・8	19
優羽	17・6	23
優和	17・8	25
ゆきお		
幸生	8・5	13
幸雄	8・12	20
ゆきと		
行人	6・2	8
幸人	8・2	10
幸仁	8・4	12
幸斗	8・4	12
幸杜	8・7	15
雪斗	11・4	15
千翔	3・12	15
幸音	8・9	17
有希斗	6・7・4	17
祐希人	9・7・2	18
幸登	8・12	20
幸翔	8・12	20
結希人	12・7・2	21
雪都	11・11	22
優希斗	17・7・4	28
ゆきとし		
幸俊	8・9	17
幸駿	8・17	25
ゆきなり		
幸也	8・3	11
行成	6・6	12
志成	7・6	13
幸成	8・6	14
倖成	10・6	16
志誠	7・13	20
幸誠	8・13	21
ゆきのぶ		
幸伸	8・7	15
幸信	8・9	17
ゆきのり		
幸徳	8・14	22
幸範	8・15	23
ゆきひさ		
幸久	8・3	11
ゆきひで		
幸秀	8・7	15
ゆきひろ		
幸大	8・3	11
幸弘	8・5	13
幸宏	8・7	15
幸博	8・12	20
幸寛	8・13	21
ゆきまさ		
幸正	8・5	13
幸昌	8・8	16
幸将	8・10	18
ゆきや		
幸也	8・3	11
幸矢	8・5	13
幸弥	8・8	16
志哉	7・9	16
有希也	6・7・3	16
幸哉	8・9	17
優希弥	17・7・8	32
ゆずき		
柚希	9・7	16
柚季	9・8	17
柚稀	9・12	21
柚貴	9・12	21
柚輝	9・15	24
柚樹	9・16	25
ゆずる		
謙	17	17
譲	20	20
柚琉	9・11	20
ゆたか		
裕	12	12
豊	13	13
優	17	17
穣	18	18
悠孝	11・7	18
悠貴	11・12	23
ゆづき		
佑月	7・4	11
柚月	9・4	13
祐月	9・4	13
悠月	11・4	15
結月	12・4	16
湧月	12・4	16
裕月	12・4	16
雄月	12・4	16
優月	17・4	21
侑槻	8・15	23
ゆづる		
弓弦	3・8	11
結弦	12・8	20
ゆめき		
夢希	13・7	20

夢輝 28
夢樹 29

ゆめと

夢人 15
夢斗 17
夢都 24
夢登 25
夢翔 25

ゆら

由良 12
侑良 15
悠来 18
悠良 18
由楽 18
結良 19
由羅 24
優楽 30

よ

よう

洋 9
葉 12
遥 12
陽 12
燿 18
耀 20

よういち

洋一 10
遥一 13
陽一 13
耀一 21

よういちろう

陽一郎 22
陽一朗 23
耀一朗 31

ようじ

陽士 15
陽司 17
耀士 23
耀仁 24
耀司 25

ようすけ

洋介 13
洋助 16
洋佑 16
葉介 16
遥介 16
陽介 16
瑶介 17
洋祐 18
陽助 19
遥祐 21
遥亮 21
陽祐 21
陽亮 21
洋輔 23
要輔 23
耀介 24
陽裕 24
陽輔 26
耀佑 27

ようせい

洋成 15
陽世 17
陽生 17
陽成 18
陽青 20
遥星 21
洋誠 22
遥晴 24
陽晴 24
耀正 25
耀生 25
陽聖 25
陽誠 25
耀星 29
耀晴 32

ようた

洋太 13
遥大 15
陽大 15
葉太 16
遥太 16
陽太 16
瑶大 16
瑶太 17
遙太 18
葉汰 19
陽汰 19
燿大 21
耀大 23
耀太 24

ようだい

洋大 12
陽大 15

ようたろう

- 洋太朗 9 4 10 23
- 陽太郎 12 4 9 25
- 陽太朗 12 4 10 26
- 耀太郎 20 4 9 33
- 耀太朗 20 4 10 34

ようへい

- 洋平 9 5 14
- 遥平 12 5 17
- 陽平 12 5 17
- 瑶平 13 5 18
- 遙平 14 5 19
- 耀平 20 5 25

よしあき

- 由晃 5 10 15
- 良明 7 8 15
- 佳明 8 8 16
- 佳亮 8 9 17
- 佳晃 8 10 18
- 喜明 12 8 20
- 義明 13 8 21
- 慶明 15 8 23

よしかず

- 喜一 12 1 13
- 善一 12 1 13
- 良和 7 8 15
- 義和 13 8 21
- 慶和 15 8 23

よしき

- 吉希 6 7 13
- 佳希 8 7 15
- 佳季 8 8 16
- 芳紀 7 9 16
- 良紀 7 9 16
- 佳紀 8 9 17
- 祥希 10 7 17
- 義生 13 5 18
- 吉貴 6 12 18
- 由輝 5 15 20
- 嘉希 14 7 21
- 好輝 6 15 21
- 良輝 7 15 22
- 佳輝 8 15 23
- 喜基 12 11 23
- 芳樹 7 16 23
- 良樹 7 16 23
- 佳樹 8 16 24
- 義基 13 11 24
- 慶紀 15 9 24
- 義貴 13 12 25
- 祥輝 10 15 25
- 喜輝 12 15 27
- 慶貴 15 12 27
- 義樹 13 16 29
- 慶輝 15 15 30
- 義騎 13 18 31
- 慶樹 15 16 31

よしたか

- 佳孝 8 7 15
- 良隆 7 11 18
- 義孝 13 7 20
- 嘉孝 14 7 21
- 義隆 13 11 24
- 義貴 13 12 25

よしと

- 良斗 7 4 11
- 喜人 12 2 14
- 善人 12 2 14
- 義人 13 2 15
- 嘉人 14 2 16
- 義士 13 3 16
- 義斗 13 4 17
- 慶人 15 2 17
- 嘉斗 14 4 18
- 義翔 13 12 25

よしとも

- 良朋 7 8 15
- 善智 12 12 24
- 義智 13 12 25
- 義朝 13 12 25

よしなり

- 義也 13 3 16
- 義成 13 6 19
- 慶成 15 6 21

よしのぶ

- 由伸 5 7 12
- 嘉伸 14 7 21
- 義信 13 9 22

よしはる

- 由晴 5 12 17
- 慶春 15 9 24
- 善晴 12 12 24
- 義晴 13 12 25

よしひこ

- 吉彦 6 9 15
- 嘉彦 14 9 23

名前	画数	合計
慶彦	15・9	24

よしひさ

名前	画数	合計
佳久	8・3	11
喜久	12・3	15
義久	13・3	16

よしひと

名前	画数	合計
良仁	7・4	11
義人	13・2	15
嘉人	14・2	16
義仁	13・4	17
慶仁	15・4	19

よしひろ

名前	画数	合計
佳大	8・3	11
佳弘	8・5	13
吉洋	6・9	15
義大	13・3	16
善弘	12・5	17
由博	5・12	17
義弘	13・5	18
佳裕	8・12	20
義洋	13・9	22
嘉浩	14・10	24
慶洋	15・9	24
善博	12・12	24
義裕	13・12	25
慶浩	15・10	25

よしふみ

名前	画数	合計
佳史	8・5	13
義史	13・5	18

よしまさ

名前	画数	合計
義正	13・5	18
義将	13・10	23
慶将	15・10	25

よしむね

名前	画数	合計
吉宗	6・8	14
義宗	13・8	21

よしや

名前	画数	合計
佳也	8・3	11
善也	12・3	15
義也	13・3	16
芳哉	7・9	16
義矢	13・5	18
嘉哉	14・9	23

よしゆき

名前	画数	合計
良之	7・3	10
佳之	8・3	11
良行	7・6	13
良幸	7・8	15
義之	13・3	16
祥行	10・6	16
嘉之	14・3	17
慶之	15・3	18
義幸	13・8	21
慶幸	15・8	23

ら

らい

名前	画数	合計
礼	5	5
来	7	7
來	8	8
徠	11	11
頼	16	16
禮	18	18

らいき

名前	画数	合計
来希	7・7	14
來希	8・7	15
徠希	11・7	18
来稀	7・12	19
来輝	7・15	22
来樹	7・16	23
頼希	16・7	23
來毅	8・15	23
來輝	8・15	23
徠暉	11・13	24
頼輝	16・15	31

らいた

名前	画数	合計
来太	7・4	11
來汰	8・7	15
徠太	11・4	15
雷太	13・4	17

らいと

名前	画数	合計
礼人	5・2	7
来人	7・2	9
来斗	7・4	11
來斗	8・4	12
徠人	11・2	13
徠斗	11・4	15
来飛	7・9	16
雷斗	13・4	17
頼人	16・2	18
来渡	7・12	19
来翔	7・12	19
頼斗	16・4	20
來翔	8・12	20
禮斗	18・4	22

頼杜 23

らいむ

礼夢 18
来夢 20
來夢 21
徠夢 24
蕾夢 29

らく

楽 13
樂 15
楽空 21

らくと

洛人 11
洛斗 13
楽人 15
楽斗 17

洛登 21

らん

嵐 12
藍 18
蘭 19

らんま

嵐真 22
蘭馬 29

らんまる

嵐丸 15
蘭丸 22

り

りいち

利一 8
莉一 11
理一 12
吏壱 13
璃一 16
理壱 18

りお

浬央 15
莉生 15
梨生 16
理央 16
理生 16
琳央 17
俐旺 17
璃央 20

りおと

理央人 18
璃央翔 32

りおん

李音 16
莉音 19
理音 20
璃苑 23
里穏 23
璃音 24
璃恩 25
理穏 27
璃温 27

りき

力 2
吏希 13
莉生 15
力輝 17
理希 18
吏輝 21
璃希 22
理貴 23
俐樹 25
理輝 26
理樹 27
璃貴 27
璃樹 31

りきと

力人 4
力斗 6
力翔 14

りきや

力也 5
力哉 11

りく

里久 10
陸 11
浬久 13
睦 13
凌久 13
莉久 13
利玖 14
李玖 14
理久 14
里玖 14
陸久 14
理功 16
俐玖 16
浬来 17
莉玖 17

浬空 18
理玖 18
理来 18
璃久 18
陸玖 18
琉玖 18
凌來 18
陸空 19
陸來 19
璃玖 22
璃来 22
璃空 23
璃來 23
凜空 23

りくう

陸羽 17

璃空 23

りくた

陸太 15
陸汰 18

りくと

吏久斗 13
陸人 13
陸士 14
陸仁 15
陸斗 15
凌久斗 17
理久斗 18
里玖斗 18
陸杜 18
陸音 20
莉玖斗 21

陸登 23
陸翔 23
璃玖人 24
睦翔 25

りくや

陸也 14
陸矢 16
陸弥 19
陸哉 20

りつ

立 5
律 9
莉都 21

りつき

律生 14
莉月 14

理月 15
律希 16
立貴 17
立暉 18
璃月 19
立輝 20
吏槻 21
律稀 21
律貴 21
立樹 21
律輝 24
律樹 25
律騎 27

りつと

律人 11
律斗 13

りと

利斗 11
李斗 11
理人 13
理斗 15
璃人 17
利都 18
里都 18
璃斗 19
莉翔 22
理登 23
璃音 24
璃都 26

りひと

里人 9
利仁 11

里仁 11
莉人 12
理人 13
理仁 15
璃一 16
璃人 17

りむ

利夢 20
璃武 23
理夢 24

りゅう

竜 10
琉 11
隆 11
瑠 14
琉生 16

竜羽 16
龍 16
琉羽 17
琉佑 18
龍生 21

りゅういち

竜一 11
琉一 12
隆一 12
龍一 17

りゅういちろう

隆一郎 21
竜一朗 21
隆一朗 22
龍一郎 26
龍一朗 27

りゅうが

竜我 17
琉我 18
琉河 19
竜雅 23
龍我 23
琉雅 24
隆雅 24
龍河 24
龍芽 24
竜駕 25
瑠雅 27
龍雅 29

りゅうき

琉己 14
竜生 15
琉生 16
竜希 17
瑠己 17
琉希 18
隆希 18
龍生 21
瑠希 21
琉貴 23
竜暉 23
龍希 23
琉暉 24
琉綺 25
竜輝 25
龍紀 25
琉輝 26
隆輝 26
竜樹 26
琉樹 27
隆樹 27
龍稀 28
龍貴 28
瑠輝 29
龍輝 31
龍樹 32
龍騎 34

りゅうく

琉久 14
琉玖 18
琉空 19
龍玖 23
龍来 23
龍空 24

りゅうご

竜吾 17
琉吾 18
隆吾 18
琉悟 21
隆悟 21
瑠吾 21
龍吾 23
龍悟 26

りゅうし

琉史 16
龍志 23

りゅうじ

琉士 14
竜司 15
隆司 16
竜志 17
隆志 18
龍二 18
隆治 19
龍士 19
龍司 21
龍志 23
龍治 24

りゅうしょう

琉翔 23
龍昇 24
龍翔 28

りゅうしん

琉心 15
隆心 15
龍心 20

琉真 21
龍伸 23
龍信 25
龍真 26
龍進 27
龍慎 29

りゅうすけ

竜介 14
琉介 15
隆介 15
竜丞 16
隆佑 18
龍介 20
龍佑 23
竜輔 24
隆輔 25

龍亮 25

りゅうせい

琉世 16
琉生 16
隆正 16
竜成 16
琉成 17
隆成 17
流星 19
竜星 19
琉星 20
琉晟 21
隆晟 21
龍正 21
龍生 21
龍成 22
流聖 23
琉晴 23
琉惺 23
隆晴 23
竜聖 23
竜誠 23
瑠星 23
琉聖 24
隆誠 24
龍征 24
龍青 24
瑠晟 24
龍政 25
龍星 25
龍晟 26
龍清 27
龍晴 28
龍惺 28
龍聖 29
龍誠 29

りゅうた

竜大 13
竜太 14
琉太 15
隆太 15
竜汰 17
琉汰 18
隆汰 18
龍大 19
龍太 20
瑠汰 21
龍汰 23

りゅうだい

竜大 13
琉大 14
隆大 14
龍大 19

りゅうたろう

竜太郎 23
琉太郎 24
隆太郎 24
竜太朗 24
琉太朗 25
隆太朗 25
龍太郎 29
龍太朗 30

りゅうと

竜人 12
琉人 13
隆人 13
竜斗 14
琉斗 15
隆仁 15
琉冬 16
龍人 18
瑠仁 18
琉音 20
龍仁 20
龍斗 20
竜都 21
琉都 22
竜翔 22
琉翔 23
龍登 28

龍翔 28

りゅうのすけ

竜乃介 16
琉乃介 17
隆乃介 17
竜之介 17
琉之介 18
隆之介 18
竜之助 20
隆之助 21
龍乃介 22
龍之介 23
龍乃丞 24
龍之丞 25
龍之助 26
隆之輔 28
龍之輔 33

りゅうへい

竜平 15
琉平 16
隆平 16
龍平 21

りゅうま

竜真 20
竜馬 20
琉真 21
琉馬 21
隆真 21
隆馬 21
隆眞 21
龍真 26
龍馬 26
琉磨 27
龍舞 31
龍磨 32

りゅうや

竜也 13
琉也 14
隆也 14
竜矢 15
琉矢 16
瑠也 17
劉也 18
竜弥 18
琉弥 19
龍也 19
琉哉 20
隆哉 20
龍矢 21
瑠哉 23
龍弥 24
龍哉 25

りょう

了 2
良 7
伶 7
怜 8
亮 9
凌 10
凉 10
梁 11
涼 11
陵 11
崚 11
椋 12
稜 13
凌央 15
諒 15
遼 15
龍 16
涼羽 17
嶺 17

りょういち

了一 3
亮一 10
凌一 11
涼一 12
綾一 15
諒一 16
遼一 16

りょういちろう

良一郎 17
亮一郎 19
遼一郎 25

りょうが

凌我 17
崚我 18
良雅 20
稜芽 21
亮雅 22
凌雅 23
遼河 23
凉雅 23
亮駕 24
涼雅 24
陵雅 24

崚雅 24
羚雅 24
凌駕 25
稜雅 26
諒雅 28
遼雅 28
龍雅 29

りょうき

良樹 23
亮輝 24
亮樹 25
涼輝 26

りょうご

亮伍 15
亮吾 16
梁伍 17

良悟 17
涼吾 18
亮悟 19
稜悟 23
諒悟 25
遼悟 25

りょうじ

凌士 13
怜司 13
亮司 14
涼士 14
涼司 16
亮治 17
稜司 18
諒士 18
遼司 20

稜治 21

りょうすけ

了介 6
良介 11
亮介 13
梁介 15
涼介 15
陵介 15
崚介 15
亮佑 16
良亮 16
凌佑 17
稜介 17
綾介 18
涼佑 18
諒介 19

良輔 21
遼佑 22
亮輔 23
僚祐 23
涼輔 25
崚輔 25
遼輔 29

りょうせい

亮成 15
凌成 16
涼生 16
涼成 17
涼星 20
涼晟 21
諒成 21
遼成 21

怜聖 21
凌聖 23
凌誠 23
涼晴 23
涼聖 24
涼誠 24
諒晟 25

りょうた

良太 11
怜太 12
亮太 13
凌大 13
涼大 13
凌太 14
椋大 15
亮多 15

涼太 15
陵太 15
崚太 15
椋太 16
亮汰 16
玲汰 16
竜汰 17
凌汰 17
稜太 17
綾太 18
僚太 18
諒大 18
遼大 18
諒太 19
遼太 19
龍太 20

音から選ぶ

り りょうた～りん

龍汰 23

りょうだい

凌大 13
稜大 16
諒大 18
遼大 18

りょうたろう

良太郎 20
良太朗 21
亮太郎 22
亮太朗 23
凌太郎 23
陵太郎 24
崚太郎 24
涼太朗 25
崚太朗 25
稜太郎 26
諒太郎 28
遼太郎 28
諒太朗 29
遼太朗 29
諒汰朗 32

りょうと

亮人 11
亮仁 13
凌士 13
涼人 13
凌斗 14
涼仁 15
涼斗 15
稜仁 17
稜斗 17
遼人 17
涼翔 23
稜都 24

りょうへい

良平 12
亮平 14
凌平 15
涼平 16
陵平 16
崚平 16
椋平 17
稜平 18
諒平 20
遼平 20

りょうま

良真 17
亮真 19
亮眞 19
竜馬 20
凌真 20
凌馬 20
涼真 21
涼馬 21
崚真 21
稜真 23
稜馬 23
良磨 23
僚眞 24
亮磨 25
諒真 25
遼真 25
遼馬 25
龍真 26
龍馬 26
龍眞 26
遼磨 31

りょうや

凌也 13
涼也 14
椋也 15
凌矢 15
良弥 15
涼矢 16
良哉 16
椋矢 17
亮弥 17
諒也 18
遼也 18
涼弥 19
涼哉 20
龍矢 21
稜弥 21
綾哉 23
遼弥 23
龍弥 24
諒哉 24
遼哉 24
龍哉 25

りん

倫 10
琳 12
輪 15
凛 15
凜 15

麟 24 24

りんせい

凜生 15 5 20

凛成 15 6 21

凜星 15 9 24

凛晴 15 12 27

りんた

倫大 10 3 13

琳太 12 4 16

凜大 15 3 18

凛汰 15 7 22

りんたろう

倫太郎 10 4 9 23

倫太朗 10 4 10 24

琳太郎 12 4 9 25

鈴太郎 13 4 9 26

凛太郎 15 4 9 28

凜太郎 15 4 9 28

凜太朗 15 4 10 29

麟太郎 24 4 9 37

麟大朗 24 3 10 37

麟太朗 24 4 10 38

りんと

倫人 10 2 12

倫斗 10 4 14

稟人 13 2 15

凜人 15 2 17

凜斗 15 4 19

凛都 15 11 26

りんのすけ

倫之介 10 3 4 17

凜乃介 15 2 4 21

凜之介 15 3 4 22

麟之介 24 3 4 31

るい

塁 12 12

琉生 11 5 16

琉伊 11 6 17

琉衣 11 6 17

類 18 18

瑠生 14 5 19

琉威 11 9 20

瑠伊 14 6 20

瑠衣 14 6 20

流唯 10 11 21

留唯 10 11 21

琉惟 11 11 22

琉唯 11 11 22

留偉 10 12 22

瑠依 14 8 22

琉偉 11 12 23

瑠威 14 9 23

琉維 11 14 25

瑠唯 14 11 25

瑠偉 14 12 26

るいと

琉斗 11 4 15

塁斗 12 4 16

瑠斗 14 4 18

琉翔 11 12 23

瑠衣斗 14 6 4 24

塁翔 12 12 24

るか

琉可 11 5 16

琉叶 11 5 16

琉伽 11 7 18

流風 10 9 19

琉海 11 9 20

琉夏 11 10 21

瑠伽 14 7 21

流楓 10 13 23

琉翔 11 12 23

瑠珂 14 9 23

琉楓 11 13 24

琉嘉 11 14 25

るき

琉生 11 5 16

琉希 11 7 18

瑠希 14 7 21

琉葵 11 12 23

琉稀 11 12 23

琉貴 11 12 23

流輝 10 15 25

琉輝 11 15 26

瑠輝 14 15 29

るきあ

琉希亜 11 7 7 25

琉輝亜 11 15 7 33

るきや

琉希也 11 7 3 21

瑠希也 14 7 3 24

瑠紀哉 14 9 9 32

瑠輝也 14 15 3 32

れい

令(5) 5
礼(5) 5
伶(7) 7
励(7) 7
怜(8) 8
玲(9) 9
羚(11) 11
怜(8)生(5) 13
零(13) 13
玲(9)生(5) 14
黎(15) 15
澪(16) 16
嶺(17) 17
玲(9)維(14) 23

れいき

怜(8)希(7) 15
玲(9)希(7) 16
怜(8)輝(15) 23

れいじ

礼(5)士(3) 8
玲(9)士(3) 12
礼(5)志(7) 12
怜(8)司(5) 13
怜(8)史(5) 13
礼(5)治(8) 13
玲(9)司(5) 14
玲(9)史(5) 14
怜(8)志(7) 15
怜(8)治(8) 16
玲(9)児(7) 16
零(13)士(3) 16
礼(5)慈(13) 18
玲(9)慈(13) 22

れいた

怜(8)太(4) 12
玲(9)太(4) 13
羚(11)太(4) 15
羚(11)汰(7) 18

れいと

礼(5)人(2) 7
伶(7)斗(4) 11
玲(9)人(2) 11
怜(8)斗(4) 12
羚(11)斗(4) 15
零(13)斗(4) 17
澪(16)斗(4) 20
玲(9)翔(12) 21
嶺(17)登(12) 29

れいま

怜(8)真(10) 18
玲(9)真(10) 19

れいや

礼(5)也(3) 8
怜(8)也(3) 11
玲(9)也(3) 12
怜(8)矢(5) 13
羚(11)也(3) 14
伶(7)耶(9) 16
怜(8)弥(8) 16
零(13)也(3) 16
怜(8)哉(9) 17
玲(9)弥(8) 17
玲(9)哉(9) 18
麗(19)弥(8) 27

れお

礼(5)央(5) 10
伶(7)王(4) 11
怜(8)央(5) 13
玲(9)央(5) 14
玲(9)生(5) 14
怜(8)旺(8) 16
伶(7)桜(10) 17
怜(8)皇(9) 17
零(13)央(5) 18
零(13)生(5) 18
礼(5)緒(14) 19
玲(9)凰(11) 20
零(13)旺(8) 21
澪(16)央(5) 21
玲(9)緒(14) 23
麗(19)王(4) 23

れおと

怜(8)央(5)斗(4) 17
玲(9)央(5)斗(4) 18
玲(9)央(5)翔(12) 26

れおん

礼(5)音(9) 14
礼(5)恩(10) 15
伶(7)音(9) 16
伶(7)恩(10) 17
怜(8)音(9) 17
怜(8)恩(10) 18

玲音 18
怜遠 21
蓮音 22
蓮恩 23
怜穏 24
黎音 24
嶺音 26

れん

レン 3
怜 8
連 10
廉 13
蓮 13
練 14
錬 16
怜音 17

れんじ

蓮二 15
廉士 16
蓮士 16
廉司 18
蓮司 18
憐司 21
蓮治 21
憐治 24

れんじゅ

蓮珠 23
蓮樹 29

れんすけ

蓮介 17

れんた

蓮大 16
廉太 17
蓮太 17
廉汰 20
憐太 20
蓮汰 20
憐汰 23

れんたろう

怜太郎 21
連太朗 24
蓮大郎 25
廉太郎 26
蓮太郎 26
廉太朗 27
蓮太朗 27
廉汰郎 29
錬太郎 29

れんと

連人 12
廉人 15
蓮人 15
蓮士 16
廉仁 17
廉斗 17
蓮仁 17
蓮斗 17
蓮冬 18
蓮音 22
蓮都 24
廉翔 25
蓮翔 25

れんのすけ

蓮乃介 19
蓮之介 20
蓮之助 23

れんや

連也 13
蓮也 16
蓮矢 18
廉弥 21
蓮弥 21
蓮哉 22

ろ

ろい

呂伊 13
路唯 24
路偉 25

ろく

禄 12

わ

わく

和久 11
羽空 14
和玖 15
和空 16

わたる

亘 6
航 10
渉 11

わへい

和平 13

気に入った音に合う字を見つけよう!

男の子の人気添え字

気に入った音にぴったり合う添え字を見つけることで
名前のバリエーションがとても広がります。
ここでは、読者が実際につけた名前から
人気の添え字とその実例を紹介します。

このリストの見方

男の子の名前につける人気の添え字を紹介しています。比較的、使用頻度が高い漢字を50字選びました。中には同じ漢字でも読み方の違う名前もあります。

また、実際の名前のため、あて字が含まれていることをご了承ください。この添え字一覧が名づけのヒントになれば幸いです。

太《た》

翔太 しょうた
颯太 そうた
優太 ゆうた
悠太 ゆうた
健太 けんた
涼太 りょうた
瑛太 えいた
蒼太 そうた
亮太 りょうた
陽太 ようた
啓太 けいた
康太 こうた
裕太 ゆうた

幹太 かんた
奏太 そうた
雄太 ゆうた
寛太 かんた
航太 こうた
陽太 ひなた
駿太 しゅんた

斗《と》

優斗 ゆうと
悠斗 ゆうと
海斗 かいと
陽斗 はると
遥斗 はると
陸斗 りくと
琉斗 りゅうと
悠斗 はると
晴斗 はると
隼斗 はやと

唯斗 ゆいと
健斗 けんと
快斗 かいと
拓斗 たくと
瑛斗 えいと
龍斗 りゅうと
蓮斗 れんと
柊斗 しゅうと
勇斗 ゆうと
雄斗 ゆうと

人 と

悠人 ゆうと
隼人 はやと
颯人 はやと
優人 ゆうと
陸人 りくと
悠人 はると
暖人 はると
陽人 はると
健人 けんと
海人 かいと

拓人 たくと
遥人 はると
唯人 ゆいと
直人 なおと
勇人 はやと
寛人 ひろと
結人 ゆいと
勇人 ゆうと
雅人 まさと
奏人 かなと

輝 き

大輝 だいき
一輝 かずき
優輝 ゆうき
和輝 かずき
陽輝 はるき
直輝 なおき
幸輝 こうき
勇輝 ゆうき

晴輝 はるき
大輝 たいき
夏輝 なつき
航輝 こうき
春輝 はるき
一輝 いつき
祐輝 ゆうき
光輝 こうき
悠輝 ゆうき
龍輝 りゅうき
一輝 いっき
遥輝 はるき

郎《ろう》

虎太郎《こたろう》
健太郎《けんたろう》
凜太郎《りんたろう》
翔太郎《しょうたろう》
孝太郎《こうたろう》
遼太郎《りょうたろう》
悠太郎《ゆうたろう》
康太郎《こうたろう》
幸太郎《こうたろう》
航太郎《こうたろう》

朔太郎《さくたろう》
麟太郎《りんたろう》
倫太郎《りんたろう》
太郎《たろう》
慎太郎《しんたろう》
宗一郎《そういちろう》
蓮太郎《れんたろう》
龍太郎《りゅうたろう》
正太郎《しょうたろう》
涼太郎《りょうたろう》

真《ま》

悠真《ゆうま》
拓真《たくま》
優真《ゆうま》
和真《かずま》
颯真《そうま》
一真《かずま》
佑真《ゆうま》
翔真《しょうま》

蒼真《そうま》
侑真《ゆうま》
壮真《そうま》
楓真《ふうま》
巧真《たくま》
斗真《とうま》
涼真《りょうま》
稜真《りょうま》
秀真《しゅうま》
匠真《たくま》
勇真《ゆうま》
諒真《りょうま》

介 すけ

龍之介　りゅうのすけ
俊介　しゅんすけ
涼介　りょうすけ
悠介　ゆうすけ
隆之介　りゅうのすけ
駿介　しゅんすけ
優介　ゆうすけ
康介　こうすけ
虎之介　とらのすけ
健介　けんすけ
竜之介　りゅうのすけ
亮介　りょうすけ
颯介　そうすけ

陽介　ようすけ
琉之介　りゅうのすけ
蒼介　そうすけ
慎之介　しんのすけ
真之介　しんのすけ
京介　きょうすけ
桜介　おうすけ

希 き

優希　ゆうき
悠希　ゆうき
光希　こうき
遥希　はるき
陽希　はるき
悠希　はるき
航希　こうき
侑希　ゆうき

直希　なおき
光希　みつき
勇希　ゆうき
祐希　ゆうき
春希　はるき
柚希　ゆずき
一希　かずき
洸希　こうき
幸希　こうき
瑞希　みずき
晃希　こうき
晴希　はるき

也　や

- 智也　ともや
- 達也　たつや
- 拓也　たくや
- 聖也　せいや
- 翔也　しょうや
- 裕也　ゆうや
- 悠也　ゆうや
- 隼也　しゅんや
- 優也　ゆうや
- 朔也　さくや
- 惺也　せいや
- 竜也　たつや
- 知也　ともや

- 侑也　ゆうや
- 誠也　せいや
- 敦也　あつや
- 直也　なおや
- 雅也　まさや
- 蓮也　れんや
- 雄也　ゆうや

汰　た

- 颯汰　そうた
- 昊汰　こうた
- 優汰　ゆうた
- 悠汰　ゆうた
- 光汰　こうた
- 奏汰　かなた
- 航汰　こうた
- 蒼汰　そうた

- 亮汰　りょうた
- 壮汰　そうた
- 健汰　けんた
- 幸汰　こうた
- 圭汰　けいた
- 翔汰　しょうた
- 奏汰　そうた
- 凌汰　りょうた
- 啓汰　けいた
- 駿汰　しゅんた
- 晃汰　こうた
- 侑汰　ゆうた

樹《き》

和樹　かずき
大樹　だいき
優樹　ゆうき
直樹　なおき
春樹　はるき
佑樹　ゆうき
瑞樹　みずき
一樹　かずき
一樹　いっき
祐樹　ゆうき
大樹　たいき

悠樹　ゆうき
陽樹　はるき
幸樹　こうき
朋樹　ともき
智樹　ともき
晴樹　はるき
侑樹　ゆうき
大樹　ひろき
弘樹　ひろき

朗《ろう》

虎太朗　こたろう
凜太朗　りんたろう
健太朗　けんたろう
孝太朗　こうたろう
晃太朗　こうたろう
倫太朗　りんたろう
俊太朗　しゅんたろう
航太朗　こうたろう
遼太朗　りょうたろう
颯太朗　そうたろう

悠太朗　ゆうたろう
翔太朗　しょうたろう
蓮太朗　れんたろう
亮太朗　りょうたろう
康太朗　こうたろう
凌太朗　りょうたろう
朔太朗　さくたろう
優太朗　ゆうたろう
颯一朗　そういちろう
蒼太朗　そうたろう

哉 や

- 智哉　ともや
- 柊哉　しゅうや
- 佑哉　ゆうや
- 拓哉　たくや
- 友哉　ともや
- 直哉　なおや
- 達哉　たつや
- 和哉　かずや
- 翔哉　しょうや
- 友哉　ゆうや
- 裕哉　ゆうや
- 俊哉　しゅんや
- 優哉　ゆうや
- 惺哉　せいや
- 咲哉　さくや
- 悠哉　ゆうや
- 文哉　ふみや
- 陽哉　はるや
- 尚哉　なおや
- 駿哉　しゅんや

貴 き

- 大貴　だいき
- 悠貴　ゆうき
- 裕貴　ゆうき
- 瑞貴　みずき
- 智貴　ともき
- 陽貴　はるき
- 祐貴　ゆうき
- 大貴　たいき
- 優貴　ゆうき
- 煌貴　こうき
- 晴貴　はるき
- 一貴　かずき
- 康貴　こうき
- 柚貴　ゆずき
- 翔貴　しょうき
- 悠貴　はるき
- 結貴　ゆうき
- 裕貴　ひろき
- 大貴　ひろき
- 勇貴　ゆうき

大《だい》

雄大《ゆうだい》
航大《こうだい》
優大《ゆうだい》
悠大《ゆうだい》
晃大《こうだい》
煌大《こうだい》
幸大《こうだい》
侑大《ゆうだい》
翔大《しょうだい》
昊大《こうだい》

広大《こうだい》
滉大《こうだい》
昴大《こうだい》
皓大《こうだい》
裕大《ゆうだい》
倖大《こうだい》
颯大《そうだい》
蒼大《そうだい》
康大《こうだい》
勇大《ゆうだい》

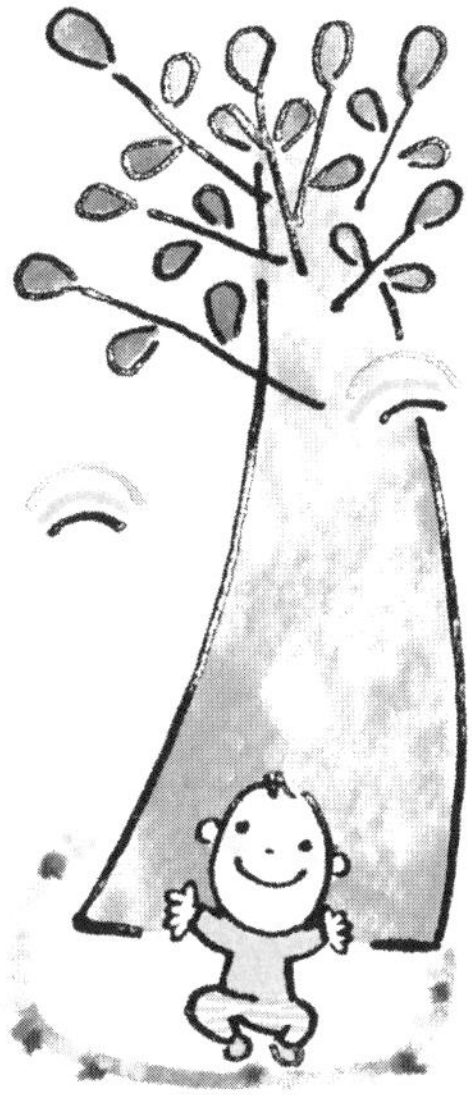

生《き》

陽生《はるき》
悠生《ゆうき》
悠生《はるき》
瑞生《みずき》
樹生《いつき》
晴生《はるき》
侑生《ゆうき》
煌生《こうき》

航生《こうき》
暖生《はるき》
智生《ともき》
晃生《こうき》
直生《なおき》
遥生《はるき》
優生《ゆうき》
夏生《なつき》
響生《ひびき》
琉生《りゅうき》
睦生《むつき》
昊生《こうき》

平 へい

康平	こうへい
航平	こうへい
陽平	ようへい
涼平	りょうへい
恭平	きょうへい
晃平	こうへい
周平	しゅうへい
翔平	しょうへい
龍平	りゅうへい
脩平	しゅうへい
悠平	ゆうへい
凌平	りょうへい
修平	しゅうへい
昊平	こうへい
煌平	こうへい
柊平	しゅうへい
遼平	りょうへい
京平	きょうへい
浩平	こうへい
昂平	こうへい

雅 が

大雅	たいが
悠雅	ゆうが
泰雅	たいが
優雅	ゆうが
風雅	ふうが
涼雅	りょうが
凌雅	りょうが
彪雅	ひゅうが
楓雅	ふうが
空雅	くうが
太雅	たいが
桜雅	おうが
琉雅	りゅうが
龍雅	りゅうが
凰雅	おうが
怜雅	りょうが
煌雅	こうが
侑雅	ゆうが
勇雅	ゆうが
友雅	ゆうが

弥 や

優弥　ゆうや
朔弥　さくや
佑弥　ゆうや
聖弥　せいや
和弥　かずや
柊弥　しゅうや
拓弥　たくや
侑弥　ゆうや
直弥　なおや
史弥　ふみや
悠弥　ゆうや
駿弥　しゅんや
秀弥　しゅうや

龍弥　りゅうや
咲弥　さくや
智弥　ともや
祐弥　ゆうや
怜弥　れいや
煌弥　こうや
幸弥　ゆきや

一 いち

太一　たいち
優一　ゆういち
汰一　たいち
龍一　りゅういち
泰一　たいち
慶一　けいいち
陽一　よういち
雄一　ゆういち

諒一　りょういち
輝一　きいち
秀一　しゅういち
喜一　きいち
修一　しゅういち
颯一　そういち
隆一　りゅういち
晃一　こういち
真一　しんいち
慎一　しんいち
悠一　ゆういち
弘一　こういち

輔
すけ

大輔　だいすけ
俊輔　しゅんすけ
亮輔　りょうすけ
恭輔　きょうすけ
隼輔　しゅんすけ
悠輔　ゆうすけ
凌輔　りょうすけ
晃輔　こうすけ
祐輔　ゆうすけ
駿輔　しゅんすけ
康輔　こうすけ
孝輔　こうすけ
優輔　ゆうすけ
航輔　こうすけ
峻輔　しゅんすけ
佑輔　ゆうすけ

吾
ご

圭吾　けいご
優吾　ゆうご
悠吾　ゆうご
将吾　しょうご
翔吾　しょうご
健吾　けんご
柊吾　しゅうご
大吾　だいご
匠吾　しょうご
龍吾　りゅうご
彰吾　しょうご
佳吾　けいご
真吾　しんご
渉吾　しょうご
慶吾　けいご
恭吾　きょうご

夢
む

歩夢　あゆむ
大夢　ひろむ
拓夢　たくむ
来夢　らいむ
叶夢　かなむ
拓夢　ひろむ
來夢　らいむ
理夢　りむ
望夢　のぞむ
大夢　だいむ
翔夢　とむ
広夢　ひろむ
翔夢　しょうむ
亜斗夢　あとむ
明日夢　あすむ
大夢　たいむ

志
し

大志　たいし
優志　ゆうし
颯志　そうし
太志　たいし
和志　かずし
篤志　あつし
壮志　そうし
一志　かずし
奏志　そうし
浩志　こうし
仁志　ひとし
泰志　たいし
航志　こうし
光志　こうし
健志　けんし
勇志　ゆうし

佑
すけ

圭佑　けいすけ
康佑　こうすけ
亮佑　りょうすけ
光佑　こうすけ
悠佑　ゆうすけ
幸佑　こうすけ
優佑　ゆうすけ
駿佑　しゅんすけ
航佑　こうすけ
桜佑　おうすけ
凌佑　りょうすけ
隼佑　しゅんすけ
晃佑　こうすけ
颯佑　そうすけ
恭佑　きょうすけ
涼佑　りょうすけ

海
み

拓海　たくみ
匠海　たくみ
希海　のぞみ
巧海　たくみ
龍海　たつみ
克海　かつみ
成海　なるみ
郁海　いくみ
卓海　たくみ
大海　ひろみ
逞海　たくみ
望海　のぞみ
優海　うみ
勇海　いさみ
勝海　かつみ
陽海　はるみ

悟
ご

大悟　だいご
圭悟　けいご
悠悟　ゆうご
翔悟　しょうご
健悟　けんご
慶悟　けいご
優悟　ゆうご
誠悟　せいご
啓悟　けいご
真悟　しんご
秀悟　しゅうご
匠悟　しょうご
聖悟　せいご
正悟　しょうご
颯悟　そうご
慧悟　けいご

磨
ま

拓磨　たくま
琢磨　たくま
和磨　かずま
優磨　ゆうま
佑磨　ゆうま
悠磨　ゆうま
侑磨　ゆうま
一磨　かずま
勇磨　ゆうま
柊磨　とうま
秀磨　しゅうま
柊磨　しゅうま
亮磨　りょうま
冬磨　とうま
風磨　ふうま
奏磨　そうま

矢

や

- 悠矢　ゆうや
- 聖矢　せいや
- 翔矢　しょうや
- 拓矢　たくや
- 朔矢　さくや
- 隼矢　しゅんや
- 達矢　たつや
- 陸矢　りくや
- 蒼矢　そうや
- 優矢　ゆうや
- 惺矢　せいや
- 陽矢　はるや
- 健矢　けんや
- 駿矢　しゅんや
- 智矢　ともや
- 柊矢　しゅうや

紀

き

- 陽紀　はるき
- 晴紀　はるき
- 智紀　ともき
- 直紀　なおき
- 佑紀　ゆうき
- 裕紀　ゆうき
- 優紀　ゆうき
- 祐紀　ゆうき
- 遥紀　はるき
- 勇紀　ゆうき
- 篤紀　あつき
- 光紀　こうき
- 宏紀　ひろき
- 悠紀　ゆうき
- 春紀　はるき
- 裕紀　ひろき

祐

すけ

- 圭祐　けいすけ
- 佳祐　けいすけ
- 陽祐　ようすけ
- 光祐　こうすけ
- 俊祐　しゅんすけ
- 亮祐　りょうすけ
- 昊祐　こうすけ
- 遼祐　りょうすけ
- 大祐　だいすけ
- 幸祐　こうすけ
- 秀祐　しゅうすけ
- 友祐　ゆうすけ
- 良祐　りょうすけ
- 康祐　こうすけ
- 慶祐　けいすけ
- 央祐　おうすけ

稀

き

- 瑞稀　みずき
- 大稀　だいき
- 悠稀　ゆうき
- 遥稀　はるき
- 琉稀　りゅうき
- 一稀　いっき
- 陽稀　はるき
- 優稀　ゆうき
- 柚稀　ゆずき
- 悠稀　はるき
- 智稀　ともき
- 煌稀　こうき
- 光稀　こうき
- 一稀　かずき
- 光稀　みつき
- 祐稀　ゆうき

央 お

怜央《れお》
玲央《れお》
理央《りお》
莉央《りお》
直央《なお》
礼央《れお》
真央《まお》
麗央《れお》
澪央《れお》
蓮央《れお》
陸央《りお》
凌央《りお》
凌央《りょお》
伶央《れお》
尚央《なお》
依央《いお》

登 と

陽登《はると》
晴登《はると》
悠登《ゆうと》
大登《ひろと》
健登《けんと》
寛登《ひろと》
陸登《りくと》
拓登《たくと》
友登《ゆうと》
雄登《ゆうと》
隆登《りゅうと》
海登《かいと》
龍登《りゅうと》
結登《ゆいと》
勇登《ゆうと》
琉登《りゅうと》

大 ひろ

智大《ともひろ》
真大《まひろ》
将大《まさひろ》
貴大《たかひろ》
直大《なおひろ》
智大《ちひろ》
海大《みひろ》
晃大《あきひろ》
雄大《たけひろ》
岳大《たけひろ》
尚大《なおひろ》
眞大《まひろ》
瑛大《あきひろ》
陽大《あきひろ》
雅大《まさひろ》
朋大《ともひろ》

都 と

海都《かいと》
遥都《はると》
陽都《はると》
結都《ゆいと》
愛都《まなと》
快都《かいと》
瑛都《えいと》
拓都《たくと》
友都《ゆうと》
晴都《はると》
湊都《みなと》
修都《しゅうと》
悠都《ゆうと》
竜都《りゅうと》
隼都《はやと》
佑都《ゆうと》

己 き

煌己 こうき
響己 ひびき
瑞己 みずき
陽己 はるき
晃己 こうき

暉 き

大暉 だいき
悠暉 ゆうき
和暉 かずき
大暉 たいき
智暉 ともき

士 し

蒼士 そうし
敦士 あつし
煌士 こうし
蒼士 あおし
颯士 そうし

喜 き

大喜 だいき
大喜 たいき
悠喜 ゆうき
晴喜 はるき
陽喜 はるき

亮 すけ

圭亮 けいすけ
颯亮 そうすけ
陽亮 ようすけ
俊亮 しゅんすけ
佑亮 ゆうすけ

仁 ひと

智仁 ともひと
陽仁 はるひと
晴仁 はるひと
瑛仁 あきひと
理仁 りひと

多 た

奏多 かなた
叶多 かなた
恵多 けいた
奏多 そうた
那由多 なゆた

司 じ

蓮司 れんじ
悠司 ゆうじ
修司 しゅうじ
優司 ゆうじ
龍司 りゅうじ

実 み

拓実 たくみ
巧実 たくみ
卓実 たくみ
歩実 あゆみ
成実 なるみ

基 き

瑞基 みずき
陽基 はるき
晴基 はるき
雄基 ゆうき
裕基 ゆうき

我 が

大我 たいが
泰我 たいが
空我 くうが
凌我 りょうが
龍我 りゅうが

生 お

真生 まお
怜生 れお
凜生 りお
直生 なお
玲生 れお

史 し

篤史 あつし
智史 さとし
剛史 つよし
蒼史 そうし
淳史 あつし

助 ずけ

慎之助 しんのすけ
幸之助 こうのすけ
隆之助 りゅうのすけ
新之助 しんのすけ
虎之助 とらのすけ

読み別 漢字リスト

常用漢字や人名用漢字の中から、
名前にふさわしい漢字を選び、50音順に並べました。
男の子向け、女の子向けの漢字を合わせて紹介しています。
音読み・訓読みを主体とし、さまざまな漢和辞典の
名のり（人名に用いられる読み方）も入れています。

※漢字の下の数字は画数です。

あ行

あ 安6 有 亜7 吾 阿8 娃9

あい 娃9 挨10 愛13 藍18

あお 青8 蒼13 碧14

あおい 葵12

あか 朱6 赤7 明8 紅9

あかね 茜9

あき(ら) 旭6 明8 亮9 映 昭 秋 晃10 朗 哲 章11 彬 晶12 暁 陽 瑛 暉13 彰14 瞭17 顕18

あきら 亨7 明8 英 聖13 幌 輝15

あけ 朱6 明8 暁12 緋14

あさ 旭6 浅9 麻11 朝12

あさひ 旭6

あし 芦7

あずさ 梓11

あずま 東8

あつ 斡14

あつ(し) 厚9 純10 淳11 惇 敦12 温 渥 篤16

あや 文4 礼5 朱6 采8 紋10 彩11 絢12 綾14

あゆ 歩8 鮎16

あゆみ (あゆむ) 歩8

あらた 新13

あり 有6

あん 安6 杏7 案10 晏 庵11

あんず 杏7

い 以5 生 衣6 伊 似7 依8 委 威9 唯 惟11 尉 偉12 椅 維14 緯16

いお 庵11

いおり 庵11

いく 生5 行6 育8 郁9 幾12

いさ 功5 勇9 勲15

いさお 功5 勲15

いさみ (いさむ) 勇9

いずみ 泉9

いずる 出5

いたる 至6 到8 格10

いち 一1 市5 壱7

いちご 苺8

いつ 一1 逸11

いつき 樹16

いと 糸6 弦8 絃11 綸14

いわ(お) 岩8 磐15 巌20

う 右5 卯 宇6 有 羽 佑7 雨8

うい 初7

うた 唄10 詠12 詩13 歌14 謡16

うみ 海9

うめ 梅10

うら 裡12

うるう 閏12

うん 運12 雲

え 江6 衣 枝8 英 依 映9 栄 重 柄 恵10 笑 絵12 瑛 慧15 衛16

えい 永5 英8 映9 栄 詠12 営 瑛 鋭15 影 衛16

えつ 悦10 越12

えのき 榎14

えみ　笑 10
えん　円 4　延 8　苑　遠 13　園　薗 16
お　小 3　夫 4　生 5　央　男 7　於 8　郎 9　音　朗 10　雄 12　緒 14
おう　王 4　央 5　欧 8　旺　桜 10
おき　沖 7　興 16
おさむ　収 4　司 5　治 8　修 10　理 11　統 12
おと　乙 1　音 9　響 20
おみ　臣 7
おり　折 7　織 18
おん　苑 8　音 9　恩 10　薗 16

か行

か　日 4　加 5　可　花 7　伽　佳 8　果　茄　河　珈 9　珂　迦　香　華 10　夏　榎 14　歌　嘉　駕 15　霞 17
が　牙 4　我 7　芽 8　賀 12　雅 13
かい　介 4　快 7　改　恢 9　海　開 12　絵
がい　魁 14　凱 12　鎧 18
かいり　浬 10
かえで　楓 13
かおる（かおり）　香 9　薫 16　馨 20
かく　拡 8　格 10　覚 12
がく　学 8　岳　楽 13
かけ（る）　駈 15
かげ　景 12　影 15
かず　一 1　和 8　知　計 9　数 13
かすみ　霞 17
かずら　葛 12
かぜ　風 9
かつ　且 5　克 7　活 9　恰　勝 12　葛
かつ（て）　曽 11　曾 12　嘗 14
かつら　桂 10
かな　奏 9　哉
かなめ　要 9
かね　兼 10　謙 17
かん　完 7　冠 9　柑　莞 10　栞　菅 11　貫　敢 12　寛 13　幹　歓 15
がん　岩 8　巌 20
き　己 3　木 4　生 5　気 6　伎　企　希 7　来　岐　季 8　祈　枝　紀 9　城　起 10　記　姫　基 11　埼　規　貴 12　喜　稀　揮　幾　期　葵　暉 13　綺 14　旗　熙　畿 15　輝　毅　槻　嬉　器　樹 16　機　興　徽 17　騎 18
ぎ　伎 6　宜 8　祇 9　義 13　儀 15
きく　掬 11　菊　鞠 17
きち　吉 6
きぬ　衣 6　絹 13
きみ　公 4　君 7　卿 12
きゅう　久 3　及　究 7　求　玖　笈 10
きよ（し）　浄 9　清 11　淑　聖 13　精 14　潔 15　澄
きょう　叶 5　共 6　匡　杏 7　亨　享 8　京　協　供　侠 9　恭 10　教 11　強　梗　郷　卿 12　喬　蕎 15　興 16　響 20
きり　桐 10　霧 19
きん　均 7　金 8　欣　勤 12　欽　錦 16　謹 17
ぎん　吟 7　銀 14
く　久 3　玖 7　来　紅 9　駆 14　駈 15
くう　空 8
くす（のき）　楠 13
くず　葛 12
くに　邦 7　国 8

くら 10 倉 15 蔵

くん 7 君 10 訓 15 勲

ぐん 9 軍 10 郡 13 群

けい 5 兄 6 圭 8 京 9 計 勁 奎 10 恵 桂 11 啓 経 渓 12 卿 敬 景 13 継 15 慶 慧 16 憩

けつ 13 傑

げつ 4 月

けん 9 建 研 10 兼 剣 拳 11 健 12 堅 絢 13 献 15 権 16 賢 17 謙 18 顕

げん 4 元 5 玄 8 弦 10 原 11 絃 現 13 源 17 厳

こ 3 子 己 小 5 乎 仔 7 来 9 胡 12 湖 13 鼓 瑚

ご 4 五 6 伍 7 吾 10 悟 11 梧 13 瑚 20 護

こい 10 恋

こう 3 工 4 公 5 広 弘 功 巧 甲 6 行 光 好 考 向 7 孝 宏 攻 8 幸 昊 9 厚 恒 恰 香 紅 郊 洸 虹 10 浩 晃 耕 高 航 貢 倖 紘 11 康 梗 12 皓 13 幌 煌 滉 14 構 綱 閤 16 縞 興 鋼 17 鴻

ごう 10 剛 11 郷 14 豪 21 轟

こずえ 11 梢 梶

こと 12 琴

こま 15 駒

これ 3 之 6 此 11 惟

さ行

さ 3 小 5 左 6 早 7 佐 作 沙 9 砂 咲 10 紗 11 彩 13 嵯 14 瑳

さい 3 才 8 斉 采 9 哉 10 宰 11 埼 彩 斎 菜

さえ 7 冴

さかえ 9 栄

さき 6 早 先 9 咲 11 埼

さく 7 作 9 咲 10 索 朔 12 策

さくら 10 桜

さざなみ 14 漣

さずく 11 授

さだ 8 定 9 貞 13 禎

さだむ 8 定

さち 8 幸 10 倖 祥

さと 7 里 11 郷

さと(し) 8 知 怜 10 哲 悟 敏 12 覚 智 達 13 聖 14 聡 16 賢 論

さと(る) 2 了 8 知 10 哲 悟 敏 12 惺 覚 智 達 13 聖 14 聡 15 慧 16 賢

さね 8 実 10 真

さら 7 更

さん 9 珊 15 撰 22 讃

し 3 士 5 仔 史 司 示 四 市 6 糸 7 志 孜 9 施 思 12 詞 紫 13 獅 詩 資 嗣

じ 2 二 5 示 6 次 7 児 8 治 12 滋 13 蒔 慈 路 14 爾

しい 12 椎

しお 6 汐 15 潮

しおり 10 栞

しき 6 式 色 19 識

しげ(る) 6 成 8 茂 9 重 12 滋 13 慈 16 繁

しず(か) 14 静

じつ　8 実
しな　9 品 科
しの　17 篠
しのぶ　7 忍　11 偲
しま　14 嶋　16 縞
しゅ　6 朱　10 珠　15 趣
じゅ　7 寿　8 受　10 珠　16 樹
しゅう　4 収　6 州 舟　7 秀　8 周 宗　9 秋 洲 柊　10 修　11 習 脩　12 集 萩　19 蹴
じゅう　2 十　6 充　9 重 柔
しゅく　8 叔　9 祝　11 淑
しゅん　6 旬　9 春 俊　10 隼 峻　12 竣　13 舜 楯 馴　17 駿　18 瞬
じゅん　6 旬　9 洵　10 隼 純　11 淳 惇　12 閏 順　13 楯 準 馴 詢　15 潤 醇 諄
じょ　3 女　6 如
しょう　5 正　6 匠　7 肖 抄　8 尚 昇 承 昌　9 昭 省　10 将 祥 称　11 章 渉 梢 唱 菖 笙　12 翔 勝 晶 湘　13 照 奨 頌　14 嘗 彰　15 蕉
じょう　3 丈　6 丞　8 定　11 常　14 嘗　16 錠 壌　18 穣　20 譲
しん　4 心　5 申　7 伸 臣 芯　9 信　10 真 訊 晋 秦　11 進 紳 晨 深　13 慎 新　14 榛　16 親 薪
じん　2 人　4 仁 壬　6 尽　9 甚　10 訊 陣　12 尋
す　6 州　7 寿　9 洲　10 素　12 須　15 諏
ず　11 逗　21 鶴
すい　4 水　14 翠
ずい　12 随　13 瑞
すえ　5 末　8 季
すが　11 菅
すぎ　7 杉
すぐる　8 卓 英　9 俊　13 傑　17 優
すけ　4 介　6 丞　7 助 佑　8 昌　9 亮 祐 宥 相　13 資　14 輔
すず　11 涼　13 鈴　16 錫
すすむ　10 晋　11 進
すばる　9 昴
すみ　10 純 栖　11 淑　15 澄
せ　5 世　19 瀬
せい　4 井　5 正 生　6 成 西　8 青 斉 征　9 省 政 星　10 晟　11 清 盛　12 惺 晴　13 誠 勢 聖 靖　14 精 誓 静
せき　3 夕　5 石　6 汐　10 隻　17 績
せつ　11 雪　13 節　14 説
せり　7 芹
せん　3 千 川　5 仙　9 宣 茜 泉 専　10 扇　11 船　15 撰　17 鮮
ぜん　6 全　12 善 然　13 禅
そ　10 素　11 曽　12 曾
そう　4 双　6 壮　7 宋 走　8 宗　9 相 奏 草 荘　10 倉　11 曽 爽 窓　12 創 曾 惣 湊　13 想　14 聡 総 綜　18 叢
ぞう　3 三　10 造　15 蔵
その

苑 8 園 13 蘭 16
そめ 染 9
そら 空 8 宙

た行

た 大 3 太 4 多 6 汰 7
たい 大 3 太 4 汰 7 泰 10
だい 人 3 醍 16
たいら 平 5
たえ 妙 7
たか 考 6 啓 11 鷹 24
たか(し) 天 4 孝 7 尭 8 峻 10 高 崇 11 隆 喬 12 敬 貴 尊 嵩 13
たく 卓 8 拓 琢 11
たくみ 工 3 巧 5 匠 6
たけ 丈 3 竹 6 岳 8 偉 12 嵩 13
たけ(し) 武 8 孟 長 威 9 剛 10 赳 健 11 猛 雄 12 豪 14 毅 15
たすく 匡 6 助 7 佑 輔 14 翼 17
たず(ねる) 訊 10
ただ 祇 9 唯 11 惟 維 14
ただ(し) 中 4 正 5 匡 6 忠 8 貞 9 真 10
ただす 匡 6
たつ 立 5 辰 7 建 9 竜 10 達 12 龍 16
たつき 樹 16
たて 楯 13
たま 玉 5 珠 10 球 11
たまき 環 17
たみ 民 5
たもつ 保 9
ち 千 3 地 6 池 茅 8 知 治 致 10 智 12 稚 13 馳
ちか 史 5 近 7 周 8 睦 13 愛 誓 14 親 16
ちから 力 2
ちく 竹 6 築 16
ちゅう 中 4 仲 6 沖 7 忠 8 宙
ちょう 丁 2 兆 6 長 8 重 9 挺 10 彫 11 張 朝 12 超 蝶 15
つ 津 9 都 11
つかさ 司 5
つき 月 4 槻 15
つぎ 次 6 嗣 13
つぐ 二 2 次 6 亜 7 継 13 嗣
つとむ 努 7 勉 10 務 11 勤 12
つな 綱 14
つね 恒 9 常 11
つばき 椿 13
つばさ 翼 17
つぶら 円 4 圓 13
つや 艶 19
つゆ 露 21
つよし 威 9 剛 10 強 11 健 猛 豪 14 毅 15
つら 連 10 貫 11
つる 鶴 21
で 出 5
てい 丁 2 汀 5 定 8 貞 9 挺 10 悌 逞 11 禎 13 醍 16
てつ 哲 10 鉄 13 徹 15
てる 映 9 照 13 暉 輝 15
てん 天 4 典 8 展 10
でん 伝 6
と 十 2 人 斗 4 杜 7 飛 9 都 11 渡 12 登
とう 刀 2 冬 5 灯 6 東 8 到 桐 10 桃 透 陶 11 萄 登 12 統 董 嶋 14 橙 16 瞳 17 藤 18
どう 桐 10 堂 11 道 12
とおる 亨 7 透 10 通 徹 15
とき 迅 6 時 10
とく 督 13 徳 14 篤 16
とし 年 6 利 7 寿 俊 9 敏 10 淑 11 稔 13 駿 17
とみ 富 12
とも 友 4 共 6

伴 7　供 8　朋　知　倫 10　智 12　朝
ともえ　巴 4
とよ　豊 13
とら　虎 8　寅 11

な行

な　名 6　那 7　奈 8　南 9　菜 11　椰
なえ　苗 8
なお　尚 8　直
なか　中 4　央 5　仲 6
なが　永 5　長 8
なぎ　凪 6
なぎさ　汀 5　渚 11
なつ　夏 10　捺 11
なな　七 2
なみ　波 8　浪 10
なり　也 3　成 6
なる　成 6　鳴 14
な(れる)　馴 13
に　仁 4　弐 6　似 7
にい　新 13
にぎ(わい)　賑 14
にじ　虹 9
にしき　錦 16
にょ　女 3　如 6
ね　祢 9　音　根 10　峯　嶺 17
ねん　年 6　念 8　稔 13
の　乃 2　之 3　野 11　埜
のぞみ　望 11
のどか　和 8
のぶ　申 5　伸 7　延 8　信 9　宣　展 10　順 12　暢 14
のぼる　上 3　昇 8　登 12
のり　法 8　典　則 9　紀　乗　矩 10　倫　記　規 11　教　尋 12　徳 14　範 15　憲 16
の(る)　駕 15

は行

は　巴 4　羽 6　波 8　葉 12　播 15
ばい　苺 8
はぎ　萩 12
はく　白 5　伯 7　拍 8　博 12
ばく　麦 7
はし　橋 16
はじめ　一 1　元 4　初 7　始 8　朔 10　肇 14
は(せる)　馳 13
はた　秦 10　旗 14　機 16
はつ　初 7　発 9
はな　花 7　英 8　華 10
はま　浜 10
はや　早 6　迅　速 10　逸 11
はやお　駿 17
はやと(はやぶさ)　隼 10
はり　梁 11
はる　治 8　春 9　晴 12　陽
はる(か)　遥 12　遙 14
はるか　悠 11
はん　半 5　帆 6　汎　伴 7　絆 11　磐 15　範　繁 16
ばん　播 15　磐
ひ　比 4　日　妃 6　灯　飛 9　陽 12　緋 14
び　美 9
ひい　曾 12
ひかり　光 6
ひかる　光 6　晃 10
ひこ　彦 9
ひさ(し)　久 3　永 5　寿 7　玖　尚 8
ひし　菱 11
ひじり　聖 13
ひで　秀 7　英 8
ひと　一 1　人 2　仁 4
ひとし　一 1　仁 4　均 7　斉 8　等 12
ひとみ　眸 11　瞳 17
ひびき　響 20
ひら　平 5
ひらめ(く)　閃 10
ひろ　宥 9　緩 15　優 17
ひろ(い)　汎 6
ひろ(し)　大 3　広 5　弘　宏 7　洋 9　洸　浩 10　紘　啓 11　裕 12　博　寛 13　滉
ひろむ　弘 5　啓 11　博 12
ふ　不 4　布 5　扶 7　芙　吹　歩 8　冨 11　富 12　普
ぶ　武 8　葡 12　舞 15

蕪
ふう　風 9　楓 13
ふく　福 13
ふさ　房 8
ふじ　藤 18
ふとし　太 4
ふみ　文 4　史 5　郁 9
ふゆ　冬 5
ぶん　文 4
へい　平 5　兵 7
べに　紅 9
べん　勉 10
ほ　帆 6　甫 7　歩 8　保 9　圃 10　葡 12　蒲 13　輔 14　穂 15
ほう　方 4　邦 7　芳　宝 8　朋　法　峰 10　峯　逢 11　萌　豊 13
ぼう　望 11
ほく　北 5
ほし　星 9
ほたる　蛍 11
ほまれ　誉 13
ほろ　幌 13

行

ま　万 3　茉 8　馬 10　真　麻 11　摩 15　磨 16
まい　舞 15
まいる　哩 10
まき　牧 8　槙 14　薪 16
ま(く)　巻 9　播 15
まこと　允 4　実 8　信 9　真 10　誠 13
まさ　公 4　正 5　匡 6　昌 8　政 9　柾　真 10　将　雅 13　優 17
まさし　正 5　政 9　雅 13
まさ(に)　祇 9
まさる　大 3　卓 8　勝 12　優 17
ます　益 10　増 14
まち　町 7　待 9　街 12
まつ　末 5　松 8
まど　円 4　窓 11　圓 13
まどか　円 4　圓 13
まなぶ　学 8
まもる　守 6　保 9　衛 16　護 20
まゆ　繭 18
まり　毬 11　鞠 17
まる　丸 3
まん　万 3　満 12
み　三 3　巳　水 4　未 5　見 7　弥 8　実　美 9　海　視 11　幹 13　魅 15
みお　澪 16
みき　幹 13
みぎわ　汀 5
みさお　操 16
みさき　岬 8
みず　水 4　瑞 13
みち　充 6　通 10　倫　道 12　満　路 13
みつ　三 3　充 6　光　貢 10　満 12　蜜 14
みつぐ　貢 10
みつる　充 6　光　満 12
みどり　緑 14　翠　碧
みな　皆 9
みなと　港 12　湊
みなみ　南 9
みね　峰 10　峯　嶺 17
みのる　実 8　稔 13　穣 18
みやこ　京 8　都 11
みやび　雅 13
みゆき　幸 8
む　六 4　武 8　務 11　夢 13　霧 19
むつ　六 4　陸 11　睦 13
むつみ　睦 13
むね　宗 8　棟 12
むらさき　紫 12
め　女 3　芽 8
めい　明 8　命　盟 13　銘 14
めぐ　恵 10
めぐ(る)　斡 14
めぐみ　恵 10
も　茂 8　萌 11
もう(でる)　詣 13
もえ　萌 11
もと　元 4　本 5　素 10　朔　基 11
もとい　基 11
もとむ　求 7　要 9
もみじ　椛 11
もも　百 6　桃 10
もり　守 6　杜 7　盛 11　森 12　護 20
もん　文 4　門 8　紋 10

行

や　八 2　也 3　乎 5

矢 冶7 弥8 夜 耶9 哉 野11 椰13 やす 晏10 廉13 やす(し) 安6 保9 泰10 恭 康11 靖13 寧14 やな 梁11 ゆ 愉12 諭16 ゆ(う) 夕3 友4 由5 佑7

柚9 悠11 裕12 結 遊 優17 ゆい 唯11 惟 結12 ゆう 右5 有6 邑7 侑8 勇9 宥 柚 祐 湧12 雄 釉 優17 ゆき 之3 行6 幸8 征 雪11

ゆずる 譲20 ゆたか 裕12 豊13 穣18 ゆみ 弓3 ゆめ 夢13 よ 与3 予4 四5 世 代 余7 夜8 誉13 輿17 よい 宵10 よう 要9 洋 容10 庸11 陽12 葉

遥 蓉13 瑶 楊 遙14 養15 謡16 曜18 燿 耀20 よし 由5 吉6 好 良7 芳 芦 佳8 宜 宣9 美 純10 恵 祥 啓11 善12 喜 義13 嘉14

慶15 より 依8 頼16

ら行

ら 良7 螺17 羅19 らい 礼5 来7 徠11 雷13 頼16 らん 嵐12 藍18 蘭19 り 利7 里 李 哩10 浬

莉 理11 梨 裡12 璃15 りき 力2 りく 陸11 りつ 立5 律9 りゅう 柳9 流10 留 竜 笠11 隆 琉 劉15 龍16 りょう 了2 良7 亮9 凌10 竜 梁11

涼 菱 量12 稜13 領14 綾 僚 遼15 諒 龍16 瞭17 りん 林8 俐9 倫10 琳12 鈴13 稟 綸14 凜15 凛 臨18 麟24 る 流10 留 琉11 瑠14 るい

塁12 類18 れい 令5 礼 伶7 励 怜8 玲9 羚11 鈴13 澪16 嶺17 麗19 れん 連10 恋 廉13 蓮 漣14 錬16 ろ 芦7 呂 侶9 路13 蕗16 露21 鷺24

ろう 郎9 朗10 浪 狼 ろん 論15

わ行

わ 和8 輪15 環17 わか 若8 稚13 わたる 亘6 航10 渉11 渡12

第3章

イメージから選ぶ男の子の名前

こんな雰囲気の名前にしたい、
親の願いを込めた名前にしたい…。
そんなイメージから名前を考えたい人は、
この章を活用してください。
さまざまなイメージや親の願いから
連想される漢字、名前例を挙げています。

※本書では、仮成数(P.339)を加えて吉数にする場合も考えて、
画数としてそのままでは吉数ではない名前例も掲載しています。

好きな言葉や子どもに願うことから連想する!

イメージから名前を考えよう

生まれてくる子どもを思い浮かべ、そのイメージに合った漢字を選び出しましょう。
その思いを込めた漢字から、名前の組み合わせを考えていくのがこの方法です。

イメージから選ぶ名づけのコツ

1 思いつくままイメージを考える

子どもに願うこと、誕生にまつわる思い出などを、思いつくままにどんどん、頭に思い描いてみましょう。

↓

2 言葉を書き出し、意味を調べよう

連想した言葉を書き出してみましょう。辞書で意味を調べると、イメージがさらにまとまってきます。

↓

3 イメージに合う漢字を選んでみよう

イメージどおりの意味や響きを持つ漢字をあてはめていきます。画数もチェックしておくといいでしょう。

↓

4 候補を絞り込んで名前を決定!

候補を絞り込んだら、姓とのバランス、書きやすさ、呼びやすさなどを総合的に見て、決定します。

※漢字の右側の数字は、それぞれの画数になります。名前の下の数字は地格です。
※漢字の持つ意味は、P.255からの「画数別おすすめ漢字リスト」や、お持ちの漢和辞典を参照してください。
※名前例は実例ですので、あて字も含まれています。ご了承ください。

子どもへの思いを込めた漢字から名前を連想しよう

幸せ、健康、美しさ、優しさ、たくましさ……。子どもに託したい願いは人それぞれです。

まずは、子どもに願うこと、誕生にまつわる思い出など、思いつくことを次々と書き出していきましょう。そして、イメージが固まってきたら、それに合う漢字や音の響きを抜き出し、文字を組み合わせていきます。

次のページからは、代表的なイメージと、そのイメージに合う漢字、そして名前例を紹介しています。名前はわが子への最初のプレゼントなので、親の愛情を込めた思いをイメージに託し、すてきな名前を考えてあげましょう。

Image Keyword

春

新しい命が芽吹く強さと
やわらかな春の日ざしを
併せ持つ人に

イメージ漢字

新 13	菫 11	華 10	風 9	芳 7
颯 14	陽 12	桜 10	春 9	弥 8
麗 19	温 12	爽 11	桃 10	芽 8

大芽	3 8	たいが	11
新	13	あらた	13
桜也	10 3	おうや	13
春太	9 4	しゅんた	13
桃也	10 3	とうや	13
春斗	9 4	はると	13
史弥	5 8	ふみや	13
桜介	10 4	おうすけ	14
温人	12 2	はるひと	14
温大	12 3	あつひろ	15
陽也	12 3	はるや	15
芽吹	8 7	めぶき	15
直弥	8 8	なおや	16
陽斗	12 4	はると	16
風汰	9 7	ふうた	16
陽介	12 4	ようすけ	16
陽太	12 4	ようた	16
桜汰	10 7	おうた	17
春弥	9 8	はるや	17
陽平	12 5	ようへい	17
桜芽	10 8	おうが	18
朔弥	10 8	さくや	18
爽汰	11 7	そうた	18
颯太	14 4	そうた	18
春風	9 9	はるかぜ	18
春馬	9 10	はるま	19
風馬	9 10	ふうま	19
麗	19	れい	19
清春	11 9	きよはる	20
智弥	12 8	ともや	20
聖弥	13 8	せいや	21
春翔	9 12	はると	21
春陽	9 12	はるひ	21
勝春	12 9	まさはる	21
爽一朗	11 1 10	そういちろう	22
桜雅	10 13	おうが	23
桜太郎	10 4 9	おうたろう	23
春輔	9 14	しゅんすけ	23
新之助	13 3 7	しんのすけ	23
桃太郎	10 4 9	ももたろう	23
健新	11 13	けんしん	24
颯真	14 10	そうま	24
桜輝	10 15	おうき	25
春樹	9 16	はるき	25
優芽	17 8	ゆうが	25
優弥	17 8	ゆうや	25
陽太朗	12 4 10	ようたろう	26
陽輝	12 15	はるき	27

Image Keyword

夏

明るく、すがすがしく
はつらつとした
イメージの人に

イメージ漢字

蓮 13	涼 11	航 10	風 9	帆 6
雷 13	陽 12	夏 10	海 9	波 8
榎 14	葉 12	蛍 11	南 9	虹 9

一帆	1・6	かずほ	7
海	9	うみ	9
夏	10	なつ	10
航	10	わたる	10
風人	9・2	ふうと	11
葉	12	よう	12
一葉	1・12	かずは	13
虹太	9・4	こうた	13

航也	10・3	こうや	13
風太	9・4	ふうた	13
蓮	13	れん	13
拓帆	8・6	たくほ	14
陽人	12・2	はると	14
蛍太	11・4	けいた	15
航平	10・5	こうへい	15
涼介	11・4	りょうすけ	15

涼太	11・4	りょうた	15
蓮人	13・2	れんと	15
虹希	9・7	こうき	16
葉月	12・4	はづき	16
帆高	6・10	ほたか	16
葉太	12・4	ようた	16
蓮也	13・3	れんや	16
虎南	8・9	こなん	17

拓海	8・9	たくみ	17
雷斗	13・4	らいと	17
涼成	11・6	りょうせい	17
陽色	12・6	ひいろ	18
蓮司	13・5	れんじ	18
波琉	8・11	はる	19
風真	9・10	ふうま	19
蓮之介	13・3・4	れんのすけ	20

涼真	11・10	りょうま	21
風雅	9・13	ふうが	22
航太郎	10・4・9	こうたろう	23
波輝	8・15	なみき	23
真南斗	10・9・4	まなと	23
虹輝	9・15	こうき	24
風輝	9・15	ふうき	24
瑠夏	14・10	るか	24

蓮都	13・11	れんと	24
航輝	10・15	こうき	25
夏輝	10・15	なつき	25
優波	17・8	ゆうは	25
碧葉	14・12	あおば	26
蓮太郎	13・4・9	れんたろう	26
瀬南	19・9	せな	28
波瑠輝	8・14・15	はるき	37

Image Keyword

秋

移りゆく自然の美しさと、
実り多き人生を
イメージして

イメージ漢字

豊 13	嵐 12	爽 11	秋 9	夕 3
澄 15	楓 13	菊 11	高 10	天 4
穂 15	稔 13	萩 12	梧 11	実 8

夕斗	3・4	ゆうと	7
実	8	みのる	8
爽	11	そう	11
嵐	12	あらし	12
千秋	3・9	ちあき	12
天音	4・9	あまね	13
秋水	9・4	しゅうすい	13
稔	13	みのる	13
夕真	3・10	ゆうま	13
豊	13	ゆたか	13
大梧	3・11	だいご	14
天馬	4・10	てんま	14
克実	7・8	かつみ	15
心梧	4・11	しんご	15
爽太	11・4	そうた	15
悠天	11・4	はるたか	15
楓人	13・2	ふうと	15
友梧	4・11	ゆうご	15
夕翔	3・12	ゆうと	15
嵐丸	12・3	らんまる	15
一穂	1・15	かずほ	16
天翔	4・12	たかと	16
拓実	8・8	たくみ	16
天晴	4・12	てんせい	16
稔也	13・3	としや	16
楓也	13・3	ふうや	16
夕雅	3・13	ゆうが	16
圭梧	6・11	けいご	17
高志	10・7	たかし	17
天雅	4・13	てんが	17
豊仁	13・4	とよひと	17
楓太	13・4	ふうた	17
爽佑	11・7	そうすけ	18
夕輝	3・15	ゆうき	18
楓希	13・7	ふうき	20
恵梧	10・11	けいご	21
秋翔	9・12	しゅうと	21
爽真	11・10	そうま	21
楓芽	13・8	ふうが	21
楓季	13・8	ふうき	21
高太郎	10・4・9	こうたろう	23
翔梧	12・11	しょうご	23
楓悟	13・10	ふうご	23
楓真	13・10	ふうま	23
高輔	10・14	こうすけ	24
高輝	10・15	こうき	25
穂高	15・10	ほだか	25
楓雅	13・13	ふうが	26

冴	7	さえ	7
冬也	5・3	とうや	8
柊	9	しゅう	9
北斗	5・4	ほくと	9
純一	10・1	じゅんいち	11
温	12	あつし	12
玲也	9・3	れいや	12
柊介	9・4	しゅうすけ	13
柊太	9・4	しゅうた	13
柊斗	9・4	しゅうと	13
純也	10・3	じゅんや	13
冬芽	5・8	とうが	13
冬弥	5・8	とうや	13
透也	10・3	とうや	13
玲太	9・4	りょうた	13
玲斗	9・4	れいと	13
温人	12・2	あつと	14
柊平	9・5	しゅうへい	14
純太	10・4	じゅんた	14
久温	3・12	くおん	15
純平	10・5	じゅんぺい	15
冬悟	5・10	とうご	15
冬真	5・10	とうま	15
聖人	13・2	まさと	15
雪斗	11・4	ゆきと	15
清正	11・5	きよまさ	16
柊吾	9・7	しゅうご	16
聖也	13・3	せいや	16
玲児	9・7	れいじ	16
新太	13・4	あらた	17
透吾	10・7	とうご	17
凛人	15・2	りんと	17
柊哉	9・9	しゅうや	18
星哉	9・9	せいや	18
光聖	6・13	こうせい	19
翔冴	12・7	しょうご	19
統冴	12・7	とうご	19
透真	10・10	とうま	20
凛平	15・5	りんぺい	20
晃清	10・11	こうせい	21
凛乃介	15・2・4	りんのすけ	21
純聖	10・13	じゅんせい	23
瑠星	14・9	りゅうせい	23
清太郎	11・4・9	せいたろう	24
優冴	17・7	ゆうご	24
悠聖	11・13	ゆうせい	24
龍星	16・9	りゅうせい	25
凛太郎	15・4・9	りんたろう	28

Image Keyword

冬

澄みきった
冬の空気のように
ピュアな心を持つ人に

イメージ漢字

聖13 清11 玲9 初7 北5
新13 雪11 透10 柊9 冬5
凛15 温12 純10 星9 冴7

Image Keyword

大地

おおらかに包み込む
大地のような
存在感のある人に

イメージ漢字

大 3	広 5	地 6
拓 8	実 8	恵 10
耕 10	埜 11	野 11
悠 11	陸 11	雄 12
颯 14	樹 16	穣 18

広 5 大 3	こうだい	8
大 3 地 6	だいち	9
大 3 吾 7	だいご	10
拓 8 也 3	たくや	11
悠 11	ゆう	11
陸 11	りく	11
拓 8 斗 4	たくと	12
快 7 地 6	かいち	13
巧 5 実 8	たくみ	13
恵 10 介 4	けいすけ	14
恵 10 太 4	けいた	14
恵 10 斗 4	けいと	14
耕 10 介 4	こうすけ	14
友 4 埜 11	ともや	15
将 10 広 5	まさひろ	15
悠 11 太 4	ゆうた	15
雄 12 大 3	ゆうだい	15
悠 11 斗 4	ゆうと	15
雄 12 也 3	ゆうや	15
陸 11 太 4	りくた	15
陸 11 斗 4	りくと	15
樹 16	いつき	16
泰 10 地 6	たいち	16
雄 12 介 4	ゆうすけ	16
雄 12 斗 4	ゆうと	16
陸 11 矢 5	りくや	16
拓 8 哉 9	たくや	17
智 12 広 5	ともひろ	17
広 5 翔 12	ひろと	17
広 5 太 4 郎 9	こうたろう	18
穣 18	じょう	18
拓 8 真 10	たくま	18
寿 7 野 11	としや	18
広 5 夢 13	ひろむ	18
悠 11 希 7	ゆうき	18
悠 11 吾 7	ゆうご	18
和 8 埜 11	かずや	19
大 3 樹 16	だいき	19
直 8 埜 11	なおや	19
英 8 雄 12	ひでお	20
拓 8 夢 13	たくむ	21
悠 11 真 10	ゆうま	21
陸 11 真 10	りくま	21
耕 10 太 4 郎 9	こうたろう	23
拓 8 輝 15	ひろき	23
雄 12 太 4 郎 9	ゆうたろう	25
徹 15 埜 11	てつや	26
優 17 樹 16	ゆうき	33

Image Keyword

海・水

壮大な海の広がり、水辺のさわやかさをイメージした人に

イメージ漢字

澄 15	清 11	流 10	岬 8	汐 6
潤 15	港 12	浩 10	波 8	帆 6
潮 15	湊 12	航 10	洋 9	沙 7

航一	10・1	こういち	11
大洋	3・9	たいよう	12
千洋	3・9	ちひろ	12
洋也	9・3	ひろや	12
洋之	9・3	ひろゆき	12
湊	12	みなと	12
航己	10・3	こうき	13
洋介	9・4	ようすけ	13
洋太	9・4	ようた	13
航介	10・4	こうすけ	14
航太	10・4	こうた	14
洋平	9・5	ようへい	14
潮	15	うしお	15
航生	10・5	こうせい	15
浩平	10・5	こうへい	15
波也斗	8・3・4	はやと	15
潤一	15・1	じゅんいち	16
湊介	12・4	そうすけ	16
浩希	10・7	こうき	17
浩志	10・7	こうし	17
澄人	15・2	すみと	17
湊平	12・5	そうへい	17
波音	8・9	はおと	17
亜沙斗	7・7・4	あさと	18
潤也	15・3	じゅんや	18
武流	8・10	たける	18
浩幸	10・8	ひろゆき	18
帆貴	6・12	ほたか	18
流依	10・8	るい	18
潤平	15・5	じゅんぺい	20
真浩	10・10	まひろ	20
暁洋	12・9	あきひろ	21
清将	11・10	きよまさ	21
誠波	13・8	せいは	21
潤之介	15・3・4	じゅんのすけ	22
湊真	12・10	そうま	22
波瑠	8・14	はる	22
琉清	11・11	りゅうせい	22
浩太郎	10・4・9	こうたろう	23
湊一朗	12・1・10	そういちろう	23
洋輔	9・14	ようすけ	23
流聖	10・13	りゅうせい	23
航史郎	10・5・9	こうしろう	24
浩輔	10・14	こうすけ	24
洋輝	9・15	ひろき	24
浩輝	10・15	ひろき	25
真澄	10・15	ますみ	25
清志郎	11・7・9	きよしろう	27

Image Keyword

山・河

雄々しく、泰然と構え、
物事に動じない
人になってほしい

イメージ漢字

森 12	崇 11	峻 10	河 8	州 6
稜 13	渉 11	峰 10	峡 9	岳 8
遼 15	登 12	渓 11	高 10	林 8

名前	読み	画数
岳 8	がく	8
峻 10	しゅん	10
崇 11	しゅう	11
峻 10 一 1	しゅんいち	11
大 3 河 8	たいが	11
渉 11	わたる	11
一 1 登 12	かずと	13
峻 10 也 3	しゅんや	13
稜 13	りょう	13
渓 11 心 4	けいしん	15
渓 11 太 4	けいた	15
渓 11 斗 4	けいと	15
宏 7 河 8	こうが	15
峻 10 平 5	しゅんぺい	15
渉 11 太 4	しょうた	15
大 3 登 12	だいと	15
岳 8 志 7	たけし	15
遼 15	りょう	15
渓 11 史 5	けいし	16
稜 13 也 3	りょうや	16
峻 10 希 7	しゅんき	17
稜 13 介 4	りょうすけ	17
稜 13 太 4	りょうた	17
稜 13 斗 4	りょうと	17
渉 11 吾 7	しょうご	18
稜 13 平 5	りょうへい	18
岳 8 琉 11	たける	19
琉 11 河 8	りゅうが	19
遼 15 介 4	りょうすけ	19
遼 15 太 4	りょうた	19
拓 8 登 12	たくと	20
遼 15 平 5	りょうへい	20
渉 11 真 10	しょうま	21
稜 13 治 8	りょうじ	21
林 8 太 4 郎 9	りんたろう	21
銀 14 河 8	ぎんが	22
健 11 登 12	けんと	23
唯 11 登 12	ゆいと	23
悠 11 登 12	ゆうと	23
稜 13 真 10	りょうま	23
瑛 12 登 12	えいと	24
峻 10 輔 14	しゅんすけ	24
晴 12 登 12	はると	24
登 12 夢 13	とむ	25
優 17 河 8	ゆうが	25
遼 15 馬 10	りょうま	25
遼 15 太 4 朗 10	りょうたろう	29
森 12 羅 19	しんら	31

Image Keyword

光・風

まわりを照らし、
さわやかな風を吹かせる
人をイメージして

イメージ漢字

暉13	陽12	爽11	映9	光6
颯14	皓12	涼11	洸9	明8
輝15	煌13	晴12	晃10	風9

名前	読み	画数
光6	ひかる	6
孔4 明8	こうめい	12
洸9 也3	こうや	12
映9 太4	えいた	13
煌13	こう	13
光6 希7	こうき	13
洸9 介4	こうすけ	13
光6 汰7	こうた	13
洸9 太4	こうた	13
晃10 大3	こうだい	13
晃10 介4	こうすけ	14
晃10 太4	こうた	14
涼11 也3	りょうや	14
暉13 人2	あきと	15
晃10 生5	こうき	15
洸9 成6	こうせい	15
晃10 平5	こうへい	15
光6 一1 郎9	こういちろう	16
皓12 介4	こうすけ	16
晃10 成6	こうせい	16
皓12 太4	こうた	16
煌13 大3	こうだい	16
皓12 斗4	ひろと	16
風9 我7	ふうが	16
涼11 平5	りょうへい	16
煌13 介4	こうすけ	17
風9 弥8	ふうや	17
煌13 世5	こうせい	18
大3 輝15	だいき	18
煌13 希7	こうき	20
煌13 志7	こうし	20
和8 暉13	かずき	21
洸9 貴12	こうき	21
皓12 哉9	こうや	21
颯14 汰7	そうた	21
涼11 馬10	りょうま	21
洸9 太4 朗10	こうたろう	23
将10 暉13	まさき	23
朝12 陽12	あさひ	24
皓12 貴12	ひろき	24
悠11 暉13	ゆうき	24
涼11 太4 郎9	りょうたろう	24
皓12 暉13	こうき	25
皓12 太4 郎9	こうたろう	25
爽11 太4 朗10	そうたろう	25
晴12 暉13	はるき	25
風9 磨16	ふうま	25
晴12 輝15	はるき	27

Image Keyword

空・宇宙

どこまでも広がる
可能性を秘めた
人になりますように

イメージ漢字

月4	未5	来7	昊8	昴9
天4	世5	空8	奎9	輝15
斗4	宇6	宙8	星9	衛16

名前（画数）	読み	総画
空8	そら	8
天4斗4	たかと	8
月4斗4	つきと	8
昴9	すばる	9
秀7斗4	しゅうと	11
千3宙8	ちひろ	11
由5宇6	ゆう	11
快7世5	かいせい	12
空8太4	くうた	12
世5那7	せな	12
空8斗4	そらと	12
斗4和8	とわ	12
波8月4	はづき	12
宙8斗4	ひろと	12
星9斗4	ほしと	13
勇9斗4	ゆうと	13
吏6来7	りく	13
天4真10	てんま	14
斗4真10	とうま	14
我7空8	がく	15
健11斗4	けんと	15
光6星9	こうせい	15
倖10世5	こうせい	15
輝15	てる	15
宙8希7	ひろき	15
唯11斗4	ゆいと	15
琉11斗4	りゅうと	15
偉12月4	いつき	16
天4晴12	たかはる	16
晴12斗4	はると	16
衛16	まもる	16
悠11世5	ゆうせい	16
隆11世5	りゅうせい	16
航10来7	こうき	17
星9弥8	せいや	17
天4聖13	てんせい	17
睦13月4	むつき	17
夢13月4	むつき	17
元4輝15	もとき	19
流10星9	りゅうせい	19
遥12空8	はるく	20
宙8夢13	ひろむ	21
優17斗4	ゆうと	21
和8輝15	かずき	23
璃15空8	りく	23
未5来7翔12	みきと	24
優17星9	ゆうせい	26
優17輝15	ゆうき	32

Image Keyword

夢・希望

やりたいことを見つけ、
目標に向かって
たゆまず進んでいく人に

イメージ漢字

創12 望11 歩8 志7 一1
夢13 進11 明8 拓8 叶5
誉13 開12 展10 育8 希7

名前（画数）	読み	総画数
叶5	きょう	5
太4 一1	たいち	5
叶5 一1	きょういち	6
明8	あきら	8
歩8	あゆむ	8
一1 志7	かずし	8
希7 一1	きいち	8
大3 志7	たいし	10
拓8 人2	たくと	10
一1 真10	かずま	11
叶5 多6	かなた	11
希7 心4	きしん	11
千3 明8	ちあき	11
望11	のぞむ	11
明8 仁4	あきひと	12
開12	かい	12
明8 弘5	あきひろ	13
誉13	ほまれ	13
叶5 一1 郎9	きょういちろう	15
叶5 真10	きょうま	15
孝7 明8	こうめい	15
創12 也3	そうや	15
侑8 希7	ゆうき	15
一1 輝15	いっき	16
開12 斗4	かいと	16
創12 介4	そうすけ	16
創12 太4	そうた	16
拓8 弥8	たくや	16
春9 希7	はるき	16
拓8 郎9	たくろう	17
夢13 斗4	ゆめと	17
歩8 真10	あゆま	18
叶5 夢13	かなむ	18
進11 之3 介4	しんのすけ	18
宗8 一1 郎9	そういちろう	18
健11 志7	たけし	18
悠11 希7	はるき	18
望11 来7	みらい	18
優17 一1	ゆういち	18
志7 温12	しおん	19
拓8 望11	たくみ	19
智12 志7	ともゆき	19
智12 明8	ともあき	20
来7 夢13	らいむ	20
歩8 夢13	あゆむ	21
拓8 磨16	たくま	24
優17 志7	ゆうし	24
優17 歩8	ゆうほ	25

Image Keyword

未来

将来に向かって
進むべき道を切り開き、
躍進していくイメージ

イメージ漢字

遥 12	時 10	来 7	未 5	千 3
開 12	将 10	飛 9	永 5	久 3
翼 17	翔 12	紀 9	行 6	元 4

名前（画数）	よみ	総画
元 4	はじめ	4
永 5 人 2	えいと	7
元 4 気 6	げんき	10
千 3 之 3 介 4	せんのすけ	10
千 3 里 7	せんり	10
久 3 志 7	ひさし	10
永 5 吉 6	えいきち	11
来 7 斗 4	らいと	11
翔 12	かける	12
千 3 真 10	かずま	13
孝 7 行 6	たかゆき	13
千 3 隼 10	ちはや	13
時 10 也 3	ときや	13
友 4 紀 9	ともき	13
元 4 春 9	もとはる	13
開 12 人 2	かいと	14
将 10 太 4	しょうた	14
将 10 斗 4	まさと	14
梨 11 久 3	りく	14
光 6 紀 9	こうき	15
将 10 永 5	しょうえい	15
千 3 晴 12	ちはる	15
千 3 尋 12	ちひろ	15
智 12 久 3	ともひさ	15
陽 12 久 3	はるひさ	15
元 4 基 11	もとき	15
翔 12 太 4	しょうた	16
孝 7 紀 9	たかのり	16
春 9 来 7	はるき	16
宏 7 紀 9	ひろき	16
佑 7 紀 9	ゆうき	16
遥 12 介 4	ようすけ	16
来 7 飛 9	らいと	16
将 10 吾 7	しょうご	17
翼 17	つばさ	17
直 8 紀 9	なおき	17
将 10 孝 7	まさたか	17
千 3 輝 15	かずき	18
理 11 来 7	りく	18
将 10 真 10	しょうま	20
智 12 紀 9	とものり	21
晴 12 紀 9	はるき	21
陽 12 飛 9	はると	21
雄 12 飛 9	ゆうひ	21
開 12 晴 12	かいせい	24
将 10 輝 15	まさき	25
優 17 紀 9	ゆうき	26
遥 12 輝 15	はるき	27

Image Keyword

自由

どんなときものびやかに。
後悔のない、自分らしい
選択ができる人に

イメージ漢字

由5 在6 気6 希7 伸7 活9 逸11 望11 翔12 達12 遥12 翼17

名前（画数）	読み	総画
一1希7	かずき	8
伸7一1	しんいち	8
大3希7	だいき	10
翔12	しょう	12
由5弥8	ゆうや	13
伸7之3介4	しんのすけ	14
幸8希7	こうき	15
翔12大3	しょうだい	15
翔12也3	しょうや	15
達12也3	たつや	15
直8希7	なおき	15
伸7明8	のぶあき	15
遥12也3	はるや	15
勇9気6	ゆうき	15
由5晃10	よしあき	15
伸7哉9	しんや	16
太4遥12	たいよう	16
巧5望11	たくみ	16
遥12太4	はるた	16
遥12斗4	はると	16
祐9希7	ゆうき	16
翔12平5	しょうへい	17
翔12矢5	しょうや	17
翼17	たすく	17
夏10希7	なつき	17
由5翔12	ゆうと	17
遥12平5	ようへい	17
由5貴12	よしき	17
由5太4郎9	ゆうたろう	18
琉11希7	りゅうき	18
翔12吾7	しょうご	19
翔12汰7	しょうた	19
遥12希7	はるき	19
達12弥8	たつや	20
達12彦9	たつひこ	21
遥12亮9	ようすけ	21
翔12真10	しょうま	22
達12真10	たつま	22
輝15希7	てるき	22
遥12真10	はるま	22
伸7樹16	のぶき	23
謙17伸7	けんしん	24
翔12瑛12	しょうえい	24
遥12陽12	はるひ	24
優17希7	ゆうき	24
翔12太4郎9	しょうたろう	25
逸11樹16	いつき	27
遥12樹16	はるき	28

Image Keyword

若さ

若々しく、たのもしく、
可能性に満ちあふれた
イメージ

イメージ漢字

萌 11	若 8	成 6	生 5
瑞 13	芽 8	早 6	仔 5
新 13	春 9	初 7	未 5

一成	1・6	いっせい	7
初	7	はじめ	7
大成	3・6	たいせい	9
天成	4・6	てんせい	10
大芽	3・8	おおが	11
光生	6・5	こうせい	11
春人	9・2	はると	11
光成	6・6	みつなり	12
快成	7・6	かいせい	13
和生	8・5	かずき	13
孝成	7・6	こうせい	13
秀成	7・6	しゅうせい	13
友春	4・9	ともはる	13
直生	8・5	なおき	13
成希	6・7	なるき	13
春太	9・4	はるた	13
和成	8・6	かずなり	14
新一	13・1	しんいち	14
成明	6・8	なりあき	14
幸成	8・6	ゆきなり	14
泰生	10・5	たいせい	15
瑞人	13・2	みずと	15
良芽	7・8	りょうが	15
空芽	8・8	くうが	16
幸芽	8・8	こうが	16
悠生	11・5	ゆうせい	16
琉生	11・5	りゅうせい	16
健成	11・6	けんせい	17
康成	11・6	こうせい	17
春弥	9・8	しゅんや	17
智生	12・5	ともき	17
陽生	12・5	はるき	17
春幸	9・8	はるゆき	17
勇芽	9・8	ゆうが	17
隆成	11・6	りゅうせい	17
春紀	9・9	はるき	18
晴成	12・6	はるなり	18
春哉	9・9	はるや	18
若葉	8・12	わかば	20
春翔	9・12	しゅんと	21
新弥	13・8	しんや	21
春貴	9・12	はるき	21
春道	9・12	はるみち	21
瑞歩	13・8	みずほ	21
春太郎	9・4・9	しゅんたろう	22
優成	17・6	ゆうせい	23
春輝	9・15	はるき	24
瑞樹	13・16	みずき	29

Image Keyword

勇気

困難に負けず、
何事にも勇気を持って
立ち向かっていける人に

イメージ漢字

鉄13 猛11 武8 男7 大3
豪14 貫11 果8 志7 牙4
徹15 雄12 勇9 克7 壮6

名前	画数	読み	総画数
克之	7・3	かつゆき	10
壮太	6・4	そうた	10
武士	8・3	たけし	11
武丸	8・3	たけまる	11
猛	11	たける	11
勇人	9・2	はやと	11
武斗	8・4	たけと	12
武史	8・5	たけし	13
雄一	12・1	ゆういち	13
豪	14	ごう	14
和志	8・7	かずし	15
克弥	7・8	かつや	15
貫太	11・4	かんた	15
壮亮	6・9	そうすけ	15
大智	3・12	だいち	15
武志	8・7	たけし	15
雄士	12・3	ゆうし	15
一徹	1・15	いってつ	16
克洋	7・9	かつひろ	16
克哉	7・9	かつや	16
小鉄	3・13	こてつ	16
壮真	6・10	そうま	16
雄心	12・4	ゆうしん	16
雄太	12・4	ゆうた	16
大輔	3・14	だいすけ	17
鉄心	13・4	てっしん	17
雄生	12・5	ゆうせい	17
雄平	12・5	ゆうへい	17
豪太	14・4	ごうた	18
鉄生	13・5	てつお	18
鉄平	13・5	てっぺい	18
徹也	15・3	てつや	18
武琉	8・11	たける	19
徹平	15・5	てっぺい	20
貫一郎	11・1・9	かんいちろう	21
豪希	14・7	ごうき	21
豪志	14・7	ごうし	21
鉄郎	13・9	てつろう	22
雄真	12・10	ゆうま	22
克樹	7・16	かつき	23
雄琉	12・11	たける	23
鉄将	13・10	てっしょう	23
貫太郎	11・4・9	かんたろう	24
勇輝	9・15	ゆうき	24
雄翔	12・12	ゆうと	24
豪貴	14・12	ごうき	26
雄輝	12・15	ゆうき	27
優豪	17・14	ゆうごう	31

Image Keyword

行動的

バイタリティーにあふれ、
信じた道をまっすぐ
進むイメージ

イメージ漢字

陽 12	進 11	勇 9	志 7	大 3
渡 12	晴 12	飛 9	歩 8	行 6
輝 15	翔 12	夏 10	海 9	壮 6

名前（画数）	読み	総画
勇 9 人 2	ゆうと	11
光 6 志 7	こうし	13
翔 12 一 1	しょういち	13
壮 6 吾 7	そうご	13
壮 6 汰 7	そうた	13
大 3 悟 10	だいご	13
夏 10 也 3	なつや	13
勇 9 斗 4	はやと	13
勇 9 太 4	ゆうた	13
由 5 歩 8	ゆうほ	13
晴 12 人 2	はると	14
歩 8 汰 7	あゆた	15
海 9 吏 6	かいり	15
進 11 太 4	しんた	15
勇 9 吏 6	ゆうり	15
翔 12 斗 4	しょうと	16
晴 12 太 4	せいた	16
壮 6 一 1 郎 9	そういちろう	16
壮 6 馬 10	そうま	16
勇 9 希 7	ゆうき	16
勇 9 之 3 介 4	ゆうのすけ	16
勇 9 弥 8	ゆうや	17
健 11 志 7	けんし	18
智 12 行 6	ともゆき	18
勇 9 紀 9	ゆうき	18
勇 9 飛 9	ゆうと	18
勇 9 真 10	ゆうま	19
歩 8 翔 12	あゆと	20
翔 12 英 8	しょうえい	20
翔 12 弥 8	しょうや	20
拓 8 翔 12	たくと	20
海 9 晴 12	かいせい	21
海 9 渡 12	かいと	21
海 9 翔 12	かいと	21
遥 12 飛 9	はると	21
勇 9 陽 12	ゆうひ	21
琉 11 夏 10	るか	21
翔 12 馬 10	しょうま	22
竜 10 翔 12	りゅうと	22
歩 8 輝 15	あゆき	23
知 8 輝 15	ともき	23
夏 10 暉 13	なつき	23
志 7 優 17	しゅう	24
陽 12 翔 12	はると	24
晴 12 渡 12	はると	24
竜 10 輝 15	たつき	25
龍 16 飛 9	りゅうひ	25
優 17 飛 9	ゆうひ	26

Image Keyword

おおらか

小さなことにこだわらず
広い視野を持って
人生を歩んでほしい

イメージ漢字

寛 13	裕 12	淳 11	安 6	大 3
寧 14	敦 12	康 11	汎 6	広 5
樹 16	靖 13	悠 11	泰 10	平 5

広人	5・2	ひろと	7
広太	5・4	こうた	9
淳一	11・1	じゅんいち	12
知広	8・5	ともひろ	13
直広	8・5	なおひろ	13
広明	5・8	ひろあき	13
寛	13	ひろし	13
悠人	11・2	ゆうと	13

淳也	11・3	じゅんや	14
悠大	11・3	ゆうだい	14
敦也	12・3	あつや	15
康介	11・4	こうすけ	15
康太	11・4	こうた	15
修平	10・5	しゅうへい	15
悠介	11・4	ゆうすけ	15
泰成	10・6	たいせい	16

千寛	3・13	ちひろ	16
広基	5・11	ひろき	16
裕斗	12・4	ひろと	16
裕太	12・4	ゆうた	16
敦生	12・5	あつき	17
敦史	12・5	あつし	17
寛太	13・4	かんた	17
淳成	11・6	じゅんせい	17

貴広	12・5	たかひろ	17
寛斗	13・4	ひろと	17
康成	11・6	やすなり	17
康希	11・7	こうき	18
淳之介	11・3・4	じゅんのすけ	18
泰知	10・8	たいち	18
康孝	11・7	やすたか	18
靖利	13・7	やすとし	20

明寛	8・13	あきひろ	21
和寛	8・13	かずひろ	21
康一郎	11・1・9	こういちろう	21
知寛	8・13	ともひろ	21
寛明	13・8	ひろあき	21
寛弥	13・8	ひろや	21
寛紀	13・9	ひろき	22
泰靖	10・13	たいせい	23

智悠	12・11	ともひさ	23
陽悠	12・11	はるひさ	23
悠貴	11・12	ゆうき	23
幸樹	8・16	こうき	24
悠雅	11・13	ゆうが	24
裕貴	12・12	ゆうき	24
悠靖	11・13	ゆうせい	24
靖貴	13・12	やすたか	25

Image Keyword

無邪気

いつまでも子どものころの
純粋な気持ちを
忘れないでいてほしい

イメージ漢字

清 11	純 10	実 8	至 6	心 4
潔 15	真 10	直 8	初 7	正 5
醇 15	素 10	明 8	良 7	生 5

心斗	4 4	しんと	8
直	8	なお	8
心平	4 5	しんぺい	9
明人	8 2	あきと	10
純	10	じゅん	10
清	11	きよし	11
直之	8 3	なおゆき	11
良介	7 4	りょうすけ	11
良太	7 4	りょうた	11
直斗	8 4	なおと	12
真人	10 2	まなと	12
真也	10 3	しんや	13
直史	8 5	なおふみ	13
正和	5 8	まさかず	13
海生	9 5	かいせい	14
成実	6 8	なるみ	14
健心	11 4	けんしん	15
至音	6 9	しおん	15
清太	11 4	せいた	15
泰正	10 5	たいせい	15
孝明	7 8	たかあき	15
巧真	5 10	たくま	15
夏生	10 5	なつき	15
康生	11 5	こうせい	16
卓実	8 8	たくみ	16
直明	8 8	なおあき	16
直季	8 8	なおき	16
英明	8 8	ひであき	16
有真	6 10	ゆうま	16
良哉	7 9	よしや	16
琉生	11 5	りゅうき	16
秀真	7 10	しゅうま	17
純希	10 7	じゅんき	17
純汰	10 7	じゅんた	17
直哉	8 9	なおや	17
信明	9 8	のぶあき	17
晴生	12 5	はるき	17
正道	5 12	まさみち	17
悠至	11 6	ゆうし	17
和真	8 10	かずま	18
純弥	10 8	じゅんや	18
心太朗	4 4 10	しんたろう	18
輝生	15 5	てるき	20
正樹	5 16	まさき	21
義明	13 8	よしあき	21
純晴	10 12	じゅんせい	22
直太朗	8 4 10	なおたろう	22
優生	17 5	ゆうせい	22

Image Keyword

明るい

明朗活発で楽しく、
まわりを晴れやかにする
ムードメーカーに

イメージ漢字

日4 光6 旭6 明8 春9 晃10 晄10 夏10 朗10 晴12 陽12 晶12 喜12 彰14 輝15

名前	読み	総画
旭6	あさひ	6
光6 一1	こういち	7
日4 向6	ひなた	10
光6 正5	こうせい	11
光6 平5	こうへい	11
日4 和8	ひより	12
晃10 久3	あきひさ	13
夏10 己3	なつき	13
春9 日4	はるひ	13
日4 哉9	はるや	13
光6 希7	みつき	13
彰14	しょう	14
晃10 弘5	あきひろ	15
晃10 生5	こうせい	15
彰14 人2	あきと	16
朝12 日4	あさひ	16
光6 真10	こうま	16
晶12 太4	しょうた	16
太4 陽12	たいよう	16
友4 喜12	ともき	16
晃10 志7	こうし	17
和8 晃10	かずあき	18
彰14 太4	しょうた	18
光6 雅13	こうが	19
光6 太4 郎9	こうたろう	19
陽12 希7	はるき	19
光6 輝15	こうき	21
孝7 太4 朗10	こうたろう	21
彰14 希7	しょうき	21
彰14 吾7	しょうご	21
彰14 之3 介4	しょうのすけ	21
智12 春9	ともはる	21
春9 登12	はると	21
晴12 信9	はるのぶ	21
晃10 太4 郎9	こうたろう	23
彰14 哉9	しょうや	23
輝15 明8	てるあき	23
日4 々3 樹16	ひびき	23
海9 輝15	かいき	24
晃10 輔14	こうすけ	24
晃10 太4 朗10	こうたろう	24
彰14 真10	しょうま	24
浩10 彰14	ひろあき	24
健11 太4 朗10	けんたろう	25
晃10 輝15	こうき	25
智12 彰14	ともあき	26
彰14 太4 郎9	しょうたろう	27
優17 喜12	ゆうき	29

Image Keyword

ユーモア

まわりを楽しませる
ことができる
機知に富んだ人に

イメージ漢字

喜12	悦10	知8	壮6
嬉15	爽11	明8	妙7
機16	愉12	朗10	良7

名前（画数）	読み	総画
壮6 一1	そういち	7
良7	りょう	7
壮6 大3	そうだい	9
壮6 平5	そうへい	11
知8 也3	ともや	11
良7 仁4	よしひと	11
明8 斗4	あきと	12
良7 平5	りょうへい	12
壮6 志7	そうし	13
弘5 明8	ひろあき	13
良7 多6	りょうた	13
光6 明8	みつあき	14
大3 喜12	だいき	15
太4 一1 朗10	たいちろう	15
良7 明8	よしあき	15
喜12 久3	よしひさ	15
元4 喜12	げんき	16
正5 一1 朗10	しょういちろう	16
爽11 平5	そうへい	16
知8 幸8	ともゆき	16
壮6 一1 朗10	そういちろう	17
良7 真10	りょうま	17
壮6 太4 郎9	そうたろう	19
壮6 輔14	そうすけ	20
喜12 明8	よしあき	20
恭10 一1 朗10	きょういちろう	21
琢11 朗10	たくろう	21
春9 喜12	はるき	21
良7 輔14	りょうすけ	21
良7 太4 朗10	りょうたろう	21
喜12 一1 朗10	きいちろう	23
光6 志7 朗10	こうしろう	23
俊9 太4 朗10	しゅんたろう	23
陽12 一1 朗10	よういちろう	23
恵10 太4 朗10	けいたろう	24
将10 太4 朗10	しょうたろう	24
宗8 次6 朗10	そうじろう	24
爽11 太4 郎9	そうたろう	24
知8 樹16	ともき	24
雄12 喜12	ゆうき	24
康11 太4 朗10	こうたろう	25
翔12 太4 朗10	しょうたろう	26
雄12 太4 朗10	ゆうたろう	26
誠13 太4 朗10	せいたろう	27
清11 志7 朗10	きよしろう	28
健11 志7 朗10	けんしろう	28
賢16 太4 朗10	けんたろう	30
優17 太4 朗10	ゆうたろう	31

Image Keyword

心

優しさ、思いやり、喜び…
いろんな気持ちの出発点。
プラスの気持ちを大切に

イメージ漢字

惟 11	悦 10	信 9	心 4
誠 13	恭 10	恒 9	気 6
想 13	偲 11	真 10	考 6

名前	読み	総画
心 4	しん	4
心 4 也 3	しんや	7
恭 10 一 1	きょういち	11
恭 10 士 3	きょうじ	13
恭 10 也 3	きょうや	13
想 13	そう	13
誠 13	まこと	13
恭 10 介 4	きょうすけ	14
恭 10 太 4	きょうた	14
真 10 太 4	しんた	14
真 10 斗 4	まなと	14
恭 10 平 5	きょうへい	15
真 10 平 5	しんぺい	15
真 10 弘 5	まさひろ	15
瑛 12 心 4	えいしん	16
信 9 吾 7	しんご	16
想 13 士 3	そうし	16
想 13 大 3	そうだい	16
宅 6 真 10	たくま	16
恭 10 吾 7	きょうご	17
心 4 太 4 郎 9	しんたろう	17
想 13 介 4	そうすけ	17
想 13 太 4	そうた	17
真 10 希 7	まさき	17
佑 7 真 10	ゆうま	17
信 9 哉 9	しんや	18
柊 9 真 10	しゅうま	19
真 10 悟 10	しんご	20
健 11 真 10	けんしん	21
謙 17 心 4	けんしん	21
琢 11 真 10	たくま	21
悠 11 真 10	はるま	21
優 17 心 4	ゆうしん	21
琉 11 真 10	りゅうま	21
陽 12 真 10	はるま	22
真 10 翔 12	まなと	22
裕 12 真 10	ゆうま	22
恭 10 太 4 郎 9	きょうたろう	23
考 6 志 7 朗 10	こうしろう	23
信 9 太 4 朗 10	しんたろう	23
真 10 太 4 郎 9	しんたろう	23
想 13 真 10	そうま	23
優 17 気 6	ゆうき	23
恭 10 輔 14	きょうすけ	24
真 10 輝 15	まさき	25
謙 17 信 9	けんしん	26
想 13 太 4 郎 9	そうたろう	26
優 17 真 10	ゆうま	27

Image Keyword

思いやり

どんなときも
優しい心づかいを
忘れない人に

イメージ漢字

輔 14	温 12	惇 11	助 7	心 4
篤 16	敦 12	淳 11	良 7	仁 4
優 17	慈 13	順 12	和 8	安 6

名前	各字の画数	読み	総画数
仁	4	じん	4
心一	4・1	しんいち	5
大助	3・7	だいすけ	10
淳	11	じゅん	11
惇	11	じゅん	11
心吾	4・7	しんご	11
順一	12・1	じゅんいち	13
勇心	9・4	ゆうしん	13

名前	各字の画数	読み	総画数
温人	12・2	はると	14
真仁	10・4	まなと	14
敦己	12・3	あつき	15
和孝	8・7	かずたか	15
順也	12・3	じゅんや	15
良弥	7・8	りょうや	15
瑛仁	12・4	あきひと	16
敦斗	12・4	あつと	16

名前	各字の画数	読み	総画数
光之助	6・3・7	こうのすけ	16
惇平	11・5	じゅんぺい	16
智仁	12・4	ともひと	16
晴仁	12・4	はるひと	16
敦司	12・5	あつし	17
敦弘	12・5	あつひろ	17
順平	12・5	じゅんぺい	17
淳志	11・7	あつし	18

名前	各字の画数	読み	総画数
篤人	16・2	あつと	18
和馬	8・10	かずま	18
淳吾	11・7	じゅんご	18
惇之介	11・3・4	じゅんのすけ	18
優人	17・2	ゆうと	19
龍心	16・4	りゅうしん	20
良太郎	7・4・9	りょうたろう	20
敦哉	12・9	あつや	21

名前	各字の画数	読み	総画数
英慈	8・13	えいじ	21
孝輔	7・14	こうすけ	21
優太	17・4	ゆうた	21
優仁	17・4	ゆうと	21
玲慈	9・13	れいじ	22
惇貴	11・12	あつき	23
篤志	16・7	あつし	23
俊輔	9・14	しゅんすけ	23

名前	各字の画数	読み	総画数
真慈	10・13	しんじ	23
慎之助	13・3・7	しんのすけ	23
良樹	7・16	よしき	23
亮輔	9・14	りょうすけ	23
篤弥	16・8	あつや	24
淳聖	11・13	じゅんせい	24
篤紀	16・9	あつのり	25
篤樹	16・16	あつき	32

Image Keyword

誠実

まごころのこもった
純粋な気持ちを、
いつまでも持ち続ける人に

イメージ漢字

礼5 正5 実8 英8 忠8 信9 真10 淑11 善12 誠13 慎13 義13 廉13 聡14 憲16

名前	画数	読み	総画数
礼	5	れい	5
礼人	5・2	あやと	7
正人	5・2	まさと	7
礼也	5・3	れいや	8
英之	8・3	ひでゆき	11
善	12	ぜん	12
慎	13	まこと	13
正虎	5・8	まさとら	13
英佑	8・7	えいすけ	15
英利	8・7	ひでとし	15
信之介	9・3・4	しんのすけ	16
慎也	13・3	しんや	16
善太	12・4	ぜんた	16
大誠	3・13	たいせい	16
琉正	11・5	りゅうせい	16
廉士	13・3	れんじ	16
廉也	13・3	れんや	16
慎太	13・4	しんた	17
忠信	8・9	ただのぶ	17
英俊	8・9	ひでとし	17
晃英	10・8	あきひで	18
正太郎	5・4・9	しょうたろう	18
慎司	13・5	しんじ	18
慎平	13・5	しんぺい	18
正義	5・13	せいぎ	18
聡介	14・4	そうすけ	18
聡太	14・4	そうた	18
義弘	13・5	よしひろ	18
憲太	16・4	けんた	20
慎吾	13・7	しんご	20
慎之介	13・3・4	しんのすけ	20
英太郎	8・4・9	えいたろう	21
善春	12・9	ぜんしゅん	21
兼慎	10・13	けんしん	23
聖真	13・10	しょうま	23
慎一郎	13・1・9	しんいちろう	23
泰誠	10・13	たいせい	23
康誠	11・13	こうせい	24
聡一郎	14・1・9	そういちろう	24
真聡	10・14	まさと	24
善智	12・12	よしとも	24
善晴	12・12	よしはる	24
善博	12・12	よしひろ	24
憲哉	16・9	けんや	25
義晴	13・12	よしはる	25
廉太郎	13・4・9	れんたろう	26
義樹	13・16	よしき	29
慎之輔	13・3・14	しんのすけ	30

Image Keyword

正直

真実を語る、
清廉潔白で美しい心の
持ち主でいて

イメージ漢字

公4 正5 竹6
忠8 直8 実8
律9 真10 清11
誠13 義13 厳17

名前	各字の画数	読み	総画数
公太	4・4	こうた	8
公平	4・5	こうへい	9
正太	5・4	しょうた	9
律	9	りつ	9
直人	8・2	なおと	10
公希	4・7	こうき	11
公佑	4・7	こうすけ	11
直太	8・4	なおた	12

名前	各字の画数	読み	総画数
真人	10・2	まさと	12
清人	11・2	きよと	13
正宗	5・8	まさむね	13
正幸	5・8	まさゆき	13
友真	4・10	ゆうま	14
直志	8・7	なおし	15
秀直	7・8	ひでなお	15
義人	13・2	よしと	15

名前	各字の画数	読み	総画数
康正	11・5	こうせい	16
誠也	13・3	せいや	16
義久	13・3	よしひさ	16
義也	13・3	よしや	16
義之	13・3	よしゆき	16
公太郎	4・4・9	こうたろう	17
真之介	10・3・4	しんのすけ	17
誠太	13・4	せいた	17

名前	各字の画数	読み	総画数
正晴	5・12	まさはる	17
友誠	4・13	ゆうせい	17
公輔	4・14	こうすけ	18
直将	8・10	なおまさ	18
侑真	8・10	ゆうま	18
義矢	13・5	よしや	18
義成	13・6	よしなり	19
忠勝	8・12	ただかつ	20

名前	各字の画数	読み	総画数
誠治	13・8	せいじ	21
義幸	13・8	よしゆき	21
政義	9・13	まさよし	22
晃誠	10・13	こうせい	23
誠一郎	13・1・9	せいいちろう	23
雄清	12・11	ゆうせい	23
義将	13・10	よしまさ	23
健誠	11・13	けんせい	24

名前	各字の画数	読み	総画数
直樹	8・16	なおき	24
律輝	9・15	りつき	24
義貴	13・12	よしき	25
義裕	13・12	よしひろ	25
律樹	9・16	りつき	25
遼真	15・10	りょうま	25
謙真	17・10	けんしん	27
優誠	17・13	ゆうせい	30

Image Keyword

調和

まわりとの和を大切に、
だれとでも仲よくできる
幸せな人間関係を築いて

イメージ漢字

規 11　律 9　和 8　友 4
順 12　修 10　法 8　正 5
憲 16　理 11　則 9　共 6

友一	4・1	ゆういち	5
友也	4・3	ともや	7
友大	4・3	ゆうだい	7
正也	5・3	まさや	8
友太	4・4	ゆうた	8
修一	10・1	しゅういち	11
友希	4・7	ゆうき	11
友和	4・8	ともかず	12
友弥	4・8	ゆうや	12
理一	11・1	りいち	12
修也	10・3	しゅうや	13
友哉	4・9	ゆうや	13
理人	11・2	りひと	13
修太	10・4	しゅうた	14
修斗	10・4	しゅうと	14
友悟	4・10	ゆうご	14
修司	10・5	しゅうじ	15
修矢	10・5	しゅうや	15
正真	5・10	しょうま	15
友規	4・11	とものり	15
友都	4・11	ゆうと	15
修次	10・6	しゅうじ	16
順太	12・4	じゅんた	16
友裕	4・12	ともひろ	16
友翔	4・12	ゆうと	16
律希	9・7	りつき	16
順正	12・5	じゅんせい	17
有規	6・11	ゆうき	17
快理	7・11	かいり	18
憲人	16・2	けんと	18
修弥	10・8	しゅうや	18
友輔	4・14	ゆうすけ	18
修哉	10・9	しゅうや	19
友輝	4・15	ゆうき	19
和貴	8・12	かずき	20
修悟	10・10	しゅうご	20
友樹	4・16	ゆうき	20
晃規	10・11	こうき	21
泰規	10・11	たいき	21
智則	12・9	とものり	21
彰則	14・9	あきのり	23
憲吾	16・7	けんご	23
修太郎	10・4・9	しゅうたろう	23
智規	12・11	ともき	23
遥規	12・11	はるき	23
修輔	10・14	しゅうすけ	24
憲信	16・9	けんしん	25
憲太朗	16・4・10	けんたろう	30

Image Keyword

平和

平和を願い、
穏やかで友好的な心で
人とつながっていくイメージ

イメージ漢字

寧14	和8	均7	太4
穏16	泰10	治8	平5
融16	等12	昌8	安6

名前	読み	画数
平5	たいら	5
一1平5	いっぺい	6
元4太4	げんた	8
功5平5	こうへい	10
孝7太4	こうた	11
歩8太4	あゆた	12
昌8太4	しょうた	12
空8太4	そらた	12
治8斗4	はると	12
京8平5	きょうへい	13
幸8平5	こうへい	13
周8平5	しゅうへい	13
草9太4	そうた	13
正5治8	まさはる	13
泰10也3	やすなり	13
祐9太4	ゆうた	13
亮9太4	りょうた	13
泰10斗4	たいと	14
健11太4	けんた	15
昌8吾7	しょうご	15
孝7治8	たかはる	15
哲10平5	てっぺい	15
秀7治8	ひではる	15
和8幸8	かずゆき	16
康11平5	こうへい	16
和8哉9	かずや	17
幹13太4	かんた	17
蒼13太4	そうた	17
泰10希7	たいき	17
泰10志7	たいし	17
昌8真10	しょうま	18
真10治8	しんじ	18
健11治8	けんじ	19
孝7太4郎9	こうたろう	20
秀7太4郎9	しゅうたろう	20
大3治8郎9	だいじろう	20
史5穏16	しおん	21
昌8太4郎9	しょうたろう	21
優17平5	ゆうへい	22
志7穏16	しおん	23
泰10雅13	たいが	23
治8輝15	はるき	23
和8樹16	かずき	24
和8磨16	かずま	24
泰10輝15	たいき	25
優17治8	ゆうじ	25
理11穏16	りおん	27
優17太4郎9	ゆうたろう	30

Image Keyword

超える

勇気を出して挑戦し、
物事を乗り越えていく
イメージ

イメージ漢字

越 12	隆 11	凌 10	克 7	大 3
偉 12	琢 11	梁 11	卓 8	己 3
遥 12	勝 12	逸 11	乗 9	右 5

大己	3・3	だいき	6
凌	10	りょう	10
和己	8・3	かずき	11
大知	3・8	だいち	11
凌一	10・1	りょういち	11
隆一	11・1	りゅういち	12
右京	5・8	うきょう	13
晃己	10・3	こうき	13
凌大	10・3	りょうだい	13
凌也	10・3	りょうや	13
琢也	11・3	たくや	14
琉己	11・3	りゅうき	14
凌介	10・4	りょうすけ	14
凌太	10・4	りょうた	14
凌斗	10・4	りょうと	14
勝也	12・3	かつや	15
克幸	7・8	かつゆき	15
琢斗	11・4	たくと	15
智己	12・3	ともき	15
隆介	11・4	りゅうすけ	15
隆太	11・4	りゅうた	15
梁介	11・4	りょうすけ	15
凌生	10・5	りょうせい	15
梁太	11・4	りょうた	15
凌平	10・5	りょうへい	15
己太郎	3・4・9	こたろう	16
卓弥	8・8	たくや	16
寛己	13・3	ひろき	16
遥太	12・4	ようた	16
凌成	10・6	りょうせい	16
梁平	11・5	りょうへい	16
克真	7・10	かつま	17
卓哉	8・9	たくや	17
凌吾	10・7	りょうご	17
逸希	11・7	いつき	18
凌芽	10・8	りょうが	18
梁吾	11・7	りょうご	18
凌哉	10・9	りょうや	19
隆哉	11・9	りゅうや	20
凌真	10・10	りょうま	20
隆真	11・10	りゅうま	21
逸貴	11・12	いつき	23
凌雅	10・13	りょうが	23
琉偉	11・12	るい	23
卓磨	8・16	たくま	24
義隆	13・11	よしたか	24
琢磨	11・16	たくま	27
偉織	12・18	いおり	30

Image Keyword

愛される

だれからも愛され、
また自らもまわりを
慈しむ人になって

イメージ漢字

誠 13	博 12	真 10	朋 8	友 4
愛 13	聖 13	恵 10	幸 8	仁 4
護 20	慈 13	純 10	信 9	好 6

友也	4・3	ゆうや	7
友介	4・4	ゆうすけ	8
友斗	4・4	ゆうと	8
友希	4・7	ともき	11
朋也	8・3	ともなり	11
朋久	8・3	ともひさ	11
朋也	8・3	ともや	11
朋之	8・3	ともゆき	11
幸介	8・4	こうすけ	12
幸太	8・4	こうた	12
好汰	6・7	こうた	13
友哉	4・9	ともや	13
友紀	4・9	ゆうき	13
勇仁	9・4	ゆうじん	13
友星	4・9	ゆうせい	13
一聖	1・13	いっせい	14
友朗	4・10	ともろう	14
友規	4・11	ともき	15
朋希	8・7	ともき	15
悠仁	11・4	はるひと	15
博也	12・3	ひろや	15
博之	12・3	ひろゆき	15
陽仁	12・4	はると	16
博斗	12・4	ひろと	16
博文	12・4	ひろふみ	16
結仁	12・4	ゆいと	16
愛介	13・4	あいすけ	17
愛斗	13・4	あいと	17
純之介	10・3・4	じゅんのすけ	17
仁太郎	4・4・9	じんたろう	17
聖矢	13・5	せいや	18
礼慈	5・13	れいじ	18
安慈	6・13	あんじ	19
好誠	6・13	こうせい	19
好輝	6・15	こうき	21
慈英	13・8	じえい	21
信太郎	9・4・9	しんたろう	22
幸輝	8・15	こうき	23
大護	3・20	だいご	23
朋輝	8・15	ともき	23
竜聖	10・13	りゅうせい	23
恵輔	10・14	けいすけ	24
心護	4・20	しんご	24
朋樹	8・16	ともき	24
智博	12・12	ともひろ	24
琉誠	11・13	りゅうせい	24
龍真	16・10	りゅうま	26
優護	17・20	ゆうご	37

Image Keyword

幸福

幸運に恵まれて
満ちたりた人生を
歩みますように

イメージ漢字

裕 12	恵 10	倖 10	寿 7	平 5
愛 13	祥 10	泰 10	和 8	多 6
慶 15	晏 10	朗 10	幸 8	安 6

名前	画数	読み	総画
和久	8・3	かずひさ	11
幸大	8・3	こうだい	11
倖大	10・3	こうだい	13
倖也	10・3	こうや	13
幸多	8・6	こうた	14
倖太	10・4	こうた	14
祥太	10・4	しょうた	14
亮平	9・5	りょうへい	14
倖正	10・5	こうせい	15
幸之介	8・3・4	こうのすけ	15
倖平	10・5	こうへい	15
祥平	10・5	しょうへい	15
将平	10・5	しょうへい	15
泰世	10・5	たいせい	15
泰平	10・5	たいへい	15
寿弥	7・8	としや	15
裕大	12・3	ゆうだい	15
裕也	12・3	ゆうや	15
竜平	10・5	りゅうへい	15
亮多	9・6	りょうた	15
恵多	10・6	けいた	16
裕斗	12・4	ゆうと	16
恵吾	10・7	けいご	17
祥吾	10・7	しょうご	17
祥希	10・7	よしき	17
瑛多	12・6	えいた	18
翔多	12・6	しょうた	18
祥弥	10・8	しょうや	18
泰芽	10・8	たいが	18
真幸	10・8	まさゆき	18
慶介	15・4	けいすけ	19
慶太	15・4	けいた	19
祥真	10・10	しょうま	20
慶次	15・6	けいじ	21
幸太郎	8・4・9	こうたろう	21
慶成	15・6	よしなり	21
愛紀	13・9	あいき	22
虎太朗	8・4・10	こたろう	22
倖太郎	10・4・9	こうたろう	23
優多	17・6	ゆうた	23
慶和	15・8	よしかず	23
幸志郎	8・7・9	こうしろう	24
祥太朗	10・4・10	しょうたろう	24
泰輔	10・14	たいすけ	24
慶一郎	15・1・9	けいいちろう	25
慶悟	15・10	けいご	25
倖輝	10・15	こうき	25
泰樹	10・16	たいき	26

Image Keyword

健康・長寿

心身ともに健やかであり、
のびのびと成長して
いけますように

イメージ漢字

健 11	寿 7	壮 6	永 5	丈 3
康 11	弥 8	充 6	生 5	久 3
喜 12	胡 9	気 6	成 6	元 4

丈	3	じょう	3
丈久	3・3	たけひさ	6
充	6	みちる	6
永太	5・4	えいた	9
寿也	7・3	としや	10
元汰	4・7	げんた	11
巧弥	5・8	たくや	13
莉久	10・3	りく	13
丈琉	3・11	たける	14
健介	11・4	けんすけ	15
壮哉	6・9	そうや	15
丈陽	3・12	たけはる	15
晴久	12・3	はるひさ	15
勇成	9・6	ゆうせい	15
尚弥	8・8	なおや	16
元晴	4・12	もとはる	16
悠生	11・5	ゆうき	16
丈太朗	3・4・10	じょうたろう	17
輝久	15・3	てるひさ	18
光喜	6・12	みつき	18
元輝	4・15	げんき	19
胡太郎	9・4・9	こたろう	22
康貴	11・12	こうき	23
康太郎	11・4・9	こうたろう	24

Image Keyword

努力

何事にも一生懸命。
こつこつと積み重ねた成果で
日々精進していくイメージ

イメージ漢字

達 12	勉 10	努 7	己 3
徹 15	耕 10	芯 7	志 7
磨 16	脩 11	励 7	克 7

努	7	つとむ	7
励	7	れい	7
脩	11	しゅう	11
芯介	7・4	しんすけ	11
直己	8・3	なおき	11
治己	8・3	はるき	11
克成	7・6	かつなり	13
将己	10・3	まさき	13
康己	11・3	こうき	14
耕太	10・4	こうた	14
脩也	11・3	しゅうや	14
脩太	11・4	しゅうた	15
脩斗	11・4	しゅうと	15
晴己	12・3	はるき	15
脩平	11・5	しゅうへい	16
芯哉	7・9	しんや	16
勇志	9・7	ゆうし	16
健芯	11・7	けんしん	18
脩悟	11・10	しゅうご	21
達哉	12・9	たつや	21
徹弥	15・8	てつや	23
脩磨	11・16	しゅうま	27
達輝	12・15	たつき	27
優磨	17・16	ゆうま	33

Image Keyword

干支《えと》・生き物

干支や生き物をヒントに
生命の脈動を感じる
イメージをふくらまそう

イメージ漢字

駿 17	寅 11	馬 10	申 5	巳 3
	獅 13	隼 10	辰 7	卯 5
	龍 16	竜 10	虎 8	未 5

名前（画数）	読み	総画
隼10	じゅん	10
竜10	りゅう	10
一1 馬10	かずま	11
拓8 巳3	たくみ	11
竜10 一1	りゅういち	11
隼10 人2	はやと	12
未5 来7	みらい	12
隼10 也3	しゅんや	13
竜10 也3	たつや	13
隼10 平5	しゅんぺい	15
冬5 馬10	とうま	15
虎8 之3 介4	とらのすけ	15
辰7 哉9	たつや	16
竜10 成6	りゅうせい	16
駿17	しゅん	17
太4 獅13	たいし	17
信9 虎8	のぶとら	17
龍16 一1	りゅういち	17
竜10 之3 介4	りゅうのすけ	17
虎8 之3 助7	とらのすけ	18
将10 虎8	まさとら	18
侑8 馬10	ゆうま	18
竜10 弥8	りゅうや	18
景12 虎8	かげとら	20
龍16 斗4	りゅうと	20
虎8 太4 郎9	こたろう	21
駿17 介4	しゅんすけ	21
駿17 太4	しゅんた	21
辰7 徳14	たつのり	21
駿17 斗4	はやと	21
悠11 馬10	ゆうま	21
龍16 生5	りゅうせい	21
龍16 平5	りゅうへい	21
獅13 音9	しおん	22
駿17 平5	しゅんぺい	22
隼10 太4 郎9	しゅんたろう	23
龍16 希7	りゅうき	23
龍16 之3 介4	りゅうのすけ	23
隼10 輔14	しゅんすけ	24
駿17 之3 介4	しゅんのすけ	24
獅13 琉11	しりゅう	24
隼10 輝15	しゅんき	25
駿17 哉9	しゅんや	26
龍16 馬10	りょうま	26
龍16 太4 郎9	りゅうたろう	29
優17 獅13	ゆうし	30
駿17 輝15	としき	32
優17 駿17	ゆうしゅん	34

Image Keyword

祝福

幸せの象徴として
守られ、祝福されるような
人生を歩んで

イメージ漢字

誉13 喜12 幸8 天4
嘉14 瑞13 祥10 吉6
慶15 愛13 晴12 寿7

幸一	8・1	こういち	9
寿人	7・2	ひさと	9
祥	10	しょう	10
吉平	6・5	きっぺい	11
幸也	8・3	ゆきや	11
晴	12	はる	12
喜一	12・1	きいち	13
幸生	8・5	こうき	13
祥也	10・3	しょうや	13
天星	4・9	てんせい	13
英吉	8・6	えいきち	14
幸成	8・6	こうせい	14
天真	4・10	てんしん	14
和寿	8・7	かずとし	15
幸助	8・7	こうすけ	15
慶一	15・1	けいいち	16
光祥	6・10	こうしょう	16
天翔	4・12	てんと	16
寿紀	7・9	としき	16
寿哉	7・9	としや	16
嘉人	14・2	ひろと	16
祥希	10・7	しょうき	17
天誠	4・13	てんせい	17
慶也	15・3	けいや	18
幸一郎	8・1・9	こういちろう	18
幸之助	8・3・7	こうのすけ	18
吉貴	6・12	よしき	18
嘉斗	14・4	よしと	18
幸喜	8・12	こうき	20
瑞希	13・7	みずき	20
健祥	11・10	けんしょう	21
嘉希	14・7	よしき	21
嘉孝	14・7	よしたか	21
嘉伸	14・7	よしのぶ	21
慶吾	15・7	けいご	22
愛之助	13・3・7	あいのすけ	23
幸史朗	8・5・10	こうしろう	23
祥太郎	10・4・9	しょうたろう	23
慶明	15・8	よしあき	23
愛琉	13・11	あいる	24
晴喜	12・12	はるき	24
真嘉	10・14	まひろ	24
慶彦	15・9	よしひこ	24
祥輝	10・15	よしき	25
愛雅	13・13	あいが	26
愛輝	13・15	あいき	28
慶太郎	15・4・9	けいたろう	28
嘉輝	14・15	よしてる	29

Image Keyword

さわやか

明朗でさっぱりした人柄が
人を引きつけ、
好感を持たれるイメージ

イメージ漢字

輝 15	健 11	清 11	直 8	白 5
澄 15	晴 12	爽 11	風 9	快 7
駿 17	颯 14	涼 11	海 9	青 8

名前	画数	読み	総画
快	7	かい	7
快人	7 / 2	かいと	9
快心	7 / 4	かいしん	11
快斗	7 / 4	かいと	11
直也	8 / 3	なおや	11
快生	7 / 5	かいせい	12
海斗	9 / 4	かいと	13
快吏	7 / 6	かいり	13
直矢	8 / 5	なおや	13
風斗	9 / 4	ふうと	13
快青	7 / 8	かいせい	15
快知	7 / 8	かいち	15
快歩	7 / 8	かいほ	15
爽介	11 / 4	そうすけ	15
直孝	8 / 7	なおたか	15
海里	9 / 7	かいり	16
青波	8 / 8	せいは	16
直幸	8 / 8	なおゆき	16
涼矢	11 / 5	りょうや	16
光清	6 / 11	こうせい	17
琥白	12 / 5	こはく	17
直彦	8 / 9	なおひこ	17
直政	8 / 9	なおまさ	17
快都	7 / 11	かいと	18
航青	10 / 8	こうせい	18
駿一	17 / 1	しゅんいち	18
純青	10 / 8	じゅんせい	18
涼吾	11 / 7	りょうご	18
直康	8 / 11	なおやす	19
青葉	8 / 12	あおば	20
快誠	7 / 13	かいせい	20
駿斗	17 / 4	しゅんと	21
直太郎	8 / 4 / 9	なおたろう	21
風稀	9 / 12	ふうき	21
義直	13 / 8	よしなお	21
直輝	8 / 15	なおき	23
涼晴	11 / 12	りょうせい	23
健太郎	11 / 4 / 9	けんたろう	24
龍青	16 / 8	りゅうせい	24
涼雅	11 / 13	りょうが	24
駿弥	17 / 8	しゅんや	25
優青	17 / 8	ゆうせい	25
涼太朗	11 / 4 / 10	りょうたろう	25
裕輝	12 / 15	ひろき	27
晴樹	12 / 16	はるき	28
駿貴	17 / 12	しゅんき	29
駿太郎	17 / 4 / 9	しゅんたろう	30
駿輔	17 / 14	しゅんすけ	31

Image Keyword

清潔

清らかで潔い人生で
あってほしいという
願いを込めて

イメージ漢字

衛 16	潔 15	透 10	白 5
操 16	澄 15	清 11	怜 8
麗 19	凛 15	廉 13	純 10

怜	8	れい	8
透	10	とおる	10
怜也	8・3	れいや	11
怜斗	8・4	れいと	12
虎白	8・5	こはく	13
怜司	8・5	りょうじ	13
怜平	8・5	りょうへい	13
怜矢	8・5	れいや	13
廉	13	れん	13
清仁	11・4	きよひと	15
純矢	10・5	じゅんや	15
怜佑	8・7	りょうすけ	15
純成	10・6	じゅんせい	16
怜英	8・8	りょうえい	16
怜弥	8・8	れいや	16
怜哉	8・9	れいや	17
廉斗	13・4	れんと	17
快清	7・11	かいせい	18
透弥	10・8	とうや	18
怜真	8・10	りょうま	18
凛也	15・3	りんや	18
純哉	10・9	じゅんや	19
透哉	10・9	とうや	19
凛斗	15・4	りんと	19
純一郎	10・1・9	じゅんいちろう	20
凛生	15・5	りんせい	20
清高	11・10	きよたか	21
清悟	11・10	せいご	21
泰清	10・11	たいせい	21
怜雅	8・13	りょうが	21
怜聖	8・13	りょうせい	21
凛成	15・6	りんせい	21
廉弥	13・8	れんや	21
純貴	10・12	じゅんき	22
凛之介	15・3・4	りんのすけ	22
透雅	10・13	とうが	23
純太朗	10・4・10	じゅんたろう	24
清雅	11・13	せいが	24
怜磨	8・16	りょうま	24
凛音	15・9	りんと	24
純輝	10・15	じゅんき	25
凛都	15・11	りんと	26
龍清	16・11	りゅうせい	27
凛晴	15・12	りんせい	27
凛道	15・12	りんどう	27
廉太朗	13・4・10	れんたろう	27
凛聖	15・13	りんせい	28
凛太朗	15・4・10	りんたろう	29

Image Keyword

気品

凛としていて
気品がただよう、
上品さを備えた人に

イメージ漢字

雅13	喬12	高10	秀7
優17	貴12	崇11	典8
麗19	敬12	尊12	美9

名前（画数）	読み	総画
秀7 一1	しゅういち	8
美9 一1	よしかず	10
秀7 介4	しゅうすけ	11
秀7 太4	しゅうた	11
秀7 斗4	ひでと	11
敬12 一1	けいいち	13
美9 文4	よしふみ	13
克7 典8	かつのり	15
崇11 太4	しゅうた	15
崇11 斗4	しゅうと	15
大3 貴12	だいき	15
孝7 典8	たかのり	15
貴12 也3	たかや	15
貴12 之3	たかゆき	15
秀7 明8	ひであき	15
喬12 介4	きょうすけ	16
敬12 心4	けいしん	16
敬12 介4	けいすけ	16
敬12 太4	けいた	16
敬12 斗4	けいと	16
秀7 哉9	しゅうや	16
尊12 斗4	たかと	16
友4 貴12	ともき	16
雅13 也3	まさや	16
貴12 史5	たかふみ	17
拓8 美9	たくみ	17
光6 貴12	こうき	18
高10 明8	たかあき	18
典8 真10	てんま	18
雅13 弘5	まさひろ	18
雅13 史5	まさふみ	18
崇11 弥8	しゅうや	19
優17 大3	ゆうだい	20
優17 也3	ゆうや	20
空8 雅13	くうが	21
雅13 治8	まさはる	21
敬12 悟10	けいご	22
晴12 貴12	はるき	24
雄12 貴12	ゆうき	24
優17 吾7	ゆうご	24
美9 輝15	よしき	24
駿17 典8	しゅんすけ	25
穂15 高10	ほたか	25
雅13 貴12	まさき	25
優17 典8	ゆうすけ	25
優17 貴12	ゆうき	29
優17 雅13	ゆうが	30
優17 輔14	ゆうすけ	31

Image Keyword

華やか

その場にいるだけで
場が華やぐ、
魅力的な人になって

イメージ漢字

璃 15	雅 13	珈 9	冴 7
舞 15	綺 14	琉 11	咲 9
麗 19	瑠 14	絢 12	珂 9

名前	読み	画数
咲9 人2	さきと	11
琉11	りゅう	11
咲9 也3	さくや	12
琉11 一1	りゅういち	12
咲9 斗4	さくと	13
咲9 太4	しょうた	13
成6 冴7	せいご	13
琉11 大3	りゅうだい	14
琉11 也3	りゅうや	14
琉11 太4	りゅうた	15
絢12 心4	けんしん	16
絢12 介4	けんすけ	16
絢12 太4	けんた	16
絢12 斗4	けんと	16
大3 雅13	たいが	16
璃15 一1	りいち	16
琉11 平5	りゅうへい	16
恭10 冴7	きょうご	17
大3 綺14	だいき	17
丈3 瑠14	たける	17
琉11 伊6	るい	17
璃15 久3	りく	18
瑠14 斗4	りゅうと	18
琉11 之3 介4	りゅうのすけ	18
舞15 斗4	まいと	19
真10 咲9	まさき	19
琉11 珂9	るか	20
京8 雅13	きょうが	21
瑠14 希7	りゅうき	21
武8 瑠14	たける	22
雅13 哉9	まさや	22
勇9 雅13	ゆうが	22
咲9 太4 朗10	しょうたろう	23
涼10 雅13	りょうが	23
海9 璃15	かいり	24
晃10 綺14	こうき	24
璃15 音9	りおん	24
琉11 聖13	りゅうせい	24
悠11 綺14	ゆうき	25
瑠14 唯11	るい	25
絢12 太4 朗10	けんたろう	26
葉12 瑠14	はる	26
琉11 輝15	りゅうき	26
瑠14 偉12	るい	26
瑠14 輝15	りゅうき	29
龍16 綺14	りゅうき	30
璃15 樹16	りき	31
優17 璃15	ゆうり	32

Image Keyword

知的

豊かな知識を持ち、
知性あふれる人に
なりますように

イメージ漢字

賢 16	理 11	悟 10	知 8	冴 7
諭 16	智 12	哲 10	俐 9	英 8
優 17	聡 14	啓 11	敏 10	佳 8

英一	8・1	えいいち	9
悟	10	さとる	10
英大	8・3	えいだい	11
英太	8・4	えいた	12
佳太	8・4	けいた	12
哲也	10・3	てつや	13
敏也	10・3	としや	13
心悟	4・10	しんご	14
佳吾	8・7	けいご	15
啓介	11・4	けいすけ	15
啓太	11・4	けいた	15
智士	12・3	さとし	15
敏生	10・5	としき	15
知希	8・7	ともき	15
啓斗	11・4	ひろと	15
佳希	8・7	よしき	15
圭悟	6・10	けいご	16
啓司	11・5	けいじ	16
柊冴	9・7	しゅうご	16
星冴	9・7	せいご	16
敏光	10・6	としみつ	16
佳治	8・8	よしはる	16
悟志	10・7	さとし	17
哲兵	10・7	てっぺい	17
知哉	8・9	ともや	17
秀敏	7・10	ひでとし	17
優	17	ゆう	17
啓希	11・7	ひろき	18
海理	9・11	かいり	20
恵悟	10・10	けいご	20
賢介	16・4	けんすけ	20
賢太	16・4	けんた	20
将悟	10・10	しょうご	20
哲朗	10・10	てつろう	20
啓悟	11・10	けいご	21
健悟	11・10	けんご	21
聡志	14・7	さとし	21
智哉	12・9	ともや	21
諭吉	16・6	ゆきち	22
賢吾	16・7	けんご	23
賢治	16・8	けんじ	24
智晴	12・12	ともはる	24
智裕	12・12	ともひろ	24
啓輔	11・14	けいすけ	25
聡一朗	14・1・10	そういちろう	25
敏輝	10・15	としき	25
優悟	17・10	ゆうご	27
智樹	12・16	ともき	28

Image Keyword

学芸優秀

学問と芸術ともに秀で、
探究心のある人に
育ってほしい

イメージ漢字

巧5 究7 作7 秀7 学8 研9 俐9 理11 創12 勝12 徳14 優17

巧人	5・2	たくと	7
学	8	がく	8
秀人	7・2	ひでと	9
秀也	7・3	しゅうや	10
研人	9・2	けんと	11
友作	4・7	ゆうさく	11
秀平	7・5	しゅうへい	12
巧弥	5・8	たくみ	13
秀幸	7・8	ひでゆき	15
栄作	9・7	えいさく	16
巧太郎	5・4・9	こうたろう	18
理希	11・7	りき	18
玄徳	5・14	げんとく	19
理音	11・9	りおん	20
勝彦	12・9	かつひこ	21
優介	17・4	ゆうすけ	21
創真	12・10	そうま	22
秀磨	7・16	しゅうま	23
創一朗	12・1・10	そういちろう	23
秀樹	7・16	ひでき	23
勇徳	9・14	ゆうとく	23
徳真	14・10	とくま	24
勝太郎	12・4・9	かつたろう	25
龍徳	16・14	りゅうとく	30

Image Keyword

文学的

文芸や書物が好きで
教養豊かな人に
なってほしい

イメージ漢字

文4 史5 作7 学8 知8 純10 記10 庵11 章11 詠12 絢12 詩13 綾14

文也	4・3	ふみや	7
史也	5・3	ふみや	8
文太	4・4	ぶんた	8
尚文	8・4	なおふみ	12
文哉	4・9	ふみや	13
周作	8・7	しゅうさく	15
章太	11・4	しょうた	15
隆文	11・4	たかふみ	15
淳史	11・5	あつし	16
絢斗	12・4	あやと	16
詠太	12・4	えいた	16
知季	8・8	ともき	16
智文	12・4	ともふみ	16
詩月	13・4	しづき	17
綾斗	14・4	あやと	18
志庵	7・11	しあん	18
直記	8・10	なおき	18
綾介	14・4	りょうすけ	18
和詩	8・13	かずし	21
章悟	11・10	しょうご	21
綾吾	14・7	りょうご	21
詩音	13・9	しおん	22
綾哉	14・9	りょうや	23
綾真	14・10	りょうま	24

Image Keyword

創造的

新しいものを生み出していく
意欲とパワーを
備えた人に

イメージ漢字

創 12	起 10	成 6	立 5
新 13	造 10	作 7	生 5
樹 16	能 10	建 9	匠 6

匠 6	たくみ	6
一 1 成 6	かずなり	7
建 9	たける	9
建 9 人 2	けんと	11
匠 6 平 5	しょうへい	11
立 5 希 7	りつき	12
建 9 太 4	けんた	13
建 9 斗 4	けんと	13

幸 8 生 5	こうせい	13
匠 6 吾 7	しょうご	13
大 3 起 10	だいき	13
立 5 弥 8	りつや	13
知 8 成 6	ともなり	14
創 12 大 3	そうだい	15
建 9 吾 7	けんご	16
健 11 生 5	けんせい	16

光 6 起 10	こうき	16
匠 6 真 10	しょうま	16
立 5 基 11	たつき	16
樹 16	たつき	16
琉 11 生 5	るい	16
耕 10 作 7	こうさく	17
晋 10 作 7	しんさく	17
悠 11 成 6	ゆうせい	17

蒼 13 生 5	あおい	18
和 8 起 10	かずき	18
新 13 平 5	しんぺい	18
創 12 志 7	そうし	19
匠 6 太 4 朗 10	しょうたろう	20
泰 10 造 10	たいぞう	20
友 4 樹 16	ともき	20
元 4 樹 16	もとき	20

創 12 哉 9	そうや	21
立 5 樹 16	たつき	21
基 11 起 10	もとき	21
悠 11 起 10	ゆうき	21
光 6 樹 16	こうき	22
龍 16 成 6	りゅうせい	22
瑞 13 起 10	みずき	23
駿 17 作 7	しゅんさく	24

尚 8 樹 16	なおき	24
優 17 作 7	ゆうさく	24
勇 9 樹 16	ゆうき	25
晃 10 樹 16	こうき	26
新 13 太 4 郎 9	しんたろう	26
創 12 太 4 朗 10	そうたろう	26
寛 13 樹 16	ひろき	29
雅 13 樹 16	まさき	29

Image Keyword

論理的

筋道を立てて物事を考える、
理知的な才能に
恵まれた人に

イメージ漢字

説14 堅12 信9 丈3
確15 義13 唱11 忍7
論15 路13 理11 実8

名前	読み	画数
丈3士3	たけし	6
忍7	しのぶ	7
丈3太4	じょうた	7
信9一1	しんいち	10
理11	おさむ	11
丈3治8	じょうじ	11
丈3流10	たける	13
一1路13	いちろ	14
理11久3	りく	14
丈3晴12	たけはる	15
理11斗4	りと	15
堅12心4	けんしん	16
堅12太4	けんた	16
堅12斗4	けんと	16
義13斗4	よしと	17
義13信9	よしのぶ	22
隆11義13	たかよし	24
義13基11	よしき	24
賢16信9	けんしん	25
義13貴12	よしたか	25
龍16信9	りゅうしん	25
雅13義13	まさよし	26
理11樹16	りき	27
義13輝15	よしき	28

Image Keyword

芸術的

創造力や表現力に優れ、
芸術と美を愛する人に
なりますように

イメージ漢字

楽13 映9 音9 巧5
鈴13 笙11 奏9 匠6
響20 絃11 奎9 吟7

名前	読み	画数
匠6	しょう	6
吟7	ぎん	7
奏9	かなで	9
巧5斗4	たくと	9
笙11	しょう	11
楽13	がく	13
奏9太4	かなた	13
奏9斗4	かなと	13
匠6汰7	しょうた	13
奏9介4	そうすけ	13
奏9太4	そうた	13
絃11太4	げんた	15
笙11太4	しょうた	15
匠6哉9	たくや	15
映9汰7	えいた	16
志7音9	しおん	16
匠6悟10	しょうご	16
音9弥8	おとや	17
楽13斗4	がくと	17
海9音9	かいと	18
巧5輝15	こうき	20
響20	ひびき	20
慶15音9	けいと	24
優17音9	ゆうと	26

Image Keyword

情熱的

何事にも一生懸命、
熱い心を持って
取り組める人に

イメージ漢字

湧 12	夏 10	勇 9	至 6
勢 13	盛 11	真 10	利 7
	温 12	途 10	昇 8

至	6	いたる	6
昇	8	しょう	8
利一	7 1	りいち	8
勇	9	ゆう	9
真	10	まこと	10
一途	1 10	かずと	11
昇大	8 3	しょうだい	11
温	12	おん	12
昇太	8 4	しょうた	12
勇也	9 3	ゆうや	12
昇平	8 5	しょうへい	13
昇矢	8 5	しょうや	13
真己	10 3	まさき	13
勇司	9 5	ゆうじ	14
士温	3 12	しおん	15
湧大	12 3	ゆうだい	15
湧也	12 3	ゆうや	15
利空	7 8	りく	15
昇英	8 8	しょうえい	16
利哉	7 9	としや	16
温太	12 4	はるた	16
勇吾	9 7	ゆうご	16
湧心	12 4	ゆうしん	16
湧介	12 4	ゆうすけ	16
勇汰	9 7	ゆうた	16
湧斗	12 4	ゆうと	16
勇利	9 7	ゆうり	16
至温	6 12	しおん	18
至道	6 12	しどう	18
勇哉	9 9	ゆうや	18
勝利	12 7	かつとし	19
温希	12 7	はるき	19
湧希	12 7	ゆうき	19
勇貴	9 12	ゆうき	21
勇登	9 12	ゆうと	21
勇翔	9 12	ゆうと	21
湧哉	12 9	ゆうや	21
温真	12 10	はるま	22
勇聖	9 13	ゆうせい	22
勇太郎	9 4 9	ゆうたろう	22
湧真	12 10	ゆうま	22
隆盛	11 11	りゅうせい	22
利樹	7 16	としき	23
勇輔	9 14	ゆうすけ	23
湧雅	12 13	ゆうが	25
勇磨	9 16	ゆうま	25
夏樹	10 16	なつき	26
温輝	12 15	はるき	27

Image Keyword

強い

強い意志とめげない心で
たくましく人生を
生きてほしい

イメージ漢字

勝12	強11	烈10	力2
獅13	隆11	隼10	勇9
豪14	健11	将10	剛10

力	2	りき	2
力丸	2・3	りきまる	5
剛	10	つよし	10
烈	10	れつ	10
力哉	2・9	りきや	11
勇大	9・3	ゆうだい	12
剛大	10・3	ごうだい	13
将也	10・3	まさや	13

隼介	10・4	しゅんすけ	14
隼太	10・4	しゅんた	14
勝己	12・3	かつき	15
隆斗	11・4	りゅうと	15
隼成	10・6	しゅんせい	16
勝斗	12・4	まさと	16
剛志	10・7	たけし	17
将希	10・7	まさき	17

健吾	11・7	けんご	18
隼弥	10・8	しゅんや	18
隼哉	10・9	しゅんや	19
健剛	11・10	けんごう	21
獅苑	13・8	しおん	21
剛琉	10・11	たける	21
優剛	17・10	ゆうごう	27
豪輝	14・15	ごうき	29

Image Keyword

独立心

自立した心を持ち、
自らの一歩を踏み出せる
人になって

イメージ漢字

展10	歩8	志7	力2
進11	卓8	芯7	立5
創12	耕10	拓8	行6

力	2	ちから	2
力也	2・3	りきや	5
力斗	2・4	りきと	6
拓	8	たく	8
芯也	7・3	しんや	10
歩己	8・3	あゆき	11
卓己	8・3	たくみ	11
卓也	8・3	たくや	11

歩斗	8・4	あゆと	12
芯平	7・5	しんぺい	12
拓矢	8・5	たくや	13
耕生	10・5	こうせい	15
耕平	10・5	こうへい	15
拓希	8・7	ひろき	15
拓歩	8・8	たくほ	16
祐志	9・7	ゆうし	16

芯一郎	7・1・9	しんいちろう	17
創史	12・5	そうし	17
卓真	8・10	たくま	18
拓朗	8・10	たくろう	18
歩高	8・10	ほだか	18
芯輔	7・14	しんすけ	21
拓夢	8・13	ひろむ	21
立樹	5・16	りつき	21

Image Keyword

名声

誉れ高く、
まわりに支持され
認められる人に

イメージ漢字

令5 有6 明8 知8 栄9 高10 望11 誉13 暉13 輝15 響20 耀20

令	5	れい	5
知	8	とも	8
栄一	9・1	えいいち	10
知己	8・3	ともき	11
知仁	8・4	ともひと	12
栄心	9・4	えいしん	13
栄太	9・4	えいた	13
栄斗	9・4	えいと	13
有希	6・7	ゆうき	13
知志	8・7	ともし	15
輝	15	ひかる	15
有哉	6・9	ゆうや	15
令真	5・10	りょうま	15
英知	8・8	えいち	16
一輝	1・15	かずき	16
知明	8・8	ともあき	16
知弥	8・8	ともや	16
帆高	6・10	ほだか	16
有希也	6・7・3	ゆきや	16
海知	9・8	かいち	17
重明	9・8	しげあき	17
晃明	10・8	こうめい	18
知浩	8・10	ともひろ	18
有喜	6・12	ゆうき	18
友輝	4・15	ともき	19
有太郎	6・4・9	ゆうたろう	19
響	20	きょう	20
知貴	8・12	ともき	20
響一	20・1	きょういち	21
翔栄	12・9	しょうえい	21
知寛	8・13	ちひろ	21
有輝	6・15	ゆうき	21
栄輔	9・14	えいすけ	23
響也	20・3	きょうや	23
高雅	10・13	こうが	23
大耀	3・20	たいよう	23
響己	20・3	ひびき	23
耀斗	20・4	あきと	24
響介	20・4	きょうすけ	24
耀介	20・4	ようすけ	24
耀太	20・4	ようた	24
響平	20・5	きょうへい	25
耀平	20・5	ようへい	25
竜輝	10・15	りゅうき	25
智輝	12・15	ともき	27
瑞輝	13・15	みずき	28
耀一朗	20・1・10	よういちろう	31
響太郎	20・4・9	きょうたろう	33

Image Keyword

豊か

実り多く、豊かな人生を送ってほしいという願いを込めて

イメージ漢字

充 6　実 8　宝 8
恵 10　裕 12　満 12
富 12　豊 13　福 13
銀 14　潤 15　穣 18

名前（画数）	読み	総画
宝 8	たから	8
恵 10 一 1	けいいち	11
充 6 希 7	みつき	13
銀 14	ぎん	14
潤 15	じゅん	15
裕 12 介 4	ゆうすけ	16
裕 12 矢 5	ゆうや	17
銀 14 斗 4	ぎんと	18
銀 14 平 5	ぎんぺい	19
銀 14 次 6	ぎんじ	20
潤 15 生 5	じゅんせい	20
裕 12 幸 8	ひろゆき	20
銀 14 汰 7	ぎんた	21
拓 8 豊 13	たくと	21
充 6 輝 15	みつき	21
裕 12 哉 9	ゆうや	21
充 6 樹 16	みつき	22
健 11 裕 12	たけひろ	23
潤 15 哉 9	じゅんや	24
裕 12 貴 12	ひろき	24
潤 15 一 1 郎 9	じゅんいちろう	25
裕 12 太 4 郎 9	ゆうたろう	25
福 13 太 4 郎 9	ふくたろう	26
満 12 樹 16	みつき	28

名づけのヒント 1

生まれ月や干支からイメージしてみよう

赤ちゃんの生まれ月や干支《えと》にちなんで、名前を考える方法もあります。古くから親しまれる漢字だけに、昔ながらの情緒あふれる名前を考えるのにいいでしょう。生まれ月をそのまま使うだけでなく、気に入った漢字1字から名前のイメージを広げたり、同じ音に別の漢字を置き換えたり、名づけのアプローチもさまざまです。必ず辞典で、漢字が持つ意味を調べてから使うようにしましょう。

【月】

1月……睦月 むつき
2月……如月 きさらぎ
3月……弥生 やよい
4月……卯月 うづき
5月……皐月 さつき
6月……水無月 みなづき
7月……文月 ふづき・ふみづき
8月……葉月 はづき・はつき
9月……長月 ながつき
10月……神無月 かんなづき
11月……霜月 しもつき
12月……師走 しわす

【干支と時刻】

子 ね……午後11時〜午前1時
丑 うし……午前1時〜午前3時
寅 とら……午前3時〜午前5時
卯 う……午前5時〜午前7時
辰 たつ……午前7時〜午前9時
巳 み……午前9時〜午前11時
午 うま……午前11時〜午後1時
未 ひつじ……午後1時〜午後3時
申 さる……午後3時〜午後5時
酉 とり……午後5時〜午後7時
戌 いぬ……午後7時〜午後9時
亥 い……午後9時〜午後11時

※人名に使えない字も含まれます。

Image Keyword

日本的

伝統的で美しい
日本の心、文化を
忘れない人に

イメージ漢字

乃 2　助 7　桜 10　梗 11
之 3　和 8　庵 11　雅 13
介 4　京 8　都 11

名前	画数	読み	総画数
大介	3・4	だいすけ	7
京	8	きょう	8
圭介	6・4	けいすけ	10
孝之	7・3	たかゆき	10
和丸	8・3	かずまる	11
孝介	7・4	こうすけ	11
佐介	7・4	さすけ	11
尚之	8・3	なおゆき	11
京介	8・4	きょうすけ	12
京太	8・4	きょうた	12
梗一	11・1	こういち	12
信之	9・3	のぶゆき	12
光之介	6・3・4	こうのすけ	13
俊介	9・4	しゅんすけ	13
多助	6・7	たすけ	13
将之	10・3	まさゆき	13
勇介	9・4	ゆうすけ	13
桜太	10・4	おうた	14
梗介	11・4	こうすけ	15
周助	8・7	しゅうすけ	15
智之	12・3	ともゆき	15
晴之	12・3	はるゆき	15
庵司	11・5	あんじ	16
京弥	8・8	きょうや	16
梗平	11・5	こうへい	16
真乃介	10・2・4	しんのすけ	16
寛之	13・3	ひろゆき	16
竜乃介	10・2・4	りゅうのすけ	16
伊庵	6・11	いあん	17
晋之介	10・3・4	しんのすけ	17
徳之	14・3	のりゆき	17
雅斗	13・4	まさと	17
庵吾	11・7	あんご	18
京悟	8・10	きょうご	18
隆之介	11・3・4	りゅうのすけ	18
海都	9・11	かいと	20
真之助	10・3・7	しんのすけ	20
竜之助	10・3・7	りゅうのすけ	20
雅弥	13・8	まさや	21
幸乃進	8・2・11	ゆきのしん	21
蔵之介	15・3・4	くらのすけ	22
優乃介	17・2・4	ゆうのすけ	23
桜輔	10・14	おうすけ	24
桜太朗	10・4・10	おうたろう	24
梗太郎	11・4・9	こうたろう	24
優助	17・7	ゆうすけ	24
蔵之助	15・3・7	くらのすけ	25
梗輔	11・14	こうすけ	25

Image Keyword

歴史

いにしえからの積み重ねを
大切に育て、時代を
リードしていける人に

イメージ漢字

街 12	時 10	門 8	史 5
蒼 13	都 11	京 8	由 5
興 16	統 12	記 10	来 7

一史	1・5	かずふみ	6
史斗	5・4	ふみと	9
由介	5・4	ゆうすけ	9
由斗	5・4	ゆうと	9
京也	8・3	きょうや	11
大門	3・8	だいもん	11
孝史	7・5	たかふみ	12
和史	8・5	かずし	13
左京	5・8	さきょう	13
史季	5・8	しき	13
宗史	8・5	そうし	13
拓史	8・5	たくみ	13
史哉	5・9	ふみや	14
来希	7・7	らいき	14
亜門	7・8	あもん	15
和来	8・7	かずき	15
京之介	8・3・4	きょうのすけ	15
剛史	10・5	つよし	15
統也	12・3	とうや	15
時生	10・5	ときお	15
由悟	5・10	ゆうご	15
蒼也	13・3	そうや	16
崇史	11・5	たかふみ	16
史都	5・11	ふみと	16
史温	5・12	しおん	17
蒼介	13・4	そうすけ	17
来悟	7・10	らいご	17
和記	8・10	かずき	18
蒼平	13・5	そうへい	18
来都	7・11	らいと	18
統吾	12・7	とうご	19
蒼吾	13・7	そうご	20
京太郎	8・4・9	きょうたろう	21
修都	10・11	しゅうと	21
史龍	5・16	しりゅう	21
蒼弥	13・8	そうや	21
悠記	11・10	ゆうき	21
由樹	5・16	よしき	21
竜都	10・11	りゅうと	21
優史	17・5	ゆうし	22
瑛都	12・11	えいと	23
蒼一郎	13・1・9	そういちろう	23
蒼真	13・10	そうま	23
陽都	12・11	はると	23
統磨	12・16	とうま	28
優都	17・11	ゆうと	28
蒼樹	13・16	そうき	29
興輝	16・15	こうき	31

名前（画数）	読み	総画
珀9	はく	9
玲9	れい	9
圭6 太4	けいた	10
晶12	あきら	12
琳12	りん	12
圭6 吾7	けいご	13
吏6 玖7	りく	13
圭6 治8	けいじ	14
琢11 己3	たくみ	14
圭6 哉9	けいや	15
瑛12 斗4	あきと	16
瑛12 介4	えいすけ	16
瑛12 太4	えいた	16
玖7 音9	くおん	16
一1 磨16	かずま	17
璃15 人2	りひと	17
琉11 成6	りゅうせい	17
琉11 玖7	りく	18
玲9 哉9	れいや	18
瑠14 生5	るい	19
琥12 珀9	こはく	21
瑞13 紀9	みずき	22
健11 瑠14	たける	25
琳12 太4 郎9	りんたろう	25

Image Keyword

石・珠

いつまでも美しい輝きと
存在感を放ち続けて
ほしいから

イメージ漢字

圭6 玖7 玲9 珀9 琉11 琢11 瑛12 琳12 晶12 瑞13 瑶13 瑠14 璃15 磨16

名づけのヒント2

思い出の地名にちなんだ名前を探そう

夫婦の思い出の場所、愛する故郷など、地名から名前をイメージしていく方法もあります。昔からよく聞く地名だと、読み方を想像しやすく、また親しみやすいでしょう。身近なところに名前のヒントがあるかもしれないので、土地の由来を含め、探してみてください。

ただし、一般的に姓としてありがちな地名は、避けたほうがいいでしょう。将来姓が変わったときに、名前とダブる可能性があります。

青葉	あおば
朝日	あさひ
飛鳥	あすか
出雲	いずも
近江	おうみ
甲斐	かい
加賀	かが
桂	かつら
桐生	きりゅう
周防	すおう
須磨	すま
但馬	たじま
千歳	ちとせ
天竜	てんりゅう
長門	ながと
能登	のと
播磨	はりま
日向	ひゅうが
美作	みまさか
武蔵	むさし
陸奥	むつ
大和	やまと

第4章

画数別 おすすめ漢字リスト

この章では、名前に使える人気漢字の読みや画数、意味、
そしてその漢字に込めたいママやパパの願い、
イメージの膨らませ方などを紹介しています。
「音の響き」や「イメージ」で名前を決めかねているときや、
最初から漢字にこだわった名づけをするときに活用してください。

※本書では、仮成数(P.339)を加えて吉数にする場合も考えて、
画数としてそのままでは吉数ではない名前例も掲載しています。

このリストの見方

名づけで使う人気漢字を画数順に掲載しました。「画数と主な読み」「主な意味と(その漢字に)込めたい願い」、そして「名前例」を紹介しています。「主な意味と込めたい願い」では、漢字の意味の中でもよいイメージをふくらませて、ポジティブな印象となるように記述しました。なお、漢字は辞書によって意味が異なることもあるので、必ずほかの辞書も参考にしながら最終的に判断することをおすすめします。

画数・漢字	主な読み	主な意味と込めたい願い	名前例
一 1画	イチ・イツ・おさむ・かず・かつ・はじめ・ひ・ひで・ひと	意味 ①いち。ひとつ。数の名。②はじめ。最初。③最上のもの。④まとめる。⑤同じ。等しい。⑥すべて。⑦あるひとつの。⑧わずか。⑨まじりけがない。 願い トップをめざそうという意欲を持ち、物事を一つにまとめられるリーダーシップを発揮できる男性にと願って。また、ママとパパにとってのナンバーワン・オンリーワン、かけがえのない大切な男性という思いも込めて。	太4一1 たいち 一1真10 かずま 一1輝15 かずき 一1樹16 いっき
七 2画	シチ・シツ・かず・な・なな・なの	意味 ①しち。なな。なな つ。数の名。②数の多いようす。③ななつ。むかしの時刻のよび名。現在の午前四時または午後四時ごろ。 願い たくさんの数を表す縁起のよい数字であり、「ラッキーセブン」という言葉で知られるように、多くの幸運が訪れる人生を送れますようにとの願いを込めて。	七2斗4 ななと 瀬19七2 せな 七2音9 なおと 七2樹16 ななき
人 2画	ジン・ニン・きよ・さね・たみ・と・ひと・ひとし・ふと・め	意味 ①ひと。人間。②他人。③りっぱな人物。④官位の低い役人。職人。⑤人民。⑥人数をかぞえることば。 願い 人間の行動や状態、人柄も表すことから個性的な名の止め字に人気。人望が厚く、立派な人になってほしい、人の見本となるような、優れた人格を持った人になってほしいという気持ちを込めて使われる。	悠11人2 ゆうと 隼10人2 はやと 結12人2 ゆいと 瑛12人2 えいと
二 2画	ジ・ニ・かず・さ・すすむ・つぎ・つぐ・ふ・ぶ・ふた	意味 ①ふたつ。に。数の名。②ふたたび。③二番目。つぎ。④別の。異なる。⑤並ぶ。匹敵する。 願い 次という意味があることから、人生の扉を次々に開いていけるたくましさを持ってほしい。そして、次々に幸せをつかんでほしいと願って。また、二番目の子、二男によく使う文字で、上の子と力を合わせてほしいという思いも込めて。	瑛12二2朗10 えいじろう 誠13二2 せいじ 慎13二2 しんじ 悠11二2 ゆうじ
乃 2画	ダイ・ナイ・いまし・おさむ・の	意味 ①すなわち。接続詞。②そこで。そして。順接を表す。③そうではあるが。それなのに。逆接を表す。④なんじ。あなた。おまえ。二人称の代名詞。⑤格助詞の「の」に当てる。⑥平仮名の「の」は「乃」の草書体からできた字。 願い 古風なイメージを持つことから、内に秘めた強さを持ち、いざというときに人としての強さ、男らしさを発揮できる人にという願いを込めて。	龍16乃2助7 りゅうのすけ 晴12乃2介4 はるのすけ 幸8乃2進11 ゆきのしん 慎13乃2助7 しんのすけ
八 2画	ハチ・ハツ・かず・や・やつ・やっ・よう・わ・わかつ	意味 ①やつ。やっつ。や。数の名。②数の多いこと。③ひじょうに長い年月。④やつ。むかしの時刻のよび名。現在の午前二時または午後二時ごろ。 願い 末広がりで縁起のよい字とされ、素晴らしい未来がどんどん広がっていきますようにと祈って。幅広い人脈を築ける男性に育ってほしいとの願いを込めて。	八2尋12 やひろ 八2広5 やひろ 八2紘10 やひろ 八2雲12 やくも

力　2画

リキ・リョク・いさお・いさむ・か・ちか・ちから・つとむ・よし

意味　①ちから。②働き。作用。能力。③いきおい。④つとめる。精を出す。はげむ。⑤りきむ。ちからをこめる。⑥力の分量を表すことば。

願い　生命力、精神力などあらゆる強さや勢いを感じさせる男らしい漢字。優れた知性や意志の強さなどもイメージさせる。頑張り屋で、体も心も力強くたくましく、優しさも併せ持った人に育ってほしいとの願いを込めて。

力輝　りき
力斗　りきと
力　りき
力駆　りく

丸　3画

ガン・まる・まろ

意味　①円の形。②球の形。まるいもの。たま。③まるめる。まるい筒、または球状にする。④まるまる。そっくり全部。⑤城の内。⑥船や刀や男児などの名につけることば。

願い　球形、円形を表すことから、穏やかですべてを優しく包み込む円満なイメージがある。優しく朗らかで、広い心と優れた人格を持つ人に育ってほしいという願いを込めて。

蘭丸　らんまる
龍丸　たつまる
清丸　きよまる
秀丸　ひでまる

久　3画

キュウ・ク・つね・なが・ひこ・ひさ・ひさし

意味　①ひさしい。長い間。ずっと変わらない。②以前からの。古い。

願い　先が長いという意味を持つことから、健康と長寿への祈りと、繁栄がいつまでも続くようにと願って。また、自分の決めた道に向かってあきらめずに進み続ける持久力のある男性に育ってほしいという気持ちも込めて。

璃久　りく
幸久　ゆきひさ
久遠　くおん
雅久　がく

己　3画

キ・コ・おと・おのれ・な

意味　①自分。私。②相手をののしってよぶことば。③つちのと。十干の六番目。

願い　自分の道を突き進む探究心と可能性にあふれた人に。また、自分を大切にし、まわりの人たちも大切にできる男性になってほしいと願って。

直己　なおき
知己　ともき
佑己　ゆうき
龍己　りゅうき

三　3画

サン・かず・さぶ・さむ・そう・ぞう・ただ・なお・み・みつ

意味　①さん。みっつ。みつ。数の名。②数の多いようす。しばしば。回数の多いよう。何度も。

願い　数の多いようすを表すことから、多くの幸運を引き寄せる人生を送れますようにという願いを込めて。また、子孫繁栄や家の繁栄の祈りも込めて。

拓三　たくみ
泰三　たいぞう
三郎　さぶろう
三希也　みきや

士　3画

シ・ジ・あき・あきら・お・おさむ・ただ・つかさ・と・ひと

意味　①おとこ。成年の男子。りっぱな男子。②さむらい。むかしの四民（士・農・工・商）の一つ。③役人。周代、諸侯・大夫につぐ位のもの。④一定の資格のある人。

願い　きりりとした日本男児的なイメージがある漢字。技能や才能のある人などを表すことから、高い志を持ち、しんの通った才能あふれるりりしい子になるように願って。

蒼士　そうし
湊士　みなと
隼士　はやと
瑛士　えいじ

主な読み　名前例

小　3画

ショウ・お・こ・さ・ささ・ちい・ちいさ

意味　①ちいさい。こまかい。形、規模が小さい。②少ない。わずか。ちょっとした。③身分が低い。④若い。幼い。⑤自分に関係することがらにつけてへりくだる意味を表すことば。⑥「ちいさい」「すこし」の意味を表す接頭語。⑦ほぼ。おおよそ。

願い　「小生」「小社」というように、謙遜するときに使われることから、どんな地位にあっても、謙虚で誠実であり続け、尊敬される男性になってほしいと願って。

小太郎　こたろう
小次郎　こじろう
小太朗　こたろう
小鉄　こてつ

丈　3画

ジョウ・たけ・ひろ・ます

意味　①尺貫法の長さの単位。一丈は約三・〇三メートル。②身のたけ。物の長さや高さ。③一人前の男子。④歌舞伎役者などの芸名につける敬称。⑤だけ。ものの分量や程度などの限定を示す語。

願い　「杖」を意味する字で、健康で丈夫、強く、たくましく、明るく、がっちりとしたというイメージを持つ漢字。健やかに明るくのびのびと、たくましく育つよう期待を込めて。

丈　じょう
丈哉　ひろや
丈瑠　たける
丈太郎　じょうたろう

千　3画

セン・かず・ち・ゆき

意味　①数の単位。百の十倍。②数の多いこと。たくさん。

願い　数の多いことを表すことから、豊かで実り多い人生を歩み、すべてを包み込む器の大きな男性になってほしいという祈りを込めて。

泰千　たいち
千尋　ちひろ
千翔　ゆきと
千也　かずや

大　3画

タイ・ダイ・お・おお・たかし・たけし・はる・ひろ・ひろし

意味　①おおきい。広い。②強い。③多い。④重要な。たいせつな。⑤おおいに。はなはだ。⑥すぐれている。りっぱな。最高位を示すことば。⑦いばる。⑧おおよそ。

願い　字面のとおり、末広がりで、のびのびとした印象を与える、男性にふさわしい字。大きな広い心を持ち、地位や人格などが立派で、優れた男性になってほしいという願いを込めて。

大翔　ひろと
大和　やまと
大雅　たいが
大地　だいち

之　3画

シ・いたる・これ・の・ひで・ゆき・よし

意味　①これ。この。指示代名詞。また、語調を整えたり、強調したりすることば。②ゆく。おもむく。至る。③…の。主語や所有を示すことば。④平仮名の「し」は、「之」の草書体からできた字。

願い　行く、至るといった前に進むイメージから、自らの意思で積極的に物事を進める人になってほしいと願って。また、古風な名前に多く、伝統を大切にする、気品ある男性に育ってほしいという思いも込めて。

龍之介　りゅうのすけ
慎之助　しんのすけ
真之　まさゆき
典之　のりゆき

万　3画

バン・マン・かず・かつ・すすむ・たか・つもる・まよろず

意味　①数の単位。千の十倍。②数の多いようす。いろいろの。③決して。必ず。

願い　数がとても多い、必ずといった意味を持つことから、さまざまな事柄をこなす能力と、目標を確実に達成できる意欲的な人になってほしいという願いを込めて。

晴万　はるま
万里　ばんり
悠万　ゆうま
万尋　まひろ

也　3画

主な読み　ヤ・あり・ただ・なり

意味　①…である。文末に用いて、断定の意味を表す。②や。か。文末に用いて、疑問・反語などの意味を表す。③…は。…のは。句末に用いて、強調・提示の意味を表す。④平仮名の「や」は「也」の草書体からできた字。

願い　断定や強調を表すことから、意志が強くていさぎよい男性に育ってほしいと願いを込めて。

名前例
- 朔也　さくや
- 達也　たつや
- 智也　ともや
- 拓也　たくや

夕　3画

主な読み　セキ・ゆ・ゆう

意味　ゆうべ。日ぐれ。

願い　夕焼けで赤く大きく見える太陽のように、一つのことに心を燃やせる情熱的な人になってほしい。そして、その道を極めてほしい。また、夕暮れの太陽のような大きな心を持ち、人の心を癒やすことができる男性になってほしいという祈りを込めて。

名前例
- 夕真　ゆうま
- 夕翔　ゆうと
- 夕陽　ゆうひ
- 夕稀　ゆうき

王　4画

主な読み　オウ・きみ・たか・み・わ・わか

意味　①かしら。おさ。②きみ。天子。諸侯。③皇族の男子の称。④将棋の駒の一つ。王将のこと。⑤礼によって天下を治める人。⑥第一人者。

願い　王のシンボルである「まさかり」の形からできた漢字。優れた実力や権力を誇る最高位の統率者を表し、尊敬や親愛を集める実力者のイメージ。優美で誇り高い印象もある。何か一つでも、最高位まで上り詰め、まわりの人から尊敬や信頼を得られる男性になるよう願って。

名前例
- 羚王　れお
- 俐王　りお
- 王介　おうすけ
- 王雅　おうが

介　4画

主な読み　カイ・ケ・あき・かたし・すけ・たすく

意味　①はさまる。②間にはいってなかだちをする。なかだち。③助ける。④すけ。むかしの役人の階級で、国司の四等官のうちの二番目の地位。⑤貝がら。

願い　よろいをつけた人の形を表し、助ける、隔てる、かたいなどの意味を表す漢字。「すけ」の読みで人気の止め字。勇気とたくましさを表す漢字でもあるため、心身共に強くたくましく、人を助ける勇気と優しさを持つ人になることを願ってつけたい。

名前例
- 颯介　そうすけ
- 竜之介　りゅうのすけ
- 優介　ゆうすけ
- 康介　こうすけ

月　4画

主な読み　ガツ・ゲツ・つき

意味　①つき。②一か月。③七曜の一つ。

願い　欠けてもかならず満ちていく月のように、何度でも立ち上がる意欲を持った人に育ってほしいと願って。また、宇宙に飛び立てるほどの、知力・体力・才能に恵まれるようにという願いも込めて。

名前例
- 悠月　ゆづき
- 優月　ゆづき
- 維月　いつき
- 偉月　いつき

元　4画

主な読み　ガン・ゲン・つかさ・なが・はじめ・はる・もと・ゆき・よし

意味　①もと。おおもと。②はじめ。最初。③おさ。かしら。④あたま。こうべ。⑤年号。年号のはじめの年。⑥もとになるものが二つ以上、またはたくさんあること。⑦げん。中国の王朝名。

願い　始まりを表すことから、物事の先を行く人に。先駆者や革新者と呼ばれるような男性になってほしいと願って。また、元首という言葉からイメージするように、代表者やトップに立てるほどの大人物にという期待も込めて。

名前例
- 元気　げんき
- 元希　はるき
- 元春　もとはる
- 元　はじめ

公　4画

コウ・きみ・きん・ただ・ただし・とおる・とも・ひろ・まさ

意味 ①国家。政府。②社会一般。③共有の。④かたよらない。⑤天子。諸侯。⑥五段階に分けた爵位（公侯伯子男）の最上位。⑦年長者や同輩を敬ってつけることば。⑧親しみを込めてつけることば。

願い 公平で正しくあり、正義感を持った男性に育ってほしいと願って。また、バランス感覚の優れた人に育ち、多くの人に親しまれ、尊敬されるような人になってほしいという気持ちも込めて。

公紀　ひろき
公誠　こうせい
公章　きみあき
公輔　こうすけ

心　4画

シン・きよ・こころ・さね・なか・み・むね・もと

意味 ①精神。胸のうち。②考え。意志。③思いやり。なさけ。④おもむき。ふぜい。⑤おもむきを解するこころ。⑥しんぞう。⑦まんなか。たいせつなところ。

願い 思いやりに満ちあふれ、相手の身になって考えることのできる優しさを持った男性に。また、物事の中心となる立場、リーダーとしての器を持った人に育ってほしいという思いも込めて。

健心　けんしん
心　しん
一心　いっしん
心太郎　しんたろう

仁　4画

ジン・ニ・きみ・ただし・と・ひさし・ひと・ひとし・ひろし

意味 ①いつくしみ。いつくしむ。②親しみ。親しむ。③思いやり。あわれみ。④儒教で、人道のもととする徳。また、徳の高い人。⑤ひと。⑥果実の核のなかみ。

願い 人をいつくしむ心や、自我を抑えて他人を思いやることのできる仁徳のある人になってほしい。また、人が重い荷物を背負って耐え忍ぶ意味を表すことから、人生の困難に立ち向かい、それを自分の徳にできる度量の大きな男性にと願って。

仁　じん
悠仁　ゆうと
陽仁　はると
明仁　あきひと

水　4画

スイ・たいら・な・なか・み・みず・ゆ・ゆく

意味 ①酸素と水素の化合物。②相撲が長びいたときの中休み。③間にはいってじゃまをするもの。④さそい。⑤かわ。水のあるところ。⑥五行（木・火・土・金・水）の一つ。時節では冬、方位では北。⑦七曜の一つ。⑧液体。水のようなもの。

願い 人の心や世の中に潤いを与える人になってほしいと願って。自由自在に流れや形態を変える水のように、柔軟性のある男性に育ってほしいという思いも込めて。

拓水　たくみ
水希　みずき
水稀　みずき
水輝　みずき

太　4画

タ・タイ・おお・しろ・たか・と・ひろ・ふと・ふとし・み・もと

意味 ①ふとい。豊かである。②ふとる。肥える。③ひじょうに大きい。④はなはだしい。⑤始め。起こり。⑥尊んで言うときにそえることば。

願い 大きくたくましく、明朗な印象があり、気が強い、いちばん尊いなどの意味もある。響きがよく、止め字にも人気。明朗活発で、勇気があり、豊かでおおらかな男性になるように願って。

颯太　そうた
優太　ゆうた
瑛太　えいた
太陽　たいよう

天　4画

テン・あま・あめ・たか・たかし

意味 ①あめ。そら。②天の神。③自然。自然の道。また、その力。④めぐりあわせ。運命。⑤自然の。生まれつきの。⑥神の国。⑦いただき。てっぺん。⑧天子や天皇に関することがらにつけることば。

願い 高く広がる空のように、小さなことにこだわらない心の広い人に。また、てっぺんを表すことから、政治、経済、スポーツ、芸術、どの道に進んでも頂点に立つ男性になってほしいという期待を込めて。

天成　てんせい
悠天　はるたか
天馬　てんま
天斗　たかと

斗 4画

主な読み：ト・トウ・け・はかる・ます

意味 ①ます。物の量をはかるうつわの総称。②ひしゃく。ひしゃくの形をしたもの。③容量の単位。酒・油・穀物をはかるのに使う。一斗は十升で、約一八リットル。④ひしゃく形の星座の名。⑤小さい。わずか。

願い 星座の名前にも使われてロマンあふれるイメージがあり、止め字としても人気の漢字。星空のように壮大で、ロマンチックな広い心を持ち、どんなことでも受け止める大きな器の男性になることを願って。

名前例

名前	画数	読み
悠斗	11・4	ゆうと
陽斗	12・4	はると
陸斗	11・4	りくと
海斗	9・4	かいと

日 4画

主な読み：ジツ・ニチ・あき・か・はる・ひ・ひる

意味 ①ひ。太陽。②昼。昼間。③一日。一昼夜。④七曜の一つ。⑤日々。日ましに。⑥「日本」の略。⑦日数をかぞえることば。

願い 朝日が昇っていくような勢いよく進む人生であるようにと願って。また、周囲の人を明るく照らすことのできる温かい心を持った男性に育ってほしいという気持ちも込めて。

名前例

名前	画数	読み
日向	4・6	ひなた
日奈太	4・8・4	ひなた
明日真	8・4・10	あすま
陽日	12・4	はるひ

文 4画

主な読み：ブン・モン・あき・あや・とき・のぶ・のり・ひとし・ふみ

意味 ①あや。もよう。かざり。②文字。ことば。③ふみ。手紙。④本。記録。⑤学問や芸術。⑥いれずみ。⑦もん。むかしの貨幣の単位。⑧もん。たびやくつなどの大きさの単位。

願い 学問の道を究めていくような、知的で教養ある人に。また、えりもとが美しく交わっている形からできた字であることから、精神の引き締まった品格ある男性に育ってほしいという願いを込めて。

名前例

名前	画数	読み
文太	4・4	ぶんた
康文	11・4	やすふみ
文人	4・2	あやと
文哉	4・9	ふみや

友 4画

主な読み：ユウ・すけ・とも

意味 ①とも。仲間。②ともとする。親しむ。仲がよい。仲よく助けあう。③味方。

願い 困っている友がいたら救うことのできる優しい人に。また、困ったときには手を差し伸べてくれる友もいる、多くの友人に恵まれた人生を送ってほしいという気持ちを込めて。

名前例

名前	画数	読み
友輝	4・15	ともき
友哉	4・9	ともや
友樹	4・16	ゆうき
友真	4・10	ゆうま

右 5画

主な読み：ウ・ユウ・あき・すけ・たか・たすく・みぎ

意味 ①みぎ。みぎがわ。②かみ。上位。③考えが保守的なこと。④たっとぶ。重んじる。⑤助ける。

願い 尊ぶ、大事にする、助ける、穏健といった深い意味を持つ漢字。人やものを大切に思い、いつでも冷静に物事を判断することができる道徳心を持ち、人格的に優れた人になることを願って。

名前例

名前	画数	読み
圭右	6・5	けいすけ
右京	5・8	うきょう
悠右	11・5	ゆうすけ
恭右	10・5	きょうすけ

永 5画

主な読み：エイ・ヨウ・とお・なが・のり・はるか・ひさ・ひさし・ひら

意味 ①距離が長い。遠い。はるか。②時間が長い。また、その時間。とこしえ。限りなく。

願い 川の流れが分かれている様子から形づくられた字で、たくさんの人に恵みをもたらす事業などをおこす男性に育ってほしいと願って。また、長く限りなく続く幸福な人生であってほしいという祈りも込めて。

名前例

名前	画数	読み
永翔	5・12	えいと
永真	5・10	はるま
永遠	5・13	とわ
将永	10・5	しょうえい

央 5画

主な読み オウ・ヨウ・あきら・ちか・てる・なか・ひさ・ひさし・ひろし

意味 ①なかば。まんなか。中心。②つきる。なくなる。

願い 世界の中央、表彰台の中央、舞台の中央など、どの道を選んでも、華々しい活躍ができるようにと願って。中央に立つ存在となり、周囲のバランスを整えることもできる賢人になってほしいという期待も込めて。

名前例
- 怜央 れお
- 理央 りお
- 直央人 なおと
- 央太郎 おうたろう

可 5画

主な読み カ・コク・あり・とき・よし

意味 ①よい。まあまあよい。②よいとする。③べし。…することができる。…するがよい。…してよろしい。…だろう。④気持ちを表す語につける接頭語。

願い 寛容で大きな心の持ち主になってほしいという気持ちを込めて。また、自分の実力や魅力を思う存分発揮することのできる男性に成長してくれると信じて。

名前例
- 遥可 はるか
- 琉可 るか
- 可夢偉 かむい
- 可偉 かい

叶 5画

主な読み キョウ・かな

意味 ①あう。あわせる。②願いどおりになる。③やわらぐ。

願い 大きな夢や目標を持ち、かならず望みをかなえる充実した人生を送ってほしいと願って。また、柔軟な心で、周囲の人たちと心を合わせることのできる協調性のある人に。バランス感覚の素晴らしい男性に育ってほしいという気持ちも込めて。

名前例
- 叶芽 かなめ
- 叶翔 かなと
- 叶弥 きょうや
- 叶一郎 きょういちろう

玄 5画

主な読み ゲン・しず・しずか・つね・のり・はじめ・はる・はるか・ひろ

意味 ①黒い。やや赤みをおびた黒。②奥深い。深遠な。③やしゃご。ひまごの子。

願い 糸の形からできた字であることから、織り上げてさまざまな形態になる糸のように、無限の可能性と柔軟性を持ってほしいと願って。また、物事を注意深く、十分に考えることのできる思慮深い人になってほしいという願いも込めて。

名前例
- 玄真 はるま
- 玄 げん
- 龍玄 りゅうげん
- 悠玄 ゆうげん

功 5画

主な読み ク・コウ・いさ・いさお・かつ・こと・つとむ・なり・なる・のり

意味 ①いさお。てがら。②仕事。つとめ。働き。できあがり。③ききめ。

願い 自分の選んだ道で努力を惜しまずに鍛練し、素晴らしい結果を残せる人になってほしい。その道でかならず成功をおさめてほしいという願いを込めて。

名前例
- 理功 りく
- 功太 こうた
- 功大 こうだい
- 智功 とものり

巧 5画

主な読み コウ・たえ・たく・たくみ・よし

意味 ①たくみ。ひじょうに上手なこと。②わざ。腕前。手ぎわ。③うまくつくろう。口先がうまい。④かしこい。

願い 技術を磨くことに努力を惜しまず、常に修業を怠らない。いつも前向きで、向上心を持ち、創意工夫をするのが得意な、職人魂を持った男性になるよう願って。

名前例
- 巧 たくみ
- 巧真 たくま
- 巧斗 たくと
- 巧樹 こうき

広
5画

コウ・お・たけ・とう・ひろ・ひろし

意味 ①面積や範囲などがひろい。②ひろまる。ひろめる。ひろがる。ひろげる。

願い 心の広いおおらかな人に。世界に広く知れ渡るような活躍をしてほしいという期待を込めて。また、大きな家を表す字でもあることから、家族をきちんと守れる責任感と経済力のある男性に育ってほしいという思いも込めて。

広大　こうだい
隆広　たかひろ
広大　こうた
広樹　ひろき

弘
5画

グ・コウ・お・ひろ・ひろし・ひろむ・みつ

意味 ①ひろい。大きい。②ひろめる。いきわたらせる。ひろまる。

願い 広く大きな心を持った男性に。世界に広く知れ渡るような活躍をしてほしいという思いを込めて。また、弓を引いて弦をいっぱいに張る様子を表すことから、何事にもくじけず、困難に立ち向かっていける強さと、困難をより大きなパワーに変えられる男性にと願って。

弘輝　ひろき
弘夢　ひろむ
弘太郎　こうたろう
直弘　なおひろ

司
5画

シ・おさむ・かず・つかさ・つとむ・もと・もり

意味 ①つかさどる。管理する。職務として行う。②つかさ。つとめ。役目。役所。役人。

願い 人の上に立つことのできる度量を持った男性になってほしいと願って。また、面倒見がよく、多くの人に慕われる存在であってほしいという気持ちも込めて。

司　つかさ
龍司　りゅうじ
総司　そうし
侑司　ゆうじ

史
5画

シ・ちか・ちかし・ふひと・ふみ・み

意味 ①ふびと。天子の言行や国家の記録をつかさどる役人。②王朝や時代のできごとの移り変わりを記録した書物。③さかん。むかしの役人の階級で、太政官と神祇官の四等官のうちの四番目の地位。

願い まじめな努力家で、国家を担うほどの豊かな知識を持ち、歴史に名が残るほどの賢人になってほしいと願って。また、文学の才能にも恵まれるようにという祈りも込めて。

創史　そうし
聡史　さとし
史哉　ふみや
史穏　しおん

市
5画

シ・いち・ち・まち

意味 ①いち。いちば。品物の売り買いをするところ。②売り買い。取り引き。③まち。人家が多く、にぎやかなところ。④市制をしいている地方自治体。

願い 人が集まる場所を示すことから、明るくてサービス精神旺盛な人に。陽気で人を喜ばせることのできる楽しい男性になってほしいと願って。また、経済力や商才にも恵まれるようにと期待して。

宗市　そういち
理市　りいち
祐市　ゆういち
喜市　きいち

主
5画

シュ・ス・おも・かず・つかさ・ぬし・もり

意味 ①ぬし。所有者。②古くから住んでいる者。③あるじ。神や客をもてなす側の長。④おもな。おもに。⑤中心となる人や物。

願い 火をともし台の上で燃える炎の形からきている。心の中に炎のような熱い闘志を持ち、何事にも一生懸命、率先して取り組み、リーダーシップのある男性になることを願って。

主弥　かずや
主明　かずあき
主馬　かずま
主真　かずま

画数・漢字 ／ 主な読み ／ 主な意味と込めたい願い ／ 名前例

世　5画

セ・セイ・つぎ・つぐ・とき・とし・よ

意味 ①世の中。浮き世。社会。②時代。とき。③人の一生。一代（三十年）。④ひとりの君主が統治する期間。⑤血のつながりや相続の数を示す。

願い 自らの力で時代を築き上げる人に。世界をつくっていくような大きな存在になってほしいと願って。また、先人、前の世代から引き継いだものを大事にし、さらに大きくしていくことのできる立派な男性に育ってほしいという気持ちも込めて。

煌世　こうせい
悠世　ゆうせい
琉世　りゅうせい
侑世　ゆうせい

正　5画

ショウ・セイ・あきら・きみ・ただ・ただし・まさ・まさし

意味 ①まちがっていない。②ただす。ただしくする。③まさに。ちょうど。たしかに。④ほんもの。主となるもの。⑤長官。かみ。⑥年のはじめ。⑦ゼロより大きい数。

願い 善悪を見分けることのできる冷静な判断力を持った男性に。自分の選んだ道で見識のある、本物を見る目を養ってほしいという気持ちを込めて。価値を見いだすことのできるプロフェッショナルになってほしいと願って。

正太　しょうた
正太郎　しょうたろう
正樹　まさき
正和　まさかず

生　5画

ショウ・セイ・い・いき・いく・う・お・おき・き・たか・なり

意味 ①はえる。草木が芽を出す。②うむ。うまれる。③いきる。いかす。④じゅうぶんに熟さない。⑤とりたての。⑥うまれながら。⑦いのち。⑧暮らし。⑨いきいきしている。⑩純粋なこと。⑪ひと。たみ。⑫男子が自分をへりくだっていうことば。⑬ういういしい。

願い 生命力が強い男性に。純粋な心を持ち、困難でさえもポジティブにとらえて、日々をいきいきと過ごす人になってほしいと願って。

龍生　りゅうせい
琉生　るい
悠生　はるき
蒼生　あおい

冬　5画

トウ・かず・とし・ふゆ

意味 四季の一つ。立冬から立春までの間。太陽暦では十二・一・二月。

願い どんなに厳しい状況でも我慢強く、それを人生の糧にできる生命力あふれる人になってほしいと願って。また、冬の澄みきった空気のような、すがすがしい男性に育ってくれることを期待して。

冬真　とうま
冬偉　とうい
冬悟　とうご
冬希　ふゆき

白　5画

ハク・ビャク・あき・あきら・きよ・きよし・し・しら・しろ

意味 ①しろい色。②けがれがない。③しろくする。④明らか。⑤明るい。⑥はっきりしている。⑦申す。述べる。⑧何も書いてない。

願い 清く、正しく、いさぎよく、気品ある人になってほしいと願って。自分の考えを明確にはっきりと伝えることのできる堂々とした男性に育ってほしいという期待も込めて。

琥白　こはく
白斗　はくと
白瑛　はくえい
瑚白　こはく

平　5画

ビョウ・ヘイ・おさむ・たいら・とし・なる・ひとし・ひら

意味 ①たいら。ひらたい。②ふつう。なみ。③ひたすら。しきりに。④たいらげる。討ちしずめる。⑤おだやか。⑥等しい。⑦やさしい。かたよりがない。⑧平家のこと。

願い 活発で健康的な響きが人気。だれに対しても優しく穏やかに接し、人の意見を素直に聞くことができる、落ち着いた男性に。波風が立たない平和な人生を送ってほしいと願って。

航平　こうへい
桔平　きっぺい
哲平　てっぺい
純平　じゅんぺい

画数・漢字｜主な読み｜名前例

未　5画

主な読み：ビ・ミ・ひつじ

意味　①まだ…しない。否定をあらわすことば。②ひつじ。十二支の八番目。動物では羊。時刻では午後二時。または、午後一時から三時まで。方位では南南西。

願い　木の枝葉をかたどり、枝葉が茂る意味を表す字であることから、大きくのびやかに育っていくようにと願って。枝葉が伸びていくように、無現の可能性を秘めた男性に。そしてさまざまな分野で活躍できる人になってほしいという気持ちを込めて。

名前例：
- 未來　みらい
- 拓未　たくみ
- 未来　みらい
- 未来也　みきや

矢　5画

主な読み：シ・ただ・ちかう・なお・や

意味　①弓のつるにかけて射るもの。武具・狩猟具の一つ。②矢のようにはやい。③ちかう。約束を固く守る。

願い　正月の縁起物である破魔矢（はまや）のように、悪しきものを寄せつけない清く正しい男性に。また、まっすぐに飛ぶ矢のように、勢いのある人生が送れるようにという祈りも込めて。

名前例：
- 橙矢　とうや
- 聖矢　せいや
- 蒼矢　そうや
- 龍矢　りゅうや

由　5画

主な読み：ユ・ユイ・ユウ・ただ・ゆき・よし・より

意味　①よりどころ。わけ。原因。②方法。手がかり。③人から伝え聞いたことを表すことば。④…から。動作・時間の起点を表す。⑤もとづく。⑥平仮名の「ゆ」は、「由」の草書体からできた字。

願い　人々のよりどころになり、手本となるような人に育ってほしい。また、原因や起点を表すことから、物事を論理的に考えることのできる理知的な男性になってほしいという気持ちも込めて。

名前例：
- 由真　ゆうま
- 由晴　よしはる
- 由幸　よしゆき
- 由雅　ゆうが

礼　5画

主な読み：ライ・レイ・あきら・あや・のり・ひろ・ひろし・まさ・まさし

意味　①のり。人のふみ行うべききまり。②生活上の儀式・作法。③敬意を表す動作。おじぎ。あいさつ。④感謝の気持ち。また、その品物。

願い　作法や礼儀を重んじる、気品ある男性に。感謝の気持ちを忘れない謙虚な人になってほしいという思いを込めて。また、感謝されるような事柄を成し遂げられる人になってほしいという気持ちも込めて。

名前例：
- 礼人　あやと
- 礼　れい
- 礼央　れお
- 礼志　れいじ

旭　6画

主な読み：キョク・あき・あきら・あさ・あさひ・てる

意味　①朝日。②明らか。

願い　太陽が地平線から出て一気に上昇するイメージから、勢いのある人生に。大地を照らし、恵みをもたらす太陽のように、周囲の人たちを幸せにできる男性になってほしいと願って。また、健康で生命力あふれるようにという気持ちも込めて。

名前例：
- 旭　あさひ
- 旭陽　あさひ
- 旭希　あさき
- 旭人　あきひと

伊　6画

主な読み：イ・いざ・これ・ただ・よし

意味　①これ。この。②かれ。かの。③「伊太利（イタリア）」の略。

願い　イタリアの略で、モダンでおしゃれなイメージから、服飾やクリエイティブな世界で活躍してほしい、創造力の豊かな人に育ってほしいという気持ちを込めて。また、治めるという意味もあることから、天下を治めるスケール感のある男性に育ってほしいという願いも込めて。

名前例：
- 伊織　いおり
- 伊吹　いぶき
- 琉伊　るい
- 玲伊　れい

衣 6画

主な読み イ・エ・きぬ・ころも・そ・みそ

意味 ①着物。着るもの。②着る。着物を身につける。

願い 着物のように幾重にも経験を重ねてほしい、そして経験が人としての深みを増し、温情の厚い男性に育ってほしいと願って。また、衣服を表すことから、おしゃれな印象を受け、創造力豊かで服飾や芸術の世界で活躍できるようにという気持ちも込めて。立派な衣服が着られるような財にも恵まれるようにと願って。

名前例
琉衣　るい
瑠衣　るい
由衣斗　ゆいと
衣吹　いぶき

宇 6画

主な読み ウ・うま・たか・のき

意味 ①ひさし。のきした。②屋根。③家。④建物をかぞえることば。⑤そら。天。⑥天下。天地四方。⑦たましい。⑧平仮名の「う」は「宇」の草書体からできた字。

願い 家族を困難から守れる男性に育ってほしいという気持ちを込めて。天下、天地四方のすべての空間、事柄を表すことから、スケール感の大きな存在になってほしいと願って。

名前例
悠宇　ゆう
弘宇　ひろたか
柊宇　しゅう
翔宇　しょう

羽 6画

主な読み ウ・は・はね・わ・わね

意味 ①鳥や虫のはね。②中国古代の音階を表す五音（宮・商・角・徴・羽）の一つ。③鳥などをかぞえることば。

願い 世界にはばたいて活躍できるような男性になってほしいと願って。また、自由にのびのびと育ち、自分の個性を発揮してほしいという気持ちも込めて。

名前例
羽琉　はる
優羽　ゆうわ
悠羽　ゆう
柊羽　しゅう

気 6画

主な読み キ・ケ・おき

意味 ①水蒸気。空気。ガス。②天地間の自然現象。③息。呼吸。④目に見えない力。勢い。⑤気だて。生まれつきの性質。⑥気持ち。心持ち。⑦一年を二十四等分したその一期間。

願い 勇気、元気、根気などを想像できる字で、生きていくことや目標を達成するパワーにあふれた男性に。空気や天地の自然を表すことから、生命力にあふれ、健康に恵まれるようにという思いも込めて。

名前例
元気　げんき
晴気　はるき
浩気　ひろき
英気　えいき

吉 6画

主な読み キチ・キツ・さち・とみ・はじめ・よ・よし

意味 よい。めでたい。りっぱな。さいわい。

願い 大吉、吉日、吉報という字などからイメージできるように、めでたいことの多い人生にと願って。縁起のよいこと、伝統を感じさせることから、誇りある心豊かな男性に育つようにという気持ちも込めて。

名前例
吉平　きっぺい
幸吉　こうきち
吉輝　よしき
吉彦　よしひこ

匡 6画

主な読み キョウ・たすく・ただ・ただし・ただす・まさ・まさし

意味 ①ただす。正しくする。正しい。②救う。助ける。

願い 堅実で頼りがいがあり落ち着いた賢い人を思わせるイメージがある漢字。物事を落ち着いて判断することができ、正義感が強く、人から信頼される人になるように。まじめで堅実な人に育つように願って。

名前例
一匡　かずまさ
匡平　きょうへい
匡　まさし
匡介　きょうすけ

圭 6画

ケイ・か・かど・きよ・き よし・たま・よし

意味 ①むかし中国で、天子が諸侯に領土を賜るしるしとして与えた玉。②かど。玉のとがった角。

願い 玉が積み重なっていくことをイメージして、喜びや財が拡大していくようにと願って。また、主君から領土を賜った臣下のように、切磋琢磨（せっさたくま）し、結果を残せる男性になってほしいという願いも込めて。

圭吾 けいご
圭 けい
圭太 けいた
圭輔 けいすけ

伍 6画

ゴ・あつむ・いつ・くみ・ひとし

意味 ①いつつ。②組み。五人、または五戸を一組みにした単位。③組む。仲間になる。④軍隊などの列。

願い 人が組になって交わるという意味から、多くの友だち、よい仲間、親友に恵まれるように願って。学校生活、社会人になってからも豊かな人間関係に恵まれ、いつも人の輪の中にいるような人生になるように願って。

将伍 しょうご
恭伍 きょうご
悠伍 ゆうご
慶伍 けいご

光 6画

コウ・あき・あきら・てる・ひかり・ひかる・ひろし・みつ

意味 ①輝く。照らす。②ひかり。③つや。④ほまれ。名声。⑤けしき。⑥時間。

願い 周囲を明るく照らすことのできる活力にあふれた人に。どんなときでも向上心を持ち、輝きを失わない男性に育ってほしいと願って。また、周囲の人たちの希望の光となる存在になってほしいという祈りの気持ちも込めて。

光希 こうき
光佑 こうすけ
光稀 みつき
光 ひかる

向 6画

キョウ・コウ・ひさ・む・むか・むき・むけ

意味 ①面する。その方にむく。②おもむき。傾き。③先。以前。④適する。

願い 夢や目標に向かって頑張る様子をイメージできることから、まっすぐでひたむきで誠実な男性に育つようにと願って。さわやかで明るく、多くの人たちから慕われる人になってほしいという気持ちも込めて。

陽向 ひなた
日向 ひなた
日向 ひゅうが
向希 こうき

好 6画

コウ・この・このみ・す・たか・み・よし・よしみ

意味 ①このむ。すく。すきだと思う。②このみ。すきなもの。③よい。このましい。④美しい。⑤仲よし。⑥うまく。たくみに。

願い だれからも好かれる好青年に育ってほしいと願って。また、世の中によい結果を残せるような人物になってほしいという気持ちを込めて。

好誠 こうせい
好輝 こうき
好太 こうた
好輝 よしき

行 6画

アン・ギョウ・コウ・き・つら・のり・ひら・みち・やす・ゆき

意味 ①ゆく。歩く。進む。②おこなう。おこない。③心身をきたえるおこない。④旅。⑤並び。並んだもの。⑥漢字の書体の一つ。⑦めぐり動くもの。天地の成り立つもと。⑧店。問屋。商社。

願い 十字路の形を表す漢字で、そこから行く、進む、歩く、行うの意味になった。心身を鍛える意味もあることから、男らしいイメージのある漢字。決めた方向にひたすら進んでいく意志の強さと行動力とを持ち、成功をつかむ男性に育つよう願って。

善行 よしゆき
史行 ふみゆき
行人 ゆきと
貴行 たかゆき

至　6画

主な読み：シ・いた・いたる・ちか・のり・みち・ゆき・よし

意味 ①いたる。届く。到着する。②いたり。きわみ。③いたって。この上なく。④時期の名。太陽が南北の極に達したとき。

願い 矢が到達したことを表し、至るという意味に。きわめる、最高の意味もある。常に高い目標とそれを成し遂げる向上心を持ち、成果にも恵まれる人になることを願って。

名前例
- 至穏（6・16）　しおん
- 奏至（9・6）　そうし
- 康至（11・6）　こうし
- 至（6）　いたる

次　6画

主な読み：シ・ジ・ちか・つ・つぎ・つぐ・やどる

意味 ①つぐ。つぎ。二番目。②ついで。順番。順序。③回数を表すことば。④宿り。宿屋。

願い しばらく立ち止まって休息する、充電して始めるといった意味もある。壁にぶつかっても、自分できちんと立ち上がる強さを持ち、次々と夢をかなえていける人になってほしいと期待して。

名前例
- 慶次（15・6）　けいじ
- 瑛次（12・6）　えいじ
- 幸次郎（8・6・9）　こうじろう
- 優次（17・6）　ゆうじ

朱　6画

主な読み：シュ・あけ・あけみ・あや

意味 ①赤。②江戸時代の貨幣の単位。一両の十六分の一。③しゅずみ。赤い墨。

願い 鳥居や和食器などに使われるオレンジ色を混ぜた明るい赤のことで、伝統を感じさせる落ち着いた人に。温かみのある色なので、人を癒やすことのできる包容力と豊かな心を持った男性に育ってほしいという願いを込めて。

名前例
- 朱里（6・7）　しゅり
- 朱羽（6・6）　しゅう
- 朱生（6・5）　しゅう
- 朱吏（6・6）　しゅり

充　6画

主な読み：ジュウ・あ・あつ・たかし・まこと・み・みち・みつ・みつる

意味 ①みちる。みたす。②あてる。あてがう。③ふさぐ。ふさがる。

願い 充実した人生、満ち足りた人生を歩んでほしいと願って。また、子どもが育つことを表す字であることから、すくすくと健康に育ち、困難に打ち勝って、一人で立ち上がる強さを持った男性に育ってほしいという気持ちも込めて。

名前例
- 充希（6・7）　あつき
- 充孝（6・7）　みつたか
- 充貴（6・12）　みつき
- 充（6）　みつる

旬　6画

主な読み：シュン・ジュン・とき・ひとし

意味 ①十日間。一か月を三分したうちの一つ。②十年。③満ちる。いっぱいになる。④しゅん。野菜や魚などのもっとも味のよい時期。

願い 物事の旬の時期、チャンスのときを見逃さず、夢や目標を実現できる実行力ある男性にと願って。いつまでもフレッシュさを持ったさわやかな男性に育ってほしいという気持ちも込めて。

名前例
- 旬（6）　しゅん
- 旬哉（6・9）　しゅんや
- 旬平（6・5）　じゅんぺい
- 旬太（6・4）　しゅんた

匠　6画

主な読み：ショウ・たくみ

意味 ①たくみ。職人。②先生。学問・芸術にすぐれた人。③趣向などをこらすこと。

願い 技術を身につけ、美しいものや、世の中の役に立つものをつくり出せる人に育ってほしいと願って。また、芸術的な才能にも恵まれるようにという思いを込めて。

名前例
- 匠（6）　たくみ
- 匠海（6・9）　たくみ
- 匠（6）　しょう
- 匠平（6・5）　しょうへい

名前例　主な意味と込めたい願い　主な読み　画数・漢字

丞　6画

主な読み：ショウ・ジョウ・すけ・すすむ

意味 ①助ける。補佐する。②じょう。むかしの役人の階級で、八省の四等官のうちの三番目の地位。

願い 穴に落ちた人を救い上げる、助けるなどの意味を持つ漢字。正義感が強く、困っている人を見過ごせない優しさを持ち、常に人の立場に立って動ける人に。人から信頼される人になれるよう願って。

名前例：
- 心之丞　しんのすけ
- 祐丞　ゆうすけ
- 丞　じょう
- 丞　すすむ

成　6画

主な読み：ジョウ・セイ・おさむ・さだ・しげ・しげる・なり・なる

意味 ①できあがる。実る。②なしとげる。しあげる。③まとまった形にしあげる。

願い どんな道を歩んでも、かならず成功するように、物事をあきらめずに成し遂げる立派な人になってほしいと願って。責任感のある落ち着いた雰囲気を持った男性に育ってほしいという気持ちも込めて。

名前例：
- 龍成　りゅうせい
- 優成　ゆうせい
- 康成　こうせい
- 一成　かずなり

壮　6画

主な読み：ソウ・あき・お・さかり・さかん・たけ・たけし・まさ・もり

意味 ①さかん。②元気のよい三十歳前後の男。③強い。勇ましい。④りっぱで大きい。

願い 「士」の部分は戦士の意味があり、そこから強い、大きい、勇ましい、盛んなどの意味になった。身も心も健全で生命力にあふれ、意気揚々とした力がみなぎっている男らしいイメージ。勇気を持って前へ進んでいける志の高い人に育ってほしいと期待して。

名前例：
- 壮真　そうま
- 壮志　そうし
- 壮一郎　そういちろう
- 壮太　そうた

早　6画

主な読み：サッ・ソウ・はや

意味 ①はやい。②すみやか。急ぐ。③若い。④年若い意味を表す接頭語。

願い 早朝、早春という言葉から連想するような、いつまでも若々しいフレッシュな男性に。生命力あふれる人になってほしいという願いを込めて。

名前例：
- 早翔　はやと
- 早汰　そうた
- 早杜　はやと
- 早太　そうた

多　6画

主な読み：タ・おお・おおし・かず・とみ・な・まさ・まさる

意味 ①おおい。たくさん。②増す。増やす。③功績を認める。ほめる。④ありがたく思う。

願い 多くの功績を残せる男性になってほしい。多くの人に幸福を与える人になってほしい。そして、多くの幸福を手にする人生を送ってほしいという気持ちも込めて。

名前例：
- 奏多　かなた
- 康多　こうた
- 亮多　りょうた
- 奏多　そうた

地　6画

主な読み：ジ・チ・くに・ただ

意味 ①土地。②国。③ところ。場所。④身分。⑤その土地。⑥本性。もと。⑦文章の中で会話以外の部分。

願い あらゆる生命をはぐくみ、どこまでも広がる大地や場所を表すほか、ありのまま、生まれつきなどの意味もある。雄大で力強いイメージのある漢字。度量と器の大きさを連想させることから、おおらかな心で人を受け止め、大地にしっかり足をつけて、すくすくと成長していくように願って。

名前例：
- 大地　だいち
- 泰地　たいち

凪　6画

なぎ・なぐ

意味 ①なぐ。海上の風や波が穏やかになる。②なぎ。波風がすこしもない状態。

願い 波風の立たない平穏な様子を表すことから、どんなときでも冷静であり、穏やかで落ち着いた度量の大きな男性になってほしいと願って。また、平和で穏やかな人生を送ってほしいという気持ちも込めて。

凪人　なぎと
凪　なぎ
世凪　せな
凪斗　なぎと

帆　6画

ハン・ほ

意味 風を受けて船を進ませる布。ほかけ船。

願い 大海原を進む帆船をイメージすることから、精悍で、スピード感あふれる行動力を持った男性に。さわやかで快活な人柄で、多くの人に親しまれるようにと願って。また、世界を股にかけるような活躍をする人に。順風満帆（じゅんぷうまんぱん）な人生を歩んでいけるようにという願いも込めて。

和帆　かずほ
帆貴　ほだか
帆斗　はんと
悠帆　ゆうほ

名　6画

ミョウ・メイ・あきら・な・なづく

意味 ①なまえ。呼び名。②なのる。自分のなまえを言う。名づける。③ほまれ。評判。なだかい。すぐれた。④人数をかぞえることば。

願い 自分の名を名乗って相手に自分の存在を知らせるという意味を持つことから、自分の考えを明確に表現できる知性ある人に。名声、名誉など、世界に名をとどろかすほどの活躍ができるようにという願いも込めて。

晴名　せな
星名　せな
瀬名　せな
聖名　せな

有　6画

ウ・ユウ・あ・あり・たもつ・なお・みち・もち・り

意味 ①ある。存在する。②持つ。持ち続ける。③また。さらに。その上に。

願い 存在感があり、上をめざしていける向上心のある男性に。才能、知力、体力、たくさんの能力に恵まれて、豊かな人生が歩めるようにという祈りを込めて。

有　ゆう
悠有　ゆう
有悟　ゆうご
有真　ゆうま

吏　6画

リ

意味 役人。官吏。

願い 役人や仕事をする人の意味に用いることから、社会に貢献できる人に、平和な世にするために力を注げる人になってほしいと願って。また、安定した堅実な人生を歩んでほしいという気持ちも込めて。

快吏　かいり
勇吏　ゆうり
吏玖　りく
吏樹　りき

亘　6画

コウ・セン・とおる・わたり・わたる

意味 ①わたる。両端までおよぶ。②めぐる。めぐらす。

願い あちこちにわたるという広がりを示す漢字であることから、誠実で信念を持ち、多くの人に親しまれる人に。また多彩な分野で活躍の場を持ち、大きな視野で自分の世界をどんどん広げていける男性になるよう期待して。

亘　わたる
亘佑　こうすけ
亘生　こうせい
亘紀　こうき

名前例 ／ 主な読み

亜　7画

主な読み：ア・アツ・オウ・つぎ・つぐ

意味 ①次ぐ。二番目。準じる。②亜細亜（アジア）の略。

願い 次ぐという意味から、親や先人を敬い、伝統を重んじる人になってほしいと願って。アジア全体をイメージして、大陸的なおおらかな男性に育ってほしいという希望も込めて。

名前例：瑠亜 るあ／亜蓮 あれん／春亜 はるあ／亜紋 あもん

杏　7画

主な読み：アン・キョウ・コウ・あんず

意味 あんず。からもも。バラ科の落葉高木。

願い 杏は花は美しく実はおいしいことから、中身も容姿も素晴らしい男性に育ってほしいとの願いを込めて。また、果実がたくさんなる豊かな木のように、実りある人生を送れるようにという気持ちも込めて。

名前例：杏輔 きょうすけ／杏介 きょうすけ／杏太 きょうた／杏慈 あんじ

壱　7画

主な読み：イチ・イツ・かず

意味 ①ひとつ。②もっぱら。ひたすら。

願い ママとパパにとってのオンリーワン、かけがえのない大切な子という思いを込めて。ひとつのことにひたすらに精進する強い精神力を持ち、成功をおさめることができる男性に育ってほしいと願って。

名前例：壱樹 いつき／壱護 いちご／理壱 りいち／壱真 かずま

伽　7画

主な読み：カ・ガ・キャ

意味 ①梵語「カ・ガ・キャ」の音訳に用いる。②人の退屈をまぎらわすこと。③病人の世話をすること。

願い 退屈をまぎらわすことを表すことや、お伽噺（おとぎばなし）という言葉で使われるように、おもしろみのあることを考える創造力を持った人に。エンターテインメントの世界で活躍できるように。人を楽しませて明るい笑顔を引き出せる豊かな男性になってほしいという気持ちを込めて。

名前例：琉伽 るか／瑠伽 るか／伽那汰 かなた／伽威 かい

我　7画

主な読み：ガ・わ・われ

意味 ①わたくし。われわれ。②わたしの。自分の。われわれの。③わがまま。自分勝手。④自分に執着する心。

願い 元は刃がギザギザの鋸を意味したが、自分自身を表す漢字に。強さや慎み深さなど多彩な意味に通じることから、強い信念を持ち、自分自身を大切にして、慎ましいながらも自分の存在を上手にアピールできる人に。

名前例：龍我 りゅうが／泰我 たいが／大我 たいが／凌我 りょうが

快　7画

主な読み：カイ・ケ・こころよ・はや・やす・よし

意味 ①気持ちがよい。すばらしい。②病気がなおる。③はやい。④よく切れる。

願い おもしろい、さっぱりする、充実感、晴れ晴れとした気持ちを表す漢字で、速い、鋭いの意味もある。さっぱりと晴れ上がった空に輝く、太陽のような明るい人に。魅力的な人柄で人気を集め、健康的で頭のよい男性になるように願って。

名前例：快斗 かいと／快晟 かいせい／快人 かいと／直快 なおよし

希　7画

主な読み　キ・ケ・まれ

意味　①まれ。少ない。珍しい。②こいねがう。望む。③薄い。まばら。

願い　類いまれなきらめく才能を持った人に。夢や目標に向かって、希望に満ちて前向きに進める男性に育ってほしいと願って。また、輝かしい未来を予感させるイメージがあるので、夢を実現できる素晴らしい人生を歩んでほしいという祈りも込めて。

名前例	画数	読み
陽希	12・7	はるき
和希	8・7	かずき
光希	6・7	こうき
悠希	11・7	ゆうき

玖　7画

主な読み　キュウ・ク

意味　①黒色の美しい玉。②書類などで、数字の「九」の代わりに用いる。

願い　吸い込まれるように輝く玉のように、高貴な印象を与える人に。圧倒的な気高さを持った男性に育ってほしいという願いを込めて。

名前例	画数	読み
莉玖	10・7	りく
和玖	8・7	わく
玖音	7・9	くおん
陸玖	11・7	りく

吾　7画

主な読み　ゴ・あ・ごろう・みち・わ・わが・われ

意味　①われ。わが。自分。自分の。②他人に対して親しみの気持ちを表すことば。

願い　自己を表すほか、守る、防ぐの意味もあり、どっしりと安定した印象がある漢字。他人に対して親しみの気持ちを表すことが上手で、だれからも好かれる人に。思いやりがあり、家族や友だちを大切に守っていける男性になることを願って。

名前例	画数	読み
圭吾	6・7	けいご
悠吾	11・7	ゆうご
健吾	11・7	けんご
翔吾	12・7	しょうご

孝　7画

主な読み　キョウ・コウ・たか・たかし・のり・みち・ゆき・よし

意味　①父母や目上の人によく仕える。真心をもって仕える。②祖先に飲食物を供えてまつる。

願い　親や師などの目上の人に感謝の気持ちを忘れない、道徳心をしっかり持った人に。思いやりにあふれ、多くの人に慕われて尊敬される男性に育ってほしいという気持ちを込めて。

名前例	画数	読み
孝太	7・4	こうた
孝太郎	7・4・9	こうたろう
孝樹	7・16	こうき
孝司	7・5	たかし

宏　7画

主な読み　コウ・あつ・ひろ・ひろし

意味　場所や規模、人物や物の度量が広くて大きい。りっぱである。

願い　音が響き渡るほどの大きな建物を表すことから、心にゆとりのある度量の大きな男性になってほしいという願いを込めて。

名前例	画数	読み
宏太	7・4	こうた
宏樹	7・16	ひろき
宏人	7・2	ひろと
智宏	12・7	ともひろ

克　7画

主な読み　コク・いそし・かつ・かつみ・すぐる・たえ・なり・まさる・よし

意味　①自分の欲望や苦しみにうちかつ。②むずかしい物事や敵にうちかつ。③乗り越える。④相手にうちかつ。⑤よくする。⑥たえる。たえしのぶ。

願い　能力がある、成し遂げる、勝つなどの意味があることから、強い意志を思わせるイメージの漢字。自分の欲望やわがままに打ち勝って困難を乗り越え、運命を切り開いて最後までやり遂げる人になるように。

名前例	画数	読み
克弥	7・8	かつや
克樹	7・16	かつき
将克	10・7	まさかつ
克仁	7・4	かつひと

主な読み		名前例

沙　7画

主な読み：サ・シャ・いさ・す・すな

意味　①砂。②物事のよしあしを定める。

願い　自由に形を変える砂のように、柔軟性のある男性に。物事のよしあしや真偽を見極めることのできる洞察力や美意識を持った人になってほしいという期待を込めて。

名前例：真沙斗　まさと／亜沙斗　あさと／一沙　いっさ／和沙　かずさ

冴　7画

主な読み：コ・ゴ・さえ

意味　①さえる。冷える。澄みわたる。さえわたる。②凍る。寒い。

願い　研ぎ澄まされた感性により、芸術、技術、学問、あらゆる分野で才能を発揮して活躍できる人になってほしいと願って。頭脳明晰で冷静沈着、尊敬される指導者になれるようにという期待も込めて。

名前例：悠冴　ゆうご／翔冴　しょうご／逸冴　いっさ／颯冴　そうご

作　7画

主な読み：サ・サク・つく・つくり・とも・なり

意味　①つくる。②書物などを書きあらわす。③こしらえたもの。④耕す。⑤成す。行う。⑥おこす。おこる。盛んになる。⑦ふるいたつ。⑧かまえ。構造。⑨よそおい。⑩働く。仕事。⑪働き。⑫振る舞い。

願い　人（イ）と音を表す乍（木などを刀で割く意）からなり、人が木を加工してものを作る意味を表す。地道に努力を積み上げていくことができる男性に。

名前例：栄作　えいさく／駿作　しゅんさく／優作　ゆうさく／周作　しゅうさく

志　7画

主な読み：シ・こころざ・こころざし・さね・しるす・むね・ゆき

意味　①心が目的に向かう。②ある目的への気持ち・意志・信念。③しるす。書きしるしたもの。

願い　夢や目的に向かって強い信念を持って突き進んでほしいと願って。また、筋の通った骨のある、志の高い格好よい男性になってほしいという気持ちも込めて。

名前例：颯志　そうし／大志　たいし／篤志　あつし／志龍　しりゅう

秀　7画

主な読み：シュウ・さかえ・しげる・ひで・ほ・ほず・みのる・よし

意味　①ひいでる。抜き出てすぐれている。②ひじょうにすぐれた人や物。③美しさや高さの目立つもの。

願い　精神、容姿、知性、感性、活力など、あらゆることに抜きんでて優れているようにと願って。また、秀でた能力を持っていてもおごり高ぶらない人柄で、尊敬される男性になってほしいという願いも込めて。

名前例：秀哉　しゅうや／幸秀　ゆきひで／秀　しゅう／秀人　ひでと

助　7画

主な読み：ショ・ジョ・すけ・たす・たすく

意味　①たすける。力を貸す。救う。②たすけ。主となる者を手伝う人。③たすかる。④すけ。むかしの役人の階級で、主殿寮の四等官のうちの二番目の地位。⑤手伝い。

願い　心が広く包容力があり、人のために努力を惜しまず、弱い者や困っている人に力を貸せる人になることを期待して。人から好かれるような男性になることを願って。

名前例：慎之助　しんのすけ／颯助　そうすけ／幸助　こうすけ／龍乃助　りゅうのすけ

伸　7画

主な読み　シン・ただ・の・のぶ・のぶる・のぼる

意味　①のびをする。②長くなる。③まっすぐになる。④広くなる。⑤述べる。申し述べる。⑥のす。のばして広げる。⑦勢力が強くなる。

願い　曲がったことの嫌いなまっすぐな心を持った男性に育ってほしいと願って。目標に向かってまっすぐに進んでほしい、大志を抱いてほしいという気持ちを込めて。のびのびと健やかに成長できるようにという祈りも込めて。

名前例
- 悠伸　ゆうしん
- 伸之助　しんのすけ
- 恵伸　けいしん
- 伸也　しんや

臣　7画

主な読み　シン・ジン・お・おみ・おん・しげ・とみ・み・みつ

意味　①家来。主君に仕える人。②家来になる。また、家来としてのつとめ。③主君に対して臣下が使う自称のことば。④たみ。人民。

願い　上を見る目の形で、神に仕える者を表し、家来の意味に使う。立派な主人に仕えれば幸福だという考えで使うことが多いことから、人の考えをよく聞き、人のために尽くすことを忘れず、人の道を正しく歩むことを願って。格調高いりりしい男性に。

名前例
- 龍臣　たつおみ
- 将臣　まさおみ
- 晴臣　はるおみ
- 臣吾　しんご

吹　7画

主な読み　スイ・ふ・ふき・ふけ

意味　①息をはき出す。②管楽器をふき鳴らす。

願い　風が吹く、芽吹くということから連想されるように、力強い生命力とさわやかさの両面を持った男性に育ってほしいという願いを込めて。

名前例
- 維吹　いぶき
- 惟吹　いぶき
- 伊吹　いぶき
- 芽吹　めぶき

汰　7画

主な読み　タ・タイ

意味　①より分ける。細かいものを洗い分ける。よしあしをより分ける。②不用のものをのぞく。

願い　多い、豊か、勢いを示すこともあり、活気あふれる漢字。豊かさに恵まれ、幸多く、活発で前向きに生きていけることを願って。また、大切な子であるという気持ちを込めて。

名前例
- 颯汰　そうた
- 奏汰　かなた
- 翔汰　しょうた
- 慶汰　けいた

辰　7画

主な読み　シン・ジン・たつ・とき・のぶ・のぶる

意味　①たつ。十二支の五番目。動物では竜、時刻では午前八時。または、午前七時から九時ごろまで。方位では東南東。②とき。時節。日。③天体。星。

願い　時刻や日、天体などの意味を持つことから、元気よく奮い立つ、ロマンにあふれたイメージのある漢字。大空に向かって竜のようにどこまでも昇っていく、上昇志向の強い男性になることを願って。

名前例
- 辰樹　たつき
- 辰弥　たつや
- 辰海　たつみ
- 辰徳　たつのり

杜　7画

主な読み　ズ・ト・ド・もり

意味　①やまなし。バラ科の落葉果樹。山野に自生する。②ふさぐ。閉じる。③神社のある森。

願い　自然の場所で実をつける木を表すことから、実りある豊かな人生を歩んでほしいと願って。木のそよぐようなさわやかさを持った人に。また、神社の神聖な森をイメージして、高貴で気品ある男性になってほしいという気持ちも込めて。

名前例
- 悠杜　はると
- 杜和　とわ
- 優杜　ゆうと
- 明杜　あきと

名前例　主な読み

那　7画

ダ・ナ・とも・ふゆ・やす

意味 ①西方の異民族の国の名。現在の中国の四川省にあった。②なんぞ。いかんぞ。いかん。疑問や反語を表すことば。③あの。あれ。④どこ。どれ。どのあたり。⑤梵語の「ナ」の音訳に用いる。

願い 疑問や反語を表すことから、自分の意見をはっきりと伝えることができる人に。物事に矛盾を感じたとき、周囲の人のために疑問を表明し、解決していく勇気を持った男性になってほしいと願って。

星那　せな
真那斗　まなと
那央　なお
那由多　なゆた

芳　7画

ホウ・か・かおる・かんば・みち・よし

意味 ①かんばしい。かおりがよい。②評判がよい。名声が高い。てがら。③美しい。④他人の物事につけて敬意を表すことば。

願い 端正な容姿とたたずまいで、多くの人の心をつかむような評判のよい男性に。また、香りがよいことを表すことから、そばにいるだけで人を癒やしてしまう雰囲気を持った、カリスマ性のある男性にという気持ちも込めて。

芳樹　よしき
芳明　よしあき
芳哉　よしや
光芳　みつよし

佑　7画

ウ・ユウ・すけ・たすく

意味 ①助ける。助け。②じょう。むかしの役人の階級で、神官の四等官のうちの三番目の地位。

願い 人を助けることのできる温情にあふれ、助け合える仲間にも恵まれるようにと願って。大切なものを守れる強さと優しさの両面を持った男性に育ってほしいという気持ちも込めて。

光佑　こうすけ
佑真　ゆうま
凌佑　りょうすけ
佑太　ゆうた

来　7画

ライ・き・きた・く・ゆき

意味 ①こちらに近づく。②招く。③次の。これから先。④このかた。今まで。

願い 幸運を招き寄せる人生に。明るく輝く未来がわが子にやってくるようにという願いを込めて。

光来　みらい
来夢　らいむ
来輝　らいき
未来　みらい

利　7画

リ・き・さと・とおる・とし・まさ・みのる・よし

意味 ①鋭い。よく切れる。②はやい。すばやい。③つごうがよい。役にたつ。④もうけ。収益。⑤りし。りそく。⑥勝つ。勝ち。⑦よく働く。⑧作用・効果があらわれる。

願い 頭の回転がよく、物事をスムーズに運ぶことのできる指導者に。勝負に強く、いざというときに周囲の人を助けることのできる男性に育ってほしいと願って。また、経済的なセンスを持ち、富や財を築けるようにという期待も込めて。

利仁　としひと
利玖　りく
英利　ひでとし
利紀　としき

李　7画

リ・すもも・もも

意味 ①すもも。中国原産のバラ科の落葉高木。春に白い花をつける。②おさめる。③姓の一つ。

願い 木と子の字からなり、子を生む意味もあることから、子孫繁栄と、豊かで実りある人生を送れるようにという願いを込めて。

魁李　かいり
悠李　ゆうり
桃李　とうり
李空　りく

画数・漢字	主な読み	意味・願い	名前例
里 7画	リ・さと・さとし	意味 ①むらざと。ふるさと。②育ち。また、自分の家。嫁の実家。③子どもの養育を依頼した家。④道のり。また、道のりをはかる単位。日本では、一里は三六町。約四キロメートル。 願い ふるさとを思い出させるような、寛容で純朴な男性に。長い道のりでも、途中であきらめることなく進める、しんの強い人になってほしいという願いを込めて。また、自然を愛し、自然科学にかかわる分野での活躍を期待して。	悠里 ゆうり 海里 かいり 万里 ばんり 里玖 りく
良 7画	リョウ・あきら・お・かず・たか・つかさ・まこと・よ・よし・ら	意味 ①できがよい。すぐれている。②穏やかな。③やや。しばらくして。④生まれつき正しい。⑤まことに。⑥妻が夫をよぶことば。 願い あらゆる面で優れた能力を発揮し、周囲の人たちのよきお手本になるような男性に。誠実で穏やかな人柄で、多くの人に好感を持たれるようにという願いを込めて。	空良 そら 奏良 そら 良汰 りょうた 良樹 よしき
伶 7画	リョウ・レイ	意味 ①演奏者。②俳優。③召し使い。④かしこい。利口。 願い 音楽の才能など、芸術的な才能に恵まれるようにと願って。また、優れた知性を持ち、加えてりりしい容姿を持った、人々を魅了する素晴らしい男性に育ってほしいという期待を込めて。	伶斗 れいと 伶 れい 伶介 りょうすけ 伶恩 れおん
呂 7画	リョ・ロ・とも・なが	意味 ①中国の古代の音楽や雅楽の調子。②ことばの調子。③平仮名の「ろ」は「呂」の草書体からできた字。 願い 音楽や言語に関する学問に秀でるように。ものが連なっている様子を表すことから背骨の意味もあり、しんの強さ、人を支える強さを持った男性に成長するようにという願いを込めて。	比呂 ひろ 比呂斗 ひろと 比呂人 ひろと 陽呂 ひろ
依 8画	イ・エ・より	意味 ①よりかかる。頼る。②従う。③もとづく。④もとのまま。⑤木のおいしげるようす。 願い 頼れる立派な師との出会いに恵まれ、自身を磨いて大成できるように。そして人に頼られる度量を持った立派な男性に育ってほしいと願って。また、生い茂る木のように、人脈が広がっていきますようにという願いも込めて。	依吹 いぶき 怜依 れい 琉依 るい 依織 いおり
育 8画	イク・そだ・なり・やす	意味 ①そだてる。養う。②そだつ。成長する。③生まれた後の環境。 願い わが子の成長を見守り、あふれるほどの愛情を注ぐという親の気持ちをいっぱいに込めて。また、すくすくと健康に育ち、元気で活発な男性に成長するようにという気持ちも込めて。	育真 いくま 育夢 いくむ 育己 いくみ 育斗 いくと

英 8画

主な読み エイ・あや・すぐる・たけし・てる・とし・ひで・ふさ・よし

意味 ①はなぶさ。実のならない花。②ひいでる。すぐれる。③英吉利（イギリス）の略。

願い 英知にあふれた、優れた人になってほしいという気持ちを込めて。人の心を癒やしてくれる花のように、人が自然と集まる吸引力のある魅力あふれた男性になってほしいと願って。

名前例
- 英汰　えいた
- 英寿　ひでとし
- 英輝　えいき
- 翔英　しょうえい

苑 8画

主な読み エン・オン・その

意味 ①庭。草木を植えた庭や畑。②まきば。囲いをもうけて、動物を放し飼いにするところ。③いろいろな物事の集まるところ。

願い 洗練された庭園がイメージされることから、多くの人に支持される好感度の高い男性になってほしいと願って。また、人の集まる大きな舞台に立てる人に、スポーツやエンターテインメントの世界で活躍できるようにという気持ちも込めて。

名前例
- 士苑　しおん
- 志苑　しおん
- 璃苑　りおん
- 玲苑　れおん

旺 8画

主な読み オウ

意味 ①盛んなようす。②美しい光。

願い 元気で活動的で、多くの人の中にいても注目を集める存在感のある人になってほしいと願って。また、スポットライトを浴びるような、芸術やエンターテインメントの世界で活躍する男性になってほしいという気持ちも込めて。

名前例
- 旺佑　おうすけ
- 旺志朗　おうしろう
- 旺太　おうた
- 怜旺　れお

佳 8画

主な読み カ・カイ・ケ・よし

意味 ①美しい。②すぐれている。③めでたい。④おいしい。

願い 内面もたたずまいも壮麗で、文武両道、質実剛健な男性に成長し、だれからも尊敬され、慕われる人に。優れた能力で地位を獲得し、幸多い人生を送ってほしいという願いも込めて。

名前例
- 佳大　けいた
- 佳希　よしき
- 正佳　まさよし
- 佳吾　けいご

河 8画

主な読み カ・ガ・かわ

意味 ①大きな川。②川に似たもの。③中国の川の名。黄河のこと。

願い 大河のように、ゆったりと落ち着きのある男性になってほしいと願って。また、人々に恵みの水をもたらす川のように、多くの人に幸福をもたらすことのできる、社会に貢献できる人に育ってほしいという気持ちも込めて。

名前例
- 大河　たいが
- 悠河　ゆうが
- 銀河　ぎんが
- 遼河　りょうが

芽 8画

主な読み ガ・ゲ・め・めい

意味 ①草木のめ。②めばえる。物事の起こり。始まり。

願い 新しい感性を持った人になってほしいという気持ちを込めて。無からパワーを生み出す、未来の可能性を感じさせる人に。そして、目を見張るほどの活躍をする男性に育ってほしいという願いを込めて。

名前例
- 叶芽　かなめ
- 風芽　ふうが
- 龍芽　りゅうが
- 芽吹　めぶき

学　8画

ガク・あきら・さと・さとる・たか・のり・まな・まなぶ・みち

意味 ①習う。教えを受ける。勉強する。②まなびや。学校。③教育。④まなぶ者。研究する者。⑤知識の体系。

願い 指導者と弟子の交流という意味もある。あふれる探究心を象徴する、奥深さを持つ男性的な漢字。尊敬する師に出会い、いつでも謙虚な姿勢で教えを請い、生涯学び続けることを忘れない男性になることを期待して。

学杜　まなと
学　がく
学　まなぶ
学人　まなと

岳　8画

ガク・おか・たか・たかし・たけ

意味 ①大きくて高い山。②ごつごつしていかめしい。③妻の父のよび名に用いる。

願い 雄大な風景や何事にも動じない堂々とした人物を思わせる、雄大で崇高な誇り高いイメージの男らしい漢字。スケールの大きな夢を持ち、それに向かって一歩一歩頑張る男性に。困難にも立ち向かっていく強さを持った人になるよう願って。

岳　がく
岳大　たけひろ
岳史　たけふみ
岳志　たけし

季　8画

キ・すえ・とき・とし・みのる

意味 ①きょうだいの中でいちばん年下の者。末っ子。②四季の終わりの月。③とき。時節。一年を四つに分けた三か月。春夏秋冬。

願い 年長者に目をかけられるほどの実力がありながらも、愛嬌（あいきょう）があって徳もある男性に育ってほしいと願って。四季の美しさをいとおしむ感性の豊かな人に。また、年少者を気にかける優しさや、育てることのできる包容力のある男性になってほしいという気持ちも込めて。

佑季　ゆうき
和季　かずき
尚季　なおき
季也　ときや

享　8画

キョウ・すすむ・たか・つら・ゆき

意味 ①うける。自分に与えられたものをすなおに受け入れる。授かる。②もてなす。供え物をして神をまつる。

願い どんな場所、どんな地位になっても、置かれたところで自分を輝かせることのできる男性に。また、多くのものを授かることのできる幸運な人生を歩んでほしいという願いを込めて。

享佑　きょうすけ
享平　きょうへい
享太郎　きょうたろう
享祐　きょうすけ

京　8画

キョウ・ケイ・おさむ・たかし・ちか・ひろし

意味 ①みやこ。首都。②京都のこと。③東京のこと。④数の単位。兆の一万倍。⑤大きい。高い。

願い 情報・流行・経済・政治など、あらゆる分野の最先端が集まる大きな都のように、物事を発信する力を持って、社会の中心となれる人物をめざして。また、上品さが感じられる古風な一面を持った男性に育ってほしいという願いも込めて。

京也　きょうや
京一郎　きょういちろう
京吾　きょうご
京介　きょうすけ

空　8画

ク・クウ・コウ・あ・から・そら

意味 ①あな。②大空。③天候。④方向。方角。⑤落ち着かないこと。⑥文章などを暗記すること。⑦いつわり。⑧中身がない。⑨さびしい。人の気配がない。⑩役に立たない。⑪むなしく。むだに。⑫そらごと。いつわり。⑬からになる。⑭航空の略。

願い 大空にはばたくイメージから、世界で活躍してほしいと願って。また、無限に続く空のように、大きな心を持った男性に育ってほしいという気持ちも込めて。

蒼空　そら
璃空　りく
空　そら
晴空　はるく

主な読み

名前例

弦

8画

ゲン・いと・つる

意味 ①弓に張る糸。ゆづる。②半月。半分ほど欠けた月。③バイオリン・ギター・琴などの糸。また、それらの楽器。④円周上の二点を結ぶ直線。また、直角三角形の斜辺。

願い 月と楽器を連想させ、弾力的でのびやかな強さが感じられる情緒的な漢字。どんなことも、弓のように鋭く、弦のようにしなやかに、人生を闊歩（かっぽ）していける人になることを期待して。

- 弦 げん
- 弦斗 げんと
- 弦太 げんた
- 弓弦 ゆづる

虎

8画

コ・たけ・とら

意味 ①とら。食肉目ネコ科の動物。鋭いきばと、黄色と黒色のしまがある。②よっぱらい。③強くおそろしいもののたとえ。④ひじょうに危険なものや場所のたとえ。

願い 美しい勇猛さを象徴する存在のとらにあやかってつけたい。強く、勇ましく威風堂々。どんな困難も俊敏さとしなやかさで切り抜けていける、パワフルで男らしい人に育つよう願って。

- 虎太郎 こたろう
- 秀虎 ひでとら
- 虎太朗 こたろう
- 虎之介 とらのすけ

幸

8画

コウ・さい・さき・さち・たか・ひで・みゆき・ゆき・よし

意味 ①さいわい。しあわせ。②さち。恵み。自然界からとれたもの。③さいわいに。運よく。④かわいがる。気に入る。⑤みゆき。天子のおでまし。

願い 幸せになってほしいという親の愛情をいっぱいに込めて。幸運が次々にやってくる恵みの多い人生を送ってほしいという願いを込めて。

- 幸輝 こうき
- 幸平 こうへい
- 幸太郎 こうたろう
- 幸久 ゆきひさ

昂

8画

コウ・ゴウ・あき・あきら・たか・たかし・のぼる

意味 ①あがる。のぼる。高くなる。②気がたかぶる。意気があがる。③たかい。

願い 高まる、あがるなどの勢いを感じさせることから、向学心や意欲のある子に育ってほしい。上をめざしていく意志の強い男性に成長してほしいと願って。また、豊かな感受性を持ち、芸術分野で活躍してほしいという思いも込めて。

- 昂大 こうだい
- 昂輝 こうき
- 昂太郎 こうたろう
- 昂 たかし

侍

8画

シ・ジ・さむらい

意味 ①武士。②目上の人や高貴な人のそば近くに仕える。また、仕える人。③「ある」「いる」の丁寧語。

願い 忠誠、名誉、礼節などを重んじる「さむらい」の意味にも使うことから、武士道精神を期待して。文武両道で礼儀正しく、勇敢でまっすぐな誇り高い男性になるようにと願って。

- 龍侍 りゅうじ
- 銀侍 ぎんじ
- 勇侍 ゆうじ
- 蓮侍 れんじ

治

8画

ジ・チ・おさ・おさむ・さだ・ただす・つぐ・なお・はる・よし

意味 ①物事の乱れを整える。国をおさめる。②なおす。なおる。③いとなむ。管理する。

願い 人の上に立つことのできる統治力の優れた男性になってほしいと願って。心や体を治す研究者や医療の道に進んでほしいという願いを込めて。また、事業を営んだり、好きなことで身を立てることができるようにと祈って。

- 治希 はるき
- 龍治 りゅうじ
- 誠治 せいじ
- 慎治 しんじ

名前例　主な読み

実　8画

シツ・ジツ・さね・なお・のり・まこと・み・みつ・みの・みのる

意味　①草や木の、み。くだもの。②みのり。草や木のみが熟す。③満ちる。満たす。なかみがじゅうぶんにある。④まこと。なかみがあってほんとうである。⑤ほんとうに。⑥まごころ。親切な。⑦生まれた。もとの。

願い　努力が実を結び、夢をかなえられるように。また、誠実さと思いやりのある素晴らしい男性に育ってほしいと願って。まごころのある人に出会い、豊かな家族をつくれるようにという祈りの気持ちも込めて。

拓実　たくみ
実輝　みつき
実　まこと
実　みのる

周　8画

シュウ・あまね・いたる・ただ・ちか・のり・ひろし・まこと

意味　①まわり。②めぐる。物のまわりをひとまわりしてくる。③あまねく。広く行きわたる。④しゅう。中国古代の王朝名。

願い　周囲を隅々まで見渡せる視野の広い人に。また、気配りのできる優しい人にという思いも込めて。あらゆる分野を学び、優れた指導者になってほしいという願いも込めて。

周　しゅう
周平　しゅうへい
周　あまね
周作　しゅうさく

宗　8画

シュウ・ソウ・たかし・とき・むね・もと

意味　①おさ。かしら。その道の第一人者。②たっとぶ。むねとする。③神や仏の教え。④おたまや。祖先のたましいをまつるところ。⑤おおもと。祖先。本家。

願い　どの道を歩んでも、指導者や先駆者になれるような器の大きい男性に育ってほしいと願って。また、祖先を敬い、家を大事にする優しい人であるようにという気持ちも込めて。

宗太郎　そうたろう
宗志　そうし
宗一郎　そういちろう
政宗　まさむね

尚　8画

ショウ・たか・たかし・なお・なか・なり・ひさ・ひさし・まさ

意味　①まだ。そのうえ。②たっとぶ。とうとぶ。重んじる。③好み。④高くする。高い。⑤加える。重ねる。⑥久しい。古い。

願い　より高みをめざしていくことのできる、強い精神力を持った男性になってほしいと願って。また、古いことを重んじ、人を敬い、品格に満ちあふれた人になってという期待を込めて。

尚央　なお
尚吾　しょうご
邦尚　くにひさ
尚人　なおと

昇　8画

ショウ・すすむ・のぼ・のぼる・のり

意味　①上にあがる。②官位や序列があがる。③おだやか。

願い　繁栄や発展をイメージさせる力強い漢字。常に向上心を持ち、ひたむきな姿勢で、努力を惜しまず前進していける男性になるようにと願って。

昇矢　しょうや
昇吾　しょうご
昇太　しょうた
昇　のぼる

昌　8画

ショウ・あき・あきら・さかえ・すけ・まさ・まさし・まさる

意味　①勢いが強い。②栄える。③よい。美しい。④明らか。

願い　なんでも意欲的に取り組む活力あふれる青年に育ってほしいと願って。また、太陽が昇ることから形づくられた字であることから、周囲を明るくする朗らかな男性になってほしいという思いも込めて。

昌吾　しょうご
昌輝　まさき
幸昌　ゆきまさ
昌斗　まさと

名前例　主な読み

青　8画

ショウ・セイ・チン・あお・きよ・はる

意味 ①あお。あおい。②若い。年少の。③黒い毛の馬。また、馬の俗称。④未熟。

願い 澄みきった空の青や、深い海の青をイメージして、若々しいさわやかさと思慮深さの両面を持った男性に育ってほしいという願いを込めて。また、けがれのない澄んだ心、広く大きな心を持った人に育ってほしいという気持ちを込めて。

龍青 りゅうせい
海青 かいせい
青葉 あおば
青希 はるき

卓　8画

タク・すぐる・たか・たかし・まこと・まさる

意味 ①つくえ。台。テーブル。②すぐれる。ひときわすぐれている。

願い すっきりとした知的な印象を持つ男性らしい漢字。いつでも高い志を持ち、抜群の才能を生かしながら成功をつかみとる人になることを願って。だれにも負けないひときわ優れていることを一つでも持ち、それを輝かせることができる人になることを期待して。

卓磨 たくま
卓己 たくみ
卓矢 たくや
卓 すぐる

拓　8画

タク・ひらく・ひろ・ひろし

意味 ①切り開く。広げる。②石碑の文字などを紙に刷りとる。石ずり。

願い 未知の分野でも積極的に挑んでいける心の強さを持ち、未来を自分で切り開くことのできる人に。たとえ困難にぶつかっても自分で解決できるパワーを持ったたくましい男性に育つように願って。

拓海 たくみ
拓真 たくま
拓也 たくや
真拓 まひろ

知　8画

チ・あき・あきら・さと・さとし・さとる・とし・とも・はる

意味 ①感じとる。覚える。見分ける。②ちえ。さとい。かしこいこと。③しらせる。しらせ。④友人。⑤もてなし。あしらい。⑥治める。

願い 知性を感じさせる人に。学問への探究心が強く、優秀な男性に。そして、よき知人に恵まれ、素晴らしい人脈と知性で世の中を治めることのできる人になってほしいと願って。また、人よりも多くの知識や豊かな感性を持った人に育ってほしいという気持ちも込めて。

泰知 たいち
知輝 ともき
大知 だいち
知明 ともあき

宙　8画

チュウ・おき・ひろし・みち

意味 ①空。大空。空間。②そらんじる。③空中。

願い 心の大きな人に。小さなことにこだわらない、スケールの大きな男性に。自然科学の分野で才能を発揮してほしい、宇宙に飛び出すほどの活躍をしてほしいという期待も込めて。

宙 そら
真宙 まひろ
宙夢 ひろむ
宙斗 ひろと

直　8画

ジキ・チョク・すぐ・すなお・ただ・ちか・なお・なおき・なおし

意味 ①なおす。まっすぐにする。正しくする。②なおる。正しくなる。よくなる。③じか。直接。④やがて。まもなく。⑤まっすぐ。⑥つとめの番に当たる。とのい。⑦ただちに。すぐに。⑧ただ。それだけ。⑨あたい。値段。価値。⑩値うちがある。

願い 実直でまっすぐな人柄で、周囲の信頼を集める男性に育ってほしいと願って。また、物事の善悪や価値を正しく判断できる人になってほしいという思いも込めて。

直樹 なおき
直太郎 なおたろう
直 なお
直人 なおと

典 8画

主な読み：テン・おき・すけ・つかさ・つね・のり・ふみ・みち・よし

意味 ①書物。手本となる書物。②規則。法律。手本となることがら。③儀式。作法。④しきたり。⑤つかさどる。⑥さかん。むかしの役人の階級で、大宰府の四等官のうちの四番目の地位。

願い 思慮深く、礼儀正しく、聡明、人々のお手本となるような男性に。物事に対してまじめに取り組み、国をつかさどるような大人物に育ってほしいという願いを込めて。

名前例
- 典之 のりゆき
- 和典 かずのり
- 駿典 しゅんすけ
- 宏典 ひろのり

東 8画

主な読み：トウ・あきら・あずま・はじめ・はる・ひがし・ひで

意味 ①ひがし。②東へ行く。③あずま。箱根より東の地方。京都から関東をさしていう。

願い 太陽が昇ってくる方角を指すことから、生命力や意欲に満ちあふれた男性に育ってほしいと願って。

名前例
- 東吾 とうご
- 東真 とうま
- 東磨 とうま
- 東弥 とうや

奈 8画

主な読み：ダイ・ナ・ナイ・なに

意味 ①いかん。いかにせん。いかんぞ。なに。疑問を表すことば。②平仮名の「な」は「奈」の草書体からできた字。

願い 疑問を表す意味であることから、意見をはっきりと伝えることのできる男性であってほしいと願って。また、大きい実のなる木を表す字でもあるので、実りの多い人生を送ってほしいという気持ちも込めて。

名前例
- 日奈太 ひなた
- 麻奈斗 まなと
- 奈吾 だいご
- 奈央樹 なおき

波 8画

主な読み：ハ・ヒ・なみ

意味 ①水の起伏。②波のようになっておしよせてくるもの。また、その動き。③物事の上がり下がり。④もめごと。乱れる。⑤まなざし。

願い 青く光り輝く波のように、雄大でさわやかな男性に育ってほしいという気持ちを込めて。

名前例
- 波瑠 はる
- 波音 なみと
- 波琉 はる
- 波輝 なみき

武 8画

主な読み：ブ・ム・いさ・いさむ・たけ・たけし・たける

意味 ①強い。勇ましい。②いくさ。戦い。戦争。戦いの術。③兵器。④ひとまたぎ。半歩。

願い 武士や武士道など、勇ましく男気があり力強いイメージの漢字。前向きな強さ、精神的なたくましさを秘め、強くて勇敢な男性になるように願って。文武両道でまじめな人になるよう期待して。

名前例
- 歩武 あゆむ
- 武蔵 むさし
- 武琉 たける
- 武 たけし

歩 8画

主な読み：フ・ブ・ホ・あゆ・あゆみ・ある・すすむ

意味 ①あるく。②物事の進みぐあい。なりゆき。③足を出して歩くことをかぞえることば。④土地の面積の単位。一歩は約三・三平方メートル。⑤利率の単位。一歩は一割の十分の一。⑥手数料。⑦将棋の駒の名。

願い どんなときでも前進する意欲的な人になってほしいと願って。最初の一歩を踏み出す勇気を奮い立たすことのできる力強い男性に。そしてかならず夢をつかんでほしいという気持ちを込めて。

名前例
- 歩夢 あゆむ
- 歩 あゆむ
- 歩太 あゆた
- 歩斗 あゆと

宝 8画

主な読み ホウ・たか・たかし・たから・たけ・とみ・とも・みち・よし

意味 ①たからもの。きわめて価値のあるもの。金・銀・珠玉の類。②貨幣。金銭。③たいせつにする。たっとぶ。④天子や仏に関することがらにそえることば。

願い ママやパパにとって、とても大切なかけがえのない子という思いを込めて。光り輝くような存在となり、社会で活躍してほしいと願って。また、財や富にも恵まれますようにという気持ちも込めて。

名前例
- 宝　たから
- 龍宝　りゅうほう
- 宝生　ほうせい
- 宝良　たから

朋 8画

主な読み ホウ・とも

意味 ①友だち。同じ先生につく学友。②仲間。

願い 心許せるよき友人に恵まれた、豊かな人生を送れるようにと願って。また、ひもでつないだ2つの貝の形からできた字で、古代の財貨を表すことから、富や財にも恵まれるようにという思いも込めて。

名前例
- 朋輝　ともき
- 朋也　ともや
- 朋希　ともき
- 朋大　ともひろ

明 8画

主な読み ミョウ・メイ・あ・あか・あき・あきら・あけ・きよし・てる

意味 ①あかるい。あきらか。あかるく光る。②はっきりしている。③目立ってあらわれる。④目がよく見える。⑤さとい。かしこい。⑥夜があける。夜をあかす。⑦あきらかにする。⑧あす。あした。⑨あかり。⑩始まる。⑪開く。⑫すきま。ひま。⑬みん。中国の王朝名。

願い 明朗快活で前向きで、だれからも好かれる男性になってほしいと願って。明るい未来を歩んでいけるようにという思いも込めて。

名前例
- 明仁　あきひと
- 明　あきら
- 明真　はるま
- 幸明　こうめい

茂 8画

主な読み モ・しげ・しげみ・しげる・とお・とよ・もち・もと・ゆたか

意味 ①しげる。しげり。草木が盛んにのびる。②しげみ。草木の盛んに生えているところ。③さかんなありさま。④すぐれてりっぱである。

願い 草木が生い茂っているさまは、豊かさと成長の証し。たくましく立派に育ち、自分の能力を存分に発揮して大成してほしいという願いを込めて。

名前例
- 正茂　まさしげ
- 一茂　かずしげ
- 茂　しげる
- 茂樹　しげき

弥 8画

主な読み ビ・ミ・いよ・ひさ・ひさし・ひろ・みつ・や・よし・わたる

意味 ①いよいよ。ますます。②広くゆきわたる。③久しい。長い間。④つくろう。とじ合わせる。⑤いや。いよいよ、ますますの意味の接頭語。⑥梵語「ミ」の音訳に用いる。

願い 空間的にも時間的にも大きく広がっていくことを表すことから、スケールの大きな男性になってほしいという気持ちを込めて。また、周囲を広く見渡せる目、洞察力で人生を切り開いていってほしいと願って。

名前例
- 朔弥　さくや
- 和弥　かずや
- 音弥　おとや
- 蒼弥　そうや

怜 8画

主な読み リョウ・レイ・レン・さと・さとし・とき

意味 さとい。かしこい。

願い 思慮深く理知的で、多くの人に尊敬されるようになってほしいと願って。また、人の心の痛みを察することのできる知性を持ち、思いやりにあふれた男性になってほしいという気持ちも込めて。

名前例
- 怜　れい
- 怜央　れお
- 怜史　さとし
- 怜司　りょうじ

和　8画

主な読み：オ・ワ・かず・かつ・ちか・とも・な・なご・のどか・ひとし

意味　①声や調子を合わせる。②やわらぐ。なごむ。気が合い、親しむ。③なごやか。穏やか。のどか。④あえる。まぜ合わせる。⑤穏やかになる。⑥数学で、二つ以上の数を加えたもの。⑦日本。日本の。⑧なぐ。なぎ。風雨がなく海が穏やかなこと。

願い　人の和を大切する人に。経験のすべてをプラスにできる、心に富を持った人に育ってほしいという思いを込めて。日本の代表となれる男性にという期待も込めて。

名前例	画数	読み
大和	3・8	やまと
和真	8・10	かずま
和希	8・7	かずき
和玖	8・7	わく

侑　8画

主な読み：ウ・ユウ・あつむ・すすむ

意味　①すすめる。ごちそうをすすめる。②助ける。③むくいる。

願い　進んで人を助けたり、支えることのできる器の大きな男性に。また、支えてくれる優しい女性にめぐり会って、温かい家庭を築けるように。感謝の気持ちを忘れない人間味豊かな人になってほしいという気持ちも込めて。

名前例	画数	読み
侑輝	8・15	ゆうき
侑真	8・10	ゆうま
侑大	8・3	ゆうだい
侑	8	ゆう

來　8画

主な読み：ライ・き・きた・く・ゆき

意味　（「来」の旧字体）①こちらに近づく。②招く。③次の。これから先。④このかた。今まで。

願い　うれしいことがやってくる幸運な人生を祈って。明日への喜びや期待を感じることのできる、意気盛んな力強い男性に育ってほしいと願って。

名前例	画数	読み
來夢	8・13	らいむ
未來	5・8	みらい
來	8	らい
璃來	15・8	りく

昊　8画

主な読み：コウ・あきら・そら・ひろ・ひろし

意味　①空。大空。②大きい。

願い　青く広がる大空のように、さわやかで心の広い人に成長するようにと願って。大空にはばたく勢いで、のびのびと健やかに育ってほしい、広く世界で活動できる男性になってほしいという気持ちも込めて。

名前例	画数	読み
昊輝	8・15	こうき
昊汰	8・7	こうた
昊矢	8・5	こうや
昊夢	8・13	ひろむ

茉　8画

主な読み：バツ・マ・マツ

意味　〔茉莉（まつり）〕は、モクセイ科の常緑低木。ジャスミンの一種。花は白く、かおりが高い。

願い　優しい芳香で人を癒やすようなイメージから、高貴なたたずまいである半面、心穏やかで人を受け入れることのできる包容力も併せ持った、素晴らしい男性になってほしいと願って。

名前例	画数	読み
蒼茉	13・8	そうま
優茉	17・8	ゆうま
侑茉	8・8	ゆうま
茉宏	8・7	まひろ

郁　9画

主な読み：イク・あや・か・かおる・たかし

意味　①文物や文化の盛んなようす。②香気の強いようす。

願い　文化が盛んであることを表すことから、学問や芸術、精神など、さまざまな事柄に詳しい教養のある男性になってほしいと願って。また、おしゃれでたたずまいも洗練された人になるようにという気持ちも込めて。

名前例	画数	読み
郁斗	9・4	いくと
郁	9	かおる
郁弥	9・8	いくや
郁斗	9・4	あやと

名前例　主な読み

映

9画

エイ・ヨウ・あき・あきら・うつ・てる・は・みつ

意味　①かげがうつる。②照り輝く。色があざやかに見える。

願い　日の光に照らされてキラキラと輝くように、きらめく才能に恵まれて注目される存在になってほしいと願って。映像や色彩などの芸術的な才能に恵まれるように。また、勢いがあって陽気な性格で、周囲を明るく照らすことのできる男性に育ってほしいという気持ちも込めて。

映汰　えいた
映斗　あきと
映太　えいた
映人　えいと

栄

9画

エイ・さかえ・しげ・しげる・はる・ひさ・ひさし・ひで・ひろ

意味　①さかえる。②ほまれ。名誉。③盛んにするもの。④地位や名声があがる。

願い　栄える、繁栄するなど、愛情も富も得られるような豊かなイメージから、幸福に満ちあふれた人生を送ってほしいと願って。どの分野でも確固たる地位を築き、偉業を成し遂げる男性に育ってほしいという気持ちも込めて。

栄心　えいしん
栄太　えいた
将栄　しょうえい
栄人　はると

音

9画

イン・オン・お・おと・と・ね

意味　①おと。ね。声。ひびき。②ねいろ。ふし。③おん。漢字の読み方の一つ。むかしの中国の発音にもとづいているもの。④おとずれ。たより。

願い　音楽の才能に恵まれるように。音楽のように、人を楽しませたり癒やしたりできる人になってほしいと願って。また、言葉を表す意味もあり、文学の才能など、芸術全般にきらめく才能を発揮してほしいという気持ちも込めて。

陽音　はると
奏音　かなと
志音　しおん
怜音　れおん

珂

9画

カ

意味　①宝石の名。白めのう。②くつわ貝。③くつわ貝でつくった馬のくつわの飾り。

願い　パワーストーンとしても知られる白めのうは、心が洗われるような輝きを放つ色。進んだ道に対して、純粋で誇り高くあってほしい。気品があって、落ち着きのある凛（りん）とした男性になってほしいという願いを込めて。

瑠珂　るか
珂伊　かい
珂生　かい
琉珂　るか

海

9画

カイ・あま・うな・うみ・み

意味　①うみ。地球の表面上の塩水をたたえた広い場所。②すずりの水をためるところ。③大きく広い。④ものが多く集まるところ。

願い　命の源である海のように、豊かで雄大な心を持った男性に成長するようにという気持ちを込めて。また、海をイメージして、勇ましさと、人の心を穏やかにする包容力の両方を持った人になってほしいと願って。

海翔　かいと
海斗　かいと
拓海　たくみ
海晴　かいせい

紀

9画

キ・おさむ・かなめ・しるす・ただし・とし・のり・はじめ・もと

意味　①すじ道をたてて記録する。②のり。すじみち。③いとぐち。始まり。④小さなつな。細いつな。⑤とし。歳月。⑥「日本書紀」の略。

願い　人としての正しい道を歩み、間違ったことを正せる男性になってほしいと願って。また、文学の才能が花開くように。書物や歴史に残るような活躍をしてほしいという気持ちも込めて。

知紀　ともき
寛紀　ひろき
遥紀　はるき
紀之　のりゆき

研　9画

主な読み　ケン・ゲン・あき・きし・きよ・と

意味　①とぐ。すりみがく。②きわめる。物事を深く調べる。③墨をする。すずり。

願い　鋭い感性とシャープな頭のよさを感じさせる漢字。自分の感性を磨き、本質を追求する姿勢を常に持ち、物事を極めるための努力を惜しまない人になることを願って。

名前例
- 研人　けんと
- 研吾　けんご
- 研士郎　けんしろう
- 研太　けんた

厚　9画

主な読み　グ・コウ・あつ・あつし・ひろ・ひろし

意味　①ぶあつい。物の積み重なっているようす。②てあつい。ねんごろ。③豊かにする。④あつかましい。⑤たいそう。

願い　人の痛みを想像できる、人情味豊かな情の厚い男性になってほしいと願って。物事をていねいに行える人に。また、ぶあつい、積み重なるなどのイメージから、豊かな富を築けるようにという気持ちも込めて。

名前例
- 厚汰　こうた
- 厚大　こうだい
- 厚哉　あつや
- 厚志　あつし

恒　9画

主な読み　コウ・ゴウ・つね・ひさ・ひさし・ひとし

意味　①いつまでも変わらない。久しい。②常に。いつも。

願い　長い時間を経ても変わらない安定感をイメージさせる漢字。常にピンと張りつめて、たゆまぬ強い意志を感じさせることから、初心を忘れることなく、自分の目標に向かって強い信念を貫き通せる男性になることを願って。

名前例
- 恒輝　こうき
- 恒介　こうすけ
- 恒平　こうへい
- 恒太　こうた

皇　9画

主な読み　オウ・コウ・すべ・すめら

意味　①きみ。おおきみ。天子。②大きい。③王室や天子にかかわる事物にそえることば。④すめらぎ。天皇の古い言い方。

願い　崇高で気高いイメージに満ちた漢字。品があり、誇り高く、広い視野で物事を見ることのできる人に。スマートに人生を歩いていける人になることを願って。

名前例
- 皇　こう
- 皇輝　こうき
- 皇介　おうすけ
- 皇成　こうせい

紅　9画

主な読み　ク・コウ・あか・くれない・べに・もみ

意味　①くれない。あざやかな赤色。②べに。べに花からとった赤い顔料や染料。③女性についていうことば。

願い　情熱の色をイメージし、熱意と使命感によって成功を収めてほしいと願って。また、紅色のように人を引きつける力があり、芸術や芸能の世界で活躍できるようにという願いを込めて。

名前例
- 璃紅　りく
- 紅太　こうた
- 紅輝　こうき
- 紅陽　こうよう

哉　9画

主な読み　サイ・えい・か・かな・き・すけ・ちか・とし・はじめ・や

意味　①かな。詠嘆・感嘆を表すことば。②や。疑問・反語を表すことば。

願い　感嘆を表すことから、みずみずしい感性を持ち、豊かな表現力で注目を集める人になってほしいと願って。また、疑問や反対の気持ちをしっかりと相手に伝えることのできる、強い意志を持った男性に育ってほしいという気持ちを込めて。

名前例
- 柊哉　しゅうや
- 智哉　ともや
- 哉太　かなた
- 和哉　かずや

主な読み

名前例

咲 9画

ショウ・さ・さき

意味 ①花が開く。②笑う。

願い 笑うという意味を表し、周囲の人を笑顔にすることのできる朗らかな男性になってほしいと願って。また、小さなことにこだわらないおおらかさを持ってもらいたい。度量の広い男性になってほしいという気持ちも込めて。

咲人 さくと
咲太郎 さくたろう
咲哉 さくや
咲都 さきと

秋 9画

シュウ・あき・おさむ・とき・みのる

意味 ①四季の一つ。立秋から立冬までの間。太陽暦では九・十・十一月。②穀物の実りの季節。③としつき。年月。④たいせつな時期。

願い 紅葉の美しい情緒に富んだ時期をイメージして、落ち着いた雰囲気の男性に育ってほしいと願って。また、実り多い豊かな人生を歩んでほしいという祈りも込めて。

秋人 あきと
秋斗 しゅうと
秋弥 しゅうや
千秋 ちあき

俊 9画

シュン・すぐる・たかし・とし・まさる・よし

意味 ①才能や知識がすぐれる。②すぐれた人。才能や知識が目立ってすぐれた人。③高い。大きい。

願い 何事に対しても、冷静かつ機敏な判断をできるような人に。心身共に抜きんでている才能を持つ賢い人になることを願って。頭の回転が速く、瞬発力と行動力のある男性になることを期待して。

俊輔 しゅんすけ
俊太 しゅんた
俊 しゅん
雅俊 まさとし

春 9画

シュン・あずま・かず・す・とき・はじめ・はる

意味 ①四季の一つ。立春から立夏までの間。太陽暦では三・四・五月。②年のはじめ。正月。③青年期。④とし。としつき。

願い 植物が芽吹いたり、生き物の誕生する春のイメージから、生命力に満ちあふれた人に。世の中のためになる何か大きなものを生み出す力を持ち、社会に貢献できる男性になってほしいと願って。また、春の日ざしのように、人の心を温かくできる人に育ってほしいという気持ちも込めて。

春樹 はるき
春斗 はると
春馬 はるま
慶春 よしはる

昭 9画

ショウ・あき・あきら・てる・はる

意味 ①明らか。明るい。②明らかにする。

願い 周囲の人たちを明るく照らすことのできる、快活でおおらかな男性に育ってほしいと願って。また、社会で輝かしい活躍をしてほしいという気持ちも込めて。

昭真 しょうま
昭斗 あきと
昭太 しょうた
友昭 ともあき

城 9画

ジョウ・セイ・き・くに・しげ・しろ・なり・むら

意味 ①しろ。城壁をめぐらした町。②大名の住居。とりで。

願い 一国一城の主に。トップ、代表者、指導者になってほしいと期待して。また、綿密な計算のもと築きあげた強固な城をイメージして、頭脳明晰で不動の安定感を持った男性に育ってほしいという願いも込めて。

城太郎 じょうたろう
陽城 はるき
瑞城 みずき
結城 ゆうき

信　9画

シン・あき・あきら・さだ・しげ・しの・のぶ・のぶる・まこと

意味 ①誠実。うそいつわりのないこと。②しんじる。③しるし。あかし。証拠。④わりふ。手形。⑤伝達の合図。めじるし。⑥たより。手紙。

願い 誠実な人柄で、信頼を裏切らない人望の厚い男性に育ってほしいと願って。互いに信頼し合える仲間に恵まれて、豊かな人生が送れるようにという気持ちも込めて。

龍信　りゅうしん
晴信　はるのぶ
信志　しんじ
正信　まさのぶ

政　9画

ショウ・セイ・おさ・ただ・ただし・ただす・のり・まさ・まさし

意味 ①まつりごと。国を治めること。②ととのえおさめること。

願い まじめできっちりとした印象を与える漢字。心がまっすぐで、まわりの意見に惑わされず、自分の意見をしっかり言える人に。統率力と行動力を兼ね備え、正しいこと、間違ったことの判断がきちんとできるようなリーダーシップを発揮できる男性になることを願って。

政宗　まさむね
直政　なおまさ
龍政　りゅうせい
悠政　ゆうせい

星　9画

ショウ・セイ・とし・ほし

意味 ①空に光るほし。②小さな点。ぼち。③思うつぼ。④犯人。⑤年月。時の流れ。⑥重要な人物のたとえ。

願い どの道に進んでも、輝く才能を発揮できるようにと願って。その名のとおり、スターや世の中の重要人物になってほしいという期待も込めて。

龍星　りゅうせい
星哉　せいや
悠星　ゆうせい
一星　いっせい

泉　9画

セン・い・いずみ・きよし・ずみ・み・みず・もと

意味 ①いずみ。地中からわき出る水。②温泉・鉱泉のこと。③滝。④みなもと。⑤地下。冥土。あの世。

願い 泉のように智恵やひらめきが、尽きることなくわき上がってくる才能に恵まれるようにと願って。そしてその能力を生かして、わき上がる水のように、社会に潤いや富をもたらし、人の役に立つ人になってほしいと願って。また、清潔感のあるさわやかな男性に育ってほしいという気持ちも込めて。

泉里　せんり
泉樹　みずき
泉澄　いずみ
琉泉　るい

奏　9画

ソウ・かな

意味 ①すすめる。さしあげる。②申す。君主に申し上げる。③かなでる。楽器を鳴らす。④なしとげる。

願い 音楽のように、人を楽しい気分にさせたり和ませたり、人を癒やすことのできる人になってほしいと願って。また、周囲の人たちと調和をとることができる、バランス力と統率力の両方を兼ね備えた男性に育ってほしいという気持ちを込めて。

奏太　そうた
奏　かなで
奏多　かなた
奏志　そうし

南　9画

ダン・ナ・ナン・あけ・なみ・みな・みなみ・よし

意味 ①みなみ。②南の方向へ行く。

願い 南の国の豊富な果実と広がる花々のイメージから、すくすくと元気に成長し、実り多い豊かな人生を送ってほしいと願って。また、明るくおおらかな男性に育ってほしいという気持ちも込めて。

晴南　せな
琥南　こなん
南斗　みなと
陽南太　ひなた

名前例　主な意味と込めたい願い　主な読み　画数・漢字

虹

9画

コウ・にじ

意味 ①雨あがりなどに、空気中の水滴に日光があたって生じる現象。七色の弓形の光を放つ。②長い橋のたとえ。

願い 夢や栄光に向かっていくイメージがあり、努力を惜しまずに頑張れる人に。そして成功や栄光をかならず手にしてほしいと願って。また、世の中に夢を与えられるような男性に。国や人のかけ橋となってほしいという気持ちも込めて。

虹太《こうた》　虹輝《こうき》　虹汰《こうた》　虹太朗《こうたろう》

飛

9画

ヒ・と

意味 ①空中をかけまわる。また、かけめぐらせる。②順序を経ずにぬかして進む。③とびあがる。空中にかけのぼる。④とぶように速い。すみやか。急な。⑤高い。そびえる。

願い 跳んだりはねたりするような、元気なイメージの漢字。大空を自由自在に飛んでいく鳥のように、自由を愛し、輝く未来の希望へ向かって大きくはばたいていけるような男性になることを願って。

朝飛《あさひ》　雄飛《ゆうひ》　飛羽《とわ》　飛龍《ひりゅう》

柊

9画

シュウ・ひいらぎ

意味 ひいらぎ。モクセイ科の常緑小高木。かたく光沢のある葉は、先にとげのようなふちがあり、節分の夜には魔よけとして用いる。

願い 柊の花が冬の季語のため、冬生まれの男の子の名前に多く使われる漢字。「柊」にあやかり、いつまでもたくましく、健やかにすくすくと成長をすることを願って。

柊《しゅう》　柊哉《しゅうや》　柊太《しゅうた》　柊真《しゅうま》

彦

9画

ゲン・お・さと・ひこ・やす・よし

意味 ①男子の美称。②才能やおこないのすぐれた男子。③美男子。

願い 美男子を意味することから、品を感じさせるイメージの漢字。容姿や学問、才徳に優れ、明るい未来をまっすぐに見つめて軽やかに歩んでいける人になることを願って。

龍彦《たつひこ》　彦太《げんた》　晴彦《はるひこ》　正彦《まさひこ》

風

9画

フ・フウ・かざ・かぜ

意味 ①かぜ。②教え導く。③ならわし。習慣。④すがた。ようす。⑤けしき。⑥うわさ。⑦味わい。おもむきがある。⑧ほのめかす。遠まわしに言う。⑨うた。

願い 風のように、どこにでも行ける行動力と、のびのびと育った気持ちのよい人になってほしいと願って。風をイメージさせるようなさわやかな男性に。また、ならわしや教えを表すことから、礼儀正しい気品のある男性に育ってほしいという気持ちも込めて。

風真《ふうま》　風雅《ふうが》　風音《ふうと》　風磨《ふうま》

柾

9画

まさ

意味 まさ。まさめ。縦に切った材の木目が平行な直線でそろっているもの。

願い 木目が縦にまっすぐ並んでいるものを表すことから、まっすぐ素直にのびのびと育っていくように願って。曲がったことが嫌いで、一本筋の通った男性になることを期待して。

柾貴《まさたか》　柾人《まさと》　柾哉《まさや》　柾輝《まさき》

名前例　主な読み

耶　9画

主な読み ジャ・ヤ

意味 ①や。か。句末につけて、疑問・反語・感嘆などの意味を示すことば。②父をよぶことば。

願い 疑問や反語を表すことから、自分を信じて個性を伸ばしていける人に育ってほしいと願って。また、感嘆を表す字でもあるので、豊かな感情を持った人間味あふれる男性に育ってほしいという気持ちも込めて。

名前例

名前	画数	読み
尚耶	8・9	なおや
智耶	12・9	ともや
星耶	9・9	せいや
柊耶	9・9	しゅうや

勇　9画

主な読み ユウ・いさ・いさお・いさみ・いさむ・お・たけ・たけし・はや

意味 ①いさむ。ふるいたつ。②いさましい。強い。③いさぎよい。思いきりがよい。④いきおいこむこと。⑤おとこだて。おとこぎ。

願い 周囲が躊躇（ちゅうちょ）するときでも、恐怖や不安な気持ちを奮い立たせることのできる勇ましい男性に。心身共にたくましく、自信を持ってわが道を進める人に成長してくれると信じて。

名前例

名前	画数	読み
勇太	9・4	ゆうた
勇人	9・2	はやと
勇真	9・10	ゆうま
勇輝	9・15	ゆうき

宥　9画

主な読み ユウ・すけ・ひろ

意味 ①許す。大目にみる。②なだめる。やわらげしずめる。

願い 懐が深く、人を包み込むことのできる寛大な心を持った男性に育ってほしいと願って。また、説得したり、なだめたり、おさめたりすることのできる、社会をしずめる力のある立派な人になってほしいという気持ちも込めて。

名前例

名前	画数	読み
宥吾	9・7	ゆうご
宥	9	ゆう
宥人	9・2	ひろと
宥介	9・4	ゆうすけ

柚　9画

主な読み ジク・ユ・ユウ・ゆず

意味 ①ゆず。ミカン科の常緑小高木。柑橘類の一種で、かおりのよい実は調味料として用いられる。②たてまき。織物の縦糸をまく道具。

願い 上品な味とさわやかな香りの果実であることから、いつまでもみずみずしい感覚を持った人に。料理の味を引き立てたり、香りで人を癒やすことから、自身の才能を発揮しながらも、周囲の能力を引き出すことができる度量の大きな男性に育ってほしいと願って。

名前例

名前	画数	読み
柚希	9・7	ゆずき
柚輝	9・15	ゆずき
柚太	9・4	ゆうた
柚之介	9・3・4	ゆうのすけ

祐　9画

主な読み ユウ・さち・すけ・たすく・よし

意味 ①助ける。人が助ける。天や神が助ける。②助け。さいわい。天や神の与える助け。また、幸福。

願い 大きな力に守られ、幸運やチャンスの多い恵まれた人生を歩んでほしいと願って。また、人を助け、人に助けられる徳のある男性に育ってほしいという気持ちを込めて。

名前例

名前	画数	読み
聡祐	14・9	そうすけ
祐人	9・2	ゆうと
圭祐	6・9	けいすけ
祐太	9・4	ゆうた

洋　9画

主な読み ヨウ・うみ・きよ・なみ・ひろ・ひろし・み

意味 ①大海。そとうみ。②広々としたようす。③世界を大きく東西に分けたもの。④西洋の。

願い 海のように、広く大きな心を持った器の大きな男性になってほしいと願って。また、世界を股にかけて活躍するようになってほしいという期待も込めて。

名前例

名前	画数	読み
洋太	9・4	ようた
崇洋	11・9	たかひろ
洋樹	9・16	ひろき
洋平	9・5	ようへい

要　9画

主な読み　ヨウ・い・かなめ・とし・め・もとむ・やす

意味　①かんじんな所。もっとも大切な所。②扇のもとの部分。③しめくくる。しめくくり。文章などをかんたんにまとめたもの。あらまし。④望む。

願い　どの道を進んでも、最も大切な部分を担うことのできる重要な男性になってほしいと願って。人をまとめることのできる指導者になってほしいという気持ちも込めて。

名前例
- 要　かなめ
- 要太　ようた
- 要輔　ようすけ
- 要人　かなと

律　9画

主な読み　リチ・リツ・ただし・ただす・のり

意味　①おきて。法令や刑罰に関するきまり。②のっとる。基準や法則に従う。③学問上などの法則。④僧が守るべきいましめ。⑤音楽の調子。音階。⑥漢詩の一形式。

願い　目標に向かっていくために、自分を厳しく律することができる精神力の強い男性に育ってほしいと願って。また、芸術的な才能にも恵まれるようにという気持ちも込めて。

名前例
- 律貴　りつき
- 律希　りつき
- 律　りつ
- 律斗　りつと

亮　9画

主な読み　リョウ・あき・あきら・きよし・すけ・とおる・まこと・よし

意味　①明らか。はっきりしている。②すけ。むかしの役人の階級で、職・坊の四等官のうちの二番目の地位。

願い　主義主張を明確に相手に伝えることのできる積極性を持った男性になってほしいと願って。また、明るく朗らかで、人を助ける思いやりにもあふれた人になってほしいという思いも込めて。

名前例
- 亮太　りょうた
- 亮成　りょうせい
- 友亮　ゆうすけ
- 亮　あきら

玲　9画

主な読み　リョウ・レイ・たま

意味　①玉や金属がふれあって鳴る音。②透き通るように美しいようす。

願い　玉が触れ合ったときの美しい音をイメージして、涼やかで透明感のあるたたずまいの男性に。純粋で清廉、実直な人になってほしいという願いを込めて。

名前例
- 玲音　れおん
- 玲央　れお
- 玲太　りょうた
- 玲　れい

郎　9画

主な読み　ロウ・お

意味　①若者。若い男子をよぶことば。②夫。妻が夫をよぶことば。③仕えている人。家来。④官職の名。⑤男子の名につけることば。

願い　清らかな男子という意味もあり、伝統的な男らしい響きの名前に。好感度が抜群で、いつまでも若々しいさわやかな男性になることを願って。

名前例
- 遼太郎　りょうたろう
- 健太郎　けんたろう
- 悠太郎　ゆうたろう
- 孝太郎　こうたろう

俐　9画

主な読み　リ・さと・さとし

意味　かしこい。さかしい。

願い　知的で落ち着いた人に。素晴らしい洞察力と知恵で人生を切り開くことができるようにと願って。また、頭の回転が速く、大きなものを動かせる人になってほしいという期待も込めて。

名前例
- 俐空　りく
- 俐玖　りく
- 俐樹　りき
- 俐人　りひと

昴
9画

主な読み：ボウ・すばる

意味　すばる。星座の名。二十八宿の一つ。牡牛座のプレアデス星団。

願い　古くは王者の象徴ともされた気高い印象がある、星の名前を表す漢字。王のように多くの人の支えとなり、まわりの人を明るく照らしながらも、ひときわ輝きを放つ男性になることを願って。星のように輝き続ける人生を歩んでいけるように。

名前例
- 昴　すばる
- 昴琉　すばる
- 昴流　すばる
- 昴星　すばる

洸
9画

主な読み：コウ・たけし・ひろ・ひろし・ふかし

意味　①水がわきたつようす。②勇ましいようす。③水が深く広いようす。

願い　わき立つ水が広がっていくように、勢いがあってエネルギーに満ちあふれた人に。また、透明感があってフレッシュで、まぶしい笑顔の男性に育ってほしいという思いも込めて。

名前例
- 洸　こう
- 洸希　こうき
- 洸太　こうた
- 洸斗　ひろと

珀
9画

主な読み：ハク

意味　〈琥珀（こはく）〉は、樹脂が化石となったもの。黄色で、つやがある。

願い　古来から貴重なものとして大事にされ、長い月日をかけてできた宝石をイメージして、世の中の宝となるような男性に育ってほしい。また、歴史に残るようなことを成し遂げてほしいという期待も込めて。

名前例
- 琥珀　こはく
- 珀斗　はくと
- 珀久　はく
- 虎珀　こはく

恩
10画

主な読み：オン・おき・めぐみ

意味　①恵む。恵み。②いつくしむ。いつくしみ。③情け。

願い　「オン」という優しい響きや字体から、愛情や思いやりを感じさせ、優しい男性のイメージ。情に厚く、人から受けた恩を忘れず受け止め、その優しさをきちんと与えることができる人に。

名前例
- 獅恩　しおん
- 士恩　しおん
- 蓮恩　れおん
- 吏恩　りおん

夏
10画

主な読み：カ・ゲ・なつ

意味　①四季の一つ。立夏から立秋までの間。太陽暦では六・七・八月。②か。中国最古の王朝名。③むかしの中国の自称。

願い　元気で躍動的なイメージがある漢字。夏は生命活動が最も活発な時期であることから、明るくスポーツマンで活動的、いきいきと輝きながら人生を闊歩（かっぽ）していく男性になることを願って。

名前例
- 瑠夏　るか
- 夏也　なつや
- 夏輝　なつき
- 夏樹　なつき

莞
10画

主な読み：カン

意味　①カヤツリグサ科の多年草。むしろを織るのに用いる。②にっこり笑うようす。

願い　丸い、まろやかという意味があることから、穏やかで素直、いつもニコニコしている人間性のまろやかな人になれるように。優しくて、だれとでも円満な人間関係を築くことができる男性になるよう願って。

名前例
- 莞太　かんた
- 莞人　かんと
- 莞太朗　かんたろう
- 莞太郎　かんたろう

主な読み / 名前例

起 10画

キ・おき・かず・たつ

意味 ①おき上がる。立つ。立ち上がる。②身をおこす。③始める。④よびおこす。気づかせる。⑤始まる。⑥盛んになる。⑦物事のはじめ。

願い 始めるという意味から、先見の明を持ち、行動力を発揮しながら先駆者、開拓者になっていけるような人物に。新しいものを生み出すパワーを持ち、目標に向かって自ら行動を起こす男性になることを願って。

悠起　ゆうき
直起　なおき
幸起　こうき
瑞起　みずき

恭 10画

キョウ・たか・たかし・ただ・ただし・のり・やす・やすし・よし

意味 ①うやうやしい。うやまいかしこまる。②つつしむ。つつしみ深い。

願い 謙虚な気持ちを忘れずに、冷静に自分を見つめることができるイメージ。真の自信を胸に秘め、礼儀正しく、まわりから愛され、信頼される人気者の男性になることを願って。

恭平　きょうへい
恭佑　きょうすけ
恭吾　きょうご
恭大　やすひろ

桐 10画

トウ・ドウ・きり

意味 きりの木。ゴマノハグサ科の落葉高木。材は軽く、木目も美しいので、家具・げた・琴などの材料に用いる。

願い まっすぐに伸びる桐の特徴や「きり」という響きから、りりしい印象の名前に。素直な人柄で、心身共にしなやかに、まっすぐのびのびと育つことを願って。

桐也　とうや
桐真　とうま
桐斗　きりと
桐吾　とうご

恵 10画

エ・ケイ・あや・さとし・しげ・とし・めぐ・めぐみ・やす・よし

意味 ①めぐむ。ほどこす。あわれむ。②かしこい。

願い 穏やかさと温かさのイメージがある漢字。人間の本質的な優しさを持ち、だれに対しても分け隔てなく接することのできる人に。素直で賢く、思いやりに満ちた人生を歩めることを願って。

恵人　けいと
恵大　けいた
恵梧　けいご
恵司　けいじ

桂 10画

ケイ・かつ・かつら・よし

意味 ①にっけい・もくせいなど、かおりのよい木の総称。②中国の伝説で月に生えているという木。そこから「月」の別名。③カツラ科の落葉高木。良質の建材として建築・家具などに用いる。④「桂馬」の略。将棋の駒の一つ。

願い 格調高く自然の美しさを感じさせる漢字。栄誉のしるしである月桂樹にあやかって、日々の努力の成果を発揮し、栄誉をつかむことのできる人に。人々をひきつける魅力がある男性になることを願って。

桂吾　けいご
桂　けい
桂輔　けいすけ
桂太　けいた

兼 10画

ケン・か・かね・とも

意味 ①合わせてもつ。合わせる。②遠慮する。③…しがたい。…できない。④かねて。前もって。

願い 二つのものを併せ持つことから、多くの才能に恵まれることを願って。たくさんの友人に恵まれるように。

兼続　かねつぐ
兼伸　けんしん
兼　けん
兼太　けんた

悟 10画

主な読み ゴ・さと・さとし・さとる

意味 ①さとる。さとり。真理を知る。②さとす。心の迷いをさます。③さとい。かしこい。

願い 知的で落ち着いたイメージのある漢字。止め字などに使うと男らしさを感じる名前に。道理がわかる、会得するなどの意味から物事の本質を見極める力を持ち、自分の信じた道を迷わず進んでいけるように願いを込めて。

名前例
- 圭悟 けいご
- 悠悟 ゆうご
- 悟 さとる
- 大悟 だいご

倖 10画

主な読み コウ・さいわい・さち

意味 さいわい。思いがけないしあわせ。

願い 個性と古風な雰囲気を感じさせ、幸せがあふれるイメージの漢字。運が強く小さな幸せを大切にしながら、大きな幸せもつかむ人生を歩めるように。多くの愛情に恵まれ、その恵みをまわりの人にも分け与えられる人になることを願って。

名前例
- 倖希 こうき
- 倖太郎 こうたろう
- 倖太 こうた
- 倖成 こうせい

晃 10画

主な読み コウ・あき・あきら・きら・そら・てる・ひかる・ひろ・ひろし・みつ

意味 ①明らか。②輝く。③光。

願い 日光がまぶしく輝いている様子を表す。いつも陽気で朗らかで、だれからも愛される明るい性格になるようにという願いを込めて。まぶしいくらい輝かしい人生を自分でつかんで歩んでいけることを期待して。

名前例
- 晃誠 こうせい
- 晃希 こうき
- 晃 あきら
- 晃弘 あきひろ

浩 10画

主な読み コウ・いさむ・おおい・きよし・はる・ひろ・ひろし・ゆたか

意味 ①広く大きい。②豊か。分量が多い。

願い 広々と広がる水面を表すことから、広い心を持ち、人生が豊かにのびのびと広がっていくように、ゆったりとしたおおらかな心を持つ男性に成長するように願いを込めて。

名前例
- 浩輝 こうき
- 浩太 こうた
- 浩志 こうし
- 智浩 ともひろ

紘 10画

主な読み コウ・ひろ・ひろし

意味 ①ひも。冠のひも。②つな。大づな。③はて。境界。④大きい。広い。

願い 鋼のように長く続くことを表すことから、縁起のよいイメージを持つ漢字。好きなことを長く続ける集中力や粘り強さを持ち、あきらめることのないスケールの大きい人になることを願って。

名前例
- 紘夢 ひろむ
- 紘 ひろ
- 紘生 ひろき
- 紘太郎 こうたろう

耕 10画

主な読み コウ・おさむ・たがや・つとむ・やす

意味 ①田畑の土をすきで掘り起こす。農業をする。②働いて生計を立てる。

願い 物事の土台を大切に、一生懸命努力を重ねる意味もあることから、自分の夢や才能の種をまき、コツコツと育てていくことができる人に。自分の信じた道を切り開いていけるように。ひたむきに物事に取り組む人になることを願って。

名前例
- 耕大 こうだい
- 耕一 こういち
- 耕生 こうせい
- 耕平 こうへい

航 10画

主な読み コウ・わたる

意味 ①舟で水を渡る。②空中を飛ぶ。

願い スケールが大きくて前向きなイメージがある漢字。空を渡るという意味から、広い世界を知り、器の大きな男性になることを願って。まっすぐ堂々と世界へはばたいていく国際人になるように願いを込めて。

名前例

名前	画数	読み
航平	10・5	こうへい
航	10	わたる
航太	10・4	こうた
航希	10・7	こうき

高 10画

主な読み コウ・うえ・たか・たかし・たけ

意味 ①たけが高い。②身分が高い。とうとい。③値段・音・価値などが高い。④りっぱ。すぐれている。気品がある。⑤人をほめることば。⑥たかぶる。おごる。⑦かさ・数量・程度などの意味を表す。

願い 優秀、気高いなどの意味があることから、人柄、腕前が優れた人になることを願って。いつも前向きで、誇り高く生きていける男性になれるようにという祈りを込めて。

名前例

名前	画数	読み
穂高	15・10	ほたか
高貴	10・12	こうき
高太郎	10・4・9	こうたろう
高明	10・8	たかあき

剛 10画

主な読み ゴウ・たか・たかし・たけ・たけし・つよし・ひさ・まさ・よし

意味 ①かたい。曲がらない。②意志が強い。③盛ん。たくましい。

願い 勇猛果敢、強い意志を持った男らしさを象徴するような漢字。常に自分を鍛え上げる心身の強さを持ち、簡単にはくじけずに自分の道を突き進んでいくことができる人になることを願って。

名前例

名前	画数	読み
剛	10	つよし
剛史	10・5	たけし
剛琉	10・11	たける
剛太	10・4	ごうた

朔 10画

主な読み サク・きた・はじめ・もと

意味 ①ついたち。陰暦で、月の第一日。②こよみ。③北の方角。

願い 始まりを表すことから、スタートラインから、いちばんにスタートできる人になるよう願って。打たれ強く何度でもチャレンジする強さを持った男性に。

名前例

名前	画数	読み
朔	10	さく
朔也	10・3	さくや
朔太郎	10・4・9	さくたろう
朔	10	はじめ

桜 10画

主な読み オウ・さくら

意味 ①バラ科の落葉高木。日本の国花で、古くから観賞用として親しまれている。②しなみざくら。桜桃。バラ科の落葉低木。紅色の小さな実は食用となる。③馬肉。さくら肉。④露店などで客寄せの役をする人。

願い 古来から愛され、美しさと日本の情緒を感じさせる漢字。春のシンボルでもある桜のイメージから、やわらかな春の日ざしのように温かい心を持った人になることを願って。

名前例

名前	画数	読み
桜雅	10・13	おうが
桜介	10・4	おうすけ
桜汰	10・7	おうた
桜希	10・7	おうき

紗 10画

主な読み サ・シャ

意味 うすぎぬ。地の薄い絹織物。

願い 軽やかで優しい印象の漢字で、男の子に使うのは新鮮。強さとしなやかさと繊細な感性を備えた気品を感じさせる漢字であることから、人生を軽やかにしなやかに渡っていく柔軟性を持った男性になれるように。

名前例

名前	画数	読み
一紗	1・10	いっさ
一紗	1・10	かずさ
吏紗	6・10	つかさ
司紗	5・10	つかさ

珠 10画

シュ・ジュ・ズ・たま・み

意味 ①貝の中にできるまるく美しいたま。真珠のこと。②まるいもの。③美しいもののたとえ。

願い 美しいもののたとえに使われる漢字。美しいものを見極めて、きちんと見つめることができる澄んだまなざしを持った男性になれるように。

名前例	読み
蓮珠	れんじゅ
珠吏	しゅり
珠羽	しゅう
大珠	たいじゅ

修 10画

シュ・シュウ・あつむ・おさ・おさむ・なお・のぶ・のり・ひさ

意味 ①清めおさめる。②学びおさめる。また、その人。③きたえおさめる。④つくろう。なおす。⑤辞典や書物をまとめる。編集する。⑥文章などを飾りととのえる。

願い 学問技芸を身につける意味で使われることから、文芸・芸術方面での成功を願って。常に向上心を持ち、自分を磨きながら目標に向かって努力する人になることを期待して。

名前例	読み
修真	しゅうま
修平	しゅうへい
修吾	しゅうご
修	おさむ

峻 10画

シュン・たか・たかし・とし・みね

意味 ①山が高くてけわしい。②高い。③きびしい。

願い 崇高なイメージで圧倒的な迫力でそびえ立つ様子を表すことから、心身共に堂々として何事にもぶれない心を持つ力強い男性にぴったり。気高く、だれからも一目置かれる、頼りになる大人物になれるよう願って。

名前例	読み
峻	しゅん
峻弥	しゅんや
峻輔	しゅんすけ
峻大	たかひろ

純 10画

ジュン・あつ・あつし・あや・いたる・きよし・すなお・すみ

意味 まじりけがない。自然のままでかざりけがない。けがれがない。

願い 誠実で、皆から愛される人に。澄んだ心の持ち主で穏やかな人柄、周囲に惑わされず、ありのままの自分の魅力を大切にできる人になることを願って。

名前例	読み
純平	じゅんぺい
正純	まさずみ
純輝	あつき
純	じゅん

将 10画

ショウ・すすむ・たすく・ただし・はた・ひとし・まさ・もち

意味 ①従える。指揮する。また、その人。②いまにも…しようとする。これから…しようとする。③それとも。もしかすると。逆接や仮定の意味を表す。④むかしの役人の階級で、近衛府の官名。

願い りりしい武将をイメージさせる男らしい漢字。決断力や行動力を持ちながらも、まわりの困っている人には、すぐに手を差し伸べることのできる心のゆとりを持った男性に。リーダーシップを発揮できることを願って。

名前例	読み
将真	しょうま
将大	まさひろ
将人	まさと
将吾	しょうご

祥 10画

ショウ・あきら・さか・さき・さち・さむ・ただ・やす・よし

意味 ①めでたいこと。喜ばしい。②きざし。しるし。めでたいことの前ぶれ。③喪明けの祭り。

願い 喜びのきざしを意味することから縁起のよいめでたいイメージの漢字。小さなきざしから大きなものまで、運をしっかりキャッチできる感受性を持った、幸運に満ちた人生を送れるように願って。

名前例	読み
祥真	しょうま
祥太	しょうた
祥平	しょうへい
祥希	よしき

真　10画

主な読み　シン・さな・さね・ただ・ただし・ま・まこと・まさ・まな・み

意味　①ほんとう。いつわりのない。②本来の姿。③まことの道。自然の道。④書法の一体。楷書。⑤「正しい・まじりけのない」などの意味を表す接頭語。

願い　ポジティブで明るいイメージの漢字。誠実で飾りけのないありのままの自分を信じて、前向きに生きることのできる人に。実直でまごころのある人になるよう願いを込めて。

名前例
- 悠真　ゆうま
- 颯真　そうま
- 真之介　しんのすけ
- 真　まこと

素　10画

主な読み　ス・ソ・しろ・しろし・す・なお・はじめ・もと

意味　①白い。②ありのまま。かざりけのない。③根本となるもの。④もとから。ふだん。⑤本職でない。⑥身分が低い。位や肩書きがない。

願い　純粋なイメージがある字。素朴で清らかな心を持ち、本質を見失わず、信じたものをまっすぐに受け止めることのできる素直な男性になることを願って。

名前例
- 素直　すなお
- 素良　そら
- 素希　もとき
- 素晴　すばる

泰　10画

主な読み　タイ・あきら・とおる・ひろ・ひろし・やす・やすし・ゆたか

意味　①安らか。穏やか。②広い。大きい。ゆったりとしている。③はなはだ。きわめて。

願い　ゆったりと、何事にも動じないおおらかな強い心を持った人に。のびやかに育ち、穏やかで人の心を和ませる器の大きい、包容力がある男性になることを願って。

名前例
- 泰知　たいち
- 泰誠　たいせい
- 泰蔵　たいぞう
- 泰成　やすなり

哲　10画

主な読み　テツ・あき・あきら・さと・さとし・のり・よし

意味　①明らか。物の道理を明らかにする。②さとい。かしこい。物事の道理に明るく、見識の高い人。

願い　知性と才気を感じさせる聡明なイメージの漢字。物事を深く考え、豊かな教養を持ち、頭の回転の速さを生かして、人のために素早く動くことのできる人になることを願って。

名前例
- 哲平　てっぺい
- 哲也　てつや
- 哲史　さとし
- 哲太　てった

桃　10画

主な読み　トウ・もも

意味　もも。ももの木。中国原産のバラ科の落葉小高木。春先に白色または淡紅色の花をつけ、夏に実をつける。実は食用となる。

願い　「桃」には古来から不老長寿を与え、邪気を払う力があるとされることから、元気に健やかな成長を願って。神秘的な雰囲気を持った男性に。

名前例
- 桃李　とうり
- 桃太　ももた
- 桃也　とうや
- 桃吾　とうご

透　10画

主な読み　トウ・す・すき・とおる

意味　①とおる。とおす。物の中を抜けてとおる。②すく。すける。すきとおる。

願い　さわやかな響きで純粋な男の子を感じさせる漢字。才能がとびぬけているという意味もあることから、透明感があり、正直で頭脳明晰、頭の回転が速い才能あふれた人に育つように。

名前例
- 透也　とうや
- 透真　とうま
- 透　とおる
- 透哉　とうや

馬　10画

主な読み　バ・マ・メ・うま・たけし・ま・むま

意味　うま。家畜の一種。

願い　サラブレッドの颯爽としたイメージから、生命力やたくましさも感じさせる男性らしい漢字。自由で勇敢、いきいきとした快活な人になることを願って。足の速さやパワーを持ち、いつでも前向きに突き進んでいく人生を歩むことを願って。

名前例
- 翔馬　しょうま
- 悠馬　ゆうま
- 春馬　はるま
- 拓馬　たくま

隼　10画

主な読み　シュン・ジュン・はや・はやと・はやぶさ

意味　①はやぶさ。ワシタカ科の鳥。鳥の仲間ではもっとも速いといわれ、むかし、たか狩りに使った。猛鳥。②勇猛な男子にたとえる。

願い　鋭さやスマートなイメージの漢字。物事に素早く対応できる機敏さや勇気がある人に。小惑星探査機「はやぶさ」にあやかって、一つの目標に向かってあきらめずにやり遂げることのできる男性に。

名前例
- 隼人　はやと
- 隼　しゅん
- 隼斗　はやと
- 隼平　じゅんぺい

敏　10画

主な読み　ビン・さと・さとし・すすむ・つとむ・とし・はやし・はる・ゆき

意味　①はやい。すばやい。②さとい。かしこい。

願い　頭の回転が速く行動が機敏、フットワークが軽く、なんでも手際よくこなせる器用さを持ち併せた頼りになる人のイメージ。神経が細やかで何事にも敏感な、頭脳明晰な男性になることを願って。

名前例
- 将敏　まさとし
- 敏也　としや
- 敏志　さとし
- 敏輝　としき

紋　10画

主な読み　ブン・モン・あや

意味　①あや。もよう。②家ごとに決められているしるし。もんどころ。

願い　織物の模様の華やかさと、家紋のおごそかさのイメージを持つ漢字。美的センスあふれる艶やかな印象の名前に。伝統を大切にする心を持ち、豊かにていねいに毎日を大切に生きる男性になることを願って。

名前例
- 阿紋　あもん
- 亜紋　あもん
- 士紋　しもん

流　10画

主な読み　リュウ・ル・しく・とも・なが・はる

意味　①水などが流れる。②形にならずに終わる。成立しない。③刑罰として遠くへ追いやる。④世間に広まる。⑤さすらう。⑥水・電気・空気などのながれ。⑦根拠のない。⑧学問や芸術などで、思想や手法の違いによって生じた系統。⑨等級。身分。⑩血すじ。⑪それる。はずれる。

願い　広まる、行き渡るの意味もあることから、細かいところまで気配りができ、だれからも好かれる友人の多い人になれるように願って。

名前例
- 武流　たける
- 彪流　たける
- 流星　りゅうせい
- 流生　るい

竜　10画

主な読み　リュウ・リョウ・ロウ・きみ・しげみ・たつ・とおる・めぐむ

意味　①たつ。りゅう。想像上の動物。形は巨大なへびに似てかたいうろこと角をもち、雲をよび天にのぼるといわれる。②天子に関係する物事につけることば。③英雄や豪傑のこと。④名馬のこと。特別にすぐれているもの。

願い　並外れて優れた人や英雄も意味することから、勇ましく、雄々しいイメージがあり男らしい人気の漢字。勇気と優れた知性を持ち、運をも自分の力で引き寄せる縁起のよい名前に。

名前例
- 竜之介　りゅうのすけ
- 竜聖　りゅうせい
- 竜生　たつき
- 竜馬　りょうま

凌

10画

主な読み：リョウ・しのぐ

意味 ①しのぐ。相手を越える。おしのける。②別天地にのぼる。上に出る。③うち勝つ。④ひむろ。氷をたくわえておく部屋。⑤激しい。

願い 力強さを感じさせる男らしい漢字。心身共に強靭（きょうじん）で、ほかの人より抜きんでているものを持ち、どんな困難も乗り越える力を兼ね備え、自分で人生を切り開いていける男性になることを願って。

名前例
凌大　りょうた
凌佑　りょうすけ
凌　りょう
凌駕　りょうが

倫

10画

主な読み：リン・おさむ・とし・とも・のり・ひと・ひとし・みち・もと

意味 ①人としてふみ行うべきすじ道。②友。仲間。同類。③秩序。順序。

願い 人の守るべき道、道理の意味もあることから、困っている人を助ける正義感を持ち、道徳を重んじながら社会貢献できる人に。まじめで人を思いやる心を持ち、多くの友人から信頼され、人間関係を大切にすることから、いつもよい仲間に囲まれた人生を送れることを願って。

名前例
倫太郎　りんたろう
倫也　ともや
倫成　りんせい
倫生　ともき

連

10画

主な読み：レン・つ・つぎ・つら・まさ

意味 ①つらねる。つらなる。続く。②ひき続いて。続けざまに。③ひきつれる。④つれ。仲間。

願い 人と人のつながりや、さまざまな物事の結びつきをイメージさせることから、多くの人との出会いや触れ合い、友人や仲間を大切にする人になるよう願って。幸せが永遠に続くようにとの祈りを込めて。

名前例
連　れん
連也　れんや
連人　れんと
連太朗　れんたろう

朗

10画

主な読み：ロウ・あき・あきら・お・さえ・ほが・ほがら

意味 ①ほがらか。快活なようす。②明らか。はっきりしたようす。清らかなようす。③高らか。声が澄んでいるようす。

願い フレッシュで明るくユーモアに富んだ男性にピッタリの漢字。すっきりと晴れた空のようにさわやかで快活、健康で心豊かな男性に育つように。

名前例
瑛太朗　えいたろう
幸史朗　こうしろう
聡一朗　そういちろう
拓朗　たくろう

凉

10画

主な読み：リョウ・すず

意味 （「涼」の俗字）①すずしい。すずしさ。②ものさびしい。③すずむ。

願い 木陰を渡る風の心地よさを連想させる漢字。さわやかに軽やかに、風のように人生を渡っていける人になることを願って。洗練されたすがすがしい印象を与える男性の名前にぴったり。

名前例
凉大　りょうた
凉雅　りょうが
凉太朗　りょうたろう
凉也　りょうや

晏

10画

主な読み：アン・はる・やす

意味 ①遅い。②安らか。

願い 心がいつも安定し、頼りがいがあり、どんなときも落ち着いた行動がとれる、穏やかでだれからも好かれるような人に。曇りのない澄みきった空のような心を持った男性になることを願って。

名前例
晏大　はると
晏士　あんじ
晏輝　はるき
晏慈　あんじ

栞 10画

主な読み：カン・しおり

意味 ①読みかけの本にはさんで目じるしとするもの。②案内書。手引き。③山道などを歩くときに、木の枝などを折って目じるしとするもの。

願い 文学的、芸術的な雰囲気が漂う漢字。「カン」の音を生かすと男の子らしい快活な響きの名前に。道しるべという意味を持つことから、自分のセンスを磨きながら人の手本となり、高みをめざしていける人になることを願って。

名前例：
- 栞10汰7 かんた
- 栞10 かん
- 栞10多6 かんた
- 栞10太4朗10 かんたろう

莉 10画

主な読み：リ・レイ・まり

意味 〔茉莉（まつり）〕は、モクセイ科の常緑低木。ジャスミンの一種。

願い 癒やしのイメージがあり男の子の名前に使うと個性的。芳香のように人を和ませリラックスさせるような温かい人に。だれからも好かれる人気者になることを願って。

名前例：
- 莉10玖7 りく
- 莉10久3 りく
- 莉10生5 りお
- 悠11莉10 ゆうり

晟 10画

主な読み：ジョウ・セイ・あきら・てる・まさ

意味 明らか。明るく輝く。

願い おおらかで心が広く、頭脳明晰な人に。壮大なスケールの大きな夢に向かって一歩一歩努力する男性にぴったりの名前。明るい未来を信じて輝くような人生を送ることができるように願って。

名前例：
- 悠11晟10 ゆうせい
- 快7晟10 かいせい
- 琉11晟10 りゅうせい
- 晟10 あきら

惟 11画

主な読み：イ・ユイ・これ・ただ・たもつ・のぶ・よし

意味 ①思う。よく考える。②限定を表すことば。③これ。この。発語のことば。

願い 思慮深いというイメージを持つ漢字。人を思いやる心を忘れずに、分別を持ち、自らの考えで行動できる男性になることを願って。

名前例：
- 惟11吹7 いぶき
- 琉11惟11 るい
- 蒼13惟11 あおい
- 惟11織18 いおり

逸 11画

主な読み：イチ・イツ・すぐる・とし・はつ・はや・まさ・やす

意味 ①にげる。②いさむ。③はずれる。そびれる。④世間から身をかくす。⑤めずらしい。⑥すぐれている。ぬきんでる。⑦わがまま。⑧気楽に楽しむ。のんびりする。

願い すり抜けるという意味から、類いまれなセンスを持ち、枠を超えて自分の信じる道を歩いていける人に。規則にとらわれない自由で独想的な発想ができる人に。

名前例：
- 逸11平5 いっぺい
- 逸11樹16 いつき
- 逸11貴12 いつき
- 逸11人2 はやと

基 11画

主な読み：キ・のり・はじむ・はじめ・もと

意味 ①土台。②根本。③始め。起こり。④もとづく。⑤化学変化のときに、これ以上分解しない原子集団。根。

願い 土台という意味から、どっしりとした男らしい強さのある名前に。日々の積み重ねを大切にする堅実な努力家に。心身共にしっかりとした、しんの通った男性になることを願って。

名前例：
- 智12基11 ともき
- 基11成6 もとなり
- 裕12基11 ゆうき
- 将10基11 まさき

主な読み

名前例

規 11画

キ・ただ・ただし・ただす・ちか・なり・のり・もと

意味 ①ぶんまわし。コンパス。②おきて。手本。決まり。③ただす。正しくする。

願い 物事の基準を表すことから、規律を守り、人の手本になるような行いができる人に。優れた指導力を備えた、みんなから頼りにされるような男性になることを願って。

晴規 はるき
有規 ゆうき
瑞規 みずき
友規 とものり

啓 11画

ケイ・あきら・さとし・たか・のぶ・ひろ・ひろし・ひろむ

意味 ①導く。教え導く。②あける。はい出る。③申し上げる。④先ばらいする。お出ましになる。

願い 視界がぱっと明るく開けていく前向きなイメージを持つ漢字。まわりから慕われる知性と人柄を持つ人に。知的な世界への扉を自らが先頭に立って開き、着々と前へ進んでいくことを願って。

啓太 けいた
啓 けい
啓人 ひろと
啓吾 けいご

健 11画

ケン・たけ・たけし・たける・たつ・つよ・つよし・とし・まさる

意味 ①すこやか。からだがじょうぶなこと。②強い。力が強く勇ましい。③はなはだしいこと。

願い 明るくはつらつとした印象を持ち、意味や響きも男の子に人気の漢字。朗らかで、心身共に健やかな成長を願って。丈夫で、病気知らずの人生を歩めるように。

健 たける
健心 けんしん
健斗 けんと
健太 けんた

梧 11画

ゴ・あおぎり

意味 あおぎり。アオギリ科の落葉高木。夏に黄白色の花をつける。庭木や街路樹として植え、材は琴や家具などをつくるのに用いる。

願い 街路樹に使われる木の名を表すことから、大きな葉を茂らせ、どっしりと町を見守る安定したイメージを持つ。大きくたくましく育ち、壮大なスケールの心を持った男性になることを願って。

圭梧 けいご
恭梧 きょうご
颯梧 そうご
悠梧 ゆうご

康 11画

コウ・しず・しずか・みち・やす・やすし・よし

意味 ①安らか。心配ごとがない。②からだがしっかりとしてじょうぶである。③楽しい。

願い 体が丈夫で安定した精神力を持ち、健やかに成長していけることを願って。仲がよい、楽しいという意味もあることから、多くの友人に恵まれ、楽しく、支え合い、相手に安らぎを与えられる人になることを願って。

康太 こうた
康介 こうすけ
康成 こうせい
康晃 やすあき

彩 11画

サイ・あや・いろど・たみ

意味 ①飾りをつける。色をつける。②飾り。美しい色模様。あや。③姿。ようす。

願い 色彩豊かなイメージのある個性的な男の子の名前に。多くの才能に恵まれ、それを上手に生かしていくことができる人に。まわりの人をひきつける魅力的な男性になることを願って。

彩斗 あやと
彩人 あやと
日彩 ひいろ
陽彩 ひいろ

皐　11画

主な読み：コウ・すすむ・たか・たかし・さ

意味　①さわ。水辺の低地。②さつき。陰暦五月の別の名。

願い　旧暦の五月を表すことから、さわやかな季節を感じさせる字。明るい日ざしに満ち、いきいきとした木々の葉のようにまわりの人をも元気にさせるパワーを持った人に。のびのびと成長していくたくましさのある男性になることを願って。

名前例
- 皐雅　こうが
- 皐平　こうへい
- 皐汰　こうた
- 皐希　こうき

雫　11画

主な読み：ダ・しずく

意味　しずく。雨だれ。水のしたたり。

願い　しずくが落ちるというイメージから、清涼感やみずみずしさを感じさせる男性に。まわりにすぐになじむことができる、協調性や心の豊かさを持った人になることを願って。

名前例
- 雫空　しずく
- 雫久　しずく
- 雫　しずく

淳　11画

主な読み：ジュン・あつ・あつし・きよ・きよし・すなお・ただし・まこと

意味　①人情がある。真心がある。②まじりけがない。すなお。かざりけがない。

願い　まこと、素直などの意味を表すことから、純粋でまじめ、飾りけがなく、思いやりに満ち、素直。情に厚く人に潤いを与えることができる人になるようにという願いを込めて。

名前例
- 淳之介　じゅんのすけ
- 淳　じゅん
- 淳史　あつし
- 淳希　あつき

渚　11画

主な読み：ショ・なぎさ

意味　なぎさ。みぎわ。海辺。波打ちぎわ。

願い　河川や海などを表すことから、さわやかで、情緒的なイメージを与える。夏らしい印象もあることから、青い空や潮風が似合うスマートでおしゃれなスポーツマンになることを願って。

名前例
- 渚生　しょう
- 渚　なぎさ
- 渚斗　なぎと
- 聖渚　せな

渉　11画

主な読み：ショウ・さだ・たか・ただ・わたり・わたる

意味　①水の中を歩いて渡る。②川を舟で渡る。③あずかる。かかわる。関係をもつ。④あさる。広く目を通す。

願い　困難を乗り越えて進む、より遠くへ進むという男の子向きの漢字。一歩ずつ着実に見聞を広げて学びながら、広い世界にかかわる社交的な男性になるように。

名前例
- 渉　わたる
- 渉悟　しょうご
- 渉太　しょうた
- 渉真　しょうま

章　11画

主な読み：ショウ・あき・あきら・あや・たか・とし・のり・ふみ・ゆき

意味　①もよう。②飾り。③明らかにする。あらわす。④ふみ。文書。⑤音楽や詩文のひと区切り。一段落。

願い　物事の秩序や節目ごとのけじめを重んじる意味もあることから、まじめで勤勉、規則正しい生活を送れる人に。詩文や文章の意味もあることから、文才を授かり努力を惜しまず成功していく人になることを願って。

名前例
- 章斗　あきと
- 章吾　しょうご
- 智章　ともあき
- 章　あきら

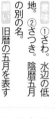

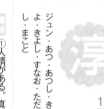

主な読み	意味と願い	名前例

紳 11画

主な読み シン

意味 ①おおおび。身分の高い人が礼装に着用した帯。②身分の高い人。③教養や徳などの備わった人。

願い 教養や品格のある高貴な男性のイメージ。エチケットをわきまえたスマートで知的なジェントルマン、誠意を尽くして事にあたれる人になるように願って。

名前例
- 紳之介《しんのすけ》
- 紳《しん》
- 紳太郎《しんたろう》
- 紳悟《しんご》

進 11画

主な読み シン・す・すす・すすむ・のぶ・みち・ゆき

意味 ①すすむ。すすめる。②のぼる。階級や地位があがる。③向上する。④すすめて行わせる。⑤さしあげる。たてまつる。⑥状態がひどくなる。⑦じょう。むかしの役人の階級で、職・坊の四等官のうちの三番目の地位。

願い 古風な印象がかえって新鮮な漢字。自ら道を切り開くことのできる向上心と積極性を持ち、一歩ずつ確実に前進する男性になることを期待して。

名前例
- 進太《しんた》
- 進《すすむ》
- 幸乃進《ゆきのしん》
- 進太郎《しんたろう》

清 11画

主な読み ショウ・シン・セイ・きよ・きよし

意味 ①きよらか。澄む。②けがれがない。③すがすがしい。さっぱりとして気分がよい。④きれいにする。⑤俗でない。風流である。⑥しめくくる。⑦しん。中国の王朝名。

願い 清らかで清潔な印象がある漢字。澄んだ心を持ち穏やかな人柄、清涼感あふれるすがすがしい魅力を持った人になることを願って。

名前例
- 清志郎《きよしろう》
- 清十郎《せいじゅうろう》
- 清哉《せいや》
- 優清《ゆうせい》

雪 11画

主な読み セチ・セツ・きよみ・きよむ・そそぐ・ゆき

意味 ①ゆき。ゆきが降る。②白い色。雪のように白いようす。③清い。清らか。④洗い清める。ぬぐう。

願い 白くきれいな様子から、純粋で清らかな心の象徴。すすぐ、清めるの意味もあることから、清潔感とクールさを併せ持つ、さわやかでかっこいい男性の名前に。素直で誠実、真っ白な心の持ち主になることを願って。

名前例
- 雪斗《ゆきと》
- 雪都《ゆきと》
- 雪翔《ゆきと》

爽 11画

主な読み ソウ・あきら・さ・さや・さわ

意味 ①さわやか。さっぱりして気持ちのよいようす。②勢いがよい。③明らか。夜明けの明るさ。

願い すっきりして気持ちがよい様子を表すことから、明るくさっぱりした性格、さわやかで優しい人に。だれからも好かれる快活な雰囲気を持った男性になることを願って。

名前例
- 爽《そう》
- 爽良《そら》
- 爽太《そうた》
- 爽斗《さやと》

琢 11画

主な読み タク・あや・たか・みがく

意味 ①玉を美しくきざみみがく。②努力して学問や技術をみがく。

願い 努力して勉学や技術を磨くという意味を持つことから、人一倍努力を重ね、常に自分を磨き続けることができる男性に。まじめで堅実、頭の回転が速い人になるよう願って。

名前例
- 琢真《たくま》
- 琢磨《たくま》
- 琢斗《たくと》
- 琢朗《たくろう》

都 11画

ツ・ト・いち・くに・さと・ひろ・みやこ

意味 ①みやこ。②大きな町。③すべて。みな。④みやびやか。美しい。⑤行政区画の一つ。「東京都」の略。

願い みやびで華やかなイメージ。人が集まる華やかな場所でも自分の存在や意見を主張できる人に。人をまとめ統率することができる人になることを願って。洗練された男性の雰囲気に。

瑛都　えいと
湊都　みなと
友都　ゆうと
陽都　はると

惇 11画

ジュン・トン・あつ・あつし・すなお・とし・まこと

意味 ①人情にあつい。てあつい。②まごころ。

願い 心が落ち着いている様子を表すことから、誠実で穏やか、まごころがある男性に。実直な姿勢で物事に向かい、懐が深く、だれからも好かれる人になることを願って。

惇人　あつと
惇貴　あつき
惇平　じゅんぺい
惇矢　じゅんや

彬 11画

ヒン・あき・あきら・あや・しげし・ひで・よし

意味 〈彬彬（ひんぴん）〉は、文（かざり）と質（なかみ）とがよく調和しているようす。外形も内容もともにすぐれているようす。

願い 樹木の並んだような美しい字体。賢くてかっこよくて優しいイメージで、外見も内面も整った人になれることを願って。心の豊かさを持った男性に。

彬仁　あきひと
晴彬　はるあき
彬斗　あきと
彬　あきら

望 11画

ボウ・モウ・のぞむ・み・もち

意味 ①遠くを見る。②ねがう。③ほまれ。人気。④満月。陰暦十五日の月。

願い 人気や評判という意味もあることから、人望のある人になるように願って。未来とロマンに満ち、努力して望みをかなえる強い意志を期待して。多くの可能性を感じさせる男性に。

巧望　たくみ
拓望　たくみ
望来　みらい
望　のぞむ

麻 11画

マ・あさ・お・ぬさ

意味 ①あさ。クワ科の一年草。茎の皮から繊維をとり、糸・布をつくる。②あさいと。あさぬの。③しびれ。しびれる。

願い 組み合わせる漢字を選べば男の子らしい名前に。自然の温かさを感じさせ、丈夫でしなやか、まわりを包み込むような優しさを持つ人になることを願って。

透麻　とうま
颯麻　そうま
麻尋　まひろ
麻斗　あさと

野 11画

ショ・ヤ・ぬ・の・ひろ

意味 ①のはら。広々としたところ。②畑。耕地。③未開。人知や文化が開けていないこと。④民間。⑤いなかびた。いやしい。⑥自然のまま。⑦分に過ぎる。だいそれた。⑧区域。範囲。

願い 広い野原のイメージから、明るくて心の広いおおらかな性格の持ち主に。自然と親しみ、のびのびと成長する元気な子になることを願って。飾らないありのままの自分を信じて育っていくように。ワイルドな印象になりすぎるときは注意。

颯野　そうや
寿野　としや
創野　そうや
野亜　のあ

唯 11画

主な読み：イ・ユイ・ただ

意味 ①ただ。それだけ。②はい。返事の声。

願い 唯一無二の存在であるということを伝えるメッセージとしてつけたい漢字。素直でのびのびと成長していくことを願って。魅力的な個性と存在感を持ち、自分自身を大切にしながら生きてほしいという願いを込めて。

名前例
唯人　ゆいと
唯織　いおり
蒼唯　あおい
瑠唯　るい

悠 11画

主な読み：ユウ・ちか・はるか・ひさ・ひさし

意味 ①はるか。遠い。久しい。②ゆったりしている。

願い 広大な風景や時の流れを表す。ゆったり落ち着いた印象で、スケールの大きさを感じられる漢字。いつも自然体でいられて、のびやかにマイペースで、笑顔がたえない大成功する男性に。

名前例
悠真　ゆうま
悠　ゆう
悠斗　はると
悠希　はるき

梨 11画

主な読み：リ・なし

意味 なしの木。なしの実。中国原産のバラ科の落葉高木。春に白い花がさき、秋に水分の多い甘い実をつける。果実は食用。

願い 果樹がたわわに実っているイメージから、豊かな才能や感性を持ち、多くの人に優しさを分けてあげることができる男性になれることを願って。

名前例
梨空　りく
梨久　りく
梨生　りお
梨玖　りく

理 11画

主な読み：リ・おさむ・すけ・たか・ただ・ただし・とし・のり・まさ・みち

意味 ①とりあつかう。②筋道。③分かる。さとる。④筋目。物の表面にあるもよう。⑤自然科学の称。

願い 知的なイメージがある漢字。知性豊かで、理性があり、理解力に優れ、義理人情を重んじる男性になるよう願いを込めて。物事の道理を理解し、筋道を立てて考えることができる人に。

名前例
理仁　りひと
理玖　りく
理　おさむ
理人　まさと

陸 11画

主な読み：リク・ロク・あつし・たかし・ひとし・みち・む・むつ

意味 ①水面より高く続く台地。②続くようす。③証書などに書く数字の「六」の代用字。

願い どこまでも続く大地に思いをはせるスケールの大きなイメージ。おおらかさや心の広さを感じさせる男らしい名前に。まっすぐきちんとしているなどの意味から、地にしっかりと足をつけた安定感のある男性になることを願って。

名前例
陸　りく
陸斗　りくと
陸人　りくと
陸也　りくや

琉 11画

主な読み：リュウ・ル

意味 ①〈琉璃〈るり〉〉は、宝石の名。七宝の一つ。紺青色の宝石。また、ガラスの古いよび名。②琉球のこと。沖縄県の古いよび名。

願い きれいな字体で、さわやかな南国のイメージの漢字。青い海や空をイメージして使われることも多い。青く深く澄んだ海のような広い心を持ち、暖かい風のような優しくておおらかな人柄の男性になることを願って。

名前例
琉生　るい
琉斗　りゅうと
琉惺　りゅうせい
羽琉　はる

隆 11画

主な読み リュウ・お・しげ・たか・たかし・ゆたか

意味 ①盛り上がって高い。高くなる。②身分や官職がとうとい。③盛んな。盛んにする。

願い 豊か、大きい、尊いなどの意味があることから、家業がますます豊かに栄えることを願って。勢いがあって上昇するエネルギーを表す縁起のよい漢字。人生のさまざまな場面で上昇していくことのできる男性になることを願って。

名前例
- 隆之介 りゅうのすけ
- 隆真 りゅうま
- 隆成 りゅうせい
- 隆広 たかひろ

梁 11画

主な読み リョウ・はり・やな・はし

意味 ①川にかけ渡した木の橋。②屋根を支えるために二本の支柱の上に渡す横木。③水中に木や竹などを並べ立て、流れをせきとめて魚をとるしかけ。④りょう。中国の王朝名。

願い 川にかけた橋を表すことから、バランス感覚に優れ、国際社会で国や人をつなぐかけ橋になり活躍することを期待して。人の役に立つような男性になることを願って。

名前例
- 梁 りょう
- 梁輔 りょうすけ
- 梁伍 りょうご
- 梁太 りょうた

涼 11画

主な読み リョウ・すず

意味 ①すずしい。すずしさ。②ものさびしい。③すずむ。

願い 木陰のさわやかな風の心地よさを感じさせる漢字。清涼感のある響きで、さわやかな印象のある名前に。好感度が高く、心地よい知性と表現力を持ったスマートな男性になることを願って。

名前例
- 涼介 りょうすけ
- 涼太 りょうた
- 涼 りょう
- 涼真 りょうま

凰 11画

主な読み オウ・おおとり

意味 おおとり。くじゃくに似た想像上の霊鳥。凰はおおとりの雌、鳳はおおとりの雄。

願い めでたい鳥を表すことから、大きな翼を広げて天高く自由に飛ぶことのできる人生を願って。幸運を招く運を持っている人に。格調高く高貴な印象の男らしい名前に。

名前例
- 玲凰 れお
- 凰介 おうすけ
- 凰雅 おうが
- 凰太 おうた

彗 11画

主な読み エ・ケイ・スイ

意味 ①ほうき。②はく。はらう。③ほうき星。

願い 彗星（すいせい）のロマンに満ちたイメージと、スケールの大きさや神秘的な印象を感じさせる漢字。夜空に輝く星のようなきらめきと宇宙の広さを感じさせる器の大きさを持ち併せ、だれからも好かれる男性になることを願って。

名前例
- 彗 けい
- 彗太 けいた
- 彗斗 けいと

徠 11画

主な読み ライ・き・きた・く・ゆき

意味 （「来」の古字）①こちらに近づく。②招く。③次の。これから先。④このかた。今まで。

願い 将来や未来をイメージさせる漢字。好奇心と柔軟な発想力を持ち、未来へ向かって着実に前へ進める男性になるように。また、次の世代にもきちんと伝承していけるものを身につけることを願って。

名前例
- 徠夢 らいむ
- 未徠 みらい
- 徠喜 らいき
- 徠人 らいと

主な読み　名前例

笙

11画

ショウ・セイ

意味 しょうのふえ。長短十七本の竹の管を立て並べた管楽器。雅楽に使う。

願い 日本古来の音楽にまつわる漢字で、和の心を伝える伝統的でみやびやかな印象の名前に。ゆったりした大河の流れを感じられるおおらかな性格の男性に。複数の竹管が響き合って澄んだ音を出すことから、協調性があり、高貴な心を持った人になることを願って。

- 笙汰　しょうた
- 笙悟　しょうご
- 笙馬　しょうま
- 笙　しょう

絆

11画

ハン・バン・きずな

意味 ①ものをつなぎとめるもの。②強い結びつき。③つなぐ。つなぎとめる。

願い 人とのつながりを意味する漢字なので、縁を大切にして心のつながりを築ける人に。約束を守り、信頼にこたえられる誠実な男性になることを願って。

- 絆　きずな
- 絆人　はんと
- 絆　ばん
- 一絆　いつき

羚

11画

レイ・リョウ

意味 かもしか。やぎに似た動物で、雌雄とも二本の短い角をもつ。

願い 独特の字形でインパクトのある個性的な男の子の名前にぴったり。軽やかで姿が美しいことから、機敏で軽やかに何事もこなしていける器用さを身につけた人に。クールでスポーツ万能な男性になることを願って。

- 羚　れい
- 羚央　れお
- 羚斗　れいと
- 羚　りょう

逞

11画

テイ・たくま

意味 ①たくましい。強い。②たくましくする。ほしいままにする。思いどおりにする。

願い たくましく、勢いがあるイメージ。元気な男の子にぴったりの漢字。心身共に丈夫で、腕白だけど力強い精神力を持ったたくましい男性になるよう願って。快い、楽しいなどの意味もあることから、楽しく朗らかな明るい人生を歩めるように。

- 逞　たくま
- 逞翔　たくと
- 逞海　たくみ
- 逞真　たくま

葵

12画

キ・あおい・まもる

意味 ①あおい。アオイ科の多年草。観賞用の植物。②〔向日葵（こうじつき）〕は、ひまわり。

願い 落ち着いた品格があり、徳川家の家紋「三葉葵」（みつばあおい）でも知られる和をイメージする漢字。落ち着いた気品のある男性に成長してほしいという願いを込めて。また、止め字として使うと印象的な名前になる。

- 葵　あおい
- 陽葵　はるき
- 葵羽　あおば
- 大葵　だいき

絢

12画

ケン・あや

意味 あや。いろどり。織物の美しいもよう。

願い 色を折り重ねた美しい柄のように、深みがあり個性的な魅力を醸す男性に。いろいろな体験を通して、彩りや深みのある人生を送れるように。明るくきらびやかな毎日が送れるようにという願いを込めて。

- 絢斗　けんと
- 絢斗　あやと
- 絢士　あやと
- 絢太　けんた

偉　12画

イ・いさむ・えら・おおい・たけ

意味 ①えらい。すぐれている。②りっぱ。③大きい。からだつきがりっぱ。

願い 非常に優れていて、大きくて立派な男らしいイメージの漢字。心身のスケールの大きさが感じられ、立身出世し、まわりから尊敬されるような人になるように願って。

琉偉　るい
偉月　いつき
蒼偉　あおい
偉琉　たける

雲　12画

ウン・くも・も

意味 ①くも。②くものようなものの形容。ただよう、高い、多い、盛ん、遠いなどのようす。③身分の高いことのたとえ。④空。天。

願い さまざまに形を変えながら大空に浮かぶ雲のイメージから、おおらかで想像力豊かな男性に成長してほしいという願いを託して。また、のびのびと成長し、自分の好きなことに才能を発揮できるようにとの期待も込めて。

早雲　そううん
紫雲　しうん
一雲　かずも
八雲　やくも

瑛　12画

エイ・あき・あきら・てる

意味 ①美しい透明な玉。②玉の光。

願い 水晶のように透明で美しいイメージの漢字。純粋な心とキラリと光る個性を兼ね備えた男性になることを願って。透き通った優しい心でまわりの人に癒やしを与えられる人に。

瑛太　えいた
瑛斗　えいと
瑛士　あきと
瑛太郎　えいたろう

詠　12画

エイ・うた・よ

意味 ①声を長くのばし、ふしをつけて漢詩や和歌をうたう。②漢詩や和歌をつくること。③感動などを声に出す。

願い 漢詩や和歌を吟じたり創作したりするという意味から、古風でみやびやかな印象の漢字。どっしりと落ち着いた性格で、文学や芸術に関心や才能がある男性に育ってほしいという期待を込めて。

詠斗　えいと
奏詠　そうた
詠人　えいと
詠太　えいた

温　12画

オン・あつ・あつし・すなお・のどか・はる・みつ・ゆたか

意味 ①あたたかい。あたたかさ。あたためる。②穏やか。なごやか。やさしい。すなお。③たいせつにする。④たずねる。習う。復習する。

願い 人として大切な寛大さや優しさを表す漢字。穏やかで優しく温かい気持ちを持った人に。心の温かさで人を包み込んであげられるような、だれからも好かれる男性になることを願って。安定感を感じさせる優しい印象の名前に。

心温　しおん
温　はる
温人　はると
士温　しおん

賀　12画

カ・ガ・しげ・のり・ます・よし・より

意味 ①よろこぶ。ことほぐ。祝う。祝い。②めでたいこと。よろこび。

願い 「賀正」「祝賀」「慶賀」など、めでたさを表す縁起のよい意味を持つ字。喜びに満ちた幸せな人生を送ってほしいという親の祈りを託して。

悠賀　ゆうが
大賀　たいが
柊賀　しゅうが
賀久　がく

名前例　主な読み

開　12画

カイ・あ・さく・はる・はるき・ひら・ひらき

意味 ①閉じているものを広げる。②文化が進む。③始める。始まる。④ひらく。⑤おひらき。閉会のことを忌みきらっていうことば。⑥へだたり。違い。⑦手足を広げて立つ。

願い 夢の扉を自分で開け、未来を切り開いていける人に。光が差し込むように明るく開放的な魅力を持ち、常に前を向いて歩いていく開拓者、先駆者になることを願って。

開理　かいり
開斗　かいと
開　はるき
開晴　かいせい

凱　12画

カイ・ガイ・たのし・とき・よし

意味 ①かちどき。戦いに勝って喜ぶときの声や音楽。②かちいくさ。かち。戦勝。③やわらぐ。なごやか。

願い 男の子らしいスケールの大きさを感じさせる漢字。にこやかに楽しむ、和らぐの意味から、人生を意気揚々と楽しみながら歩んでいける人に。喜びのイメージから、あらゆることの成功を願って歓喜に満ちあふれる人生になることを願って。

凱士　かいと
凱斗　かいと
凱　がい
凱矢　ときや

敢　12画

カン・あ・いさみ・いさむ

意味 ①あえて。進んでする。②勇ましい。強い。③思いきりがよい。

願い 勇ましく思いきって行動を起こす人に。困難にも勇気を持って立ち向かえる精神力と実力を持った男性になることを願って。判断力や決断力の優れた人に。

敢太　かんた
敢士　かんじ
敢大　かんた
敢太郎　かんたろう

喜　12画

キ・このむ・たのし・のぶ・はる・ひさ・ゆき・よし・よろこ

意味 ①よろこぶ。うれしい。うれしがる。②おかしい。楽しい。

願い 人に喜びをもたらし、広い心で人に接することができ、うれしさや楽しみを分かち合える人に。喜びの多い人生を歩むことができるようにという願いを込めて。誕生の喜びと祝福の気持ちを込めてつけたい。

晴喜　はるき
一喜　いっき
光喜　こうき
喜一　よしかず

揮　12画

キ

意味 ①ふるう。ふりまわす。ふるいおこす。②飛び散る。まき散らす。③さしずする。

願い みんなをまとめる統率力に優れ、さまざまな分野のリーダーとして、実力を余すことなく発揮できる人に。指揮者のイメージから、人々に頼られ、多くのことを瞬時に判断できる力を持ち、大きな感動を与えることのできる男性になることを願って。

悠揮　ゆうき
智揮　ともき
晴揮　はるき
大揮　たいき

稀　12画

キ・ケ・まれ

意味 ①めったにない。珍しいこと。②まばら。③薄い。

願い めったにない、貴重なことを表す。類いまれなる存在感があり、際立つ感性と個性がきらりと光る人に育つように願って。親にとってかけがえのない存在であることを伝えたい。

柚稀　ゆずき
遥稀　はるき
光稀　みつき
悠稀　ゆうき

貴 12画

主な読み：キ・あつ・あて・たか・たかし・たけ・たっと・とうと・よし

意味 ①値段が高い。すぐれた値打ちがある。②身分が高い人。③うやまう。たいせつにする。④相手への尊敬の気持ちを表すことば。

願い 貴いもの、身分が高い人などを表すことから、誇り高く上品なイメージ。気高く落ち着いた振る舞いができる、賢い男性に成長してほしいという期待を込めて。

名前例：
- 悠貴 ゆうき
- 晴貴 はるき
- 貴一 きいち
- 貴大 たかひろ

暁 12画

主な読み：ギョウ・あき・あきら・あけ・さとし・さとる・とき・とし

意味 ①あかつき。夜明け。②さとる。よく知る。

願い 夜明けの空を表すことから、すがすがしく、明るく希望に満ちた未来に向かって前向きに歩き出せる人になれるように。希望や期待を失わず、成功体験を重ねていけるような人になることを願って。

名前例：
- 暁斗 あきと
- 暁 さとる
- 暁 あきら
- 暁仁 あきひと

敬 12画

主な読み：ケイ・あき・あつ・さとし・たか・たかし・とし・ひろ・ひろし

意味 ①うやまう。たっとぶ。②つつしむ。つつしみ。

願い 礼儀正しくまじめで、謙虚な姿勢を忘れずに、誠実で、だれからも尊敬される男性に。相手を敬い、相手からも敬われる存在になることを願って。

名前例：
- 敬太 けいた
- 敬吾 けいご
- 敬蔵 けいぞう
- 敬 たかし

景 12画

主な読み：エイ・ケイ・あきら・かげ・ひろ

意味 ①光。日光。②かたち。ありさま。③けしき。④うやまう。⑤めでたい。大きい。⑥影。⑦売り物にそえて客におくる品。

願い 明るく雄大な風景を連想させることから、おおらかで広大な心を持ち、すべてを包み込むような優しさが身についている人に。風情や落ち着きがある、精神的に大人の男性になることを願って。

名前例：
- 景都 けいと
- 景虎 かげとら
- 景太 けいた
- 景吾 けいご

結 12画

主な読み：ケチ・ケツ・ひとし・むすぶ・ゆ・ゆい・ゆう

意味 ①むすぶ。つなぐ。糸やひもでつないで一つにまとめる。②集まる。③むすびつく。④終わる。しめくくる。

願い 日々の努力が実を結び、成功をつかみ取れる人になることを願って。人との結びつきを大切にし、優しく思いやりのある人間関係を築くことができるように願って。

名前例：
- 結斗 ゆいと
- 結人 ゆうと
- 結生 ゆうせい
- 結太 ゆうた

堅 12画

主な読み：ケン・かき・かた・たか・たかし・つよし・み・よし

意味 ①かたくて強い。②しっかりしている。③かたく。しっかりと。

願い まじめで堅実、しっかりしている性格で、信用できる人物に。信念を持って物事にあたり、充実した成果を出すことができる人になれることを願って。心身共に丈夫で立派であるようにという祈りを込めて。

名前例：
- 堅心 けんしん
- 堅 けん
- 堅也 けんや
- 堅人 けんと

主な読み

名前例

紫 12画

シ・むら・むらさき

意味 ①むらさき。赤と青の間の色。②しょうゆのこと。

願い 紫色は、古くより高貴な色とされてきたことから、自分に誇りを持って品格のある行動ができる男性に成長することを願って。「シ」の音を持つ漢字の中でも上品な趣を感じさせる字。

蒼紫 あおし
紫龍 しりゅう
紫音 しおん
紫月 しづき

詞 12画

シ・ジ・こと・ふみ

意味 ①ことばの総称。②中国の宋の時代にさかんになった韻文。③文法上のことば。

願い 単語や文章などの「ことば」全般を意味することから、文学的な才能に恵まれた知的な男性になってほしいという願いを込めて。

海詞 みこと
奏詞 そうし
詞音 しおん

竣 12画

シュン

意味 ①終わる。仕事を完成する。②とどまる。とどめる。

願い しっかりしながらも、スマートな印象があり、地に足が着いた人生を送れるように。目標を成し遂げる強い意志を持ち、まじめで忍耐強い人になるように願って。

竣太 しゅんた
竣星 しゅんせい
竣 しゅん
竣平 しゅんぺい

順 12画

ジュン・すなお・とし・なお・のぶ・のり・はじめ・まさ・みち

意味 ①従う。さからわない。すなお。おとなしい。②ことのしだい。道筋。並び。③物事が都合よく進行する。

願い 穏やかで素直な性格の男性になるように。また、トラブルのない順調な人生を送れるようにという願いを込めて。人気の「ジュン」の音を持つ字の中では、すっきりとした印象の漢字。

順平 じゅんぺい
順 じゅん
順一 じゅんいち
順哉 じゅんや

晶 12画

ショウ・セイ・あき・あきら・まさ

意味 ①明らか。明るくきらめく。②鉱石の名。③純粋な鉱物がもつ一定のかたち。

願い 星の光を三つ組み合わせた形で、明らかに輝くという意味がある。澄んだ光が、まばゆくきらめく様子から清らかな魅力を思わせる漢字。クールな輝きを放つ男性になることを願って。

晶 あきら
晶斗 まさと
晶文 あきふみ
晶太 しょうた

湘 12画

ショウ

意味 「湘水（しょうすい）」は、中国の川の名。

願い 地名の湘南のイメージから、太陽のように笑顔が輝き、海のように大きな懐を持つ、優しい男性に。中国にある川のイメージからさわやかで、雄大な心の持ち主になることを願って。

湘太 しょうた
湘吾 しょうご
湘太朗 しょうたろう
湘哉 しょうや

尋

12画

ジン・たず・ひろ・ひろし

意味 ①さがしもとめる。聞き出す。②つね。ふつう。③長さの単位。一尋は手を左右に広げた長さで、日本では六尺（約一・八メートル）にあたる。

願い 古典的で個性的な字体から印象に残る名前となる。とても深く長いという意味があることから、精神的に奥深く、気持ちが温かく、人に誠実な対応ができる人になることを願って。

千尋　ちひろ
尋　じん
真尋　まひろ
智尋　ともひろ

晴

12画

セイ・きよし・てる・は・はる・はれ

意味 ①はれる。②表向きの。③名誉。④はらす。はらいのぞく。

願い 澄んだ青空のように心が澄み渡り、相手を和ませるさわやかな明るさを持った人に。晴れやかで、のびのびとした笑顔の似合う人に。いつでも前向きな気持ちでどんなことも一生懸命頑張る男性になることを願って。

晴斗　はると
晴　はる
晴太　せいた
悠晴　ゆうせい

創

12画

ソウ・はじむ

意味 ①傷。傷つける。傷つく。②始める。始め。③つくる。

願い 柔軟な発想力や創造的な才能に恵まれ、先見の明を持った時代の先駆者となるように願って。未来をつくり出すパワーにあふれ、力強く前進していく人になれるように。

創太　そうた
創史　そうし
創介　そうすけ
創　そう

尊

12画

ソン・たか・たかし・たっと・とうと

意味 ①たっとい。たっとぶ。②相手に関することがらを敬っていうことば。③神や皇族を敬ってよんだことば。

願い 神様などに使う漢字であることから、上品で厳かなイメージがある。人から尊敬されるような、存在感のある人になることを願って。勇ましい印象もあり、何事にも自分から立ち向かっていける勇気を持った人に。

尊　たける
尊琉　たける
尊弘　たかひろ
尊斗　たかと

達

12画

タツ・いたる・さと・さとし・さとる・しげ・すすむ・とおる

意味 ①通る。道がどこまでも通じる。②目的を果たす。③道理などに通じる。見抜く。④高い地位にのぼる。⑤すぐれている。技術などが高くなる。⑥すぐれた人。⑦通知。命令。⑧複数を表すことば。

願い やるべきことをきちんとこなしながら、多くの分野での活躍を期待して。優れた識見や技能を持ち、なんでもやり遂げることができる人になることを願って。好きなことを、とことん貫き通す達人になれるように。

達也　たつや
達矢　たつや
達彦　たつひこ
達郎　たつろう

智

12画

チ・あきら・さと・さとし・さとる・とし・とも・のり・まさる

意味 ①知恵。②かしこい。さとい。③物知り。④知る。さとる。

願い 本質的な賢さがあり、豊富な知識とあふれる好奇心、優れた判断力を兼ね備えた、頭のよい人に。傑出した思考や能力に恵まれることを願って。

大智　だいち
智哉　ともや
智希　ともき
智士　さとし

主な読み

名前例

朝

12画

チョウ・あさ・あした・さ・つと・とき・とも・はじめ

意味　①あさ。②ひとたび。あるひととき。③天子が政治を行うところ。④ある天子が在位する期間。⑤ある王朝が継続する期間。⑥国。国家。

願い　澄んだ空気に満ち、明るい日ざしが差し込むさわやかなイメージ。新しい一日の始まりにちなんで、いつでも何事にも新鮮な気持ちで向かい合うことができる人になることを願って。

朝陽　あさひ
朝輝　ともき
朝陽　ともはる
朝登　あさと

渡

12画

ト・ド・わた・わたる

意味　①向こう岸へ行く。川や海をわたる。②暮らす。③交渉する。④わたし場。⑤手わたす。ゆずる。さずける。

願い　自由にあちこち渡り歩く行動力を持ち、自ら決めた人生の目標となる大海原をも無事に渡っていける前向きな男性になるように。世間を上手に渡っていける要領のよさも持った積極的な人になることを願って。

晴渡　はると
広渡　ひろと
渡　わたる
隼渡　はやと

登

12画

ト・トウ・たか・ちか・とみ・とも・なり・なる・のぼる・のり

意味　①高い所にのぼる。物の上にあがる。②行く。公式の場に参上する。出勤する。③高い地位につく。④試験に合格する。⑤人を登用する。⑥記録する。⑦たてまつる。

願い　向上心と行動力を持ち、たゆまぬ努力を続けられ、目標に向かって着実に進んでいく人に。社会人として自分のやるべきことをきちんと果たし、尊敬される男性になることを願って。

晴登　はると
悠登　ゆうと
大登　ひろと
瑛登　えいと

統

12画

トウ・おさ・おさむ・かね・すみ・つな・つね・のり・むね・もと

意味　①すべる。とりまとめる。治める。支配する。②ひと続きのつながり。すじ。

願い　ひとつにまとめる、つながりなどを意味することから、頭脳明晰なリーダーに適した人格者になるよう願って。筋道を通す統率力のある人に。まわりから慕われ、よい仲間に恵まれた人生を送れるように。

統真　とうま
統磨　とうま
統吾　とうご
統士　とうじ

道

12画

トウ・ドウ・おさむ・つな・つね・のり・まさ・みち・ゆき

意味　①通りみち。人や物の通るところ。②人の守り行うべきすじみち。③方法。わざ。④学問や技芸。⑤老子の教え。また、それを修める人。⑥語る。⑦導く。⑧行政区画の名。北海道の略。

願い　社会のルールや物事の道理を重んじながらも、自分の夢に向かって努力する、ひたむきな心を持った男性に成長することを願って。

晴道　はるみち
春道　はるみち
志道　しどう
道成　みちなり

敦

12画

タイ・トン・あつ・あつし・おさむ・たい・つとむ・つる

意味　あつい。てあつい。人情があつい。

願い　人とのかかわりを大切にする気持ちや情の深さ、思いやりの心を持ち、誠実な人柄で相手に接することができる人に。社交性があり、だれとでもすぐに打ち解けて話ができる人になれることを願って。

敦士　あつし
敦斗　あつと
敦也　あつや
敦郎　あつろう

博

12画

主な読み　ハク・バク・とおる・はか・ひろ・ひろし・ひろむ

意味　①広い。広める。広く行きわたる。広く。②得る。うける。③ばくち。かけごと。すごろく。

願い　知性と懐の深さを感じさせる漢字。世界を見渡す広い視野と豊富な知識、大きく豊かな心を持った賢い人になることを願って。勉強好きでコツコツと努力する人に。

名前例
- 博斗　はくと
- 智博　ともひろ
- 正博　まさひろ
- 博之　ひろゆき

満

12画

主な読み　マン・ます・まろ・み・みつ・みつる

意味　①みちる。みたす。いっぱいになる。みちたりる。②ゆきわたる。全体。全部。すっかり。③一定の期限・標準に達する。④丸一年を一歳とする年齢のかぞえ方。

願い　あらゆる豊かさや余裕を表す漢字。多くの福徳に恵まれるように、精神的にも物質的にも豊かで満ち足りた人生を送れるように願って。

名前例
- 悠満　ゆうま
- 満樹　みつき
- 満　みつる
- 陽満　はるま

湊

12画

主な読み　ソウ・あつ・みなと

意味　①みなと。②多くのものが一か所に集まる。③皮膚のすじめ。

願い　多くのものが集まる活気がありながらも、落ち着いた風情が漂う漢字。社交的で多くの人を引きつける魅力にあふれた人になるように。大きな海原へ旅立つ国際人になるようにという願いを込めて。

名前例
- 湊　みなと
- 湊斗　みなと
- 湊士　そうし
- 湊太郎　そうたろう

椋

12画

主な読み　リョウ・むく

意味　①ちしゃの木。ムラサキ科の落葉高木。材はかたく、車輪の用材となる。②むくの木。ニレ科の落葉高木。実は食用、葉は物をみがくのに用いる。③「椋鳥」の略。

願い　高さ二〇メートルを超えて育つ大木になるムクの木を表すことから、空に向かってまっすぐにのびのびと育つ男性に。素朴で実直、人としても大きく育ち、いろいろな分野で貢献できる人になるよう願いを込めて。

名前例
- 椋平　りょうへい
- 椋矢　りょうや
- 椋真　りょうま
- 椋　りょう

裕

12画

主な読み　ユ・ユウ・すけ・ひろ・ひろし・まさ・みち・やす・ゆたか

意味　①豊か。ゆとり。②ゆったり。ゆるやか。のびやか。

願い　「裕福」「余裕」などの言葉に代表されるように、さまざまな物事が豊かであることを表す漢字。おおらかで広い心を持ち、物心共に恵まれた人生を送ることができるようにとの願いを込めて。

名前例
- 裕太　ゆうた
- 裕翔　ゆうと
- 裕哉　ひろや
- 裕人　ひろと

遊

12画

主な読み　ユ・ユウ・あそ

意味　①あそぶ。楽しむ。あそび。②酒や芸事などで楽しむ。③勉学などのため他国へ行く。各地を歩きまわる。④あちこちと自由に動きまわる。⑤さまよう。⑥ゆとり。余裕。

願い　子どもが遊びに夢中になるように、何事にも縛られることなく、自分の希望する道を軽やかに進んでいってほしいという思いを託して。

名前例
- 遊斗　ゆうと
- 遊　ゆう
- 遊大　ゆうだい
- 遊都　ゆうと

雄　12画

ユウ・お・かず・かつ・たか・たけ・たけし・のり・よし

意味　①おす。生物の男性の総称。②勇ましい。おおしい。③はたがしら。強い人。武力・知力にすぐれた者。

願い　雄大で活発で元気、たくましく威勢がよいスケールの大きな男性をイメージして。力が強くて優れた才能を持つ人になることを願って。頼りになる人柄で、人の上に立つことのできる男性に。

雄大　ゆうだい
雄斗　ゆうと
雄太　ゆうた
雄琉　たける

葉　12画

ショウ・ヨウ・のぶ・は・ば

意味　①草木のは。②草木の葉のように薄いもの。③薄いものを数えることば。④すえ。わかれ。⑤世。時代。

願い　青々と茂る葉の生命力にあふれるイメージから、元気でいきいきとした男性に育ってほしいという願いを込めて。自然を連想するさわやかな名前にぴったり。

葉琉　はる
蒼葉　あおば
葉介　ようすけ
葉太　ようた

遥　12画

ヨウ・はる・はるか

意味　①はるか。遠い。へだたりが大きい。②長い。長く続いているようす。③さまよう。ぶらぶら歩く。

願い　スケールの大きさを感じさせる漢字。さまざまな体験を糧に成長していく、視野の広いたくましい男性に育つように。また、可能性ある未来がずっと先まで続くようにという願いを込めて。

遥斗　はると
遥希　はるき
遥馬　はるま
遥太　ようた

陽　12画

ヨウ・あき・あきら・お・きよ・きよし・たか・はる・ひ・や

意味　①日の光。太陽。②ひなた。日の当たる場所。山の南側。川の北側。③暖かい。明るい。④物事の積極的・動的な面。プラス。⑤うわべ。表面。⑥いつわる。ふりをする。

願い　エネルギーに満ち、太陽のように周囲の人を元気にできる、いきいきとした人に育ってほしいという願いを込めて。明るく生命力あふれるイメージで人気の漢字。

陽斗　はると
太陽　たいよう
陽真　はるま
陽平　ようへい

琳　12画

リン

意味　①美しい玉の名。②玉がふれあう音。

願い　玉が触れ合って鳴る音を表すことから、ルックス、スタイル、声共に優れた、音楽のように華やかな人になることを願って。気品あふれた、純粋な精神を持った人になるという思いを込めて。

琳太　りんた
琳久　りく
琳太郎　りんたろう
琳央　りお

惺　12画

セイ・さと

意味　①さとい。かしこい。②さとる。

願い　澄みきった星を表すことから、純粋でまじめな人になるように。さえわたる星空のように、クリアな心を持った好青年になることを願って。星のように輝く未来に向かってまっすぐに歩いていける人に。

琉惺　りゅうせい
大惺　たいせい
悠惺　ゆうせい
惺　さとる

名前例	主な意味と込めたい願い	主な読み	画数・漢字

琥 12画

主な読み コ

意味 ①〈琥珀（こはく）〉は、樹脂が化石となったもの。黄色でつやがある。②虎のもようを刻んだ玉の器。祭器の一種。

願い 優美で個性的な名前。琥珀（こはく）のように清らかで無欲な、美しい輝きを放つような人に。とらのように強く美しく、しなやかさを持った男性になることを願って。

名前例

名前	画数	読み
琥太郎	12 4 9	こたろう
琥珀	12 9	こはく
琥鉄	12 13	こてつ
琥士郎	12 3 9	こじろう

皓 12画

主な読み コウ・あき・あきら・てる・ひろ・ひろし

意味 ①色が白い。②髪が白い。老人。③明らか。明るい。白く輝く。④清い。いさぎよい。

願い 元は太陽が顔を出し空が白む様子を表した漢字。澄みわたった清らかな心を持ち、希望に満ちた人生を歩んでほしいという祈りを託して。

名前例

名前	画数	読み
皓翔	12 12	ひろと
皓介	12 4	こうすけ
皓聖	12 13	こうせい
皓	12	あきら

翔 12画

主な読み ショウ・かける

意味 ①かける。飛びめぐる。②つまびらか。

願い 鳥が羽を広げて空を飛ぶことを意味する、スケールの大きな漢字。自由にのびのびと成長するようにという願いを込めて。芸能人の櫻井翔、三浦翔平をはじめ、男の子の名前に非常に人気が高い。

名前例

名前	画数	読み
大翔	3 12	ひろと
陽翔	12 12	はると
翔太	12 4	しょうた
翔	12	しょう

愛 13画

主な読み アイ・ちか・なり・なる・のり・ひで・まな・めぐむ・よし

意味 ①あいする。かわいがる。いつくしむ。②異性を恋いしたう。③めでる。好む。④おしむ。⑤たいせつにする。⑥親しみ愛する意味を表すことば。

願い 優しさや思いやりのある子に成長するようにという願いを込めて。また、周囲の人からも、たくさんの愛情を注がれて育つようにという祈りを込めて。もともとは女性に人気の字だが、意味のよさから最近では男性の名前としても注目されている。

名前例

名前	画数	読み
愛翔	13 12	まなと
愛斗	13 4	まなと
愛斗	13 4	あいと
愛琉	13 11	あいる

遠 13画

主な読み エン・オン・とお

意味 ①とおい。距離や時間がへだたっている。②うとい。③奥深い。④とおざける。とおざかる。

願い 物事をじっくりと落ち着いて考える思慮深さや、先のことまで見通す冷静さを持った男性に成長してほしいという願いを込めて。

名前例

名前	画数	読み
久遠	3 13	くおん
永遠	5 13	とわ
志遠	7 13	しおん
玲遠	9 13	れおん

雅 13画

主な読み ガ・ただし・のり・ひとし・まさ・まさし・まさる・みやび

意味 ①みやびやか。上品。洗練された美しさ。②正しい。正統の。③相手に関することに対して敬ってそえることば。

願い 上品で風流な様子を意味する漢字。日本の伝統的な美徳を表す。落ち着いた高貴な雰囲気を持った男性に成長してほしいという思いを込めて。

名前例

名前	画数	読み
大雅	3 13	たいが
琉雅	11 13	りゅうが
雅人	13 2	まさと
雅也	13 3	まさや

楽 13画

ガク・ラク・ささ・たの・たのし・もと・よし

意味 ①おんがく。楽器をひく。②六芸（礼・楽・射・御・書・数）の一つ。③たのしい。たのしむ。④物事がたやすい。⑤興行の終わりの日。

願い 豊かな感性を持ち、人生にたくさんの楽しみを見つけることができるようにという思いを込めて。また、音楽を意味することから、音楽的な才能を持った男性に育つようにという期待を託すこともできる。

楽　がく
明楽　あきら
楽斗　がくと
奏楽　そら

寛 13画

カン・ちか・とみ・とも・のり・ひと・ひろ・ひろし・ゆたか

意味 ①広々としてゆとりがある。心が広い。②ゆるやか。ゆったりしている。③くつろぐ。からだを休める。④大目にみる。許す。

願い 「寛大」「寛容」などに代表されるように、心が広いことを表す漢字。いつも穏やかで広い心を持つ、包容力のある男性に成長してほしいという願いを込めて。

寛太　かんた
寛人　ひろと
寛大　かんた
寛　ひろし

幹 13画

カン・き・たかし・つよし・とし・とも・み・みき・もと・もとき

意味 ①木のみき。②もと。物事の主要な部分。中心。③からだ。骨組み。④腕前。わざ。

願い 木のみきや物事の中心を意味することから、しっかりとした性格をイメージできる漢字。グループの中心としてみんなのまとめ役ができるようなリーダーシップ、存在感のある男性に育ってほしいという期待を込めて。

幹太　かんた
幹人　みきと
康幹　こうき
幹　もとき

義 13画

ギ・しげ・たけ・ただし・ちか・つとむ・のり・みち・よし・より

意味 ①正しい筋道。人が当然行うべき道。②君臣の間の正しい道徳。③公共のためや正義のために行動すること。④わけ。意味。⑤血のつながっていない者が恩義や縁組みによって結ぶ親族関係。⑥仮。実物のかわり。

願い 人としての筋道を意味することから、人のために尽くし、人としての道を踏み外さず、規則を守り、正しい人生を歩いてほしいとの願いを込めて。

義人　よしと
正義　まさよし
義大　よしひろ
義樹　よしき

源 13画

ゲン・はじめ・みなもと・もと・よし

意味 ①水の流れるもと。②物事の起こり。③むかしの名家の姓の一つ。源氏のこと。

願い 物事を深く考えて本筋を見極める人に。生命力にあふれ、活気のある毎日を送り、目標に向かってまい進することのできる人になるように願いを込めて。

源斗　げんと
源　げん
源太　げんた
源太郎　げんたろう

瑚 13画

コ・ゴ

意味 〔珊瑚（さんご）〕は、海中でさんご虫が集積してできる石灰質の骨組み。加工して飾り物にする。

願い 珊瑚は深い海に生息するさんごを加工したもの。そのことからも、ダイナミックな自然を連想させる漢字。自然を愛するおおらかで健康的な男性に成長してほしいという願いを込めて。

悠瑚　ゆうご
瑚太郎　こたろう
琉瑚　りゅうご
翔瑚　しょうご

嗣　13画

主な読み　シ・ジ・つぎ・つぐ

意味　あとをつぐ。家系をつぐ。あとつぎ。

願い　家系や家業を受け継ぐという意味があることから、子孫が代々栄えることを願ってつけることが多い。また、伝統や文化などをしっかりと引き継いでほしいという願いを託すことも。

名前例
- 悠嗣　ゆうし
- 敦嗣　あつし
- 武嗣　たけつぐ
- 健嗣　けんじ

獅　13画

主な読み　シ

意味　しし。ライオン。ネコ科の猛獣。

願い　ライオンのように勇敢で、強く、賢くリーダーシップを発揮できる人に。孤高のイメージで力強さと優しさを感じさせるたくましい男性になることを願って。

名前例
- 獅恩　しおん
- 獅龍　しりゅう
- 広獅　ひろし
- 獅童　しどう

詩　13画

主な読み　シ・うた

意味　①うた。心に感じたことを、リズムにもとづいてことばに表したもの。②からうた。中国の韻文の一つ。③「詩経」のこと。五経の一つ。

願い　元は、自分の心に感じたことを言葉で表すことから、優れた感性や表現力を持った男性に成長することを願って。

名前例
- 奏詩　そうた
- 陽詩　ひなた
- 詩音　しおん
- 和詩　かずし

慈　13画

主な読み　シ・ジ・いつく・しげ・しげる・ちか・なり

意味　①いつくしむ。かわいがる。恵む。②人々の苦しみを救う仏の広大な愛。

願い　親から子に注がれるような、見返りを求めない愛情を表す漢字。情け深く温かい心を持った男性に成長してほしいという思いを込めて。

名前例
- 慈音　じおん
- 慈瑛　じえい
- 礼慈　れいじ
- 英慈　えいじ

舜　13画

主な読み　シュン・きよ・とし・ひと・し・みつ・よし

意味　①むくげ。アオイ科の落葉低木。②あさがお。③中国古代の伝説上の聖天子。

願い　「舜」は中国古代の伝説上の帝王の名前。非常に立派な帝王であり、また親孝行だったことから、リーダーになるような優れた資質を持ち、親孝行な男性に成長するようにという期待を託して。

名前例
- 舜　しゅん
- 舜悟　しゅんご
- 舜弥　しゅんや
- 舜祐　しゅんすけ

奨　13画

主な読み　ショウ・ソウ・すすむ・つとむ

意味　①はげます。力づける。②推薦する。ほめる。③助ける。助成する。

願い　励ます、助けるという意味もあることから、だれに対しても親切に優しく、ほめて力づけてあげられるような人に。人を統率し、長所を認めて育てるリーダーになることを願って。

名前例
- 奨　しょう
- 奨也　しょうや
- 奨悟　しょうご
- 奨真　しょうま

照 13画

ショウ・あきら・て・てらし・てり

意味 ①てらす。輝く。②天気が晴れる。③てり。太陽の光。④てらし合わせる。つき合わせて比べる。⑤あてる。ねらう。⑥てれる。気はずかしく思う。

願い 明るい日ざしのように周囲の人を元気にする、パワーを持った男性に育ってほしいという願いを込めて。

照太　しょうた
照英　しょうえい
照悟　しょうご
照道　てるみち

慎 13画

シン・ちか・つつし・のり・まこと・よし

意味 細かに気を配る。

願い 誠実で周囲の人に細やかな配慮ができる男性に育ってほしいという願いを込めて。また、人と競うことを好まず、謙虚な心を忘れないようにという思いも託して。「心」と「真」が並ぶことから、まじめできちんとした印象を持つ漢字。

慎之助　しんのすけ
慎　しん
慎治　しんじ
慎　まこと

新 13画

シン・あきら・あたら・あら・あらた・にい・はじめ・わか

意味 ①あたらしい。あらた。②あらたにする。あたらしくする。③初めて。④新しいの意味の接頭語。

願い 新しい、初めてなどの意味を持ち、わが子の豊かな可能性を信じる気持ちを託して。また、希望ある未来を願う気持ちを込めて。

新　あらた
新太　あらた
新平　しんぺい
新一　しんいち

瑞 13画

ズイ・たま・みず

意味 ①みずみずしい。②めでたいしるし。③天子が諸侯を任命するときに与える玉。

願い 何かよいことが起きる前兆を意味する縁起がよい漢字。みずみずしいという意味もあることから、フレッシュでさわやかな雰囲気の男性に成長するように。また、たくさんの幸運に恵まれることを願って。

瑞生　みずき
瑞輝　みずき
瑞貴　みずき
瑞人　みずと

嵩 13画

シュウ・スウ・たか・たかし

意味 ①高い。②かさ。分量。体積。③かさむ。多くなる。

願い 安定感のある字体で、高い山のどっしりとした雄大なイメージを持つ男性にぴったり。人生の頂をめざす人に。大きく高く落ち着いた人柄でまわりから慕われ、仲間の中心にいるような人物になることを願って。

嵩琉　たける
嵩仁　たかひと
嵩介　しゅうすけ
嵩史　たかふみ

聖 13画

セイ・あきら・きよ・さと・さとし・さとる・ひじり・まさ

意味 ①ひじり。知徳がすぐれ、すべての物事の道理に通じている人。②ひじり。高徳の僧。③奥義をきわめた、その道の第一人者。④宗教や、それを開いた人に関することにそえることば。⑤けがれがなく清らか。⑥英語の saint に漢字をあてたもの。

願い 人間的に非常に優れた人、神の声を聞くことができる人を表す。気高く清廉な心を持った大人に成長してほしいという思いを託して。

悠聖　ゆうせい
竜聖　りゅうせい
聖也　せいや
聖人　まさと

画数・漢字	主な読み	主な意味と込めたい願い	名前例
誠 13画	セイ・あきら・しげ・たか・たかし・なり・なる・まこと	意味 ①まごころ。いつわりがないこと。真実。②ほんとうに。思ったとおりに。 願い 言葉と心が一致している状態で、男らしい美徳を表す漢字。うそがなく、寄せられた信頼にこたえられる誠実で心豊かな人になるようにと願って。	大誠 たいせい 誠 まこと 康誠 こうせい 竜誠 りゅうせい
想 13画	ソ・ソウ	意味 思う。おしはかる。思い。 願い 心の中に形や姿を思い浮かべることを表すことから、人の気持ちを深く思いやることができる、温かく思慮深い男性に育ってほしいという願いを込めて。優しい印象を与える意味と字形で、男の子の名前としても最近注目度が上がっている漢字。	想太 そうた 想真 そうま 想 そう 想介 そうすけ
蒼 13画	ソウ・あお・しげる	意味 ①草の青い色。②茂る。草木が青々と茂るようす。③年老いたようす。古めかしいようす。④薄暗い。⑤白髪がまじっているようす。⑥あわてふためくようす。 願い 草木が青々と育つ様子を表す漢字。広々とした草原をイメージすることから、健康にすくすくと育ってほしいという願いを込めて。	蒼空 そら 蒼真 そうま 蒼太 そうた 蒼 あおい
暖 13画	ダン・ノン・あたた・はる	意味 ①あたたかい。あたたか。②あたたまる。あたためる。 願い 人の心にふんわりとしたぬくもりを与える優しい心を持った男性に成長するようにという祈りを込めて。また、愛情的にも金銭的にも恵まれた人生が送れるようにという願いを託して。	暖人 はると 暖真 はるま 暖斗 はると 暖也 はるや
鉄 13画	テチ・テツ・かね・きみ・とし・まがね	意味 ①てつ。くろがね。金属元素の一つ。かたくてとけにくい。②鉄のようにかたい。③刃物。武器。④「鉄道」の略。 願い 強い意志を持ち、強靭な精神力を兼ね備えた男らしい名前に。打って鍛えるほど丈夫になる鉄にあやかって、不屈の精神力を持った強い人になることを願って。	鉄心 てっしん 虎鉄 こてつ 鉄生 てっしょう 鉄平 てっぺい
楓 13画	フウ・かえで	意味 ①かえで。カエデ科の落葉高木の総称。葉は、多くは手のひら形で、秋に美しく紅葉するものが多い。一般に、もみじとよばれる。②ふう。中国原産のマンサク科の落葉高木。樹脂によいかおりがあり、薬用になる。 願い 晩秋に赤や黄色に美しく紅葉する楓のイメージから、人に鮮やかな印象を残す、気品ある男性に成長してほしいという願いを込めて。	楓 かえで 楓真 ふうま 楓雅 ふうが 楓太 ふうた

画数・漢字	主な読み	主な意味と込めたい願い	名前例
睦 13画	ボク・モク・あつし・ちか・のぶ・まこと・む・むつ・むつみ	意味 ①むつまじい。仲がよい。②むつむ。むつぶ。敬いあって仲よくする。 願い たくさんの仲間や友人に恵まれるように。また、将来、家族仲のよい温かな家庭が築けるようにという願いを込めて。 	睦 13 人 2 むつと 睦 13 月 4 むつき 拓 8 睦 13 たくむ 望 11 睦 13 のぞむ
稔 13画	ジン・ニン・ネン・とし・なり・なる・みのる	意味 ①穀物がよく熟する。②植物が実を結ぶ。③穀物が一回実る期間。一年。④積み重なること。 願い 実りを意味することから、こつこつと努力したことが報われ、豊かで幸せな人生を送れるようにという願いを込めて。 	稔 13 樹 16 としき 稔 13 和 8 としかず 稔 13 也 3 としや 稔 13 みのる
夢 13画	ボウ・ム・のぞむ・み・も・ち・ゆめ	意味 ①眠っているときに見る心理現象。②理想。③ゆめみる。とりとめもなく思う。 願い 眠っているときに見る夢、希望などを意味することから、いつも希望や理想を持ち続ける男性に成長することを祈って。また、将来、自分の夢を実現することができるようにという願いを込めて。	歩 8 夢 13 あゆむ 大 3 夢 13 ひろむ 拓 8 夢 13 たくむ 理 11 夢 13 りむ
靖 13画	ジョウ・セイ・おさむ・きよし・のぶ・やす・やすし	意味 ①安らか。静か。穏やか。②安んじる。しずめる。治める。 願い 安らかで落ち着いたイメージから、周囲の人を安心した気持ちにさせる穏やかでしっかりした性格の男性に育ってほしいと願って。また、もめごとやトラブルのない平穏な生活を祈って。	靖 13 悟 10 せいご 靖 13 也 3 せいや 靖 13 隆 11 やすたか 靖 13 洋 9 やすひろ
誉 13画	ヨ・しげ・たか・たかし・のり・ほま・ほまる・ほまれ・よし	意味 ①よい評判。②ほめたたえる。 願い 自分が選んだことを一生懸命頑張れる男性に成長するように。将来は、人に称賛される立派なことを成し遂げられるようにという期待を込めて。また、立身出世の期待を託すことも。 	誉 13 斗 4 たかと 誉 13 史 5 たかふみ 誉 13 大 3 たかひろ 誉 13 ほまれ
稜 13画	リョウ・ロウ・いず・かど・たか	意味 ①かど。すみ。多面体の二面が交わるところの直線。②おごそかな威光。 願い 整った印象の字形ときっちりとしたイメージの意味を併せ持つ漢字。何事にも毅然とした態度で立ち向かうことができる、まじめで威厳のある男性になることを期待して。	稜 13 真 10 りょうま 稜 13 太 4 りょうた 稜 13 平 5 りょうへい 稜 13 りょう

鈴 13画

主な読み：リョウ・リン・レイ・すず

意味 ①小さな球形で中に玉や石を入れて振り鳴らすもの。また、中に金属の舌をもった小さな鐘。②よびりん。

願い 振ると澄んだ音を奏でる鈴のイメージから、周囲の人の気持ちを穏やかにし、みんなに愛される男性に育ってほしいという思いを込めて。

名前例：
- 鈴太郎 りんたろう
- 鈴太朗 りんたろう
- 鈴之助 すずのすけ
- 鈴太 りんた

零 13画

主な読み：リョウ・レイ

意味 ①落ちる。こぼれる。こぼす。②おちぶれる。おとろえる。③しずく。雨だれ。雨が降る。④わずか。小口の。⑤数字のゼロ。

願い 清らかなしずくを表し、ロマンチックなイメージが。また、ゼロを表すことから、困難にぶつかってもいったんゼロに戻って、再出発の切り替えができる人に。無限の可能性を信じる人になることを願って。

名前例：
- 零斗 れいと
- 零也 れいや
- 零 れい
- 零士 れいじ

廉 13画

主な読み：レン・かど・きよ・きよし・すなお・ただし・やす・ゆき・よし

意味 ①かど。すみ。②理由。③ひときわ。④いさぎよい。折り目正しい。⑤値段が安い。

願い 物事の理由やいさぎよさを意味することから、正しい道に向かい、私利私欲なく行動できる、高潔な心の男性になってほしいという願いを込めて。

名前例：
- 廉 れん
- 廉人 れんと
- 廉太郎 れんたろう
- 廉士 れんじ

蓮 13画

主な読み：レン・はす

意味 はす。はちす。スイレン科の多年生水草。夏に淡紅色の花が咲く。種子と根茎は食用になる。

願い 水面に咲く白やピンクの蓮の花は、美しく清らかなイメージ。また、昔から蓮は極楽浄土に咲く花とされ、仏像の台座である蓮華座の「蓮華」は、蓮の花の意味。すがすがしさと穏やかさを併せ持った男性に成長してほしいという願いを込めて。

名前例：
- 蓮 れん
- 蓮斗 れんと
- 蓮介 れんすけ
- 蓮太 れんた

暉 13画

主な読み：キ・あき・あきら・てる

意味 ①光。日の光。②輝く。

願い 周囲の人を明るく照らすことができる、元気で朗らかな男性になるようにという思いを込めて。また、明るく輝かしい未来への希望を託して。「キ」の音を持つ字の中では、新鮮な印象の名前に。

名前例：
- 晃暉 こうき
- 竜暉 りゅうき
- 悠暉 はるき
- 暉人 あきと

滉 13画

主な読み：コウ・あきら・ひろ・ひろし

意味 広い。水が深く広いようす。

願い 「コウ」の音と整った字形で男の子に人気の漢字。深く広々とした湖のように、穏やかで清らかなイメージを持つ。落ち着いた振る舞いと澄んだ心を併せ持った男性に成長することを願って。

名前例：
- 滉 こう
- 滉大 こうだい
- 真滉 まひろ
- 滉 あきら

名前例		主な読み	

煌 13画

主な読み：コウ・きらめ

意味 輝く。きらめく。

願い きらきらと光り輝く様子を表す華麗な印象の漢字。きらめくような才能や、魅力的な個性を持った男性に成長してほしいという期待を込めて。強さと華やかさをイメージさせる、男の子に人気の高い漢字。

名前例：
- 煌太　こうた
- 煌生　こうせい
- 煌　こう
- 煌貴　こうき

綾 14画

主な読み：リョウ・あや

意味 ①あやぎぬ。あや織りの絹織物。②あや。入り組んだ仕組みやたくみな言いまわし。

願い 繊細さを感じさせる漢字。優美な絹織物のように、洗練された身のこなしや細やかな心づかいを身につけた男性に成長することを願って。

名前例：
- 綾人　あやと
- 綾太　りょうた
- 綾哉　りょうや
- 綾馬　りょうま

維 14画

主な読み：イ・これ・しげ・すみ・ただ・たもつ・つな・つなぐ・ふさ

意味 ①つなぐ。つなぎとめる。②すじ。糸。③つな。道徳を支えるもと。④これ。次にくる語を強調するために用いることば。

願い 人とのつながりが長く続くようにという思いを託すことができる字。友だちに恵まれ、友情や家族の結びつきを大切にする男性に育つようにという願いを込めて。

名前例：
- 維吹　いぶき
- 維月　いつき
- 琉維　るい
- 維心　いしん

嘉 14画

主な読み：カ・ひろ・よし・よしみ・よみし

意味 ①よい。喜ばしい。めでたい。②うまい。③よいとする。ほめる。

願い よいこと、おめでたいこと全般を表す非常に縁起がよい漢字。ほめられたりお祝いをされたりすることの多い、幸せで順風満帆（じゅんぷうまんぱん）な人生を送れるようにという願いを込めて。

名前例：
- 嘉人　よしと
- 嘉一　かいち
- 琉嘉　るか
- 嘉希　よしき

魁 14画

主な読み：カイ・いさお・いさむ・さきがけ・つとむ

意味 ①かしら。首領。②さきがけ。先頭。第一番。③大きい。すぐれる。

願い さきがけやかしらを表し、リーダーシップを感じさせる名前。男性らしいダイナミックさを持ち、先頭に立ってみんなを引っ張っていくことのできる人になることを願って。

名前例：
- 魁斗　かいと
- 魁　かい
- 魁李　かいり
- 魁成　かいせい

銀 14画

主な読み：ギン・ゴン・かね・しろがね

意味 ①ぎん。しろがね。金属元素の一つ。白い色で光沢のある貴金属。②銀のように白い色。③お金。貨幣。④将棋の駒の一つ。銀将のこと。

願い きらびやかさの中にクールさを感じさせ、渋い魅力のある男性になるように。月光や雪景色にもたとえられることから、清くいさぎよく、静かな輝きを放つ底力のある人に。

名前例：
- 銀士　ぎんじ
- 銀太　ぎんた
- 銀河　ぎんが
- 銀司　ぎんじ

豪　14画

ゴウ・かた・かつ・たけ・たけし・つよ・つよし・とし・ひで

意味 ①すぐれる。ひいでる。強い。盛ん。②並はずれる。③「豪州（オーストラリア）」の略。

願い 強さと賢さを兼ね備えた漢字で、勇ましく豪快なイメージもある。多くの才能に恵まれ、豪傑で、豪快、ダイナミックで器の大きな男性になることを願って。

豪《ごう》
豪志《ごうし》
豪琉《たける》
豪太《ごうた》

緒　14画

ショ・チョ・お・つぐ

意味 ①糸口。糸のはし。②物事のはじめ。起こり。③心。気分。④糸やひもなどの細長いもの。はきもののひもや弓に張る糸など。

願い 繊細な心の動きをイメージする漢字。人とのつながりを大切にし、人の心の機微がわかる温かい性格の男性に成長するようにという願いを込めて。

那緒《なお》
真緒《まお》
玲緒《れお》
礼緒《れお》

彰　14画

ショウ・あき・あきら・ただ

意味 ①明らか。②あや。美しいかざり。③あらわれる。あらわす。明らかにする。

願い 鮮やかな模様や、物事を明らかにするという意味から、知的な魅力を感じさせる漢字。頭脳明晰で自分の意見をはっきりと持った男性に成長するようにという期待を込めて。

彰人《あきと》
彰太《しょうた》
彰吾《しょうご》
彰《あきら》

誓　14画

セイ・ゼイ・ちか

意味 ちかう。ちかい。約束。約束をする。神仏にちかいをたてる。

願い ひたむきでおごそかなイメージを持つ漢字。約束を必ず守る誠実さを持ち、みんなから信頼されるしっかりとした男性に成長するようにという願いを込めて。

誓《せい》
悠誓《ゆうせい》
一誓《いっせい》
誓哉《せいや》

総　14画

ソウ・おさ・さ・すぶる・ふさ・みち

意味 ①ふさ。糸をたばねて、先を散らしたもの。②まとめる。しめくくる。③すべる。治める。支配する。とりしまる。④みな。すべて。全部。

願い 束ねる、まとめる、治めるなどの意味から、リーダーシップを感じさせる漢字。多くの人に慕われ、みんなをまとめる統率力のある男性に育つようにという期待を込めて。

総司《そうし》
総一郎《そういちろう》
総太《そうた》
総真《そうま》

聡　14画

ソウ・あき・あきら・さと・さとし・さとる・とき・とし・とみ

意味 ①さとい。聞いてよく分かる。かしこい。②聞く。

願い 物事の理解や飲み込みが早く、明るく賢い男性に育つようにという願いを込めて。また、学ぶことが好きな人になってほしいという期待も託して。人の話をしっかりと聞くという意味から、謙虚で落ち着いたイメージも。

聡太《そうた》
聡祐《そうすけ》
聡《さとし》
聡真《そうま》

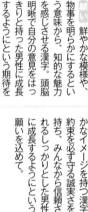

徳 14画

トク・あつ・あつし・いさお・ただし・のり・めぐむ・やす・よし

意味 ①人が生まれつきそなえている品性。②修養によって得られるりっぱな人格。③人民を教化する行為や人格。④めぐみ。さいわい。⑤もうけ。利益。

願い 人としての品格を表す趣のある漢字。私利私欲がなく、常に正しい行動ができる人間性を持った男性に成長してほしいという願いを込めて。

徳馬　とくま
隆徳　たかのり
徳之　のりゆき
智徳　とものり

碧 14画

ヘキ・あお・きよし・みどり

意味 ①緑。青。青緑。濃い青色。②青く美しい石。

願い 青色の美しい石の意味から、抜けるような青空や透き通った海がイメージできる漢字。曇りのない澄んだ心を持った男性に育ってほしいという願いを込めて。

碧　あおい
碧　あお
碧斗　あおと
碧生　あおい

輔 14画

フ・ブ・ホ・すけ・たすく・たすけ

意味 ①力をそえて助ける。②車のそえ木。③すけ。むかしの役人の階級で、省の四等官のうちの二番目の地位。

願い 力を添えて助けるという意味から、人のためにそばに寄り添って尽力できる人になれることを願って。友人の意味もあることから、多くの友人に恵まれて、信頼し、助け合いながら生きていくことができるような人に。

俊輔　しゅんすけ
大輔　だいすけ
晃輔　こうすけ
啓輔　けいすけ

鳳 14画

ブ・ホウ・おおとり

意味 ①おおとり。麒麟とともに、聖天子の治世にあらわれるといい伝えられる想像上のめでたい鳥。雄を鳳、雌を凰という。②天子や宮中に関する物事にそえることば。

願い 想像上のめでたい鳥を意味することから、神秘的で気高い印象を与える漢字。大空を舞う鳥のようなおおらかさと優れた才能を併せ持った男性に成長するようにという期待を込めて。

鳳斗　たかと
鳳真　ほうま
鳳真　ふうま
鳳太　ふうた

槙 14画

シン・テン・まき

意味 ①こずえ。枝のいただき。②まき。マキ科の常緑高木。材は建築・器具用になる。③「すぎ」や「ひのき」の古いよび名。

願い 天に向かって大きく育つ槙（まき）の木の姿から、たくましさを感じさせる漢字。幹や枝が伸びるように、すくすくと健康に成長していくことを願って。

槙之助　しんのすけ
槙吾　しんご
槙太郎　しんたろう
槙人　まきと

瑠 14画

リュウ・ル

意味 〔瑠璃（るり）〕は、宝石の名。七宝の一つ。美しい青色の宝石。また、ガラスの古いよび名。

願い 深い青色の美しい宝石「瑠璃」をイメージすることから、わが子を宝石のように大切に思う気持ちを込めて。また、瑠璃（るり）のように、高貴で涼やかな雰囲気を持った男性に成長してほしいという願いを込めて。

瑠星　りゅうせい
瑠希　るき
瑠仁　りゅうと
瑠唯　るい

綺　14画

主な読み：キ・あや・かむはた

意味 ①美しい。華やか。②たくみな。ことばなどが美しい。③あや。あや織りの絹織物。

願い 美しい光沢があるあや織りの絹織物を意味することから、きらめくような魅力を持った男性に成長してほしいという願いを込めて。また、光の加減によって異なる輝きを見せる織物のように、多くの才能に恵まれるようにという期待も込めて。

綺人　あやと
悠綺　ゆうき
晃綺　こうき
琉綺　りゅうき

颯　14画

主な読み：サツ・ソウ

意味 ①はやて。疾風。急に吹く強い風。②風がさっと吹くようす。③きびきびしているようす。

願い 一陣の風のように、シャープで軽やかな雰囲気を持つ漢字。きびきびと行動する、明るくさわやかな男性に成長してほしいという思いを込めて。

颯太　そうた
颯真　そうま
颯介　そうすけ
颯志　そうし

遙　14画

主な読み：ヨウ・はる・はるか

意味 （「遥」の旧字体）①はるか。遠い。へだたりが大きい。②長い。長く続いているようす。③さまよう。ぶらぶら歩く。

願い スケールの大きさを感じさせる漢字。さまざまな体験をしながらたくましい子に成長するように、可能性ある未来が長く続くようにという願いを込めて。「遥」の旧字だが読みやすく、字形にも趣がある。

遙輝　はるき
遙平　ようへい
遙太　ようた
遙一　よういち

駕　15画

主な読み：ガ・カ

意味 ①車や馬に乗る。②乗り物。車や馬。③しのぐ。乗り越える。その上に出る。

願い 趣のある字体で個性的な名前に。困難を克服し、目標を達成する頑張り屋の男性に。才能豊かで、人前でも堂々としている力強い男性になれるよう願って。

凌駕　りょうが
楓駕　ふうが
竜駕　りゅうが
大駕　たいが

毅　15画

主な読み：キ・ギ・さだむ・しのぶ・たけ・たけし・つよし・とし・のり

意味 ①意志が強い。決断力がある。②たけだけしい。

願い 自分の意思、信念をしっかり持ち、それを実行に移す思いきりのよさを持った人に。たくましく、さっぱりとした男らしさを感じさせる名前。くじけず、決断力のある人にと願って。

一毅　かずき
弘毅　こうき
毅留　たける
毅　つよし

輝　15画

主な読み：キ・あきら・かがや・てる・ひかる

意味 ①輝く。輝き。光が四方に広がる。②輝かしい。りっぱな。

願い 華やかさの中に力強さを感じられることから、とくに男の子に人気の漢字。将来、輝かしい成功を収めることができるようにとの期待を込めて。また、魅力にあふれ、いつも輝いている男性に成長することを願って。

龍輝　りゅうき
大輝　だいき
優輝　ゆうき
輝　ひかる

画数・漢字	主な読み	主な意味と込めたい願い	名前例
駈 15画	ク・か	意味（「駆」の俗字）①かる。かける。はせる。速く走る。②追い立てる。むりにさせる。追い払う。 願い 馬に乗って速く走るという意味から、駆り立てるように、活発で運動神経抜群の人になれるように。馬のように俊敏で足や頭の回転が速く、前向きな男性になることを願って。	駈 15 かける 駈15遠13 くおん 駈15琉11 かける 里7駈15 りく
慶 15画	キョウ・ケイ・のり・やす・よし	意味 ①よろこぶ。よろこび。いわう。②めでたいこと。さいわい。③ほうび。たまもの。 願い さまざまなめでたいことを表す縁起のよい漢字。わが子の誕生を心から祝う気持ちと、喜びの多い幸せな人生を送ってほしいという願いを込めて。	慶 15 けい 慶15次6 けいじ 慶15汰7 けいた 一1慶15 かずよし
慧 15画	エ・ケイ・さと・さとし・さとる	意味 ①さとい。かしこい。理解がはやい。②知恵。 願い 仏教では、物事をよく見極め、道理を正しく把握するという意味を持つ漢字。真実を察知する力に優れた、賢い男性に成長してほしいという期待を込めて。	慧15太4 けいた 慧15人2 けいと 慧 15 さとし 慧15士3 けいし
潤 15画	ジュン・うる・うるう・さかえ・ひろ・ひろし・まさる・みつ	意味 ①うるおう。うるおす。水分をふくむ。②うるおい。しめり。恵み。③飾る。つやを出す。つやがあってりっぱに見える。④利益。 願い 物心共に恵まれた人生を送れるようにという願いを託して。また、ほかの人の心を和らげる優しい男性に成長してほしいという思いを込めて。	潤 15 じゅん 潤15也3 じゅんや 潤15平5 じゅんぺい 潤15斗4 じゅんと
澄 15画	チョウ・きよし・きよむ・す・すみ・すめる・とおる	意味 ①水などに、にごりがない。すきとおる。②清らかにする。静める。③まじめな顔をする。気取る。 願い 水が澄んだ状態を表すことから、にごりのない純真な心を持った人に育ってほしいという思いを込めて。また、清潔感のあるさわやかな男性に成長することを期待して。	澄15真10 とうま 澄15海9 すかい 澄15人2 すみと 泉9澄15 いずみ
蔵 15画	ソウ・ゾウ・おさむ・くら・ただ・とし・まさ・よし	意味 ①おさめる。たくわえる。しまっておく。持っている。②かくす。かくれる。人目につかないようにする。③物をしまっておくところ。 願い 蔵は富の象徴。必要なものを備えて、管理することができる豊かな生活を送れる人に。豊かさと落ち着きを感じられる人になることを願って。	武8蔵15 むさし 泰10蔵15 たいぞう 憲16蔵15 けんぞう 蔵15之3介4 くらのすけ

槻 15画

主な読み キ・つき

意味 ①つき。ニレ科の落葉高木。けやきの一種。材はかたく、弓の材料にされた。②「けやき」の古いよび名。

願い 弓の材料にも用いられる、かたいがしなやかな木のイメージから、自分の意思をしっかり持ったきりっとした男性になるように。また、すくすくと成長するようにという思いを込めて。

名前例	画数	読み
直槻	8・15	なおき
一槻	1・15	いつき
侑槻	8・15	ゆづき
吏槻	6・15	りつき

徹 15画

主な読み テツ・あきら・いたる・おさむ・とおる・ひとし・みち・ゆき

意味 通る。通す。貫く。貫き通す。

願い 貫き通すの意味を持つことから、自分の信念をしっかり持ち、意志が強く、困難に負けずにやりぬく人に。初志貫徹を信条とする男性になることを願って。

名前例	画数	読み
虎徹	8・15	こてつ
徹平	15・5	てっぺい
徹	15	とおる
徹也	15・3	てつや

穂 15画

主な読み スイ・お・ほ・みのる

意味 ①稲や麦の茎の先に花や実がむらがりついたもの。②ほうきのような、ほの形をしたもの。筆の先。とがったものの先。ろうそくなどのともしび。

願い 素朴で温かい印象を与える漢字。黄金色に輝く稲穂のように、実り豊かな人生を願って。女性の名前によく使われるので、力強い雰囲気を持つ字と組み合わせると男の子らしい名前になる。

名前例	画数	読み
穂高	15・10	ほたか
瑞穂	13・15	みずほ
穂	15	みのる
和穂	8・15	かずほ

摩 15画

主な読み マ・きよ・なず

意味 ①する。こする。なでる。さする。②とぐ。みがく。③せまる。届く。

願い 自分を磨き高めることで、より輝かしい未来を切り開いてほしいという期待を託して。また、努力を惜しまない向上心のある男性に育ってほしいという願いを込めて。

名前例	画数	読み
悠摩	11・15	ゆうま
拓摩	8・15	たくま
晴摩	12・15	はるま
和摩	8・15	かずま

璃 15画

主な読み リ・あき

意味 ①〔琉璃（るり）・瑠璃（るり）〕は、宝石の名。七宝の一つ。紺青色の宝石。また、ガラスの古いよび名。②〔玻璃（はり）〕は、水晶の類。七宝の一つ。また、ガラスの古いよび名。

願い 深い青色の美しい宝石「瑠璃」をイメージすることから、わが子を宝石のように大切に思う気持ちを込めて。また、瑠璃や水晶のように、透明感のある上品な雰囲気を持った男性に成長してほしいという願いを込めて。

名前例	画数	読み
璃空	15・8	りく
璃久	15・3	りく
璃人	15・2	りひと
璃音	15・9	りおん

諒 15画

主な読み リョウ・あき・まこと・まさ

意味 ①まこと。真実味がある。②思いやる。察する。③認める。

願い 物事の本質をしっかりと見極められるように。だれにでも公平公正な態度で接することができる誠実な男性になってほしいという願いを込めて。また、さわやかな印象の「リョウ」の音も人気。

名前例	画数	読み
諒	15	りょう
諒太	15・4	りょうた
諒真	15・10	りょうま
諒人	15・2	あきと

名前例	主な意味・込めたい願い	主な読み	画数・漢字

遼 15画

リョウ・はるか

意味 ①遠くへだたっている。②りょう。中国の王朝の名。

願い はるか彼方の天空や山河をイメージする、無限の広がりが感じられる漢字。心が広く、何をするにもスケールの大きな男性になってほしいという願いを込めて。

- 遼 りょう
- 遼太郎 りょうたろう
- 遼也 りょうや
- 遼人 はると

凛 15画

リン

意味 （「凜」の俗字）①身にしみて寒い。冷たい。寒さがきびしい。心がひきしまる。おそれつつしむ。②きびしい。おそれつつしむ。りりしい。

願い 身も心もピリッと引き締まるイメージから、明るくきびきびとした男性に成長してほしいという思いを込めて。音が美しく、女の子にも人気の字だが、男の子につけると硬派な雰囲気が感じられる。

- 凛都 りんと
- 凛人 りんと
- 凛太郎 りんたろう
- 凛平 りんぺい

樂 15画

ガク・ラク・ささ・たの・たのし・もと・よし

意味 （「楽」の旧字体）①おんがく。楽器をひく。②六芸（礼・楽・射・御・書・数）の一つ。③たのしい。たのしむ。④物事がたやすい。⑤興行の終わりの日。

願い 楽器を演奏し音楽を楽しむように、いつでも楽しいことを見つけ出すことができる、明るく前向きな男性に育つようにという願いを込めて。また、音楽の才能に恵まれるようにという期待も。

- 樂 がく
- 樂 らく
- 樂人 がくと

凜 15画

リン

意味 ①身にしみて寒い。冷たい。寒さがきびしい。②きびしい。心がひきしまる。おそれつつしむ。りりしい。

願い 身も心もピリッと引き締まるイメージから、明るくきびきびとした男性に成長してほしいという思いを込めて。音が美しく、女の子にも人気の字だが、男の子につけると硬派な雰囲気が感じられる。

- 凜太朗 りんたろう
- 凜空 りく
- 凜生 りんせい
- 凜人 りんと

衛 16画

エ・エイ・ひろ・まもり・まもる・もり

意味 ①まもる。ふせぐ。まもり。まもる人。②まわる。

願い 古風で印象的な字体と響きを持つ漢字。都市のまわりを巡回して守ることを表し、強さといさぎよさ、優しさを感じさせる。大切なものを守り育てられる男性になることを願って。

- 衛 まもる
- 衛司 えいし
- 利衛 としひろ
- 衛人 えいと

穏 16画

オン・おだ・しず・とし・やす・やすき

意味 おだやか。安らか。落ち着いて静か。

願い 人との争いを好まない、穏やかな性格の男性に育ってほしいという願いを込めて。また、波風のない平穏で幸せな人生を送ることができるようにという祈りを込めて。

- 史穏 しおん
- 里穏 りおん
- 怜穏 れおん
- 理穏 りおん

おすすめ漢字 15〜16画

名前例　主な読み

薫　16画

クン・かお・かおる・しげ・つとむ・にお・ひで・ほう・ゆき

意味 ①よいにおいがする。②よいにおい。③かおりぐさ。マメ科の多年草。らんの一種。④くすぶる。煙が出る。⑤感化する。善に導く。

願い もともとは、香りのよい草を意味したことから、素朴で明るいイメージを持つ漢字。よい雰囲気で、そっと人を包み込むような穏やかな魅力と温かい心を持った男性に成長してほしいという思いを込めて。

薫　かおる
薫平　くんぺい

憲　16画

ケン・あきら・かず・さだ・ただし・ただす・とし・のり

意味 ①おきて。法規。手本。基本となる法。②のっとる。手本とする。③重要な地位にある役人。

願い 人々の模範となり正しい行いと考え方ができるように。賢く品行方正な印象を与える人に。信頼を集めることができるリーダーになれることを願って。

憲伸　けんしん
憲　けん
憲吾　けんご
憲太　けんた

賢　16画

ケン・さと・さとし・さとる・すぐる・たか・ただ・ただし・とし

意味 ①かしこい。りこう。才知がすぐれている。②すぐれた人。徳行のすぐれた人。かしこい人。③まさる。すぐれる。よい。④とうとぶ。たっとぶ。⑤他人のことに対して敬いの気持ちを表してそえることば。

願い 知性があり、学業でも仕事でも能力を発揮できる有能な人に成長するようにという期待を込めて。また、その能力が人のために役立ち、人から尊敬される人物になれるようにという願いも表すことができる。

賢太　けんた
賢祐　けんすけ
賢生　けんせい
賢人　けんと

樹　16画

ジュ・いつき・き・しげ・たつ・たつき・みき・むら

意味 ①立ち木。②植える。③たてる。置く。

願い 植える、立ち木などの意味から、天に向かって成長する樹木のように、素直でまっすぐな性格の男性に成長してほしいという祈りを込めて。どっしりとした字形から、男の子の名前の止め字としてよく使われるが、最近では一字で「いつき」の読みの名前も人気。

樹　いつき
春樹　はるき
直樹　なおき
和樹　かずき

篤　16画

トク・あつ・あつし・すみ

意味 ①人情があつい。②もっぱら。熱心である。③病気が重い。

願い 人情に厚く、困った人をほうっておけない男気のある人に育ってほしいという期待を込めて。また、何事にも一生懸命に取り組む熱い心を持った男性に成長することを願って。

篤志　あつし
篤人　あつと
篤生　あつき
篤　あつし

磨　16画

マ・みが

意味 ①玉や石などをすりみがく。②努めはげむ。③する。すれる。すりへる。

願い 玉や石を磨くという意味から、自分自身を高めるため、真摯（しんし）な努力ができるようにという願いを込めて。学業や習い事にもまじめに取り組む努力家になってほしいという思いを込めることができる。

拓磨　たくま
悠磨　ゆうま
一磨　かずま
奏磨　そうま

名前例	主な意味と込めた願い	主な読み	画数・漢字

龍 16画

リュウ・リョウ・ロウ・きみ・しげみ・たつ・とおる・めぐむ

意味 （「竜」の旧字体）①たつ。りゅう。想像上の動物。形は巨大なへびに似てかたいうろこと角をもち、雲をよび天にのぼるといわれる。②天子に関係する物事につけることば。③英雄や豪傑のこと。④名馬のこと。特別にすぐれているもの。

願い 強さと躍動感を感じられる漢字。想像上の神聖な生き物「龍」にちなみ、自分の立てた目標を次々と成し遂げていける人に。

龍之介 りゅうのすけ
龍 りゅう
龍輝 りゅうき
龍生 たつき

橙 16画

トウ・だいだい

意味 ①だいだい。ミカン科の常緑小高木。初夏、かおりのある白い花が咲き、果実は芳香があって酸味が強い。果汁は調理用に、果皮は薬用になる。縁起物として新年の飾りに使う。②赤みがかった黄色。だいだい色。

願い 柑橘類の持つさわやかなイメージから、明るい性格とみずみずしい感性を持った男性に成長してほしいという願いを込めて。また、「だいだい＝代々」に通じることから、末永く幸せや繁栄が続くようにという祈りも込めて。

橙弥 とうや
橙矢 とうや
橙馬 とうま
橙伍 とうご

澪 16画

レイ・みお

意味 みお。舟が通るための水路。

願い 海や川で船が安全に通れる深い水路を表すことから、安心感や落ち着きがイメージできる漢字。困った人を助ける優しく頼もしい男の子になってほしいという祈りを込めて。

澪 れい
澪斗 みおと
澪央 れお
澪音 れおん

環 17画

カン・たま・たまき

意味 ①輪形のもの。②めぐる。まわる。③まわり。④輪の形をした玉で、あなの直径とまわりの厚みの等しいもの。

願い 手に巻くもの、輪形のものを意味することから、人との絆や円満なかかわりをイメージする漢字。多くの友人や仲間に恵まれるようにという願いを込めて。

環 たまき
環 かん
環太 かんた
環希 たまき

謙 17画

ケン・あき・かた・かね・しず・のり・ゆずる・よし

意味 へりくだる。ゆずる。

願い 正しい言葉づかいをする、礼儀正しい人に。謙虚で聡明な印象があり、だれからも愛される人柄や素直さを感じさせる名前に。満ち足りる、快いという意味もあることから、すべてにおいて満ち足りた人生を歩むことができるよう願って。

謙心 けんしん
謙太郎 けんたろう
謙 けん
謙吾 けんご

駿 17画

シュン・スン・たかし・とし・はや・はやお・はやし

意味 ①足の速いすぐれた馬。②すぐれた人。すぐれていること。③速い。すみやか。

願い サラブレッドのように、優美で軽やかな印象を与える漢字。さわやかでスピード感にあふれ、敏腕で、判断力に優れた人になることを願って。

駿 しゅん
駿太 しゅんた
駿介 しゅんすけ
駿斗 はやと

画数・漢字	主な読み	主な意味と込めたい願い	名前例
優 17画	ユウ・かつ・すぐ・ひろ・まさ・まさる・やさ・ゆたか	意味 ①すなおでおとなしい。②穏やか。ゆったりしている。③しとやか。上品。④ひいでている。⑤成績や程度の序列で、もっともすぐれていることを表すことば。⑥手厚い。⑦役者。 願い 「優しい」「優れる」「上品」など、わが子に期待したい意味を多く持つ人気の高い漢字。性格がよく能力もあり、穏やかな雰囲気を持った男性に成長してほしいという期待を込めて。画数が多いわりに、のびやかな字形も人気の理由。	優太 ゆうた 優真 ゆうま 優 ゆう 優斗 ひろと
翼 17画	ヨク・すけ・たすく・つばさ	意味 ①つばさ。鳥や虫、また飛行機などの羽。②助ける。かばう。③左右にあるもの。 願い 大空を舞うように、のびのびと自由に育ってほしいという祈りを込めて。また、「助ける」という意味もあることから、親鳥が翼でひなを守るように、人を守り助けることができる頼もしい男性になるようにとの思いも込めて。	翼 つばさ 幸翼 こうすけ 悠翼 ゆうすけ 圭翼 けいすけ
嶺 17画	リョウ・レイ・ね・みね	意味 ①みね。いただき。山の頂上。②山並み。山脈。 願い スケールの大きさを感じさせる字。そびえ立つ山の頂のように、堂々として誇り高い男性に成長するように。また、常に向上心を持ち、しっかりと未来を見据えて歩んでいけるようにという思いを込めて。	嶺 りょう 嶺汰 れいた 嶺志 れいじ 嶺介 りょうすけ
騎 18画	キ・ギ	意味 ①馬に乗る。馬のりになる。②馬に乗った兵士。③馬に乗った人をかぞえることば。 願い 人生という荒馬を、うまくコントロールして、乗り越えていけるような人に。勇ましいイメージもあることから、勇気と行動力を持った、正義感あふれるナイトのような男性になることを願って。	大騎 だいき 龍騎 りゅうき 将騎 まさき 春騎 はるき
瞬 18画	シュン・またた	意味 ①目をぱちぱちさせる。②またたき。まばたき。③またたきをする間ほどのきわめて短い時間。 願い 「またたく」という意味から、素早く物事を決断する、リーダーシップのある頼れる男性に育ってほしいという願いを込めて。	瞬 しゅん 瞬太 しゅんた 瞬介 しゅんすけ 瞬之介 しゅんのすけ
織 18画	シ・シキ・ショク・お・おり・り	意味 ①はたをおる。布をおる。②物を組み立てる。 願い 繊細さや奥深さをイメージさせる漢字。人に細やかな心づかいができる優しさや、物事をじっくり考える緻密さを持った男性に成長してほしいという思いを込めて。少し古風な和の雰囲気を感じさせる名前に。	伊織 いおり 織人 おりと 唯織 いおり 一織 いおり

藍

18画

主な読み：ラン・あい

意味 ①あい。たであい。タデ科の一年草。葉から青色の染料をとる。②あいいろ。濃い青色。③ぼろ。ぼろきれ。

願い 鮮やかな濃い青色は、力強く気高いイメージ。藍の字を使った故事では「出藍の誉れ」が有名で、これは弟子が師よりも優れた才能を発揮するたとえ。そこから、高い志を持ち、優れた才能を発揮できるようにという期待を込めて。

名前例
- 藍斗 18 4 あいと
- 藍希 18 7 あいき
- 藍琉 18 11 あいる
- 藍輝 18 15 あいき

羅

19画

主な読み：ラ・つら

意味 ①鳥をつかまえる網。②網でつかまえる。③全部をくるむ。④連ねる。連なる。⑤うすぎぬ。

願い 梵語の音訳にも使われることから、名前に神秘的な雰囲気を加えることができる漢字。一文字で「ラ」と読めるので、個性的な名前をつけたいときにも使いやすい。

名前例
- 世羅 5 19 せら
- 蒼羅 13 19 そら
- 想羅 13 19 そら
- 由羅 5 19 ゆら

麗

19画

主な読み：レイ・あきら・うるわ・かず・よし

意味 ①うるわしい。美しい。②うららか。のどか。③りっぱな。すぐれた。④華やかな。きらびやかな。

願い 元は、鹿が群れをなして走っているさまを表す漢字。女の子に多く使われるが、音も字形も美しく、男の子の名前としても人目を引く。華やかさと上品さを併せ持った男の子に成長してほしいという思いを託して。

名前例
- 麗音 19 9 れおん
- 麗弥 19 8 れいや
- 麗志 19 7 れいじ
- 麗央 19 5 れお

響

20画

主な読み：キョウ・ひび・ひびき

意味 ①音がひびきわたる。こだまする。ひびき。こだま。②他の物に変化をおよぼす。

願い 周囲に音が広がるイメージから、そこにいるだけでまわりの人が幸せな気持ちになるような、よい影響を与えられる男性になってほしいという祈りを込めて。また、広い分野で活躍できる人になってほしいという期待も込めて。

名前例
- 響 20 ひびき
- 響 20 きょう
- 響介 20 4 きょうすけ
- 響平 20 5 きょうへい

護

20画

主な読み：コ・ゴ・まもる・もり

意味 ①守る。かばう。②助ける。③守り。お守り。

願い 中のものを傷つけないように細工をしながら守るという意味から、自分のいちばん大事な家族や友だちを守る人になってほしいと願って。優しさと強さ、聡明さを兼ね備えた男らしい人に。

名前例
- 一護 1 20 いちご
- 優護 17 20 ゆうご
- 護 20 まもる
- 正護 5 20 しょうご

耀

20画

主な読み：ヨウ・あき・あきら・てる

意味 ①輝く。光る。②輝き。光。

願い 元は火の光を表し、勢いが感じられる漢字。いつも輝いて見える魅力あふれた男性に成長してほしいという期待と、輝かしい未来への想いを託して。また、人気の「ヨウ」の音を表す漢字でありながら、それほど多くは使われていないところも魅力。

名前例
- 耀大 20 3 ようた
- 大耀 3 20 たいよう
- 耀斗 20 4 あきと
- 耀弘 20 5 あきひろ

Point＊Advice

昔からの
スタンダードな名前をつけるなら

昔からあるスタンダードな名前のほうが、今の時代は個性的に感じられることもあります。また、長く親しまれ、読み間違われにくいというメリットにも注目しましょう!

“昔からよくある名前”のほうが今は新鮮!?

昨今は、「わが子にオンリーワンの名前、個性的な名前を」と願うママ・パパも少なくありません。近年追加された人名用漢字を使った名前や、今風の読ませ方をする名前も人気ランキングに入ってきています。

しかし、昔から愛されているスタンダードな名前にも素晴らしいところがあります。たとえば、「明」（あきら）、「弘」（ひろし）、「誠」（まこと）、「大輔」（だいすけ）、「健一」（けんいち）など……。

これらの名前は、昔から読み慣れているため、読み間違いが少ないというメリットがあります。また社会的にも、堅実な印象を与えるでしょう。まわりが今風の名前ばかりだと、むしろスタンダードな名前のほうが新鮮に感じられるかもしれません。

スタンダードな名前の見つけ方

では、スタンダードな名前はどうやって探せばいいのでしょうか。

まず、人名辞典を参考にする方法があります。また、ママ・パパの同年代や目上の人の名前もヒントになるでしょう。

もう少し年配の人の名前も参考にしたいなら、社会・文化・スポーツなどに功績のあった人に授与される褒章受章者名簿も参考になります。ただし、現役で活躍している人の名前にあやかる場合は、思わぬアクシデントで、その名前のイメージが変わる可能性も。同姓同名にするのは避けたほうが無難でしょう。

もっと時代をさかのぼったスタンダードな名前を見つけたいなら、歴史書から人名を探す方法もあります。ただし、著名な人の名前ほど、その人柄や評伝で名前のイメージが固定しているものです。人となりを調べた上で判断しましょう。

小説やマンガなどに出てくる名前も、発想のヒントになります。ただし、あくまでもフィクションの名前ですから、実際の名づけで使えない文字もあります。名前に使える文字かの確認は必ずしましょう。

第5章

画数から選ぶ男の子の名前

名づけのときに気になる、漢字の画数。
この章では、画数の数え方から、
画数による姓名判断の考え方、
姓に合った名前の画数などを紹介しています。
名づけの際のヒントとして活用してください。

姓名判断を使って“運勢”をよりよく！

画数から名前を考えよう

画数から考える名づけの方法として、まず基本的な五格という考え方を紹介します。
ただし、画数の数え方にはいろいろな流派があるため、
1つの流派に決めることが大切です。

画数にこだわる名づけの注意

画数にこだわる名づけの第一段階は、姓名を構成するそれぞれの漢字の画数を出すことです。

ただ、画数の考え方は、流派や流儀、辞書によって違いますから、どの流派・流儀でも吉運になるように名づけるのは不可能に近いでしょう。混乱を避けるためにも、いろいろな本を見るより、1つに絞っておくことをおすすめします。

また名前に使える漢字には制限があり、常用漢字、人名用漢字だけしか用いることができません。これ以外の漢字を表外漢字といいますが、姓には制限がありませんので、表外漢字が使われていることもあります。

名前に使える漢字とその画数は、全漢字リスト（P.469〜478）に掲載しています。

漢字の画数はこう数える

漢字の画数を数える場合は、名については法律で定められた文字（常用漢字・人名用漢字）の、見たままの字体の画数で数えるのが基本です。

また、姓の画数に関しては、日ごろ書き、使用している字体で画数を数えましょう。戸籍は「齋藤」でも、ふだん「斎藤」を使っているのなら、その画数を数えます。戸籍云々は法律上の問題であって、姓名判断とは直接、関係ありません。

画数から選ぶ名づけのコツ

1 **姓に合う名前の画数を知る**
あなたの姓と相性のよい名前の画数の組み合わせを調べます。
(P.359〜401)

2 **名前の具体例を探す**
①で見つけた画数の組み合わせから名前を探します。(P.403〜468)

3 **画数に合う漢字を探す**
②でベストの名前が見つからなかったら、名前1文字ずつの画数から漢字を探します。
(P.255〜333)

※本書では、『福武漢和辞典』と『ベネッセ新修漢和辞典』（ともにベネッセコーポレーション刊）と監修者の栗原里央子先生の見解を参考にしています。お使いになる漢和辞典、姓名判断の流派によっては、画数の異なる場合があります。

五格

「五格とは、姓名の文字の画数を5つの部位ごとにまとめて出し、その数によって姓名判断をしていく」考え方です

五格の基本

五格は、下記のように計算して出し、
その画数によって運命を占っていきます。
五格がそれぞれ何を表しているのかも紹介します。

栗 10
原 10
悠 11
真 10

天格 20
人格 21
地格 21
外格 20（20＋21－21）
総格 41（10＋10＋11＋10）

天格

10＋10＝20
姓にあたる部分で、先祖から伝えられた天運を表すものですが、吉数、凶数にかかわらず、直接作用することはありません。

人格

10＋11＝21
姓の末字と名の頭字を合計した画数。性格、才能、個性などを表し、20代～40代の青壮年期の運命を支配する重要な部分。

地格

11＋10＝21
名にあたる部分です。パーソナリティーやその人の基本的な部分を表し、主に出生から中年に至るまでの運命を支配します。

外格

(10＋10)＋(11＋10)－(10＋11)＝20
天格と地格の合計から人格を引いた数。人格を助けて補うとともに、異性運や結婚運、子ども運などの対外関係に作用。
※外格が0の場合は人格を外格と考えてください。

総格

10＋10＋11＋10＝41
姓と名の総画数です。その人の全体運や生涯運を表していますが、主に中年以降の社会運に強い影響を持っています。

本によって書いてあることが違うのはどうして？

画数の数え方や運勢の見方にはいくつかの流派があるからです。たとえば、「くさかんむり」でも6画、4画、3画と数え方が違いますし、「五格」を「五運」という呼び方で表している場合もあります。このように、画数の数え方が違ってくると、同じ名前でも運勢が異なってくることがあるのです。
そこで、どの流派でも、いい画数の名前を考えようと思うのは無理なこと。割りきって1つの流派に決め、それを信じて名前を考えるのがおすすめです。

文字数別 五格の数え方

五格の考え方は、2字姓2字名が基本になりますが、姓や名前を構成する文字数が違う場合は、左記のようにバランスをとります。

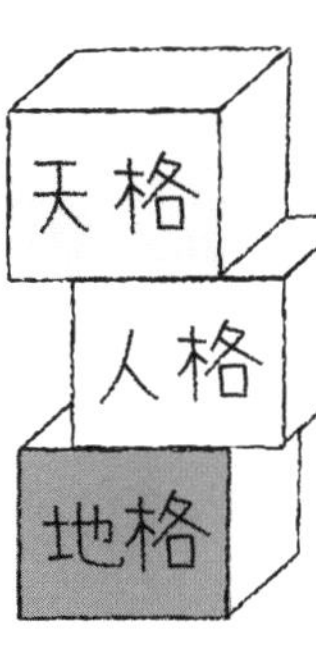

1字姓1字名

南 9
誠 13

天格 9
人格 22
地格 13

外格 0
総格 22（9＋13）

※外格が0の場合は、人格を外格と考えます。

★仮成数は必要なし

1字姓2字名

① 1
岸 8
颯 14
太 4

天格 9
人格 22
地格 18

外格 5
総格 26（8＋14＋4）

★仮成数は姓に1

2字姓1字名

近 7
野 11
駆 14
① 1

天格 18
人格 25
地格 15

外格 8
総格 32（7＋11＋14）

★仮成数は名に1

2字姓2字名

落 12
合 6
颯 14
太 4

天格 18
人格 20
地格 18

外格 16
総格 36（12＋6＋14＋4）

★仮成数は必要なし

3字姓1字名

長 8
谷 7
部 11
徹 15
① 1
① 1

天格 26
人格 26
地格 17

外格 17
総格 41（8＋7＋11＋15）

★仮成数は名に2

3字姓2字名

佐 7
久 3
間 12
夢 13
人 2
① 1

天格 22
人格 25
地格 16

外格 13
総格 37（7＋3＋12＋13＋2）

★仮成数は名に1

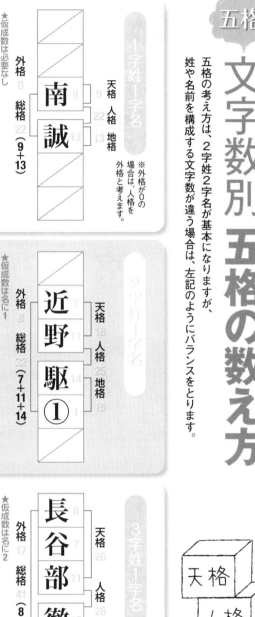

1字姓3字名

	画数
①	1
①	1
林	8
貴	12
比	4
古	5

天格 10
人格 20
地格 21
外格 11
総格 29（8＋12＋4＋5）
★仮成数は姓に2

2字姓3字名

	画数
①	1
宮	10
下	3
那	7
央	5
也	3

天格 14
人格 10
地格 15
外格 19
総格 28（10＋3＋7＋5＋3）
★仮成数は姓に1

3字姓3字名

	画数
小	3
野	11
寺	6
真	10
太	4
郎	9

天格 20
人格 16
地格 23
外格 27
総格 43（3＋11＋6＋10＋4＋9）
★仮成数は必要なし

総格と仮成数について

たとえば1字姓の人が1字名をつければそのまま五格を数えられますが、2字名をつける場合は、バランスをとるためにその文字数の「差」にあたる数、1字姓2字名なら2－1＝1を、仮成数（姓と名の文字数が異なる場合、その文字数の差にあたる数）として天格に加えて計算します。右記は代表的な9パターンです。ただし、総格には仮成数を入れないで計算します。

五格の考え方とこだわり方

候補名の五格の画数がわかったら、それぞれの運勢をP.344からの「名づけ吉数表」でチェックしてみましょう。

ただ、すべてが◎になる名前を考えるのは難しいものです。男の子なら20代～40代の運命を表す人格・総格を重視しましょう。女の子なら、将来結婚して姓が変わる可能性を考え、地格を重視して、これらが吉数になる名前を考えてあげるのがいいでしょう。

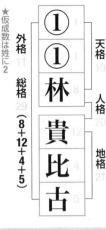

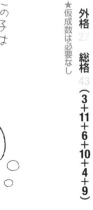

陰陽五行

「五格のうちの天格、人格、地格を木・火・土・金・水にあてはめ、その調和で判断するのが陰陽五行です」

陰陽五行説の考え方

陰陽《いんよう》五行《ごぎょう》説とは、宇宙に存在するすべてのものは、木・火・土・金・水の5つの元素でできているという考え方で、姓名も、この五行の支配を受けているとされます。姓名判断の五行とは、五格の中の天格、人格、地格を木・火・土・金・水にあてはめ、それらの配置が調和しているかどうかで吉凶を見るものです。陰陽五行が表すものは、左ページの表のように5つに分類されます。

姓名を支配する五行の見方

五行は姓名を構成する五格のうちの天格、人格、地格のそれぞれの画数の下1桁の数字を木・火・土・金・水にあてはめていきます。

数字が1・2であれば木性、3・4なら火性となります。数字が2桁の場合も下1桁の数字だけを見ていくので、11、21、31は1として木性となります。

では具体的に、先に例として挙げた「栗原悠真」で見てみましょう。

天格は20の水性、人格は21の木性、地格も21の木性ですから、この場合は水性・木性・木性の支配を受けていることになります。

五行の調和と不調和

ここで導いた木・火・土・金・水の配列によって運勢の調和がとれているか、いないか（不調和）を判断していきます（P.342を参照）。木・火・土・金・水のそれぞれの性質から、木→火→土→金→水→木と隣り合うものは調和のとれた関係で吉運ですが、木→土→水→火→金→木という配列は不調和な関係になり、凶運を招く恐れがあります。

組み合わせの吉凶はP.343を参考にしてください。

五行の支配の関係

五行	支配を受けるもの	数字
木性	樹木、木製品など、木でつくられたすべてのもの。東の方角。春。青。肝臓。	1・2
火性	大きなものから小さなものまですべての火。南の方角。夏。赤。心臓。	3・4
土性	大地のほか土器、壁など、土でつくられたすべてのもの。中央。土用。黄。胃。	5・6
金性	すべての金属と、金属でつくられたすべてのもの。西の方角。秋。白。肺臓。	7・8
水性	大洋、大河から飲料水、水滴まですべての水。北の方角。冬。黒。生殖器。	9・0

例

名前	画数	格	画数	五行
栗	10	天格	20	水
原	10	人格	21	木
悠	11	地格	21	木
真	10			

陰陽五行をうまく活用しましょう

名前を考える最初の段階から、「陰陽五行のよい名前をつけよう」と思っていては、なかなか決められないものです。名前の候補がいくつか挙がったものの、同じように画数がよかったり、音の響きが気に入ったりして、名前を1つに絞りきれないときの決め手として、陰陽五行の考え方を活用してみてはいかがでしょうか。

しかし、先にも述べましたが、画数や部首の数え方は流派によって違いがあるので、どの流派でも良運となる画数の漢字を見つけることは難しいことを念頭に置いて、「これだ！」と思った1つの流派に決めることが大切です。

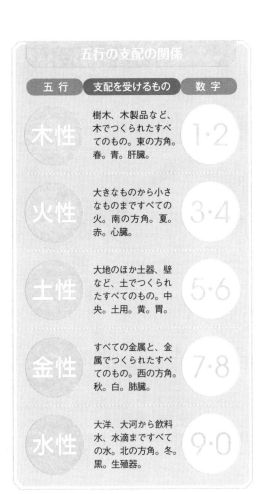

五行の関係
……基本の考え方……

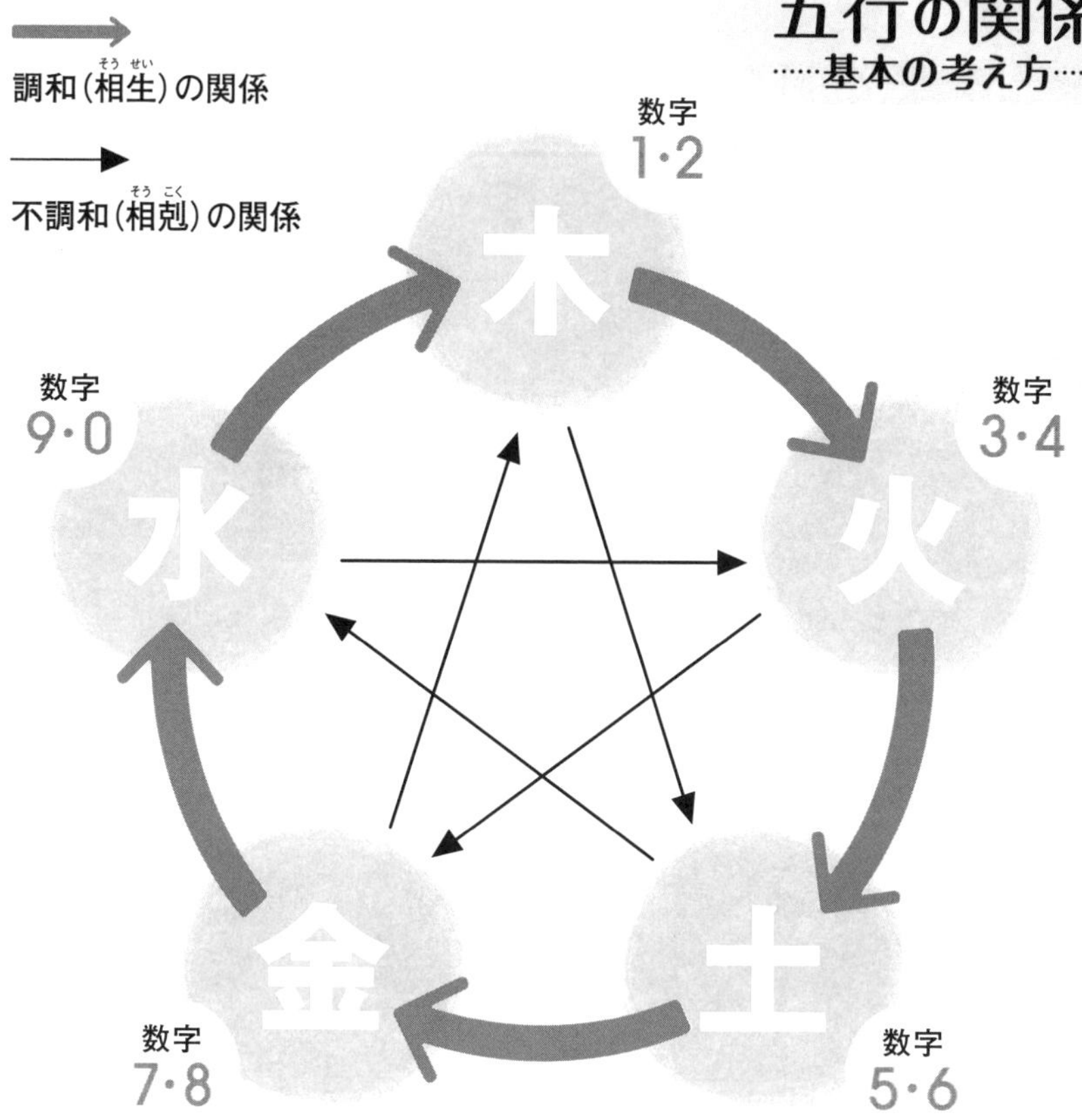

調和（相生《そうせい》）の関係

木と木をこすると火が生じ、火が燃え尽きると灰になり、やがて土になります。大地の中から金が生じるように、すべての鉱物は大地から生まれます。金属は水を引きつけ、水により木は成長します。

このように木→火→土→金→水→木と隣り合う性同士は互いを生かし合っていく、調和のとれた関係だといえるのです。

不調和（相剋《そうこく》）の関係

木は土の栄養を奪い取って荒らします。このように、木→土→水→火→金→木という配列は、勢いを弱めたり、傷つけたりする不調和な関係といえます。

五行にこだわりすぎないで

五行を深く考え始めると、なかなかいい名前が浮かばないということにもなりかねません。あまりこだわりすぎず、あくまでも参考にするくらいにとどめておきましょう。

三才吉凶表

この表は、天、人、地3つの格を組み合わせた五行のバランスを
吉凶で表したものです。基本の考え方は、P.342を参照してください。
◎は大吉、○は中吉、△は凶を表します。

配合	吉凶	配合	吉凶	配合	吉凶	配合	吉凶	配合	吉凶
水木木	◎	金木木	△	土木木	○	火木木	◎	木木木	◎
水木火	○	金木火	△	土木火	○	火木火	◎	木木火	◎
水木土	◎	金木土	○	土木土	△	火木土	◎	木木土	◎
水木金	△	金木金	△	土木金	△	火木金	△	木木金	△
水木水	△	金木水	△	土木水	△	火木水	△	木木水	△
水火木	△	金火木	△	土火木	◎	火火木	◎	木火木	◎
水火火	△	金火火	△	土火火	○	火火火	◎	木火火	○
水火土	△	金火土	△	土火土	◎	火火土	△	木火土	◎
水火金	△	金火金	△	土火金	△	火火金	△	木火金	△
水火水	△	金火水	△	土火水	△	火火水	△	木火水	△
水土木	△	金土木	△	土土木	△	火土木	△	木土木	△
水土火	△	金土火	○	土土火	◎	火土火	◎	木土火	○
水土土	△	金土土	◎	土土土	◎	火土土	◎	木土土	△
水土金	○	金土金	◎	土土金	◎	火土金	○	木土金	△
水土水	△	金土水	△	土土水	△	火土水	△	木土水	△
水金木	△	金金木	△	土金木	△	火金木	△	木金木	△
水金火	△	金金火	△	土金火	△	火金火	△	木金火	△
水金土	◎	金金土	◎	土金土	◎	火金土	△	木金土	○
水金金	△	金金金	△	土金金	◎	火金金	△	木金金	△
水金水	△	金金水	△	土金水	△	火金水	△	木金水	△
水水木	△	金水木	△	土水木	△	火水木	△	木水木	◎
水水火	△	金水火	△	土水火	△	火水火	△	木水火	△
水水土	△	金水土	△	土水土	△	火水土	△	木水土	△
水水金	△	金水金	◎	土水金	△	火水金	△	木水金	△
水水水	△	金水水	△	土水水	△	火水水	△	木水水	○

運勢のいい名前を見つけるヒントに!

名づけ吉数表

五格のうち、人格、地格、外格、総格の画数を出したら、
この吉数表でそれぞれの画数がどのような運勢なのかをチェックしてみましょう。
ただし、すべてが大吉になるパーフェクトの名前はそれほどあるものではありません。
あまりこだわりすぎないようにしましょう。

表の見方

数字はそれぞれの格の画数を表し、◎は大吉、○は中吉、△は凶を表しています。この吉数表では、1～81画を紹介しています。82画以上になった場合、82画は2のところを、83画は3のところを見てください。天格は姓にあたり、直接作用することはありません。

1　出世　指導力　行動力　◎

人格 ―

地格●好奇心旺盛で活発、何事も自分でやってみます。周囲から慕われ、人気者になるでしょう。

外格 ―

総格 ―

2　災難　別離　孤独　△

人格●消極的で、優柔不断な性格です。いざというときに決断ができず、思うように事が進みません。

地格●飽きっぽい傾向が。すぐにだれかを頼るのではなく、できるところまで自分でやってみることが大切です。

外格●対人関係に不満を抱きやすく、長続きしない傾向があります。自分から打ち解ける努力が必要です。

総格●物事に対するこだわりがしだいに強くなります。身内や親しい人との別離があるかもしれません。

3　才能　行動的　信頼　◎

人格●頭の回転が速く、明るく行動的な性格です。人間関係にも恵まれて、チャンスをつかむでしょう。

地格●家庭環境に恵まれ、豊かな幼～青年期でしょう。せっかちなので物事にじっくり取り組みましょう。

外格●他人に穏やかに接し、良好な人間関係が築けます。周囲からも信頼され、何事もスムーズに。

総格●物質的にも精神的にも安定した生活を得ます。健康、人間関係とも恵まれ、楽しい後半生になるでしょう。

4 不満 不遇 情緒不安定 △

人格●高い理想を持ち、努力もするのですが、物事が裏目に出やすく、成果が上がりづらいでしょう。

地格●物事を途中で投げ出してしまいがちです。基礎をしっかり固める、周囲の協力を仰ぐなどしてみましょう。

外格●人づき合いが下手で、誠意が相手に誤解されて受け取られることも。根気よく接していくことが大切。

総格●周囲の人との調和がしだいに難しくなってきます。気力も衰え、子どもに見放されたりしがちです。

5 健康 財産 繁栄 ◎

人格●抜群の行動力と温厚な性格で、周囲の信用を得て順調に発展します。健康にも恵まれるでしょう。

地格●目上の人、目下の人ともうまく接していけます。人を当てにするより、率先して物事に取り組むでしょう。

外格●温厚な性格でしょう。付かず離れずの接し方を心得ているため、対人関係は順調です。

総格●家庭を大事にするタイプで、夫婦仲も円満。家庭は憩いの場に。周囲の人からも慕われます。

6 信頼 誠実 努力 ◎

人格●親切で面倒見がいいでしょう。周囲の人から信頼され、名誉と財産を手にすることができるでしょう。

地格●家庭環境に恵まれて育ちます。若いころから、なんらかの分野で頭角を現すようになるかも。

外格●面倒見がよく、だれにでも親切で、人間関係も仕事も順調。周囲からの引き立ても期待できます。

総格●努力が報われ、家族と平穏な晩年を迎えられそう。目標を持って取り組めば、さらに生活が充実します。

7 強い意志 独立心 自尊心 ◎

人格●さっぱりした気性の持ち主。意志が強く、どんな困難も決断力と行動力を持って乗りきります。

地格●興味を持つと熱心に取り組みます。独立心旺盛なので、周囲が手を出さなくても乗りきる力があります。

外格●協調性に乏しいところがありますが、周囲の人の意見に耳を傾けることで、対人関係も円滑になります。

総格●人の意見を聞く柔軟さを持つことで、安泰を得られます。権威や名声にも恵まれるでしょう。

8 勤勉 努力 成功 ◎

人格●確固たる信念の持ち主で、目的に向かって努力します。チャンスをつかむのもうまいでしょう。

地格●強情な面はありますが、我慢強く物事に取り組みます。基礎がしっかりしている上、環境にも恵まれます。

外格●人の意見に耳を貸さないところがあります。普段から柔軟さを忘れなければ、友だちに恵まれるでしょう。

総格●頑固にならなければ、周囲から慕われます。人の意見に耳を貸す姿勢が、後半生をさらに豊かにします。

9 薄幸 消極的 孤立 △

人格●頭がよく才能もあるのですが、消極的で気分屋なために、世の中に認められにくい傾向があります。

地格●優れた感受性を持っていますが、精神的に弱い面もあります。失敗から学ぶことが大切です。

外格●ささいなことにこだわりがち。他人の成功を祝福することも大事です。感情をコントロールしましょう。

総格●家族や親しい人との不和、別離を経験するかもしれません。健康面では十分に注意しましょう。

10 多難・大凶・空虚 △

人格● 何事も悪意に解釈するので、人が離れていきます。物事を成し遂げることが難しいでしょう。

地格● 子どものころは虚弱体質かもしれません。気分が変わりやすく、時に大胆な行動に出ることも。

外格● つき合う相手を慎重に選ばないと、利用されることがあります。自分の言葉には責任を持ちましょう。

総格● 気力が衰え、怠惰な生活を送ったりしがちです。健康に問題が生じる可能性もあるので注意。

11 幸運・富・地位 ◎

人格● 強い意志を持ち、着実に発展して、富と名声を得ます。傾きかかった物事を立て直す才能もあります。

地格● 家庭環境に恵まれ、健康的な幼〜青年期を迎えます。向上心があり、なんでも挑戦したがります。

外格● 人間関係を大事にするので、多くの友人に恵まれます。援助も期待できます。結婚運も良好です。

総格● 再興運があり、趣味や今までできなかったことなどに挑戦すると、充実した人生が送れるでしょう。

12 意志薄弱・失敗・病弱 △

人格● 自分の能力以上に背伸びをする傾向があります。意志が弱く、何をやっても中途で挫折しがちです。

地格● 我慢しすぎたり、あきらめが悪かったりする傾向があります。体力的に無理はきかないほうでしょう。

外格● 誘惑に弱く、異性関係には注意が必要。安請け合いしやすく、それがもとでトラブルを招く可能性も。

総格● 能力をわきまえず、実力以上のことに手を出したがります。縁の下の力持ちに徹するといいでしょう。

13 円満・名声・人気 ◎

人格● 状況の変化を読み取るのが上手です。感性が豊かで、芸術、学術、芸能などで才能を発揮します。

地格● 物事の理解が早く、子どものころから才能を発揮します。得意分野を見つけることが飛躍のカギです。

外格● さっぱりした人間関係でも友だちに恵まれます。人とのつながりから思わぬ飛躍のチャンスをつかみます。

総格● 頭の回転は速いのですが、同時に気の迷いも多いので、目標を絞れば成果が期待できます。

14 孤立・トラブル・不遇 △

人格● 几《き》帳面《ちょうめん》で義理堅いタイプ。しかし、一方で自我が強いため、人間関係のトラブルが多くなります。

地格● 周囲と打ち解けようとしなかったり、物事がうまくいかないといじけたりする傾向があります。

外格● 人間関係で円満さを欠くため、逆境に遭うと人が離れていく可能性が。相手の立場になって考えましょう。

総格● 信念を押し通し、家族や周囲を犠牲にしてきたツケが回ってきそう。性格的にひがみっぽくなりがちです。

15 人徳・出世・順調 ◎

人格● 穏和な性格で人の和を大切にするため、自然に発展していきます。経済観念もしっかりしています。

地格● 場を盛り上げるのがうまく、人気者。友だちも多く、目上の人にもかわいがられるでしょう。

外格● 和を大切にするため、人間関係はスムーズです。うまく相手を立てて信用を得ていくことができます。

総格● 思いやりがあるため、人望を得ることができます。成功してもねたまれることなく、周囲の助力があります。

16 人望 逆転成功 大成 ◎

人格●面倒見がよく、実力もあるため、リーダーに推し上げられるでしょう。運勢も安定しています。

地格●おっとりしていますが、行動力があります。人望があるので、自然と周囲の人から頼りにされます。

外格●人の心をつかむのが上手な上に、人望があります。リーダーとして活躍していくでしょう。

総格●家庭も円満で、安定した後半生になります。人望が厚く、実力もあり、リーダーとして活躍します。

17 積極性 地位 財産 ◎

人格●意志が強く、積極的で行動力が備わっています。チャレンジ精神に富み、初志を貫徹します。

地格●行動力があり、体も丈夫ですが、自分の思いどおりにしないと気がすまないところもあります。

外格●指導力があり、対人関係においてもリーダー的存在になりそう。謙虚さを心がけることが大切です。

総格●強い意志と行動力で、希望を達成します。周囲の意見にはもう少し耳を貸すようにしましょう。

18 信頼性 忍耐 成功 ◎

人格●アイデアによって成功をつかみ取る運を持っています。精神的にもタフですが、強情な一面もあります。

地格●独立心があり、何事もまず自分でやろうとします。健康にも恵まれ、バイタリティにあふれています。

外格●誠実な人柄なので、自己主張を抑え、相手のよさを認めれば、円滑な人間関係を保っていけるでしょう。

総格●非常に強い意志を持っていますが、周囲の人に厳しすぎる傾向が。まわりへの気配りにより成功します。

19 苦労 挫折 障害 △

人格●人生に浮き沈みが多いでしょう。うまくいっているように見えても、内実は苦労ばかり、ということも。

地格●うまくいかないと、すぐ気力をなくしてしまいがち。ストレスが体調に影響することもあるので注意。

外格●何事も損得だけで考えると、挫折したときに助けてくれる人がいなくなるので、注意しましょう。

総格●障害が多くなかなか安らげません。大それたことをねらわず、趣味や家庭生活の充実を図りましょう。

20 社交下手 薄幸 別離 △

人格●意欲はあるのですが、優柔不断で自分から悩みをつくり出してしまうようなところがあります。

地格●頭脳明晰なのに行動力が不足しがち。物事がうまくいかないと、自分の不運や人のせいにする傾向があります。

外格●協調性に欠けるため、対人関係で孤立することも。つき合うべき相手とそうでない相手を見極めましょう。

総格●働き者ですが、から回りが多くなかなか実を結びません。人生を楽しめるよう心に余裕を持ちましょう。

21 独立 統率力 名誉 ◎

人格●頭脳明晰な上に、困難を切り開く強い精神力を持ち、目標に向かって着実に努力を重ねます。

地格●運動神経抜群で体力にも恵まれています。意志の強さと行動力を備え、困難を克服します。

外格●強い意志と実行力があるため、リーダー的立場につくことに。周囲の人から信頼を集めるでしょう。

総格●若いころの苦労が糧になって、大きく発展します。名誉と地位をともに手にするでしょう。

22 努力不足 衰退 無気力 △

人格●意志が弱く、才能があるにもかかわらず、器用貧乏になりやすく、不平不満が多くなりがちです。

地格●ささいなことを気に病んだり、人の顔色をうかがったりする傾向が。不平不満は何も生み出しません。

外格●周囲の人の言動に左右されることが多いでしょう。共同して行うことは避けたほうが無難です。

総格●一つのことを追求するだけの気力に欠けています。あれこれ手を出さず、的を絞って取り組みましょう。

23 成功 名誉 創造力 ◎

人格●創造力、企画力に優れ、日の出の勢いで発展します。明るい人柄で人の上に立ちます。

地格●若いうちから頭角を現すでしょう。ただ、持久力は不足ぎみで、我慢することは苦手です。

外格●自信過剰ぎみですが、その頼もしさを慕い、人が集まってきます。行動力があり、やり手でもあります。

総格●自分の地位を確実に築きます。いつまでも第一線で活躍でき、晩年も豊かで実り多いものになります。

24 柔軟性 順調 家庭運 ◎

人格●才能がある上に、まじめで優しい人柄です。まわりの人から慕われ、順調に発展することでしょう。

地格●友だちに恵まれ、異性にも人気があります。とくに、異性から多くの恩恵を得ることができるでしょう。

外格●温和で才能に恵まれているため、人望を得ることができます。周囲の助力も大きいでしょう。

総格●自分のペースで成果を積み重ねていきます。人望があるので、成功してもねたまれません。

25 個性 才能 強運 ◎

人格●個性が強く、人に合わせることが苦手なタイプ。困難な状況に遭うと、闘志を燃やすでしょう。

地格●成績優秀ですが、まわりに自分を合わせることはしません。協調精神を養うことが大切です。

外格●高い能力を持っていますが、頑固なところがあり、それが摩擦を生む原因になることがあります。

総格●競り勝って成功しますが、同時に周囲とのトラブルの可能性も出てきます。謙虚さを忘れずに。

26

波乱万丈
衝突
不安定

△

人格●自分の能力を過信すると、波乱の多い人生になる可能性が。一時的に成功しても長続きしないかも。

地格●体力がある分、無理をしがちです。人を見下したり、人と衝突しやすい点には注意が必要です。

外格●傲慢な言動になりやすく、それが人間関係にも波風を立てます。時には、柔軟さも必要です。

総格●波乱傾向です。傲慢になったり、周囲と衝突したりすることで、人が離れていくかもしれません。

27

摩擦
孤立
頭脳明晰

○

人格●自己主張が強いでしょう。周囲との和を保つように気をつければ、成功も夢ではありません。

地格●才能がある上に、強い意志を持っています。周囲と協調していけば、物事が好転します。

外格●才能と意志の強さを備えています。自己顕示欲を抑え、周囲の人との調和を心がけましょう。

総格●独断専行で物事を運ぶため、人間関係に円滑さを欠きます。周囲の人の考えも尊重しましょう。

28

翻弄《ほんろう》
誤解
不和

△

人格●偏った考えに陥りやすく、自己表現も下手なため、誤解を受けがちです。言動に気を配ることが大切。

地格●わざと人の言うことに逆らうようなところがあります。体力があまりないので無理はきかないでしょう。

外格●わがままで強情なため、対人関係でしばしば誤解を受けます。能力を正しく評価されにくい傾向も。

総格●手を広げすぎるため、物事が中途半端になってしまいがちです。目標を絞って力を集中させましょう。

29

厳格
才能
完全主義

○

人格●知的でアイデアに富み、意欲があるので成功します。周囲の人に批判的なところがあります。

地格●周囲の人と仲よくしていくことで、友だちにも恵まれます。しかし、うぬぼれは大敵ですので注意しましょう。

外格●優れた知性の持ち主です。物事に完璧を求めず、相手の長所を認めれば、運が向いてきます。

総格●周囲の人をあまり批判しすぎると、援助者を失います。寛容になることで、運が開けるでしょう。

30

苦境
浮沈
悲運

△

人格●なかなかの野心家で金銭に強い執着があります。地道さを嫌い、勝負に出るため、安定性を欠きます。

地格●他人の言動に左右されがちです。自分で物事を考え、行動する習慣を身につけましょう。

外格●他人の言葉に左右されて、損をすることがあります。自分の意志をしっかり持つことが大切です。

総格●一攫千金をねらう傾向があります。山っ気が強いため、中年期以降も人生が不安定でしょう。

31

判断力
社交性
円満

◎

人格●誠実な人柄のため、人望を集めるでしょう。判断力にも優れ、指導力を発揮して成功します。

地格●何にでも興味を示します。明るく健康的な家庭に育ち、温厚な性格のため、友だちも多いでしょう。

外格●欲得抜きで人に尽くします。周囲の人からも信頼されて、成功の糸口をつかむことでしょう。

総格●誠実で人情味があり、人から信頼されるでしょう。晩年には地位と名声を手にする傾向があります。

32

独創性
金運
成功

◎

人格●独創性があり、わが道を行くタイプ。チャンスや幸運を生かすことができ、成功するでしょう。

地格●自分の価値観にこだわるところがあります。温和な性格のため、友だちも多いでしょう。

外格●駆け引きがうまく、思わぬチャンスをものにします。目上の人の引き立てや援助を得て、運が開けます。

総格●周囲に迎合せず、自分の道を追究します。不思議と運が強く、いつの間にか希望を実現します。

33

開運
勇気
成功

◎

人格●強い精神力と豊かな才能を備え、若いころから頭角を現します。ただし、慢心は禁物です。

地格●才能を伸ばしていける家庭環境に恵まれ、若いころから、なんらかの分野で頭角を現すでしょう。

外格●行動力はありますが、独断的な面も見られます。リーダーの適性はあるので、周囲にも気配りしましょう。

総格●全力で仕事に取り組んで、地位、財産を手にできます。その分、家庭生活がおろそかになりがちです。

34

繊細
災難
挫折

△

人格●あと一歩のところで、障害に見舞われたり、一生懸命やったことが裏目に出たりしがちです。

地格●体質的にも精神的にもデリケートです。物事がなかなかスムーズに運ばない傾向があります。

外格●失敗を人のせいにしたり、人をねたんだりしないこと。コミュニケーションを大事にしましょう。

総格●人間関係でのもめ事が多いでしょう。家族や親しい人との別離を経験するかもしれません。

35

温厚
人望
安定

◎

人格●温和な性格で、知性に優れています。芸術や文学、技術、学問などの分野で成功するでしょう。

地格●平穏な家庭環境に恵まれ、人間関係も円満です。聡明ですが、積極性には乏しい傾向があります。

外格●性格に裏表がなく義理堅いので、周囲の信用を得られます。人間関係に恵まれ、発展していくでしょう。

総格●精神的にも安定し、充実した後半生を送れます。面倒見がよく、周囲からも慕われます。

36

苦労
波乱
面倒見がいい

○

人格●自分を犠牲にしてでも、まわりの人に尽くします。面倒事に巻き込まれないように注意しましょう。

地格●目下の人の面倒をよく見ますが、自分のことがおろそかになりがちです。まずは自分を第一に。

外格●面倒見はいいのですが、見守ることも大切です。集団作業より独力で取り組むほうが力を発揮できます。

総格●自分に不利益とわかっていても、ひと肌脱がなければ気がすみません。相手を見守るだけの余裕も必要です。

37

現実的
才能
努力

◎

人格●有能で人柄も誠実なため、周囲から慕われるようになります。努力を重ね、目標を達成します。

地格●熱中すると、わき目も振らずに取り組みます。家庭ではワンマンですが、友だちの間では人気者です。

外格●責任感が強く、周囲の人から信頼されます。周囲の協力や引き立てを受けて仕事も順調に発展します。

総格●いつまでもチャレンジ精神を失わず、堅実に努力を重ねます。後半生は実りあるものになるでしょう。

38 才能 挫折 意志薄弱 ○

人格●豊かな才能を持ち、芸術方面に秀でます。成功するには意志の弱さを克服する必要があります。

地格●ストレスに弱いようです。落ち着いて物事に取り組めるように環境を整えることが大切です。

外格●器用で、対人関係もそつなくこなしますが、広く浅い交友関係よりも、自分に有益な人脈を育てましょう。

総格●あれこれ手を出しすぎると、成果を得にくいでしょう。まずは得意分野を確立することです。

39 生命力 大物 成功 ◎

人格●雑草のようにたくましい生命力の持ち主です。困難を糧にして、大きく成長、発展していきます。

地格●自分のペースややり方にこだわり、負けず嫌いの性格です。指導力があり、リーダー的存在になります。

外格●社交家ですが、周囲の人との距離を保ったつき合い方をします。人間関係の変化で好機をつかみます。

総格●気持ちが若く、常に新しいものを吸収しようと意欲的です。波乱を乗り越え、成功を収めます。

40 自信過剰 異性トラブル 投機的 △

人格●頭脳明晰で、度胸も十分です。しかし、自信家で敵が多く、いざというときに助けを得られないことも。

地格●人を自分の思いどおりにしようとします。怒りっぽいために、交友関係がうまくいきづらいでしょう。

外格●自信過剰で、敵をつくりやすいでしょう。また、異性関係で問題を起こしがちなので注意しましょう。

総格●投機的なことを好む傾向があり、浮き沈みが極端です。人生において常にリスクがつきまとうでしょう。

41 温和 安定 実り ◎

人格●温厚誠実な人柄です。リーダーとしても尊敬され、堅実な努力を重ねて成功するでしょう。

地格●平穏な家庭環境に恵まれ、心身ともに健全に育ちます。何をやっても上手にこなします。

外格●健全なものの考え方をするため、目上の人、目下の人からも慕われます。人脈も豊かになるでしょう。

総格●賢明で、判断力にも優れています。また、人望もあるので、周囲の人の協力を得ることができます。

42 器用貧乏 未完成 頭脳明晰 ○

人格●頭脳明晰です。物事を最後まで完成させる意志力を養うことが、成功のカギとなるでしょう。

地格●もともと才能はあるので、飽きっぽさやあきらめの早さを克服し、目標を絞ることが成功への近道です。

外格●常識家で世渡りもそこそこ上手ですが、周囲からの信頼を得るには、ルーズな点を改めることが大切。

総格●多芸多才な半面、器用貧乏になりやすいでしょう。粘り強く物事に取り組む力を養うことが大切です。

43 浪費 非現実的 迷い △

人格●経済観念に乏しく、見栄っ張りで浪費家です。優柔不断なため、チャンスを逃しやすいでしょう。

地格●気持ちが優しい半面、依存心が強く優柔不断です。非現実的なことを考えがちなので注意しましょう。

外格●交際で見栄を張る傾向があります。また、親しくなった相手に依存するところもありそうです。

総格●経済観念に乏しく、浪費することが多いでしょう。人生を自分で切り開くだけの気力も不足しがちです。

44 自滅 波乱 辛苦 △

人格●才能はあるのですが、企画倒れに終わるなど、アイデアがなかなか実を結びにくいでしょう。

地格●計画的に行動することが苦手です。精神面での弱さも目立つので、我慢することを覚えましょう。

外格●相手に見返りを期待し、かなえられないと失望します。大言壮語する傾向もあるので注意しましょう。

総格●直感に頼って行動するため、運勢は波乱含みです。能力はあるので、落ち着いて取り組みましょう。

45 不言実行 達成 克服 ◎

人格●温厚な性格ですが、強い精神力も持っています。困難を乗り越え、不言実行で目標を達成します。

地格●多くの友だちに恵まれます。幼少年期の経験が、社会人になったとき生かせます。探究心も旺盛です。

外格●社交的で和を保ち、人間的な魅力を持っています。困難に遭っても周囲の助力が期待できるでしょう。

総格●普段は温厚ですが、いざというときにはパワーを発揮します。家庭も円満で豊かな後半生になります。

46 急転 明暗 苦労 △

人格●なぜかチャンスに恵まれません。あと一歩というところで、突然の障害や災難に遭う可能性があります。

地格●勉強や苦しいことから逃避しようとします。うまくいき始めても、すぐ調子に乗らないよう注意。

外格●遊び友だち以外の苦楽をともにする友人ができにくいかも。友だちからの悪い影響に気をつけましょう。

総格●物事にのめり込みすぎる傾向があります。波乱含みの運勢なので、安定を目指しましょう。

47 結実 円満 発展 ◎

人格●有能で忍耐強く、努力が実を結んでいきます。協力者や援助者にも恵まれることでしょう。

地格●家族や友だちに恵まれ、健全な幼少年期を過ごします。性格が謙虚なため、常に周囲の助けがあります。

外格●周囲の協力や援助に恵まれ、発展の糸口をつかみます。元気で周囲の人を明るくします。

総格●健康で有意義な後半生を送ることができます。後継者や協力者に恵まれ、家庭生活も平穏です。

48 人望 尊敬 社交的 ◎

人格●円満な常識家で、責任感もあります。リーダー的立場よりは、補佐的立場で才能を発揮します。

地格●なかなかの社交上手です。高い能力がありますが、華やかな場に出ることは苦手です。

外格●有能な上に人柄も誠実で、多くの人から助力を得ることが可能です。人気運も備えています。

総格●有能で謙虚なため、周囲からの信頼を集めます。危なげなく、安定した後半生が過ごせるでしょう。

49 明暗 不安定 不和 △

人格●実力を省みず、無謀なチャレンジをするでしょう。そのため、人生が不安定になりがちです。

地格●外面《そとづら》はいいのですが、家庭ではわがままです。機嫌のいいときと悪いときが極端でしょう。

外格●人の好き嫌いが極端で、対人関係での衝突が頻繁に。感情的になりやすいので、注意が必要です。

総格●繁栄と衰退が極端な運勢なので、無謀な試みをすると得たものを失いかねません。慎重な行動を。

52 企画力 独創性 財運 ◎

人格● 先見性と度胸があり、チャンスをつかんで大きく飛躍します。企画力があり、独創性も豊かです。

地格● 頭の回転が速く、人の気持ちを読むのが上手です。若いころから人生の目標が定まるでしょう。

外格● 人を見る目があり、人間関係は平穏です。自分の利益にならない人とは交際しない傾向があります。

総格● 企画力やアイデアに優れているので、勢いに乗れば大財を得ることができるでしょう。

53 虚栄心 見栄 散財 ○

人格● 虚勢や見栄を張らず、堅実さを心がければ運勢が安定します。自分にふさわしい人生設計をしましょう。

地格● 過分に評価される傾向があります。パフォーマンスに加え、実力が伴えば申し分ありません。

外格● 必要以上に背伸びしても、いつかは知られることになります。自然体で接するようにしましょう。

総格● 世間体を気にして背伸びしないようにしましょう。現実に合わせたライフスタイルを念頭に。

50 不安定 尻すぼみ 変動 ○

人格● 何事も初めは順調に進みますが、あとが続かず、尻すぼみになりがち。継続する努力が大切です。

地格● 家族と不和になるなど、家庭生活がうまくいきづらい傾向です。家族の協力も得られません。

外格● 人間関係が、初めは良好でも長続きしない傾向があります。相手を見極め、人脈を育てていきましょう。

総格● 順調なように見えても、長続きしません。状況を見極め、変化に対応していくことが大切です。

54 貧困 薄幸 トラブル △

人格● 努力が評価されず、成功の糸口をつかむのが困難でしょう。他人に尽くしても報われないことも。

地格● 能力はあるのに自分を過小評価する傾向があります。プレッシャーで力を出しきれないことも。

外格● 周囲の助力が期待できず、面倒な問題を押しつけられがちです。協調性に乏しいでしょう。

総格● 人の助けを当てにしても、いざというときには頼りにならないことが多いでしょう。健康には注意。

51 不安定 変化 危険 ○

人格● 若くして成功を収めても、おごらないようにしましょう。常に気を緩めず、安定を心がけましょう。

地格● うまくいくときは気を引き締め、好調を持続させましょう。背伸びしなければ物事は順調に進みます。

外格● 気弱なために、他人にいいように利用されやすいでしょう。意思表示を明確にすることが大切です。

総格● 人生に一度、大きな好機を得ます。チャンスに恵まれても気を緩めず、足場を固めていきましょう。

55 欲張り 軽率 極端 △

人格●盛運と衰運の運気が交互に訪れます。周囲の人からはよく見えても内実は苦しいでしょう。

地格●やることが極端になる傾向があります。自分の気持ちをコントロールすることを学びましょう。

外格●初めは仲がよくても、こじれると敵のような関係に。相手を傷つけたり怒らせたりしがちです。

総格●年齢に応じた生き方を心がけましょう。無理を重ねると、せっかくのチャンスも失ってしまいます。

56 無気力 不誠実 転落 △

人格●うまくいきかけると障害が持ち上がる傾向があるので注意。信念や行動力も不足がちです。

地格●いつも人のあとからついていこうとします。何か得意なものを見つけて、自信をつけましょう。

外格●保守的なために、人間関係では損をしがちです。誤解されたり、人に利用されることもあるので気をつけて。

総格●中年以降、体力、気力が衰えてきます。現状を維持しようとしてもズルズルと衰退します。

57 向上心 人望 地位 ◎

人格●目標に向かって努力を惜しみません。強い信念で困難を越え、確実に地位や立場を築きます。

地格●向上心にあふれる努力家です。友だちに恵まれ、周囲から助けを得られることも多いでしょう。

外格●穏健で、自然と周囲から慕われるようになります。人脈も年々豊かになっていくでしょう。

総格●向上心や向学心を持ち続けます。長年の経験や人脈を生かせば、後半生は恵まれたものになるでしょう。

58 大器晩成 富貴 安定 ◎

人格●若いころには苦労しますが、それを糧に大きく飛躍します。結婚によって人生が安定します。

地格●期待されると頑張りすぎる傾向があります。遊びや息抜きも必要です。家庭運に恵まれます。

外格●対人関係で多くの有益な経験をするでしょう。苦楽をともにすることで、絆が生まれます。

総格●困難や下積みを経験したあとに、境遇が安定してきます。中年期以降は着実に発展するでしょう。

59 意志薄弱 敗北 あきらめ △

―――

地格●我慢することが苦手で、すぐにあきらめがち。大きな収穫は、忍耐のあとにやってくるものです。

外格●意思表示をはっきりしないと、金銭的な迷惑を被るかもしれません。愚痴の多さは人を遠ざけるので注意。

総格●家庭や健康上の問題が生じやすいでしょう。困難を克服するだけの気力や忍耐力も不足しがちです。

60 不遇 悲観 破滅 △

地格●理屈よりも、感情で動くところがあります。物事の悪い面ばかりを考え、前に進まなくなるので注意。

外格●人づき合いが下手で、他人の評価ばかりを気にします。交際範囲も狭くなりがちで、協力を得られません。

総格●とても心配性です。健康状態がすぐれなかったり、人生の目標を見失ったりする傾向があります。

61 うぬぼれ 不和 破滅 △

地格●うまくいくとすぐに得意になって、傲慢な態度をとりがちです。他人を思いやる気持ちが大切です。

外格●自信過剰で、傲慢な態度をとることがあり、人間関係の不和を招きがちです。謙虚さを忘れないこと。

総格●意欲も能力もありますが、うぬぼれが強いのが難点。人との和を大切にすることで、幸運を招きます。

62 貧困 心労 トラブル △

地格●家庭内で争いが絶えません。経済的な問題を抱えることもありそうです。まずは、家庭の安定を。

外格●言動に裏表があるため、人から信用されにくいでしょう。人間関係でも、孤立無援になる恐れがあります。

総格●不安定な運勢なので、今までが順調でも油断しないで。健康面でも体力を過信しないことです。

63 温和 順調 家庭運 ◎

地格●家庭環境に恵まれ、素直に才能を発揮できます。のびやかな性格で目上の人にかわいがられるでしょう。

外格●人に好感を与え、人間関係も円満です。周囲の協力や援助によって発展していく運の持ち主です。

総格●富と名声を得て、平穏で充実した後半生になります。配偶者や子どもにも恵まれ、家庭生活も円満です。

64 もろさ 衰退 トラブル △

地格●体力があるように見えて、意外に病弱です。家庭生活に問題が起きやすく、愛情的にも恵まれません。

外格●人を信用せず、つき合いも悪いため、人間関係がぎくしゃくしがち。当初は順調に見えても気をつけて。

総格●後半生に強気で攻めると、思わぬアクシデントから物事が崩壊する可能性が。ペースダウンも必要です。

65 実り 包容力 幸運 ◎

地格●恵まれた家庭環境で育ち、友だちも多くできます。包容力があり、目下の人の面倒もよく見るでしょう。

外格●包容力と面倒見のよさで、自然と人に慕われます。目上の人の引き立てや周囲の援助も期待できます。

総格●健康で長寿に恵まれます。明るい性格なので、おのずと人望を得て、吉運を呼び込むことができます。

66 苦労 挫折 陰気 △

地格●体は丈夫なほうではありません。自発的に友だちをつくったり、何かに取り組んだりする意欲に欠けます。

外格●悲観的で陰気な印象を与えると、人が寄りつきません。周囲から孤立しないよう気をつけましょう。

総格●苦労や失敗を繰り返し、なかなか浮上できないことも。人と気さくに接することも苦手です。

67 幸運 苦労知らず 前途洋々 ◎

地格●健康で、家庭環境にも恵まれます。何事にも家族の協力が得られるため、活動しやすいでしょう。

外格●人間関係に恵まれます。人当たりがよく、目上の人には信頼され、目下の人には慕われるでしょう。

総格●順風満帆の後半生を送れます。元来、強い運を持っているので、あまり苦労せずに成功を収めます。

68 勤勉 集中力 潜在能力 ◎

地格●知的に優れ、高い潜在能力を持っています。温かな家庭にも恵まれ、家族が協力し合います。

外格●思慮深く、勤勉なため、社会的信用を得ていくでしょう。人間関係も順調で周囲の協力も期待できます。

総格●知的能力が高く、どんな仕事でも成功するでしょう。クリエイティブな分野ならさらに才能を発揮します。

69 貧乏 災難 没落 △

地格●体質がデリケートで、無気力に陥りやすいところがあります。家庭的にも悩みが多くなります。

外格●愚痴や不満ばかりを口にするため、人から敬遠されがちです。人に利用されやすい傾向があるので注意。

総格●金運は弱いので、無理して金銭を追い求めると破綻を招くことに。身の丈にあった考え方が必要です。

70 苦境 自滅 孤独 △

地格●病弱なため、活動的になれません。家庭運にも恵まれず、家族と気持ちが通い合わないでしょう。

外格●斜めに物事を見るような批判的言動が多いと、周囲から相手にされなくなります。反抗的な態度は禁物。

総格●才能や実力はあっても、好機を呼び込むための努力がたりません。困難を克服する強い意志を持って。

71 小心者 凡庸 平穏無事 ○

地格●家庭環境に恵まれ、平穏無事な幼少年期でしょう。尻込みせず、まずはなんでも挑戦してみましょう。

外格●人間関係は比較的順調ですが、大きな益もないでしょう。人を補佐する能力に優れています。

総格●大きな波風の立たない、平穏な後半生でしょう。大それた野心を抱くと、墓穴を掘ることになるので注意。

72

明暗
不安定
消極的

○

———

地格●障害に遭うとすぐにあきらめてしまいがちです。体力もなく、頑張りが効きづらいでしょう。

外格●人を頼りにしすぎるところがあります。交際面で背伸びをしなければ、相手の信用を得られるでしょう。

総格●弱気や依存心は、よくない結果を招きかねません。自立自助の精神を忘れないようにしましょう。

73

苦労
晩年幸福
誠実

○

———

地格●才能は普通ですが、努力で能力を身につけていきます。幼少年期の経験が、成人後に開花します。

外格●初めはうまくいかなくても、誠意を持って接することで、しだいに信用を得て人脈が広がるでしょう。

総格●運気が好転し、それまでの経験が生きてくるのは後半生。地道に暮らすことで晩年は安定するでしょう。

74

無気力
怠惰
無責任

△

———

地格●頭脳明晰ですが、怠け癖があり、安易な道ばかりを選ぶ傾向があります。何事も努力が肝心です。

外格●無責任だったり、失敗を人のせいにしたりすると、人間関係が破綻します。誠実な対応で臨みましょう。

総格●年とともに無気力で怠惰になりがち。人生を自分で切り開く意欲と行動力を持ちましょう。

75

保守的
性急
失敗

△

———

地格●温和な性格で保守的ですが、分不相応なことに挑戦すると手痛い挫折を味わうことになります。

外格●親しみやすい人柄ですが、安請け合いや粗雑な対応は、信頼を得にくくなるので気をつけましょう。

総格●守りの姿勢が強いため、分をわきまえていれば平穏な後半生を送れます。冒険すると波乱を招きがちに。

76

劣等感
陰気
孤立

△

———

地格●劣等感を抱きやすい性格です。周囲の人と比較せず、前向きな考え方をするよう心がけましょう。

外格●ひがみやねたみは、人間関係に円滑さを欠くもとです。プラス思考への気持ちの切り替えがカギです。

総格●交際範囲が狭く、人の協力を得にくいでしょう。自信のなさから自分の可能性を閉ざさないよう前向きに。

77 吉凶運 不安定 明暗 ○

―――

地格●交友関係や興味の対象が移ろいやすいでしょう。物事を完成させていくことが、自分の自信となります。

外格●熱しやすく冷めやすい性格のため、人間関係も変わりやすいでしょう。信頼できる人を見つけましょう。

総格●計画性と見通しがあれば、吉運が持続するでしょう。運気が順調であるときほど、気を抜かないこと。

78 誠実 信念不足 もろさ ○

―――

地格●家庭環境に恵まれないでしょう。家庭も含め基礎運が弱いので、足元をしっかり固める必要があります。

外格●誠実な人柄ですが、要領はよくありません。状況に流されやすいので、意思をはっきり持ちましょう。

総格●才能はあってもピンチに弱いので、信念を貫くことが大切です。安易な妥協は避けましょう。

79 消極的 失敗 不安定 △

―――

地格●実行力に欠けます。家庭環境に恵まれない暗示があるので、まずは生活を整えることが大切です。

外格●のらりくらりとその場だけの対応をとると、信頼を得ることが難しいでしょう。異性関係にも注意。

総格●自信のなさが失敗を呼び込みがちです。中年期以降は優柔不断を改め、自分の意志を強く持ちましょう。

80 病弱 破綻 苦労 △

―――

地格●体質的には弱いほうです。物事を悲観的に考えやすいので、プラス面をもっと見るようにしましょう。

外格●非建設的な言動が多いと、人から避けられます。人間関係のトラブルに巻き込まれないよう用心しましょう。

総格●不運が重なり、苦労が絶えないでしょう。慎重に障害を克服していけば、きっと道は開けます。

81 大吉 幸運 繁栄 ◎

―――

地格●探求心に富み、子どものころからリーダーシップを発揮するでしょう。家庭や健康にも恵まれます。

外格●パイオニア精神にあふれ、人間関係においても常にイニシアチブをとる存在になるでしょう。

総格●向上心を失わず、常に前向きに努力します。財産、地位、名誉のすべてを手にできるでしょう。

自分の姓に合う名前の画数がわかる！

姓別 吉数リスト

「自分の姓に対し、名前はどんな画数の組み合わせがいいの？」
膨大な画数の組み合わせの中から、
“姓に調和する”名前の画数の組み合わせを一覧にしました。

※本書では、すべての姓の画数、およびすべての姓の吉数を掲載しているわけではありません。
膨大にある吉数の中の一部を抜粋して紹介しています。

このリストの見方

「姓の画数」と「姓の代表例」では、一般的に多い姓をサンプルに挙げ、それらの画数を記しています。もし自分の姓がサンプルにない場合は、自分の姓の画数を調べてみてください。なお、くさかんむり(艹)はすべて3画で数えています。

それらの姓に対し、姓と調和する名前の画数の組み合わせを、「1字名」「2字名」「3字名」に分けて掲載しました。たとえば、一色という「1・6」の姓には、2字名の場合、「1・15」「2・14」「9・7」……など、ここに挙げた名前の画数の組み合わせが吉となります。

3字名の場合、「2・(14)」とありますが、(　)内は2字目と3字目の画数の合計を表したものを指します。2・(14)の場合は、「2・(2・12)」でも「2・(10・4)」でも組み合わせは自由です。

姓の画数	1·6	1·10	2·3	2·4	2·5	2·6
姓の代表例	一色	一宮	二上 入川 入山	八木 二木 八戸 乃木	力田 入矢 二石	二羽 入吉 入江
1字名	なし	なし	2 10 12 20	7 12 17	6 10 16	5 7 10 15 17
2字名	1・15 2・14 9・7 9・15 9・16 10・6 10・7 10・14 10・15 11・5 11・14 12・4	1・4 1・5 1・12 1・20 3・2 3・10 6・7 11・2 11・10 14・7 14・10 22・2	3・13 3・15 4・14 5・11 5・13 8・5 10・6 12・4 12・6 13・3 13・5 14・4	1・16 3・4 7・11 9・6 11・4 11・14 12・5 14・3 14・11	2・14 3・13 10・6 10・14 10・15 11・5 11・6 11・13 11・14 12・4 12・13 13・3	9・14 9・15 9・16 10・5 10・6 10・13 10・14 10・15 11・4 11・5 11・14 12・4
3字名	2・(14) 9・(9) 9・(15) 9・(16) 10・(14) 10・(15) 11・(14) 12・(13)	1・(4) 1・(5) 3・(3) 3・(21) 5・(19) 11・(13) 13・(11) 15・(9)	2・(14) 3・(5) 3・(10) 3・(13) 3・(15) 4・(4) 4・(12) 4・(14) 5・(13)	2・(5) 3・(14) 3・(15) 4・(14) 7・(8) 7・(10) 9・(22) 12・(21)	2・(14) 3・(13) 3・(22) 10・(8) 10・(14) 10・(15) 11・(13) 11・(14) 12・(13) 13・(12)	1・(14) 1・(15) 2・(13) 2・(14) 5・(8) 5・(10) 5・(18) 5・(20) 11・(14) 12・(13)

姓の画数	2·7	2·8	2·10	2·12·11	3·1·4	3·2
姓の代表例	二村 入谷 入見	入岡 二松	二宮 入倉	二階堂	山ノ内	川又
1字名	4　6 14　16	5　7 15　23	5　6　23	6　14　22	3　9　13	なし
2字名	1・5 1・14 1・15 4・11 4・19 10・5 10・6 11・4 11・5 14・1 14・9	3・3 3・22 5・16 7・14 8・13 9・6 9・16 10・1 10・3 10・5 10・11 10・15	1・4 1・5 1・22 3・3 3・22 11・14 14・9 14・11 21・4 22・1 22・3	2・10 4・3 4・8 4・10 5・9 6・8 6・10 7・9 10・2 12・2 13・1 14・2	2・13 3・12 4・11 11・6 11・12 11・13 12・3 12・11 12・12 13・2 13・11 14・10	3・10 3・13 3・15 4・12 4・14 5・13 6・10 6・12 9・4 11・5 13・5 14・4
3字名	1・(5) 1・(14) 1・(15) 4・(2) 4・(12) 4・(20) 4・(28) 10・(5) 14・(10) 14・(18)	3・(8) 3・(10) 3・(12) 3・(18) 5・(8) 5・(10) 5・(18) 8・(15) 13・(12) 15・(10)	1・(20) 3・(18) 3・(20) 5・(8) 5・(18) 5・(20) 11・(10) 11・(12) 11・(14) 13・(10)	2・(4) 4・(4) 4・(19) 5・(11) 5・(18) 6・(10) 7・(9) 12・(11) 13・(10) 13・(19)	2・(14) 3・(12) 3・(13) 4・(11) 4・(12) 4・(21) 11・(12) 11・(13) 11・(14) 12・(13)	1・(12) 3・(13) 4・(9) 4・(12) 4・(14) 5・(11) 5・(13) 6・(12) 11・(21)

姓の画数	3・3	3・3・4	3・3・5	3・3・9	3・4	3・5
姓の代表例	山口 小川 丸山 小口 大山 三上	小山内 三ツ井 三ツ木 山之内	小山田 下山田 三ヶ尻	大久保 小久保	大月 大友 土井 川内 山内 山中	上田 川本 大石 山田 山本 久田
1字名	なし	3　13　14	6　13	6　9　16	なし	なし
2字名	2・3 3・4 4・3 5・10 8・3 10・5 10・8 12・3 12・5 13・4 14・3 15・3	3・11 4・1 4・10 4・11 7・8 7・16 13・1 14・1 17・6	2・4 3・1 3・17 6・4 6・8 10・14 11・11 12・8 13・11 18・6	2・8 4・16 6・11 7・10 8・9 9・1 14・8 15・1 16・4	1・15 3・8 3・14 4・12 7・10 9・8 11・5 12・4 12・5 13・12 14・2 17・8	1・12 3・10 6・10 8・15 10・3 10・14 11・2 11・4 12・4 12・12 13・2 16・8
3字名	3・(4) 3・(14) 4・(13) 5・(13) 8・(9) 10・(21) 12・(19) 13・(12)	3・(2) 3・(12) 4・(2) 4・(11) 7・(18) 13・(12) 14・(11) 17・(18)	1・(5) 2・(19) 3・(18) 6・(15) 8・(5) 10・(11) 11・(10) 12・(9)	2・(15) 4・(12) 6・(12) 6・(18) 7・(10) 7・(11) 9・(9) 14・(10)	2・(4) 3・(13) 4・(12) 7・(11) 11・(13) 11・(14) 12・(12) 13・(11)	3・(4) 3・(12) 6・(11) 8・(17) 10・(13) 11・(13) 12・(13) 12・(19)

姓の画数	3·6·3	3·6	3·5·7	3·5·4
姓の代表例	小早川	大竹 大西 川西 久米 三宅 山名	三田村	小田切
1字名	3 4 5 13 21	なし	なし	なし
2字名	4・8 5・7 5・15 8・15 10・13 12・8 12・11 13・7 14・6 15・5 15・8 18・5	1・15 5・2 5・3 7・8 9・15 10・5 10・14 11・4 11・5 11・12 12・3 15・8	6・14 6・16 8・9 8・14 8・16 9・8 9・15 10・7 10・14 11・6 14・6 14・8	3・9 4・8 4・16 7・16 9・14 11・9 11・12 12・8 13・7 14・6 14・9 17・6
3字名	2・(9) 3・(8) 3・(22) 4・(7) 4・(9) 5・(6) 5・(8) 5・(16) 8・(15) 10・(15)	2・(4) 2・(14) 5・(11) 9・(14) 10・(14) 11・(12) 11・(13) 12・(11)	6・(10) 8・(8) 8・(9) 8・(10) 8・(16) 9・(9) 9・(15) 16・(16)	1・(10) 2・(9) 3・(8) 3・(10) 4・(7) 4・(9) 4・(17) 7・(16) 9・(16) 12・(13)

姓の画数	3·7	3·8	3·8·4	3·8·5	3·8·10	3·8·11
姓の代表例	大坂 大沢 上杉 三谷 山谷 山村	大岩 上松 小沼 小林 小松 山岡 土居	大河内 小岩井 小金井 小長井	大和田 小和田	大河原 小河原 小松原	小松崎
1字名	なし	なし	9	1　16　19	11　14	13
2字名	1・5 1・10 4・2 4・4 6・5 6・15 8・3 8・15 9・4 10・5 11・2 11・14	3・2 3・3 5・2 5・8 7・14 8・5 9・4 10・3 10・14 16・5 16・8	1・5 3・13 4・12 4・20 7・3 9・1 9・13 11・13 12・5 14・3 17・5	3・12 10・5 10・6 10・13 11・4 11・5 11・6 11・12 12・4 12・5 13・4 18・5	1・3 1・9 3・1 3・9 3・11 6・6 11・3 11・9 13・1 13・11	2・13 2・21 4・19 10・5 10・13 12・3 12・11 14・9 20・3 22・1
3字名	1・(7) 4・(7) 6・(9) 6・(19) 8・(13) 9・(12) 10・(13) 11・(12)	3・(2) 3・(4) 5・(19) 7・(17) 8・(13) 9・(12) 10・(14) 13・(11)	1・(5) 2・(6) 3・(14) 4・(12) 4・(14) 9・(7) 11・(6) 12・(12)	2・(13) 2・(14) 3・(12) 3・(13) 3・(14) 8・(13) 10・(13) 11・(12) 11・(14) 12・(13)	1・(10) 1・(30) 3・(13) 3・(21) 3・(28) 11・(13) 11・(20) 14・(10)	2・(13) 2・(21) 10・(5) 10・(13) 12・(13) 13・(10) 13・(12) 13・(22) 21・(14) 22・(13)

姓の画数	3·11	3·10·3	3·10	[illegible]	3·9·5	[illegible]
姓の代表例	上野 大野 大堀 小野 川野 山野	小宮山	上原 小島 大島 川原 小宮 三浦	久保寺	久保田 万城目	大垣 大城 久保 小泉 山城 土屋
1字名	なし	5　15　21	なし	なし	なし	なし
2字名	2・5 4・3 4・14 5・2 5・12 6・5 7・4 7・10 10・8 12・5 13・8 14・3	4・11 5・10 5・11 12・4 12・11 13・3 13・4 13・10 14・2 14・3 15・1 15・2	1・2 1・10 3・2 3・8 5・3 6・5 6・12 8・3 8・10 11・13 14・4 15・3	1・4 2・3 2・12 9・5 9・8 10・4 10・5 11・3 11・4 12・2 12・3 19・4	1・3 2・4 3・4 3・12 8・8 10・5 11・4 11・11 12・12 13・2 18・2 20・2	2・3 4・2 6・5 6・15 7・14 7・18 8・3 8・5 8・15 9・2 9・4 12・13
3字名	2・(9) 4・(14) 5・(13) 5・(20) 6・(11) 7・(11) 10・(7) 12・(11)	3・(12) 3・(20) 4・(11) 4・(12) 5・(10) 5・(11) 5・(12) 8・(24) 10・(11) 10・(22)	1・(4) 3・(2) 5・(13) 6・(12) 7・(11) 11・(7) 11・(13) 13・(11)	1・(4) 1・(5) 2・(3) 2・(4) 2・(13) 9・(6) 10・(5) 10・(13)	2・(5) 2・(6) 3・(4) 3・(5) 6・(12) 10・(6) 11・(13) 12・(12)	2・(3) 2・(4) 4・(7) 7・(14) 8・(13) 8・(17) 9・(12) 12・(11)

姓の画数	3·14	3·13	3·12·10	3·12	3·11·10	3·11·6
姓の代表例	大熊 大関 川端 小暮 小関 山際	大滝 大園 大溝 山路 川路	大曾根 小曾根	大塚 大場 大森 小森 千葉 山森	小笠原	小野寺
1字名	なし	なし	6　14 22　23	なし	11　21	1　5　11 15　19
2字名	1・5 2・5 2・13 3・3 3・13 4・12 7・8 9・15 10・5 10・8 11・4 11・5	4・13 5・12 8・15 10・13 10・15 11・10 11・12 11・14 12・4 12・5 12・13	3・17 3・19 5・17 6・16 6・17 11・9 13・7 13・9 14・8 14・9 15・7 15・8	1・2 1・15 3・3 4・4 4・12 5・3 6・10 6・12 9・8 9・15 11・5 12・4	3・20 5・10 5・18 6・9 6・17 13・10 14・9 15・8 15・9 21・2	2・10 5・10 7・8 7・10 9・3 9・6 9・8 10・2 11・1 11・6 12・3 15・2
3字名	1・(7) 2・(4) 3・(12) 4・(2) 4・(12) 7・(11) 11・(7) 11・(13)	2・(14) 2・(21) 3・(13) 3・(14) 3・(20) 4・(11) 4・(12) 4・(21) 5・(11) 5・(20)	3・(20) 5・(18) 6・(10) 6・(17) 7・(9) 8・(8) 13・(10) 14・(9) 14・(18) 15・(8)	1・(7) 4・(4) 4・(12) 5・(12) 5・(19) 6・(11) 11・(13) 13・(11)	1・(10) 3・(10) 5・(10) 5・(18) 6・(7) 6・(9) 11・(10) 14・(7)	5・(10) 5・(27) 7・(10) 7・(18) 7・(25) 9・(23) 10・(11) 10・(27) 11・(21) 15・(17)

姓の画数	3·15	3·16	3·17	3·18
姓の代表例	大蔵 大槻 小幡 三輪	大館 大橋 小橋 丸橋 土橋 三橋	大磯 小磯 小嶺 川鍋	大藤 大藪 工藤 山藤 大類
1字名	なし	なし	なし	なし
2字名	1・2 1・4 2・3 2・4 3・3 3・12 8・5 8・15 9・4 9・8 10・3 10・5	1・4 1・5 1・12 1・15 2・3 2・4 5・8 5・13 8・5 8・8 8・10 9・4	4・13 6・15 7・8 7・10 7・14 7・18 8・13 14・3 15・2 15・10 16・5 18・3	3・8 3・13 3・15 5・13 6・5 6・10 6・18 7・4 13・3 13・5 14・4 15・3
3字名	2・(3) 2・(4) 2・(13) 3・(3) 3・(12) 6・(7) 6・(9) 8・(13)	1・(4) 2・(3) 2・(4) 2・(11) 2・(14) 5・(11) 5・(13) 7・(11)	4・(13) 4・(17) 4・(21) 6・(9) 6・(11) 6・(19) 7・(14) 8・(9) 8・(13) 8・(17)	3・(13) 5・(11) 5・(13) 6・(12) 7・(9) 7・(11) 7・(17) 13・(11)

姓の画数	4·6	4·5	4·4	4·3	4·2·12	3·19
姓の代表例	天地 今西 中西 日向 日吉 元吉	井田 牛込 牛田 太田 今田 水田	井戸 今井 木内 木戸 木元 公文	天川 井川 井上 牛山 中川	五十嵐	川瀬 山瀬 大瀬
1字名	5　7　15	2　12　16	7　17	4　10　14	3　5 6　13	なし
2字名	5・2 7・4 7・14 9・4 9・12 10・3 10・11 11・2 12・9	1・7 3・3 3・12 6・2 8・7 11・4 12・4 13・3 16・7	1・7 3・4 3・12 9・14 11・2 12・3 12・11 12・12 13・3 14・9	2・9 4・7 8・3 8・9 10・1 12・4 13・3 14・2 15・9	3・4 4・10 5・1 5・10 6・9 9・6 11・4 13・4	2・13 2・21 4・21 5・8 5・10 5・18 5・20 12・3 12・13 13・2 13・10 13・12
3字名	1・(6) 5・(16) 5・(18) 9・(12) 10・(13) 11・(12) 12・(11) 12・(13)	2・(6) 3・(13) 6・(18) 8・(8) 8・(16) 11・(13) 12・(12) 13・(11)	3・(10) 3・(12) 4・(12) 7・(10) 11・(13) 12・(12) 13・(10) 14・(10)	2・(6) 3・(13) 5・(11) 5・(12) 8・(8) 8・(16) 10・(8) 12・(12)	3・(10) 4・(9) 5・(10) 5・(18) 6・(11) 6・(15) 11・(10) 13・(10)	2・(11) 2・(13) 2・(21) 4・(9) 4・(19) 6・(7) 6・(9) 6・(17) 6・(19) 12・(13)

姓の画数	4·12	4·11	4·10	4·9	4·8	4·7
姓の代表例	犬塚 木場 中塚 中森 戸塚 水落	天野 井深 片野 木野 木部 中野	井原 片桐 木原 日高 日原 水原	今泉 今津 木津 中津 中畑 仁科	今枝 今岡 中居 中林 片岡 水沼	井沢 井村 今村 中条 中谷 戸村
1字名	5　23	6　10　20	7	2　12　22	5	4　6 10　14
2字名	1・14 3・2 4・3 4・4 5・11 6・9 9・12 11・12 12・9 19・4	4・12 5・11 5・13 6・2 7・9 10・14 12・4 13・11 14・3	3・4 5・2 6・1 6・11 7・4 8・3 11・12 13・12 14・7 14・9 15・2	2・1 2・3 2・9 4・7 4・20 7・17 12・12 15・9 22・2	3・3 7・14 8・3 9・2 9・4 9・14 10・3 10・11 13・12 16・7 17・4	1・12 4・9 6・7 8・13 9・4 11・13 14・7 17・7
3字名	3・(2) 3・(20) 4・(11) 4・(13) 5・(10) 5・(11) 6・(10) 13・(10)	2・(6) 5・(12) 6・(11) 7・(11) 10・(6) 12・(6) 13・(11) 14・(10)	3・(18) 5・(12) 5・(18) 6・(11) 7・(10) 7・(18) 8・(10) 11・(12)	2・(3) 2・(30) 6・(18) 12・(12) 12・(20) 14・(10) 16・(19) 22・(13)	3・(2) 3・(10) 5・(16) 7・(6) 8・(13) 9・(12) 10・(13) 15・(10)	1・(6) 6・(18) 8・(13) 8・(16) 9・(12) 10・(11) 11・(13) 14・(10)

姓の画数	4·13	4·14	4·15	4·16	4·18	5
姓の代表例	犬飼 中園 中溝 日置	井熊 井関 今関 日暮 比嘉	木幡	中橋 水橋 元橋	木藤 木藪 内藤 仁藤	台 叶 北 平 田
1字名	4 22	なし	2 6 16 20 22	5 15	15 17 23	8 11 13 16 18
2字名	2・13 3・3 3・4 3・13 4・11 4・12 5・1 5・11 12・4 12・12	1・2 2・1 2・3 2・13 3・2 3・3 4・1 4・2 4・11 11・2 11・4 11・12	1・17 2・11 2・14 3・13 6・7 6・12 9・4 9・7 9・9 10・3 16・2 17・1	1・4 2・3 2・13 5・12 5・20 7・4 8・3 8・9 9・4 15・2	3・12 3・14 5・12 6・11 7・4 13・4 13・12 14・1 14・9 15・2	1・10 2・4 3・15 6・10 8・10 11・5 16・2
3字名	2・(13) 3・(3) 3・(13) 4・(2) 4・(11) 5・(10) 5・(11) 12・(6)	3・(2) 3・(3) 3・(12) 4・(2) 4・(11) 7・(6) 7・(8) 7・(16)	1・(12) 2・(11) 2・(16) 3・(3) 3・(10) 3・(13) 6・(10) 6・(12) 8・(8) 8・(10)	1・(10) 2・(11) 2・(19) 5・(6) 5・(8) 7・(6) 7・(10) 9・(8)	3・(8) 3・(20) 5・(6) 5・(8) 6・(11) 7・(8) 7・(16) 13・(10)	2・(6) 2・(14) 3・(3) 3・(5) 3・(15) 8・(5) 10・(6) 12・(6)

姓の画数	5·3	5·4	5·5	5·6	5·7	5·8
姓の代表例	石上 加山 白山 田子 田丸 古川	石井 北井 田井 立木 平木 永井	生田 北田 正田 末田 田代 立石	末次 永江 永吉 本庄 本多 本吉	石坂 市村 北沢 田坂 立花 矢沢	石岡 北岡 末松 平沼 平岩 平岡
1字名	5　10　15	4　7 12　14	6	5　7　12	4　6	10
2字名	3・10 4・11 5・2 5・8 8・16 10・3 12・12 13・2 14・3	3・3 7・1 9・6 11・13 12・12 13・3 14・1 17・6	1・10 2・3 3・10 6・2 8・13 10・3 10・13 11・10 12・3 12・13 13・2	2・3 2・19 5・8 5・16 7・6 11・10 12・1 15・6 18・3	1・12 4・2 8・3 8・13 9・12 10・3 11・12 14・11 17・6 18・3	3・8 5・3 5・19 7・11 8・10 8・16 9・2 10・8 13・11 15・3 16・8
3字名	3・(10) 4・(9) 4・(12) 8・(15) 8・(17) 12・(11) 12・(19) 14・(10)	2・(5) 3・(12) 4・(12) 4・(19) 7・(9) 11・(12) 12・(12) 13・(11)	2・(5) 3・(5) 3・(12) 6・(15) 10・(11) 11・(10) 12・(9) 13・(10)	1・(5) 2・(11) 5・(19) 7・(17) 9・(12) 10・(11) 11・(10) 12・(9)	4・(2) 4・(9) 6・(15) 6・(19) 8・(15) 9・(12) 10・(15) 11・(10)	3・(2) 5・(19) 7・(11) 7・(17) 8・(10) 13・(11) 13・(19) 15・(9)

5·15	5·14	5·12	5·11	5·10	5·9	姓の画数
田幡	石綿 石関 古関 田熊 田端 本領	石塚 石森 加賀 甲斐 田淵 永森	石黒 北野 平野 古野 矢野 矢部	石倉 加納 広島 永倉 田宮	石垣 石神 布施 古畑 氷室 本城	姓の代表例
17	2　4	4　6　20	5　7	6	2　7　23	1字名
1・16 3・18 6・11 8・13 9・6 9・8 9・12 9・16 10・11 16・1 17・8 18・3	2・3 3・2 3・10 4・1 4・12 7・6 7・11 10・6 10・8 11・2	3・12 4・3 4・12 5・10 6・2 9・6 11・13 12・12 13・11	4・11 5・3 5・11 6・10 7・8 7・16 10・6 10・11 12・11 13・8	1・16 3・13 5・11 6・2 6・11 6・18 7・10 8・8 8・16 11・6 11・13	2・19 4・19 7・11 7・18 8・10 9・12 12・11 12・13 15・8	2字名
2・(19) 3・(18) 6・(11) 6・(15) 6・(19) 8・(9) 8・(17) 9・(12) 10・(11) 10・(15)	2・(11) 3・(2) 3・(10) 4・(9) 7・(9) 7・(11) 9・(9) 11・(7)	3・(5) 3・(15) 4・(11) 4・(12) 5・(10) 6・(9) 9・(15) 12・(12)	2・(5) 4・(12) 5・(10) 5・(12) 6・(10) 6・(15) 10・(11) 12・(11)	1・(7) 3・(15) 5・(11) 5・(19) 6・(10) 7・(9) 8・(10) 13・(11)	2・(9) 4・(7) 6・(12) 7・(10) 8・(10) 9・(12) 12・(11) 14・(9)	3字名

姓の画数	5·16	5·18	5·19	6
姓の代表例	石橋 市橋 広橋 古館 本橋	加藤 古藤 本藤 矢藤	市瀬 加瀬 広瀬 古瀬	旭 池 芝 仲 西 向
1字名	2　16	14	なし	11　15
2字名	1・10 5・6 7・11 8・3 8・10 9・2 15・3 16・8 17・1 21・3	3・13 5・3 5・13 6・10 6・12 7・11 13・12 14・11 15・3 15・10 17・8	2・11 4・11 5・8 5・18 6・11 12・3 12・11 13・8 13・11 14・10 16・8 18・6	1・14 2・23 5・6 7・4 9・6 9・16 10・5 10・15 11・7 12・5
3字名	1・(10) 2・(9) 5・(11) 5・(19) 7・(9) 7・(17) 8・(10) 9・(9)	3・(15) 5・(11) 6・(10) 6・(18) 7・(9) 7・(11) 13・(11) 14・(10)	4・(7) 4・(17) 5・(10) 5・(12) 5・(18) 6・(11) 6・(15) 12・(11)	1・(4) 2・(5) 2・(13) 9・(6) 10・(5) 11・(14) 12・(13) 19・(14)

姓の画数	6·7	6·6	6·5·3	6·5	6·4	6·3
姓の代表例	有沢 安芸 池沢 寺村 成沢 早坂	有吉 安西 江守 寺西 吉池 吉江	宇田川 牟田口	有田 池辺 江本 竹本 西本 吉永	伊丹 江戸 西井 竹中 光井 吉井	有山 有川 老川 寺川 光山 西山
1字名	4 10	5 12	3 4	2 6 10 12	7 14	4 12 14 15
2字名	1・7 4・7 6・5 6・12 8・10 9・9 10・1 11・7 14・10 17・7	5・18 9・2 9・12 10・11 11・10 11・12 12・9 12・11 15・10 18・7	3・4 4・6 5・12 10・13 12・5 12・11 13・4 14・3 14・9	2・5 3・10 6・7 6・18 8・5 10・11 11・2 12・9	1・10 2・9 3・10 3・12 4・7 9・12 11・10 12・11 13・12 14・9	3・5 4・11 5・2 5・18 8・7 8・15 10・5 13・10
3字名	1・(10) 4・(14) 6・(18) 8・(10) 8・(24) 9・(9) 10・(14) 14・(18)	5・(6) 5・(18) 7・(14) 9・(14) 11・(10) 11・(14) 12・(11) 15・(10)	2・(5) 3・(14) 3・(20) 4・(13) 4・(14) 5・(12) 8・(10) 13・(12)	1・(4) 2・(11) 3・(4) 3・(18) 10・(11) 11・(10) 12・(9) 13・(11)	2・(6) 3・(8) 3・(10) 4・(9) 7・(8) 9・(14) 11・(10) 12・(11)	2・(14) 3・(4) 4・(11) 5・(10) 5・(18) 8・(16) 10・(14) 13・(10)

姓の画数	6·7·9	6·8	6·9	6·10	6·11	6·12
姓の代表例	宇佐美 名児耶	安東 江波 寺岡 光岡 吉岡 吉松	安彦 会津 池畑 西海 西垣 米津	安倍 有馬 伊原 寺島 西浦 吉原	安野 池野 西郷 寺崎 吉崎 吉野	安達 有賀 江間 江森 宅間 西塚
1字名	9　15　23	7　10　17	2　6　16	5　7　15	4　6 7　14	5　6
2字名	2・21 4・11 6・9 6・11 7・10 8・7 8・9 12・3 14・3	3・15 5・2 5・12 7・11 8・10 9・9 9・12 10・7 13・12	6・10 7・9 8・9 8・10 9・7 9・9 12・12 14・10 15・9	3・18 5・10 5・18 6・9 7・9 8・9 11・10 13・10 14・7	4・11 5・2 6・9 6・12 7・9 10・5 13・5 14・2	3・2 4・9 4・11 5・1 5・10 6・7 9・12 11・12 12・9 13・2
3字名	2・(11) 4・(11) 6・(5) 6・(11) 7・(4) 7・(8) 7・(10) 8・(5)	3・(4) 5・(16) 7・(10) 7・(14) 8・(10) 9・(8) 9・(14) 10・(8)	6・(10) 7・(9) 7・(11) 8・(8) 8・(10) 9・(8) 14・(10) 16・(8)	5・(10) 5・(18) 6・(9) 6・(11) 7・(9) 7・(18) 8・(8) 15・(10)	4・(4) 4・(14) 5・(10) 6・(10) 7・(8) 10・(8) 12・(6) 13・(11)	3・(10) 5・(10) 6・(9) 9・(6) 9・(14) 11・(10) 12・(11) 13・(8)

姓の画数	6·19	6·18	6·16	6·14	6·13	6·12·10
姓の代表例	成瀬 早瀬 安瀬	安藤 伊藤 江藤	安積 池橋 竹橋 寺橋	池端 江端	有働 安楽 伊勢 竹腰	伊集院
1字名	6　12 14　16	7　15　17	2　15 17　23	4　17	4　5 12　20	なし
2字名	4・2 4・19 5・2 5・11 6・2 6・10 12・11 13・10	3・5 3・10 5・12 6・5 6・15 7・10 13・10 14・9 15・2	1・12 5・10 5・12 5・18 7・18 8・5 8・7 8・15 8・17 15・10 16・7 16・9	2・9 3・2 3・12 4・9 4・11 9・2 9・12 10・5 11・10	3・2 3・10 4・9 4・12 5・1 5・11 8・5 11・5	5・12 6・14 6・18 7・13 8・12 8・16 11・6 11・13 13・4 14・6 15・2 15・5
3字名	2・(4) 2・(14) 4・(4) 5・(11) 5・(18) 6・(10) 6・(17) 12・(11)	3・(10) 3・(14) 5・(8) 5・(10) 5・(16) 7・(8) 7・(10) 13・(10)	5・(6) 5・(8) 5・(10) 5・(18) 5・(30) 7・(16) 9・(14) 9・(16) 9・(26)	2・(11) 3・(8) 7・(4) 7・(6) 7・(10) 9・(6) 10・(11) 11・(10)	2・(4) 2・(11) 3・(10) 4・(9) 5・(8) 5・(11) 8・(8) 10・(6)	1・(6) 1・(23) 3・(14) 3・(21) 5・(6) 5・(19) 6・(7) 7・(17) 11・(13)

姓の画数	7	7·2	7·3	7·3·4
姓の代表例	沖 近 車 坂 杉 谷	坂入	赤川 尾山 阪口 近山 村山 谷口	佐々木 佐々井
1字名	6　8　16	4　6　14 15　16　22 23	5　14　15	なし
2字名	1・15 4・12 6・10 8・10 9・7 10・6 11・6 14・4 16・2	5・11 6・9 6・10 9・6 9・14 11・4 13・10 13・11 14・9 14・10 15・8 15・9	3・4 4・9 4・11 5・6 5・10 10・11 12・9 13・8 15・6	1・6 2・5 3・7 3・14 4・13 7・10 9・14 11・6 11・12 12・5 13・10 17・6
3字名	4・(4) 4・(14) 6・(11) 8・(16) 9・(9) 9・(16) 10・(14) 11・(13)	1・(15) 3・(13) 5・(10) 6・(9) 6・(10) 6・(17) 9・(15) 11・(13) 15・(17) 16・(16)	2・(5) 3・(10) 4・(9) 5・(8) 5・(16) 8・(13) 10・(13) 12・(9)	1・(6) 2・(5) 3・(8) 3・(14) 4・(14) 9・(8) 11・(7) 17・(14)

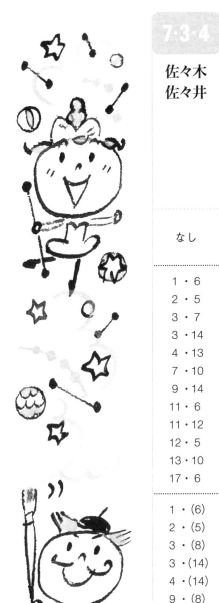

姓の画数	7·8	7·7	7·6	7·5	7·4	7·3·12
姓の代表例	赤沼 赤松 杉岡 杉林 別府 花岡	赤坂 尾沢 志村 谷沢 花形 村尾	赤池 坂西 佐竹 沢地 住吉 谷地	足立 児玉 坂田 角田 谷本 町田	赤井 坂元 杉井 花井 花木 村内	佐久間
1字名	10 16 17	4 10	5 10 12	6 12	4 7 12 14	なし
2字名	5・1 7・9 7・11 8・9 8・10 9・8 10・8 13・11 15・9	4・17 6・17 8・9 8・10 9・8 9・9 9・14 10・8 11・10 14・11	2・6 2・16 5・6 7・11 9・9 10・14 12・6 15・9 18・6	1・4 2・9 3・8 3・18 10・11 11・10 12・9 13・8 13・10 16・9	2・4 3・10 3・18 4・9 7・6 11・10 12・9 13・11	1・14 3・12 4・6 4・13 5・10 6・4 9・14 11・6 11・12 12・5 13・4 13・10
3字名	3・(3) 3・(13) 5・(13) 7・(10) 7・(17) 8・(10) 8・(16) 15・(9)	4・(7) 6・(5) 8・(10) 8・(13) 9・(9) 10・(13) 11・(10) 14・(9)	1・(7) 2・(16) 5・(13) 7・(17) 9・(15) 10・(8) 11・(13) 15・(9)	2・(9) 3・(8) 6・(15) 8・(5) 8・(15) 10・(13) 12・(9) 12・(13)	2・(3) 3・(10) 4・(9) 4・(17) 7・(17) 9・(15) 11・(10) 12・(9)	3・(8) 3・(14) 4・(11) 5・(8) 6・(11) 9・(6) 9・(14) 12・(11)

姓の画数	7·9	7·10	7·10·3	7·11	7·12	7·15
姓の代表例	赤津 赤星 更科 呉屋 花柳 坂巻	赤倉 児島 杉浦 杉原 対馬 兵庫	吾孫子 利根川	沖野 坂崎 佐野 近野 花崎 芳野	赤塚 坂間 佐賀 志賀 杉森 花塚	沢幡 志摩 花輪
1字名	7　15　16	6　7 14　15	なし	5　6　14	5　6 12　20	10　17
2字名	2・14 4・4 6・9 7・8 7・9 8・8 9・8 12・9 15・6	3・4 5・10 6・9 6・18 7・8 8・10 11・4 13・11	2・3 2・13 2・15 3・14 4・13 5・7 8・7 10・5 10・7 12・3 12・5 14・3	4・9 5・8 5・16 6・9 7・10 10・11 12・9 13・4 14・9	4・9 5・8 5・11 6・10 9・4 9・9 12・4 12・6	2・9 2・11 3・8 3・14 6・9 6・11 8・9 9・4 9・6 10・1
3字名	2・(5) 4・(13) 6・(10) 7・(10) 8・(13) 9・(8) 14・(7) 15・(8)	3・(5) 3・(13) 5・(10) 5・(13) 6・(9) 7・(8) 8・(8) 8・(16)	2・(15) 3・(8) 3・(14) 5・(6) 5・(16) 8・(7) 10・(7) 13・(8)	2・(5) 4・(17) 5・(8) 5・(16) 6・(9) 7・(8) 10・(7) 12・(9)	3・(3) 3・(15) 4・(9) 5・(13) 6・(7) 6・(10) 9・(7) 11・(7)	1・(10) 2・(9) 2・(13) 3・(8) 3・(10) 6・(5) 8・(7) 10・(5)

姓の画数	7·16	7·18	7·19	8	8·3	8·3·9
姓の代表例	村橋 杉橋	近藤 佐藤 谷藤 尾藤 兵藤	貝瀬 佐瀬 村瀬	東 岸 岡 武 所 林	阿川 青山 岡山 金子 東山 若山	阿久津 金久保 長久保
1字名	2　16	6　7　14	5　6	7　8	なし	4　15
2字名	5・11 7・9 7・17 8・16 9・9 9・16 15・1 15・9 15・10 16・8 16・9 19・6	3・4 5・11 5・18 6・10 7・9 7・16 13・10 14・9 15・8	2・4 2・11 4・9 4・17 5・6 5・8 6・9 12・1 12・9 13・8	3・4 5・2 5・12 7・6 8・7 9・6 9・15 10・7 13・4 16・7	2・5 3・10 4・9 5・8 5・16 8・5 8・13 10・3 12・9 14・10 15・9 18・3	2・3 2・13 4・11 6・6 6・9 7・5 8・4 8・9 9・6 12・5
3字名	5・(13) 7・(17) 8・(10) 8・(16) 8・(17) 9・(9) 9・(15) 9・(16)	3・(3) 3・(5) 3・(13) 6・(10) 7・(9) 13・(10) 15・(8) 17・(15)	2・(3) 2・(13) 4・(3) 4・(9) 5・(8) 5・(10) 6・(7) 12・(9)	3・(4) 3・(13) 5・(11) 8・(15) 9・(14) 9・(16) 10・(13) 10・(14)	2・(4) 3・(4) 4・(2) 4・(9) 5・(8) 8・(16) 10・(14) 12・(9)	2・(13) 4・(7) 4・(13) 6・(5) 7・(6) 7・(10) 8・(7) 9・(6)

姓の画数	8·8	8·7·3	8·7	8·6	8·5	8·4
姓の代表例	青沼 岩岡 岩波 岡林 松居 若林	長谷川 長谷山	岡村 河村 妹尾 奈良 宗形 松坂	青江 河合 河西 国安 松江 和光	青田 岩本 岡本 国広 東田 和田	青木 岩井 金井 国井 長井 若木
1字名	なし	3　5　13	なし	なし	なし	なし
2字名	3・5 3・13 5・10 7・10 8・8 8・15 9・7 9・16 10・7 13・3 13・10 15・8	2・5 4・2 5・9 8・7 8・15 10・7 12・5 13・2 14・9	1・5 1・15 6・10 8・8 8・16 9・7 9・9 10・8 11・5 14・3 16・8 17・7	1・10 5・13 5・16 7・10 9・8 9・16 10・8 11・7 12・9 15・3 15・10 17・8	1・7 2・3 2・9 3・5 3・15 6・5 8・10 8・16 10・8 11・7 13・5 16・8	1・10 2・3 3・8 3・10 4・9 7・16 11・10 12・13 13・8 14・7 14・9 17・8
3字名	3・(4) 3・(14) 5・(12) 7・(8) 7・(14) 8・(8) 9・(12) 10・(6)	3・(3) 3・(10) 3・(18) 4・(9) 4・(17) 5・(10) 8・(9) 12・(9)	4・(4) 4・(12) 6・(12) 8・(8) 8・(16) 9・(9) 10・(7) 10・(14)	5・(6) 5・(16) 7・(14) 7・(16) 9・(8) 9・(12) 10・(7) 11・(12)	1・(7) 2・(6) 3・(8) 6・(12) 8・(16) 10・(8) 11・(7) 12・(12)	2・(4) 3・(8) 4・(7) 7・(6) 7・(14) 9・(12) 11・(12) 12・(9)

姓の画数	8·16	8·14	8·12	8·11	8·10	8·9
姓の代表例	板橋 松橋	長嶋 松嶋 岩熊	青葉 岩淵 岩間 金森 若葉 若森	阿野 阿部 青野 岡崎 東郷 松崎	青島 岩倉 金原 長原 松浦 若宮	青柳 和泉 河津 長屋 金城 若狭
1字名	なし	なし	なし	なし	なし	なし
2字名	1・16 5・16 7・10 7・16 8・7 8・9 8・13 8・15 9・8 15・8 16・5 16・7	7・8 7・10 7・16 9・16 10・3 10・5 10・13 10・15 17・8 18・5 18・7	1・16 3・8 4・9 4・13 5・8 5・10 6・7 6・9 9・8 12・5 12・9 13・8	2・3 2・16 4・9 5・8 5・13 6・7 6・10 7・9 10・3 10・8 13・3 13・5	1・5 3・3 5・8 5・16 6・9 6・15 7・10 8・7 11・10 13・8 14・7 15・8	6・9 6・10 7・8 7・9 7・17 8・7 8・8 9・7 9・9 12・3 15・9 16・8
3字名	5・(12) 5・(16) 7・(14) 7・(16) 8・(9) 8・(15) 8・(16) 9・(12) 9・(14) 9・(15)	3・(8) 3・(14) 4・(9) 7・(8) 7・(16) 9・(14) 9・(16) 10・(15) 11・(12) 11・(14)	1・(4) 3・(8) 3・(12) 4・(9) 5・(12) 6・(9) 9・(12) 11・(14)	2・(4) 2・(14) 4・(9) 5・(8) 6・(12) 7・(9) 10・(8) 12・(6)	1・(4) 3・(4) 3・(14) 5・(8) 5・(16) 6・(15) 7・(8) 8・(9)	6・(9) 6・(12) 7・(8) 8・(7) 8・(8) 9・(6) 12・(12) 16・(8)

姓の画数	姓の代表例	1字名	2字名	3字名
8·18	阿藤 斉藤 周藤 松藤 武藤	なし	3・3 3・8 3・10 5・8 5・10 5・16 6・5 6・7 6・9 6・15 7・8 13・8	3・(2) 3・(8) 3・(12) 5・(6) 5・(8) 6・(9) 7・(8) 7・(14)
8·19	岩瀬 長瀬 若瀬	なし	2・3 2・16 4・17 5・3 5・13 5・16 6・15 12・9 13・5 13・8 14・7 16・5	2・(4) 2・(16) 4・(4) 4・(14) 6・(12) 6・(15) 12・(6) 12・(9)
9	泉 県 城 神 畑 南	7　8　15	2・5 4・4 4・12 6・10 7・16 8・7 9・7 9・15 12・12	2・(4) 2・(6) 2・(13) 4・(4) 4・(11) 7・(9) 8・(15) 9・(14)
9·3	秋山 浅川 香川 品川 城山 柳川	なし	2・9 3・8 4・2 4・7 5・16 8・15 10・15 12・9 13・12 14・9 15・6 15・8	2・(3) 2・(11) 3・(8) 4・(7) 8・(13) 10・(11) 10・(15) 12・(11)

姓の画数	9·9	9·8	9·7	9·6	9·5	9·4
姓の代表例	浅海 浅香 神津 草柳 神保 前畑	浅岡 浅沼 信岡 室岡 柳岡 柳沼	相沢 秋谷 浅見 神尾 保坂 柳沢	秋吉 秋好 香西 春名 星名 室伏	相田 浅田 信田 春田 室田 持田	秋元 浅井 香月 神戸 柏木 柳井
1字名	なし	なし	なし	なし	なし	なし
2字名	2・4 4・9 6・7 6・9 7・6 7・8 8・9 9・8 9・12 12・9 14・9 15・6	3・4 3・12 5・2 7・8 7・9 8・7 8・8 9・9 10・6 10・8 15・9 16・8	1・15 4・4 4・12 6・15 8・8 9・8 9・16 10・7 10・15 11・6 11・12 14・7	1・7 2・4 2・14 7・9 9・7 10・6 10・7 11・6 12・6 15・9 17・7 18・6	1・6 3・14 6・12 6・15 8・9 10・7 10・15 11・6 12・9 13・8 16・7	1・4 1・7 3・8 3・15 4・14 7・4 9・9 9・15 11・7 12・6 12・12 14・4
3字名	2・(5) 2・(13) 4・(11) 6・(7) 8・(5) 8・(13) 12・(11) 15・(8)	3・(5) 5・(3) 5・(13) 7・(8) 7・(11) 10・(5) 10・(14) 13・(11)	6・(11) 6・(15) 8・(8) 8・(15) 9・(6) 10・(6) 10・(15) 11・(14)	1・(5) 1・(15) 2・(6) 2・(14) 9・(7) 9・(8) 10・(7) 11・(7)	1・(6) 3・(8) 3・(14) 6・(15) 8・(13) 10・(11) 12・(6) 12・(11)	2・(3) 3・(5) 3・(8) 4・(7) 4・(14) 9・(15) 11・(13) 13・(11)

姓の画数	9・10	9・11	9・12	9・16	9・18	10
姓の代表例	浅原 神原 春原 星島 秋庭 前原	秋野 浅野 草野 畑野 星野 春野	相葉 秋間 浅間 風間 草間 南雲	草薙 美濃 前橋 柳橋	海藤 後藤 首藤 神藤	荻 柴 島 峰 宮 原
1字名	なし	なし	なし	なし	なし	7　8　11
2字名	1・4 1・12 3・2 3・15 5・8 6・7 6・12 7・6 8・8 11・2 11・7 14・4	2・9 4・7 5・8 5・12 6・7 6・15 7・8 7・14 10・15 12・9 13・8 13・12	1・15 3・8 3・15 4・7 4・12 5・6 6・12 9・2 9・15 11・7 12・4 12・12	1・6 1・7 2・4 2・6 2・14 7・9 8・8 9・7 15・8 16・7 17・6 19・4	3・2 3・15 5・16 6・2 6・12 6・15 7・14 13・8 14・4 15・6 17・4 17・8	1・10 3・2 3・5 5・6 5・16 6・7 7・14 8・7 11・10
3字名	1・(5) 3・(3) 3・(15) 5・(11) 5・(13) 7・(11) 8・(8) 11・(7)	2・(13) 4・(7) 4・(13) 5・(6) 6・(11) 7・(8) 10・(7) 12・(13)	3・(8) 3・(15) 4・(7) 4・(14) 5・(11) 5・(13) 9・(15) 11・(13)	1・(5) 1・(6) 2・(5) 2・(6) 2・(14) 8・(8) 9・(7) 15・(8)	3・(3) 3・(5) 3・(15) 5・(13) 6・(15) 7・(11) 7・(14) 13・(8)	1・(6) 3・(4) 3・(5) 5・(16) 6・(15) 6・(19) 8・(13) 11・(14)

姓の画数	10·8	10·7	10·6	10·5	10·4	10·3
姓の代表例	梅林 高岡 島岡 根岸 浜岡 浜松	梅沢 梅村 島村 高見 高村 宮尾	桑名 高安 宮地 宮西 浜地 浜名	家田 倉本 真田 柴田 原田 宮本	梅木 酒井 高井 桃井 速水 宮井	浦山 桐山 原口 宮口 宮下 宮川
1字名	5 7 15	6 14 16	5 7 15 17	6 10 16	4 7 17	2 4 5 10 12
2字名	3・14 5・8 7・8 8・7 9・8 9・14 10・7 13・8 15・6	1・5 4・3 4・11 8・7 9・6 10・8 11・7 17・7 18・6	2・15 5・11 7・8 9・6 10・7 11・5 12・11 17・6	1・15 3・5 3・14 6・11 8・8 10・7 11・6 11・13 13・5	4・3 4・7 7・11 9・8 11・6 11・14 12・11 13・5 14・7	2・3 3・8 4・7 5・13 8・3 10・8 13・11
3字名	3・(4) 3・(12) 5・(12) 7・(6) 8・(13) 9・(12) 10・(13) 13・(10)	1・(7) 4・(12) 6・(10) 6・(12) 9・(6) 10・(6) 10・(14) 14・(10)	1・(4) 2・(5) 2・(13) 5・(10) 7・(10) 9・(12) 11・(6) 15・(10)	2・(6) 3・(13) 6・(10) 8・(10) 10・(6) 10・(7) 11・(13) 12・(6)	2・(5) 3・(4) 4・(14) 7・(10) 7・(14) 9・(14) 11・(12) 12・(6)	2・(6) 3・(5) 4・(4) 4・(14) 5・(6) 8・(10) 10・(14) 12・(12)

姓の画数	10・9	10・10	10・11	10・12
姓の代表例	財津 島津 高城 高柳 根津 宮城	梅原 桐原 桜庭 島根 高原 宮脇	浦野 荻野 高野 浜崎 原野 宮崎	座間 残間 高須 高森 馬淵 宮森
1字名	2　12　22	5　15	4　10 12　14	なし
2字名	2・3 2・11 6・7 7・6 7・11 8・5 9・7 12・6 15・3	3・8 5・6 6・11 7・6 7・14 8・3 11・14 13・8 14・7 15・6	4・7 5・11 6・5 10・6 10・14 12・6 13・5 13・11	3・8 3・14 4・7 4・11 5・6 5・8 6・7 6・11 9・8 11・14 12・3 12・11
3字名	2・(4) 2・(14) 4・(12) 6・(10) 6・(12) 8・(10) 9・(7) 12・(6)	3・(10) 3・(14) 5・(10) 5・(12) 7・(10) 8・(13) 11・(6) 13・(12)	2・(14) 4・(12) 5・(6) 5・(13) 6・(10) 10・(6) 12・(6) 14・(10)	3・(10) 3・(12) 4・(7) 5・(10) 5・(12) 9・(6) 11・(12) 13・(10)

	11·3·7	11·3	11	10·17	10·16	10·13
姓の代表例	野々村	亀山 菊川 野口 深川 細川 笹川	乾 梶 菅 笹 都 郷	真鍋	倉橋 栗橋 高橋 根橋 馬橋	能勢 宮路 梅園 宮腰
1字名	4 11 14 16	なし	5 7 13	4 6 14 20	5 7 15	2 10 12 22
2字名	4・10 4・16 6・8 6・10 8・6 8・8 10・6 10・10 11・1 11・3 11・9 14・2	3・4 3・14 5・6 8・10 8・13 10・13 12・6 13・5 13・12 14・7 15・6 15・10	4・2 5・16 6・7 6・15 7・6 10・14 12・12 14・7 14・10	4・14 6・15 7・1 7・11 7・14 8・13 14・7 14・11 15・3 15・6 16・5 18・3	2・5 2・11 5・6 7・8 7・14 8・3 8・7 9・6 16・5	3・13 3・15 4・14 5・11 5・13 8・8 10・6 10・8 10・14 11・5 11・7 12・6
3字名	4・(7) 4・(27) 6・(10) 6・(18) 6・(25) 8・(10) 8・(23) 9・(9) 10・(21) 14・(17)	2・(5) 4・(19) 5・(6) 5・(13) 8・(9) 10・(11) 12・(6) 12・(19)	2・(3) 2・(11) 4・(9) 5・(16) 6・(15) 7・(14) 10・(11) 12・(9)	4・(4) 4・(14) 4・(21) 6・(12) 7・(14) 8・(10) 8・(13) 15・(10)	1・(6) 2・(4) 2・(13) 5・(6) 7・(14) 8・(5) 8・(7) 9・(6)	3・(13) 4・(12) 4・(14) 4・(20) 5・(13) 8・(10) 10・(14) 11・(13) 11・(14) 12・(12)

姓の画数

姓の画数	11·10	11·8	11·7	11·6	11·5	11·4
姓の代表例	笠原 梶原 菅家 菅原 野原 野島	猪股 亀岡 黒岩 菅沼 常松 盛岡	逸見 渋沢 渋谷 野村 野沢 深沢	菊地 菊池 鳥羽 野寺 堀江	亀田 菊本 黒田 袴田 深田 船田	梶井 亀井 野木 堀井 堀木 望月
1字名	なし	なし	なし	なし	なし	なし
2字名	1・10 3・13 5・6 6・10 6・12 7・4 8・10 11・7 11・13 13・5 14・4 14・10	3・2 3・10 3・13 5・13 7・6 8・5 8・10 9・4 9・7 10・6 13・5 16・2	1・4 4・2 6・7 8・7 8・13 9・12 10・7 11・6 11・10 14・7 16・7 17・4	1・7 2・5 5・10 5・13 9・6 10・5 10・14 11・7 12・6 12・12 17・7 18・6	1・4 3・4 3・12 6・10 8・13 10・7 11・6 11・12 12・5 12・13 13・10 16・5	1・5 3・13 4・4 4・12 7・10 9・7 11・6 12・5 12・12 13・5 14・4 14・10
3字名	3・(13) 5・(11) 5・(13) 6・(12) 7・(9) 7・(11) 11・(13) 13・(11)	3・(3) 3・(13) 5・(11) 5・(13) 7・(11) 9・(9) 10・(6) 13・(20)	1・(5) 4・(9) 4・(13) 6・(9) 8・(5) 8・(13) 9・(12) 10・(11)	2・(4) 2・(6) 5・(11) 5・(19) 7・(9) 9・(6) 10・(6) 11・(13)	2・(6) 3・(4) 3・(12) 3・(13) 6・(11) 8・(13) 10・(6) 12・(9)	2・(4) 3・(5) 3・(13) 4・(12) 7・(9) 9・(9) 11・(13) 12・(12)

姓の画数	11·11	11·12	11·13	11·18	11·19	12
姓の代表例	鹿野 黒崎 紺野 笹野 船崎	笠間 菊間 黒須 鹿間 鳥越 野間	淡路 設楽 鳥飼	斎藤 進藤 清藤	清瀬 黒瀬 野瀬 深瀬 梁瀬	越 奥 堺 萩 湊 渡
1字名	なし	なし	なし	なし	なし	5　6　13
2字名	4・7 4・13 5・10 5・12 6・7 7・4 7・10 10・7 10・13 12・5 13・4 13・10	3・13 4・12 6・10 9・7 11・5 11・7 11・13 12・4 12・6 12・12 13・5 13・12	3・12 3・14 4・13 5・10 5・12 8・5 8・7 10・5 10・7 11・2 11・4 11・6	3・5 3・13 5・13 6・2 6・10 6・12 13・5 13・10 14・2 14・4 17・6 19・4	2・5 2・13 4・7 4・13 5・2 5・6 5・10 6・5 6・12 12・5 13・4 14・4	1・10 3・10 4・7 5・16 6・7 9・12 11・2 11・10 13・12
3字名	2・(9) 2・(13) 4・(9) 4・(13) 5・(6) 6・(9) 10・(13) 12・(11)	3・(5) 3・(13) 4・(12) 4・(20) 11・(13) 12・(12) 12・(13) 13・(11)	3・(12) 4・(9) 4・(11) 4・(13) 4・(19) 5・(12) 8・(9) 8・(13) 10・(11) 10・(13)	3・(3) 3・(5) 3・(13) 5・(11) 5・(13) 6・(12) 7・(9) 7・(11)	2・(3) 2・(9) 4・(3) 4・(11) 5・(6) 6・(5) 6・(9) 6・(11)	3・(3) 4・(19) 5・(6) 6・(15) 9・(14) 11・(14) 12・(9) 12・(11)

姓の画数	12·8	12·7	12·6	12·5	12·4	12·3
姓の代表例	朝岡 飯沼 勝沼 須長 富岡 森岡	植村 奥沢 森沢 森谷 湯沢 湯村	落合 喜多 椎名 森江 森安 渡会	朝生 須田 富永 萩本 森田 森本	朝井 奥井 森井 森内 森木 森元	朝川 須山 富山 森川 森口 湯川
1字名	5 15	4 6 14 16	5 7 15 17	6 16 20	7	2 10 20
2字名	3・12 5・6 8・3 8・5 8・9 9・4 9・12 10・3 10・5 13・12	1・12 4・9 6・12 8・5 9・4 10・3 11・5 14・4	1・4 2・3 5・12 7・6 9・4 10・11 11・6 12・9	2・5 3・3 3・12 6・9 10・6 11・5 12・4 12・12 13・5	2・3 3・4 7・9 9・6 11・4 11・12 12・3 12・5 12・9 12・13 13・3	3・3 3・13 4・12 5・11 5・13 10・6 12・12 13・5 14・4
3字名	3・(2) 3・(8) 3・(18) 5・(8) 5・(10) 7・(10) 8・(5) 13・(8)	1・(5) 4・(2) 4・(12) 6・(10) 8・(5) 8・(10) 10・(8) 11・(22)	2・(4) 2・(11) 5・(8) 5・(12) 7・(8) 9・(12) 11・(10) 12・(11)	2・(5) 3・(4) 3・(12) 6・(10) 6・(12) 8・(8) 10・(8) 12・(12)	1・(4) 2・(5) 3・(5) 3・(12) 4・(11) 7・(10) 11・(12) 12・(11)	2・(4) 3・(5) 4・(12) 5・(11) 5・(19) 8・(8) 10・(8) 12・(12)

姓の画数	12·16	12·12	12·11	12·10	12·9	12·8·6
姓の代表例	棚橋 富樫	飯塚 飯森 越塚 須賀 塚越 番場	植野 雲野 奥野 塚崎 塚野 森野	朝倉 須原 塚原 間島 森脇 湯原	植草 森泉 森垣 森屋 湯浅 結城	寒河江
1字名	5　7　17	なし	10　12　14	15	4　12　14	なし
2字名	1・12 1・23 2・11 5・12 5・19 7・6 8・5 8・9 9・4 15・9 16・1 19・5	1・12 3・5 3・12 4・9 4・11 5・6 6・9 9・4 9・12 11・12 12・5 12・12	4・12 5・11 6・12 7・9 10・6 12・12 13・5 13・12 14・11	3・12 5・6 6・9 6・11 7・6 8・3 8・9 11・6 13・12 14・9 14・11	2・9 4・12 7・4 7・11 8・3 9・9 12・4 12・6 15・9	1・4 2・3 2・4 5・2 5・10 10・12 11・4 11・11 12・3 12・10 18・4 19・3
3字名	1・(10) 1・(12) 2・(5) 2・(11) 5・(8) 5・(12) 5・(19) 7・(10)	3・(4) 3・(10) 5・(10) 5・(18) 6・(11) 9・(8) 11・(10) 12・(11)	4・(4) 5・(11) 6・(10) 6・(18) 7・(11) 10・(8) 12・(12) 13・(12)	3・(8) 3・(12) 5・(8) 5・(12) 6・(11) 6・(19) 7・(10) 11・(12)	4・(12) 6・(10) 6・(12) 6・(18) 7・(11) 12・(12) 14・(10) 16・(8)	1・(4) 1・(12) 2・(3) 2・(11) 2・(19) 7・(4) 9・(12) 10・(5)

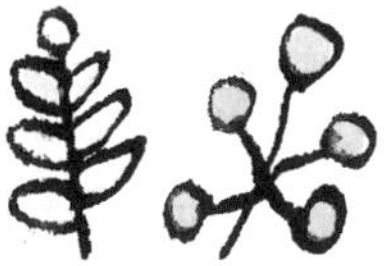

姓の画数	12·18	13	13·3	13·4
姓の代表例	須藤	楠 園	愛川 塩川 滝口 新山 福川 溝口	新木 塩井 鈴木 遠井 福井 福元
1字名	5 7 15 17	3 5 8 11 18	なし	なし
2字名	3・12 5・6 5・13 6・5 6・11 7・11 13・5 14・4	2・16 3・15 4・7 4・14 5・6 8・10 8・16 10・14 11・7 12・6 12・12 18・6	2・3 3・5 5・12 8・8 10・5 12・3 12・4 12・5 12・11 13・3 13・8 14・3	1・5 2・5 3・12 4・4 4・11 7・8 11・4 12・12 13・5 13・11 14・4 14・10
3字名	3・(2) 3・(8) 3・(12) 5・(10) 6・(11) 6・(12) 7・(8) 7・(11)	2・(16) 3・(15) 3・(21) 4・(14) 5・(13) 5・(19) 8・(16) 10・(14) 10・(22) 11・(13)	2・(3) 2・(21) 3・(4) 4・(11) 5・(10) 5・(11) 12・(11) 13・(10)	2・(4) 3・(4) 4・(4) 4・(11) 7・(9) 7・(17) 11・(7) 13・(11)

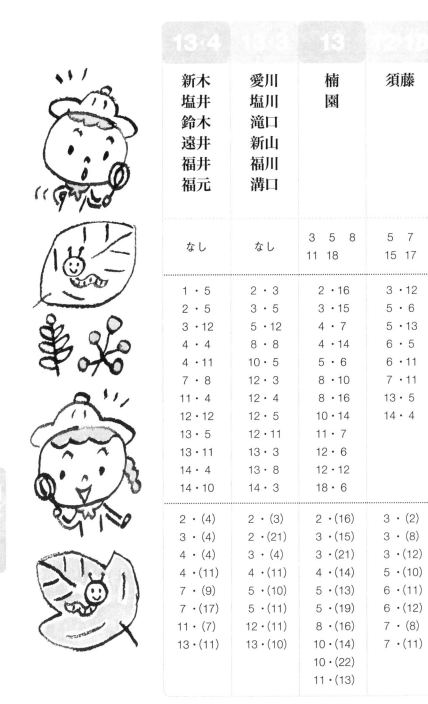

姓の画数	13·11	13·10	13·9	13·8	13·7	13·5
姓の代表例	塩崎 塩野 新堀 園部 遠野 豊崎	楠原 嵯峨 塩島 福島 福原	豊泉 新海 新保 新津 新美 福室	新居 殿岡 新妻 蓮沼 福岡 豊岡	塩谷 新谷 鈴村 新村 福沢 福村	愛甲 遠田 滝田 福田 福本 幕田
1字名	なし	なし	なし	なし	なし	なし
2字名	2・11 4・11 5・8 5・10 7・4 7・8 10・3 10・5 12・3 12・5 12・11 13・8	3・5 5・11 6・10 6・12 7・11 7・18 8・8 11・5 13・5 13・11 14・10 15・10	2・11 4・11 4・19 7・4 7・8 8・3 8・5 9・4 9・8 12・3 12・5 12・11	3・8 5・11 7・4 7・11 8・3 8・8 8・10 9・2 10・8 13・3 15・3 16・2	1・10 4・11 6・11 8・5 9・4 9・8 10・5 10・11 11・10 14・11 17・8 18・3	1・12 3・4 3・10 3・18 8・5 10・5 10・11 11・4 11・12 12・11 13・4 13・8
3字名	2・(9) 4・(4) 4・(11) 5・(3) 6・(9) 7・(10) 10・(11) 12・(11)	1・(7) 5・(11) 6・(10) 6・(18) 7・(9) 8・(10) 11・(7) 13・(11)	2・(9) 2・(11) 4・(7) 4・(19) 6・(7) 6・(9) 7・(10) 12・(11)	5・(11) 7・(4) 7・(9) 8・(10) 9・(7) 9・(9) 13・(11) 15・(9)	1・(10) 4・(7) 4・(11) 6・(9) 6・(19) 8・(9) 10・(7) 11・(10)	2・(4) 2・(11) 3・(4) 3・(10) 6・(9) 6・(11) 10・(11) 12・(9)

姓の画数	14·7	14·5	14·4	14·3	14	13·18
姓の代表例	稲見 稲村 熊坂 関沢 種村 増村	稲田 榎本 熊本 徳田 徳本 増田	稲井 稲毛 稲木 緒方 熊井 徳井	稲山 熊川 関口 徳丸 増山	榎 窪 関 槙	遠藤 新藤
1字名	4　10 14　16	6　12　16	7　14　17	4　14　15	7　11　17	なし
2字名	4・7 6・10 8・3 8・10 9・7 9・9 11・7 14・2	2・11 3・10 6・7 6・10 8・10 11・7 12・4 13・3 16・2	2・3 3・10 4・3 4・9 7・10 9・4 11・4 12・3 13・10	3・4 4・11 5・3 8・7 8・10 12・4 13・2 14・4 15・9	1・10 2・5 3・14 4・7 7・10 9・12 10・7 11・6 17・4	3・5 3・18 5・11 5・12 6・10 6・11 7・10 13・4 13・8 14・3 15・2 17・4
3字名	4・(20) 6・(10) 6・(18) 8・(8) 8・(10) 8・(16) 14・(10) 16・(8)	2・(3) 3・(3) 3・(10) 6・(10) 8・(8) 10・(6) 10・(8) 12・(6)	3・(3) 3・(10) 4・(9) 7・(8) 7・(16) 9・(8) 11・(10) 12・(9)	3・(3) 4・(2) 5・(10) 8・(8) 8・(10) 8・(16) 10・(6) 12・(6)	2・(5) 3・(14) 4・(14) 7・(11) 9・(9) 9・(16) 10・(11) 11・(14)	3・(3) 3・(18) 5・(3) 5・(11) 6・(10) 6・(11) 7・(9) 7・(10)

姓の画数	15・4	15・3	14・12	14・11	14・10	14・9
姓の代表例	駒井	影山 澄川 横川 横山	稲葉 関塚 徳富 徳間 増淵	綾部 綾野 熊崎 境野 熊野 綿貫	漆原 関根 関原 徳原 徳島 箕浦	稲垣 漆畑 関屋 徳重
1字名	2 4 12 14 20	5 14 15	5 6	6 10 12 14	7 15	12 14 16
2字名	1・17 2・16 3・10 4・9 7・6 7・9 9・9 11・2 12・1 12・6 13・3 14・2	2・3 3・10 4・9 5・8 5・16 8・9 13・8 14・9 15・6	1・10 3・4 3・18 4・7 4・11 5・10 6・7 6・9 9・2 12・9	2・4 4・3 5・3 6・10 7・9 12・4 12・11 13・10	3・10 5・3 5・10 6・7 6・11 7・4 8・7 11・4 13・10 14・7	4・4 6・10 7・9 7・11 8・10 12・4 14・10 15・3 16・9
3字名	1・(15) 1・(17) 2・(16) 3・(15) 4・(9) 4・(29) 7・(9) 9・(9) 12・(21) 14・(19)	2・(5) 4・(9) 4・(19) 5・(16) 8・(9) 8・(15) 10・(7) 12・(9)	1・(6) 3・(8) 3・(18) 4・(9) 5・(8) 5・(16) 9・(6) 12・(9)	2・(6) 4・(2) 4・(3) 5・(3) 5・(18) 6・(10) 7・(9) 13・(10)	3・(8) 3・(10) 5・(8) 5・(16) 7・(8) 7・(10) 8・(16) 11・(10)	2・(6) 6・(10) 7・(9) 8・(8) 8・(10) 9・(9) 12・(6) 14・(10)

姓の画数	15·5	15·7	15·10	15·11
姓の代表例	熱田 蔵田 駒田 箱田 諸田 横田	潮来 駒形 駒沢 駒村 横尾 横沢	駒宮 横倉 横島 横浜 輪島	嬉野 駒野 権堂 諏訪 箱野 横野
1字名	12	10	6　7　14	5　6　7
2字名	1・2 1・10 2・9 3・8 3・18 6・9 10・3 11・6 12・9 13・8 16・9	4・9 6・9 6・17 8・3 8・9 9・2 9・6 9・8 10・3 14・9 17・6	3・3 5・1 5・3 6・10 7・1 7・9 8・8 13・3 14・2	2・3 4・9 5・8 6・1 6・9 7・6 7・8 10・3 12・9
3字名	2・(9) 2・(15) 3・(8) 6・(15) 8・(7) 10・(7) 12・(9) 16・(9)	4・(7) 4・(9) 4・(19) 6・(5) 6・(7) 6・(17) 8・(5) 8・(15)	3・(29) 6・(17) 7・(9) 8・(8) 11・(21) 13・(19) 14・(9) 15・(8)	2・(5) 4・(2) 4・(7) 4・(9) 5・(8) 6・(9) 7・(8)

姓の画数	16	16·3	16·4	16·5	16·7	16·10
姓の代表例	橋 橋 壇 黛	鮎川 鴨川 鴨下 橘川 館山 築山	薄井 鴨井 薄木 橋爪 橋内 橋元	薄田 繁田 積田 橋田 橋立 橋本	鮎沢 壁谷 樽見 橋村 築沢	橘高 鴨原 樽原
1字名	5　7　8 15　16　17 21　23	4　5 12　14	4　12　17	10　12　16	14	5　6 7　15
2字名	1・4 1・14 1・15 2・14 2・23 9・6 9・7 9・14 9・16 19・4 19・6 21・4	4・9 5・1 5・8 8・5 8・8 10・8 13・5 14・2	2・9 3・8 4・9 7・8 9・8 9・16 12・9 13・8 14・7	1・15 2・9 3・8 3・15 6・5 8・8 10・8 11・7 13・5	4・21 8・8 8・16 8・17 9・7 9・15 9・16 14・2 16・8 17・7 18・7	1・5 3・2 3・8 5・8 6・5 6・7 8・5 11・2
3字名	1・(4) 1・(14) 1・(15) 2・(3) 2・(13) 2・(14) 2・(23) 9・(6) 9・(14) 9・(16)	2・(4) 3・(15) 4・(14) 5・(8) 8・(8) 10・(6) 10・(8) 12・(6)	2・(15) 3・(8) 3・(14) 4・(7) 7・(8) 9・(6) 9・(16) 11・(14)	2・(14) 3・(8) 6・(18) 8・(8) 10・(6) 10・(14) 11・(7) 12・(6)	4・(20) 6・(18) 8・(8) 8・(16) 9・(7) 9・(15) 9・(16) 16・(8)	1・(6) 3・(8) 3・(18) 5・(6) 6・(15) 7・(6) 8・(7) 13・(8)

姓の画数	17·5	17·7	17·10	17·11	18·4	18·5
姓の代表例	磯田 磯辺 輿石 霜田 鍋田	磯貝 磯村 磯谷 篠沢	鮫島 鍋島 篠原	磯崎 磯野 磯部 鴻巣 霜鳥	藤井 藤木 藤戸 藤元 藪内	織田 鎌田 藤代 藤田 藤永 藤本
1字名	2　10	17	5　6　14	4　5 7　20	なし	なし
2字名	2・1 3・8 3・14 6・7 8・7 10・1 10・7 11・6 13・4 16・1	1・7 1・14 4・7 6・7 8・7 8・15 9・4 9・6 9・8 10・7 11・4	1・7 3・15 5・1 5・16 6・15 7・14 11・7 13・8 14・7	2・1 4・1 4・7 5・6 5・8 7・4 10・7 13・4	1・14 3・14 4・7 4・13 7・6 9・6 9・14 11・6 12・5 12・13 14・3 17・6	1・7 3・5 3・13 10・6 10・14 11・5 11・13 12・6 12・13 13・3 13・5 18・6
3字名	1・(14) 2・(13) 3・(14) 6・(7) 8・(5) 8・(7) 10・(7) 11・(6)	1・(6) 4・(7) 6・(7) 8・(13) 9・(6) 10・(7) 11・(13) 14・(7)	3・(15) 5・(13) 6・(15) 7・(14) 8・(13) 8・(17) 11・(7) 11・(14)	2・(3) 2・(5) 4・(3) 4・(13) 5・(6) 6・(7) 7・(6) 10・(7)	2・(13) 3・(12) 3・(14) 4・(13) 7・(16) 7・(18) 9・(6) 11・(12)	2・(6) 2・(14) 3・(13) 6・(12) 8・(16) 10・(6) 11・(13) 12・(6)

姓の画数	18・12	18・11	18・10	18・9	18・8	18・7
姓の代表例	鯉淵 額賀 藤塚 藤間 藤森 藪塚	鵜野 藤堂 藤掛 藤崎 藤野 藪崎	藍原 鎌倉 藤浦 藤倉 藤島 藤原	藤咲 藤城 藤巻 藤屋	鯉沼 難波 藤枝 藤岡 藤沼 藤林	鵜沢 鎌形 藤尾 藤沢 藤谷 藤村
1字名	なし	なし	なし	なし	なし	なし
2字名	1・6 1・14 3・14 4・3 4・7 5・6 6・5 9・6 11・6 12・3 12・5 13・5	2・6 2・14 4・14 4・19 5・3 5・13 6・17 10・6 10・13 12・6 13・3 13・5	1・6 3・14 3・21 5・6 6・5 6・7 7・6 8・3 8・5 11・6 11・13 14・3	2・3 2・6 2・19 4・14 4・17 6・15 7・14 8・13 12・6 14・7 15・3 16・5	3・3 5・6 7・6 7・14 8・3 8・5 8・7 9・6 10・3 10・5 15・6 16・5	1・5 1・6 1・7 1・15 4・19 6・17 8・15 9・7 9・14 10・6 11・5 16・7
3字名	1・(4) 3・(4) 3・(12) 4・(13) 5・(6) 6・(5) 9・(6) 11・(6)	2・(4) 2・(14) 4・(12) 5・(13) 5・(18) 6・(12) 10・(6) 10・(13)	1・(4) 3・(2) 3・(14) 5・(6) 5・(12) 6・(18) 7・(6) 8・(16)	2・(6) 2・(16) 4・(2) 4・(14) 6・(12) 7・(14) 9・(12) 12・(6)	3・(2) 3・(12) 5・(6) 7・(4) 7・(6) 8・(5) 9・(6) 10・(5)	1・(5) 1・(6) 4・(28) 6・(26) 9・(14) 10・(6) 14・(18) 16・(16)

姓の画数	19	19·4	19·7	21·4
姓の代表例	鏡	鏑木 鯨井 瀬戸	瀬尾 瀬良	露木
1字名	5　6　13 16　18	なし	なし	なし
2字名	4・2 4・12 4・14 6・7 6・10 6・12 12・4 12・6 13・5 14・2 14・4 16・2	2・6 2・14 3・5 3・13 4・4 4・12 7・18 9・16 11・5 12・4 13・5 14・2	1・4 1・12 4・2 6・5 8・5 8・13 9・2 9・6 10・5 11・2 11・4 16・5	2・14 3・4 3・20 4・3 4・4 4・12 7・16 9・14 11・12 12・4 13・3 14・2
3字名	2・(11) 2・(14) 2・(16) 4・(9) 4・(14) 4・(29) 5・(11) 5・(13) 12・(21) 14・(19)	1・(15) 3・(5) 3・(13) 4・(4) 4・(12) 7・(11) 9・(15) 11・(13)	1・(5) 1・(12) 4・(3) 6・(5) 8・(5) 8・(13) 9・(12) 10・(5)	1・(15) 3・(13) 4・(19) 7・(9) 7・(25) 9・(23) 12・(11) 13・(19)

ひらがな&カタカナの画数一覧表

ひらがなやカタカナを使った名前は、やわらかいイメージになるので、
取り入れるのも1つの方法です。「゛（濁音）」は2画、「゜（半濁音）」は1画で数えます。

あ	い	う	え	お	ア	イ	ウ	エ	オ
3	2	2	3	4	2	2	3	3	3
か	き	く	け	こ	カ	キ	ク	ケ	コ
3	4	1	3	2	2	3	2	3	2
さ	し	す	せ	そ	サ	シ	ス	セ	ソ
3	1	3	3	3	3	3	2	2	2
た	ち	つ	て	と	タ	チ	ツ	テ	ト
4	3	1	2	2	3	3	3	3	2
な	に	ぬ	ね	の	ナ	ニ	ヌ	ネ	ノ
5	3	4	4	1	2	2	2	4	1
は	ひ	ふ	へ	ほ	ハ	ヒ	フ	ヘ	ホ
4	2	4	1	5	2	2	1	1	4
ま	み	む	め	も	マ	ミ	ム	メ	モ
4	3	4	2	3	2	3	2	2	3
や		ゆ		よ	ヤ		ユ		ヨ
3		3		3	2		2		3
ら	り	る	れ	ろ	ラ	リ	ル	レ	ロ
3	2	3	3	2	2	2	2	1	3
わ	ゐ	ゑ	を	ん	ワ	ヰ	ヱ	ヲ	ン
3	3	5	4	2	2	4	3	3	2

ー	ゝ	ゞ	々
1	1	3	3

※ゐ、ゑ、ヰ、ヱは旧かなづかいですが人名に使えます。

姓に合った名前が見つかる!

画数組み合わせリスト

P.359の「姓別吉数リスト」で、自分の姓にぴったりの
名前の画数の組み合わせを見つけたら、
このリストでお気に入りの名前を探してください。
画数のパターンごとに、名前の実例を紹介しています。

※本書では、仮成数(P.339)を加えて吉数にする場合も考えて、
画数としてそのままでは吉数ではない名前例も掲載しています。

このリストの見方

名前の1文字目の画数がインデックスになっています。まずはこのインデックスで、1文字目の画数を見つけます。次に、大きい色文字の部分「1-2」「1(4)」で、名前の画数の組み合わせを探します。( )内は、2文字目以降の画数を合計したものです。

1字ごとの画数は、1字名と2字名の場合は、大きい色文字(「5」「1-2」など)をご覧ください。3字名の場合、文字のすぐ右にある小さい文字をご覧ください。

1文字目の画数

1画

1

- 一 はじめ

1-2

- 一レン

1-3

- 一レオ
- 一也 かずや
- 一久 かずひさ

1-4

- 一心 いっしん
- 一太 いった
- 一仁 かずと
- 一斗 かずと

1-5

- 一平 いっぺい
- 一生 いっせい
- 一史 かずし
- 一司 かずし
- 一正 いっせい
- 一矢 かずや
- 一弘 かずひろ

1-6

- 一成 いっせい
- 一匡 かずまさ
- 一宇 かずたか
- 一帆 かずほ
- 一旭 かずあき

1-7

- 一寿 かずひさ
- 一吹 いぶき
- 一汰 いちた
- 一秀 かずひで
- 一宏 かずひろ
- 一志 かずし

1-8

- 一弥 かずや
- 一茂 かずしげ
- 一直 かずなお
- 一幸 かずゆき
- 一征 いっせい

1-9

- 一星 いっせい
- 一郎 いちろう
- 一哉 かずや
- 一紀 かずのり

1-10

- 一真 かずま
- 一晟 いっせい
- 一馬 かずま
- 一悟 いちご
- 一起 かずき
- 一記 かずき
- 一朗 いちろう
- 一浩 かずひろ
- 一眞 かずま
- 一将 かずまさ
- 一晃 かずあき

1-11

- 一麻 かずま
- 一隆 かずたか
- 一清 いっせい
- 一啓 いっけい

1-12

- 一翔 かずと
- 一登 いちと
- 一喜 いっき
- 一惺 いっせい
- 一貴 かずたか
- 一裕 かずひろ
- 一博 かずひろ
- 一稀 いっき
- 一尋 かずひろ
- 一景 いっけい
- 一晴 いっせい

1-13

- 一聖 いっせい
- 一路 いちろ
- 一豊 かずとよ
- 一誠 いっせい
- 一暉 かずき

1-14

- 一颯 いっさ
- 一瑳 いっさ
- 一誓 いっせい
- 一綺 かずき
- 一嘉 かずよし
- 一徳 かずのり

1-15

- 一輝 かずき
- 一毅 かずき
- 一慶 かずよし
- 一舞 かずま
- 一範 かずのり

一徹 いってつ

1-16

一樹 いっき
乙樹 いつき
一磨 かずま

1-17

一優 かずひろ

1-18

一騎 かずき

1-20

一護 いちご
一耀 かずあき

1-24

一鷹 かずたか

1(6)

つかさ 1 3 3
しおん 1 4 2

1(7)

一之介 1 3 4 いちのすけ

1(10)

一之助 1 3 7 いちのすけ

1文字目の画数

2画

2

力 りき
了 りょう

2-1

了一 りょういち
りく

2-3

力丸 りきまる
力也 りきや

2-4

力斗 りきと
七斗 ななと
了太 りょうた

2-5

八広 やひろ
力生 りき

2-7

七希 ななき
力玖 りく

2-9

七海 ななみ
力哉 りきや

2-10

八紘 やひろ
十真 とおま

2-11

七都 ななと
刀麻 とうま

2-12

力翔 りきと
八尋 やひろ
八雲 やくも

2-13

七聖 ななせ
乃蒼 のあ

2-14

力駆 りく
七碧 ななみ

2-15

力輝 りき
七輝 ななき

2-16

七樹 ななき

2(14)

八真斗 2 10 4 やまと

2(15)

二千翔 2 3 12 にちか

2(19)

力輝斗 2 15 4 りきと

1文字目の画数

3画

3

丈 じょう
大 だい
工 たくみ
士 つかさ

3-2

丈人 たけと
久人 ひさと
ゆう
大二 だいじ

3-3

大士 だいし
大也 ひろや
久也 ひさや
丈士 たけし
丈久 たけひさ
そら
千也 かずや

3-4

大斗 ひろと

大心 たいしん
士月 しづき
久斗 ひさと
之斗 ゆきと
丈太 じょうた
千太 せんた
夕斗 ゆうと
大介 だいすけ

3-5

大生 だいき
千弘 ちひろ
千広 ちひろ
大矢 だいや
士央 しおう
大世 たいせい
大史 だいし

3-6

大地 だいち
大成 たいせい
大伍 だいご

3-7

大志 たいし
大希 ひろき
大我 たいが
大佑 だいすけ
久志 ひさし
千希 かずき
千里 せんり
大助 だいすけ
大吾 だいご

3-8

大和 やまと
大空 そら
大河 たいが
大知 だいち
久典 ひさのり
大征 たいせい
士苑 しおん
久明 ひさあき
久幸 ひさゆき
丈治 じょうじ
千明 ちあき
千拓 ちひろ
千宙 ちひろ
大季 たいき
大門 だいもん
士門 しもん
大典 ひろのり

3-9

丈哉 ひろや
大城 だいき
三郎 さぶろう
千洋 ちひろ
千秋 ちあき

3-10

大悟 だいご
大晟 たいせい
士恩 しおん
大峨 たいが
千隼 ちはや
大真 はるま
夕真 ゆうま
丈馬 じょうま
丈流 たける
千紘 ちひろ
千真 かずま
千眞 かずま
大起 だいき
士竜 しりゅう
士紋 しもん

3-11

丈琉 たける
大梧 だいご

3-12

大翔 ひろと
大智 だいち
大貴 だいき
大惺 たいせい
大晴 たいせい
千尋 ちひろ
千翔 ゆきと
大登 ひろと
大賀 おおが
千瑛 ちあき
千裕 ちひろ
大喜 たいき
大遥 たいよう
夕翔 ゆうと
夕陽 ゆうひ
士温 しおん
万尋 まひろ
丈偉 じょうい
丈陽 たけはる
万裕 まひろ
千晴 ちはる
大雄 だいゆう

士道 しどう

3-13

大雅 たいが
大夢 ひろむ
大誠 たいせい
久遠 くおん
大聖 たいせい
丈慈 じょうじ
大暉 だいき
千聖 ちさと
大幹 たいき
丈路 じょうじ
大獅 ひろし
小鉄 こてつ
丈嗣 じょうじ
千寛 ちひろ

夕雅 ゆうが

3-14

大輔 だいすけ
丈瑠 たける
久徳 ひさのり
大彰 ひろあき

3-15

大輝 だいき
三輝 みつき
千慧 ちさと
千輝 かずき
大毅 だいき
夕輝 ゆうき

3-16

大樹 だいき
子龍 しりゅう

士龍 しりゅう
士穏 しおん

3-17

千優 ちひろ
千駿 ちはや
大優 だいゆう

3-18

大騎 だいき
千騎 かずき

3-20

大耀 たいよう
大護 だいご
千耀 ちあき

3 (4)

ちひろ (3 2 2)
ゆうと (3 2 2)

3 (7)

丈之介 (3 3 4) じょうのすけ
あきら (3 4 3)

3 (10)

丈一郎 (3 1 9) じょういちろう
三希也 (3 7 3) みきや

3 (13)

小太郎 (3 4 9) こたろう
丈太郎 (3 4 9) じょうたろう
久太郎 (3 4 9) きゅうたろう
千太郎 (3 4 9) せんたろう
夕太郎 (3 4 9) ゆうたろう

3 (14)

小太朗 (3 4 10) こたろう
丈太朗 (3 4 10) じょうたろう
千太朗 (3 4 10) せんたろう

3 (15)

小次郎 (3 6 9) こじろう

3 (18)

大治朗 (3 8 10) だいじろう
大唯志 (3 11 7) たいし

3 (21)

大維志 (3 14 7) たいし

1文字目の画数 4画

4

仁 じん
心 しん
友 とも
公 こう
元 はじめ

4-1

太一 たいち
心一 しんいち
公一 こういち
仁一 じんいち
友一 ゆういち

4-2

心人 しんと
文人 あやと
仁人 ひろと

4-3

心大 しんた
文也 ふみや
公大 こうだい
友之 ともゆき
友士 ゆうと

4-4

文太　ぶんた
仁太　じんた
天斗　たかと
孔太　こうた
元太　げんた
友心　ゆうしん
文斗　あやと
公介　こうすけ
友介　ゆうすけ
太介　たいすけ

4-5

心平　しんぺい
公平　こうへい

4-6

天成　てんせい
日向　ひなた
元気　げんき

4-7

太志　たいし
友希　ともき
比呂　ひろ
仁志　ひとし
太希　たいき
元希　げんき
太我　たいが
心吾　しんご
文吾　ぶんご
公希　こうき
友作　ゆうさく
友吾　ゆうご
友宏　ともひろ

4-8

友弥　ともや
文弥　ふみや
文明　ふみあき
友和　ともかず

4-9

友哉　ともや
友亮　ゆうすけ
太郎　たろう
文哉　ふみや
元春　もとはる
心亮　しんすけ
公祐　こうすけ
友郎　ともろう

4-10

斗真　とうま
天馬　てんま
友真　ゆうま
斗眞　とうま
友晃　ともあき

4-11

友都　ゆうと
日彩　ひいろ
友梧　ゆうご
友悠　ともはる
巴琉　はる
公基　こうき
元規　もとき
友隆　ともたか
太基　たいき

4-12

太陽　たいよう
太智　たいち
心温　しおん
友翔　ゆうと
友貴　ともき
仁稀　ひとき
元喜　げんき
友稀　ともき
友葵　ゆうき
友喜　ともき
斗偉　とうい
元揮　げんき
元晴　もとはる
友裕　ともひろ
友陽　ゆうひ
友登　ゆうと
友博　ともひろ
天晴　たかはる

4-13

友聖　ゆうせい
友寛　ともひろ
仁誠　じんせい
友誠　ゆうせい
天誠　てんせい
太雅　たいが

4-14

巴瑠　はる
公輔　こうすけ
友輔　ゆうすけ
友徳　とものり

4-15

友輝　ともき
公輝　こうき

元輝 げんき

4-16

友樹 ともき
巴樹 ともき
斗磨 とうま
元樹 げんき

4-17

友翼 ゆうすけ
友優 ゆう
太優 たいゆう

4-20

心護 しんご
友護 ゆうご
友耀 ともき

4 (4)

たくみ 4 1 3
まこと 4 2 2

4 (5)

はやと 4 3 2
はると 4 3 2

4 (7)

心之介 4 3 4 しんのすけ
公之介 4 3 4 こうのすけ
仁之介 4 3 4 じんのすけ

4 (9)

心之丞 4 3 6 しんのすけ
比呂人 4 7 2 ひろと

4 (10)

仁一郎 4 1 9 じんいちろう
太一郎 4 1 9 たいちろう
心之助 4 3 7 しんのすけ
日向太 4 6 4 ひなた

4 (11)

太一朗 4 1 10 たいちろう
仁一朗 4 1 10 じんいちろう
比呂斗 4 7 4 ひろと
日那太 4 7 4 ひなた

4 (12)

日向多 4 6 6 ひなた
日奈太 4 8 4 ひなた

4 (13)

心太郎 4 4 9 しんたろう
仁太郎 4 4 9 じんたろう
公太郎 4 4 9 こうたろう
友太郎 4 4 9 ゆうたろう

4 (14)

心太朗 4 4 10 しんたろう
文太朗 4 4 10 ぶんたろう
元太朗 4 4 10 げんたろう
友太朗 4 4 10 ゆうたろう

4 (16)

斗希哉 4 7 9 ときや
太志郎 4 7 9 たいしろう

1文字目の画数 5画

5

司 つかさ
巧 たくみ
弘 ひろし
玄 げん
礼 れい
平 たいら
広 ひろ
正 しょう
由 ゆう
立 りつ
令 れい
叶 かなう
功 こう
央 ひろ

5-1

弘一 こういち
仙一 せんいち
叶一 きょういち
功一 こういち

5-2

広人 ひろと
正人 まさと
礼人 あやと
弘人 ひろと
巧人 たくと
永人 えいと
央人 ひろと

5-3

広大 こうだい
史也 ふみや
功大 こうた
弘大 こうた
巧士 たくと
正之 まさゆき
正也 まさや
由大 ゆうだい
玄也 げんや
礼士 れいじ
冬也 とうや

央士 ひろと

5-4

正太 しょうた
弘斗 ひろと
広太 こうた
由斗 ゆうと
央介 おうすけ

5-5

正弘 まさひろ
礼央 れお
広平 こうへい
弘生 ひろき
正広 まさひろ
功平 こうへい

5-6

正成 まさしげ
史行 ふみゆき
弘宇 ひろたか
正光 まさみつ
正行 まさゆき
功成 こうせい

5-7

礼志 れいじ
広希 こうき
正希 まさき
正孝 まさたか
未来 みらい
由伸 よしのぶ

5-8

未來 みらい
叶芽 かなめ
弘武 ひろむ
弘明 こうめい
正和 まさかず
正明 まさあき
由幸 よしゆき
由和 よしかず
主弥 かずや
右京 うきょう
弘季 ひろき
左京 さきょう
正佳 まさよし
正宗 まさむね
正治 まさはる
礼治 れいじ
主明 かずあき

5-9

央祐 おうすけ
史哉 ふみや
巧海 たくみ
巧哉 たくや
正彦 まさひこ
正信 まさのぶ
正則 まさのり
正洋 まさひろ
冬哉 とうや

5-10

冬真 とうま
冬馬 とうま
巧真 たくま
正悟 しょうご
永真 はるま
冬悟 とうご
弘将 こうすけ
弘晃 ひろあき
弘真 こうしん
巧馬 たくま
正浩 まさひろ
由悟 ゆうご
由晃 よしあき
主馬 かずま
主真 かずま
司紗 つかさ
史恩 しおん

5-11

巧望 たくみ
未徠 みらい
弘基 ひろき
弘康 ひろやす
広基 ひろき
弘規 ひろき
弘隆 ひろたか
永都 えいと
立基 たつき
史琉 しりゅう
史隆 ふみたか
北都 ほくと
功基 こうき
央基 おうき

5-12

永翔 えいと
叶翔 かなと
巧翔 たくと
正貴 まさき
由晴 よしはる
冬偉 とうい

広翔 ひろと
広登 ひろと
広渡 ひろと
弘貴 ひろき
弘翔 ひろと
弘道 ひろみち
巧稀 こうき
正勝 まさかつ
正博 まさひろ
正道 まさみち
由博 よしひろ
可偉 かい

5-13
広夢 ひろむ
弘夢 ひろむ
正義 まさよし
弘獅 ひろし
弘誠 こうせい
巧雅 こうが
正寛 まさひろ
功誠 こうせい

5-14
央輔 おうすけ
弘輔 こうすけ
礼緒 れお
功輔 こうすけ

5-15
弘輝 ひろき
立輝 りつき
弘毅 こうき
由輝 ゆうき
功輝 こうき

5-16
正樹 まさき
広樹 ひろき
冬磨 とうま
司龍 しりゅう
史穏 しおん
弘樹 ひろき
由樹 ゆうき
立樹 たつき
功樹 こうき

5-18
永騎 えいき
以織 いおり

5-19
世羅 せら
由羅 ゆら

5-20
正護 しょうご
由護 ゆうご

5 (10)
弘一郎 (5・1・9) こういちろう
叶一郎 (5・1・9) きょういちろう
未来也 (5・7・3) みきや

5 (11)
正一朗 (5・1・10) しょういちろう
未来斗 (5・7・4) みきと

5 (13)
正太郎 (5・4・9) しょうたろう
弘太郎 (5・4・9) こうたろう
仙太郎 (5・4・9) せんたろう
央太郎 (5・4・9) おうたろう
由太郎 (5・4・9) ゆうたろう
功太郎 (5・4・9) こうたろう

5 (14)
弘太朗 (5・4・10) こうたろう
正太朗 (5・4・10) しょうたろう

5 (16)
未来哉 (5・7・9) みきや
可偉斗 (5・12・4) かいと

5 (17)
功志朗 (5・7・10) こうしろう

5 (18)
由紀彦 (5・9・9) ゆきひこ
永輝也 (5・15・3) ときや

5 (19)
未来翔 (5・7・12) みくと

5 (25)
可夢偉 (5・13・12) かむい

1文字目の画数 6画

6
匠 たくみ
旭 あさひ
迅 じん
旬 しゅん
圭 けい
有 ゆう
守 まもる
凪 なぎ
丞 たすく
光 ひかる
亘 わたる
匡 まさし

吏 つかさ
成 せい
至 いたる
充 みつる
壮 そう

6-1

光一 こういち
壮一 そういち
圭一 けいいち

6-2

凪人 なぎと
行人 ゆきと
有人 ゆうと
圭人 けいと

6-3

成也 せいや
有也 ゆうや
迅士 はやと

6-4

圭太 けいた
壮太 そうた
旬太 しゅんた
有斗 あると
光介 こうすけ
凪斗 なぎと

6-5

光生 こうき
吉平 きっぺい
旬平 しゅんぺい
光平 こうへい
匠平 しょうへい
圭右 けいすけ
成矢 せいや
旭生 あきお
有矢 ゆうや
有司 ゆうし
光世 こうせい
匡平 きょうへい
壮司 そうし
壮史 そうし

6-6

光成 みつなり
朱羽 しゅう
行成 ゆきなり

6-7

光希 こうき
圭吾 けいご
光佑 こうすけ
伊吹 いぶき
壮志 そうし
光志 こうし
旭希 あさき
成希 なるき
光汰 こうた
光秀 みつひで
充希 あつき
充孝 みつたか
匠杜 たくと
向希 こうき
壮汰 そうた
壮良 そら
成吾 せいご
旬汰 しゅんた
有吾 ゆうご
亘希 こうき
光孝 みつたか
光宏 みつひろ
吏壱 りいち
吏希 りき
匠汰 しょうた
匠吾 しょうご
圭佑 けいすけ
圭志 けいし
圭汰 けいた

6-8

羽空 わく
成弥 せいや
有弥 ゆうや
吉宗 よしむね
圭治 けいじ
壮弥 そうや

6-9

圭祐 けいすけ
匠海 たくみ
成海 なるみ
光星 こうせい
匠音 たくと
凪海 なぎ
成紀 なるき
有亮 ゆうすけ
亘紀 こうき
光亮 こうすけ
光紀 みつき
光彦 みつひこ
吉彦 よしひこ
匡哉 まさや

匠哉 たくや
圭信 けいしん
圭亮 けいすけ
迅哉 ときや

6-10

圭悟 けいご
壮真 そうま
光峨 こうが
壮馬 そうま
有悟 ゆうご
有真 ゆうま
成将 なりまさ
有眞 ゆうま
匡真 きょうま
圭将 けいすけ
壮眞 そうま

6-11

羽琉 はる
圭梧 けいご
光清 こうせい
光琉 ひかる
有都 ゆうと
有規 ゆうき
有梧 ゆうご
光基 こうき
凪都 なぎと
壮琉 たける

6-12

光稀 みつき
旭陽 あさひ
光喜 みつき
帆貴 ほたか
有翔 ゆうと
有稀 ゆうき
有陽 ゆうひ
至道 しどう
充貴 あつき
光貴 こうき
吉貴 よしき
匡貴 まさき
圭登 けいと

6-13

好誠 こうせい
光誠 こうせい
安慈 あんじ

6-14

羽瑠 はる
圭輔 けいすけ
亘輔 こうすけ
壮輔 そうすけ

6-15

光輝 こうき
有輝 ゆうき
成輝 なるき
亘輝 こうき
充輝 みつき
光毅 こうき
吏輝 りき
好輝 こうき

6-16

至穏 しおん
成樹 なるき
充樹 みつき
光樹 こうき
吏樹 りき
壮磨 そうま

6-17

有翼 ゆうすけ
光駿 こうしゅん
光翼 こうすけ
圭優 けいゆう
圭翼 けいすけ

6-18

伊織 いおり
光騎 こうき
光燿 こうよう

6 (7)

有之介 6 3 4 ゆうのすけ
吏久斗 6 3 4 りくと
光之介 6 3 4 こうのすけ
匠之介 6 3 4 しょうのすけ

6 (9)

羽矢斗 6 5 4 はやと
有希人 6 7 2 ゆきと

6 (10)

光一郎 6 1 9 こういちろう
壮一郎 6 1 9 そういちろう
成一郎 6 1 9 せいいちろう
匠一郎 6 1 9 しょういちろう
宇一郎 6 1 9 ういちろう
圭一郎 6 1 9 けいいちろう
光之助 6 3 7 こうのすけ
有希也 6 7 3 ゆきや

6 (11)

有一朗 6 1 10 ゆういちろう
光一朗 6 1 10 こういちろう

壮一朗 6 1 10 そういちろう
有希斗 6 7 4 ゆきと

6 (12)

光大郎 6 3 9 こうたろう
圭大郎 6 3 9 けいたろう
壮大郎 6 3 9 そうたろう
伊央里 6 5 7 いおり

6 (13)

光太郎 6 4 9 こうたろう
有太郎 6 4 9 ゆうたろう
匡太郎 6 4 9 きょうたろう
圭太郎 6 4 9 けいたろう

6 (14)

有太朗 6 4 10 ゆうたろう
圭太朗 6 4 10 けいたろう
伊吹希 6 7 7 いぶき

6 (15)

羽也登 6 3 12 はやと
壮史朗 6 5 10 そうしろう
伊武希 6 8 7 いぶき
羽琉斗 6 11 4 はると

6 (16)

光志郎 6 7 9 こうしろう

6 (17)

光汰朗 6 7 10 こうたろう
考志朗 6 7 10 こうしろう
光志朗 6 7 10 こうしろう

6 (19)

伊久磨 6 3 16 いくま

6 (23)

伊吹樹 6 7 16 いぶき
伊武輝 6 8 15 いぶき

7 画

7

希 のぞみ
励 れい
快 かい
秀 しゅう
芯 しん
佑 ゆう
孝 たかし
寿 ひさし
忍 しのぶ
良 りょう
亨 とおる
伶 れい
伸 しん

7-1

汰一 たいち
希一 きいち
佑一 ゆういち
芯一 しんいち
寿一 じゅいち
秀一 ひでかず
伸一 しんいち
孝一 こういち

7-2

快人 かいと
秀人 しゅうと
宏人 ひろと
佑人 ゆうと
寿人 ひさと
孝人 たかと

7-3

佑大 ゆうだい
佑己 ゆうき
宏之 ひろゆき
秀丸 ひでまる
良之 よしゆき
克之 かつゆき
克也 かつや
伸也 しんや
利之 としゆき
孝之 たかゆき
辰也 たつや
里久 りく

7-4

快斗 かいと
孝太 こうた
宏太 こうた
佑太 ゆうた
佑介 ゆうすけ
佑斗 ゆうと
孝介 こうすけ
秀太 しゅうた
芯太 しんた
佑心 ゆうしん
佑月 ゆづき
冴介 さすけ
伶斗 れいと
利仁 としひと
邦仁 くにひと
希心 きしん
宏介 こうすけ

宏斗　ひろと
杏介　きょうすけ
杏太　きょうた
秀斗　しゅうと
秀仁　ひでひと
秀介　しゅうすけ
良太　りょうた
良介　りょうすけ
良仁　よしひと
克仁　かつひと
佐介　さすけ
佑仁　ゆうと
伶太　れいた
孝文　たかふみ
壱心　いっしん
里仁　りひと

7-5

宏平　こうへい
芳生　よしき
秀平　しゅうへい
秀司　しゅうじ
良平　りょうへい
佑正　ゆうせい
佑平　ゆうへい
孝史　たかし
孝平　こうへい
孝弘　たかひろ
孝司　たかし
那央　なお

7-6

佑成　ゆうせい
快吏　かいり
芯伍　しんご
快成　かいせい
志有　しゅう
秀成　ひでなり
秀伍　しゅうご
秀吉　ひでよし
良多　りょうた
良行　よしゆき
克成　かつなり
佑吏　ゆうり
佑多　ゆうた
孝成　こうせい
孝行　たかゆき
壱成　いっせい

7-7

秀寿　ひでとし
佑汰　ゆうた
利玖　りく
宏伸　ひろのぶ
李玖　りく
秀汰　しゅうた
臣吾　しんご
良汰　りょうた
良希　よしき
佐助　さすけ
佑吾　ゆうご
孝志　たかし
孝宏　たかひろ
里玖　りく

7-8

杜和　とわ
秀虎　ひでとら
佑京　うきょう
快征　かいせい
秀弥　しゅうや
良弥　りょうや
良和　よしかず
克佳　かつよし
佑季　ゆうき
克弥　かつや
孝弥　たかや
辰弥　たつや
邦尚　くにひさ
邦武　くにたけ
芯弥　しんや
寿英　としひで
宏和　ひろかず
宏典　ひろのり
志侑　しゅう
芳明　よしあき
秀治　しゅうじ
秀英　しゅうえい
秀和　ひでかず
良幸　よしゆき
良明　よしあき
亜門　あもん
克典　かつのり
克実　かつみ
克尚　かつひさ
佑弥　ゆうや
佑典　ゆうすけ
伸治　しんじ
伸幸　のぶゆき
利來　りく

孝明　こうめい
孝英　たかひで

7-9

志音　しおん
秀哉　しゅうや
佑哉　ゆうや
志信　しのぶ
玖音　くおん
秀祐　しゅうすけ
佑音　ゆうと
佑星　ゆうせい
克哉　かつや
冴祐　さすけ
壱星　いっせい
孝祐　こうすけ
辰海　たつみ
辰哉　たつや
芯哉　しんや
希海　のぞみ
寿哉　としや
宏紀　ひろき
志哉　ゆきや
芳紀　よしき
秀亮　しゅうすけ
秀俊　ひでとし
良祐　りょうすけ
良哉　りょうや
克俊　かつとし
克彦　かつひこ
克海　かつみ
克紀　かつき
冴亮　さすけ
佑紀　ゆうき
伶耶　れいや
伶哉　れいや
伸彦　のぶひこ
孝亮　こうすけ
孝則　たかのり
孝星　こうせい

7-10

佑真　ゆうま
快晟　かいせい
佑馬　ゆうま
秀真　しゅうま
佑晟　ゆうせい
芯悟　しんご
寿真　かずま
志恩　しおん
秀悟　しゅうご
良真　りょうま
亜紋　あもん
克真　かつま
佑悟　ゆうご
佑恭　うきょう
佑眞　ゆうま
壱真　かずま
邑眞　ゆうま

7-11

希望　のぞみ
芭琉　はる
快理　かいり
佑都　ゆうと
那琉　なる
邦崇　くにたか
宏都　ひろと
快都　かいと
秀麻　しゅうま
秀隆　ひでたか
良隆　よしたか
克基　かつき
佑基　ゆうき
孝基　こうき

7-12

快晴　かいせい
花道　はなみち
孝貴　こうき
宏貴　ひろき
快智　かいち
志道　しどう
来渡　らいと
来稀　らいき
秀雄　ひでお
秀喜　ひでき
佑貴　ゆうき
佑登　ゆうと
孝喜　こうき
孝裕　たかひろ

7-13

快誠　かいせい
亜蓮　あれん
快慈　かいじ
快聖　かいせい
杏慈　あんじ
孝寛　たかひろ
孝雅　こうが
壱誠　いっせい

7-14

那緒 なお
芯輔 しんすけ
宏輔 こうすけ
宏彰 ひろあき
杏輔 きょうすけ
来駆 らいく
秀彰 ひであき
秀徳 ひでのり
良輔 りょうすけ
亨輔 きょうすけ
亜聡 あさと
佑輔 ゆうすけ
孝輔 こうすけ
辰徳 たつのり
里駆 りく

7-15

寿輝 としき
宏輝 ひろき
芳輝 よしき
良輝 よしき
克輝 かつき
孝範 たかのり
辰輝 たつき

7-16

宏樹 ひろき
孝樹 こうき
辰樹 たつき
寿樹 としき
志龍 しりゅう
秀樹 ひでき
芳樹 よしき
佑樹 ゆうき
克樹 かつき
里穏 りおん
利衛 としひろ
寿磨 かずま
志樹 もとき
玖龍 くりゅう
良樹 よしき
良磨 りょうま
伸樹 のぶき
孝龍 こうりゅう
里樹 さとき

7-17

志優 しゅう
佑翼 ゆうすけ
孝優 たかひろ

7-18

佑騎 ゆうき
孝騎 こうき
壱織 いおり

7-20

壱護 いちご
佑護 ゆうご

7-24

秀鷹 ひでたか

7 (7)

伸之介 7 3 4 しんのすけ
孝之介 7 3 4 こうのすけ
辰之介 7 3 4 しんのすけ
辰之心 7 3 4 たつのしん

7 (8)

亜友斗 7 4 4 あゆと
佑衣人 7 6 2 ゆいと

7 (9)

亜矢斗 7 5 4 あやと
那由太 7 5 4 なゆた

7 (10)

佑一郎 7 1 9 ゆういちろう
秀一郎 7 1 9 しゅういちろう
良一郎 7 1 9 りょういちろう
伸一郎 7 1 9 しんいちろう
芯之助 7 3 7 しんのすけ
伸之助 7 3 7 しんのすけ
孝之助 7 3 7 こうのすけ

7 (11)

芯一朗 7 1 10 しんいちろう
宏一朗 7 1 10 こういちろう
秀一朗 7 1 10 しゅういちろう
佑一朗 7 1 10 ゆういちろう
孝一朗 7 1 10 こういちろう
亜沙斗 7 7 4 あさと
里玖斗 7 7 4 りくと

7 (12)

孝士郎 7 3 9 こうしろう
孝大郎 7 3 9 こうたろう
亜弥斗 7 8 4 あやと

7 (13)

孝太郎 7 4 9 こうたろう
秀太郎 7 4 9 しゅうたろう
良太郎 7 4 9 りょうたろう
佑太郎 7 4 9 ゆうたろう
伸太郎 7 4 9 しんたろう

7 (14)

孝太朗 7 4 10 こうたろう

伸太朗《しんたろう》 7 4 10
佑太朗《ゆうたろう》 7 4 10
宏太朗《こうたろう》 7 4 10
秀太朗《しゅうたろう》 7 4 10
良太朗《りょうたろう》 7 4 10
伽那汰《かなた》 7 7 7

7 (15)

秀次郎《しゅうじろう》 7 6 9
孝多郎《こうたろう》 7 6 9
亜悠斗《あゆと》 7 11 4

7 (16)

亜友翔《あゆと》 7 4 12
孝志郎《こうしろう》 7 7 9
佑貴斗《ゆきと》 7 12 4

7 (17)

伸之輔《しんのすけ》 7 3 14
亜斗夢《あとむ》 7 4 13
孝志朗《こうしろう》 7 7 10

7 (20)

亜樹斗《あきと》 7 16 4

1文字目の画数

8画

8

歩《あゆむ》
岳《がく》
怜《れい》
昊《こう》
空《そら》
明《あきら》
周《しゅう》
宙《そら》
直《なお》
來《らい》
侑《ゆう》
弦《げん》
宝《たから》
昇《しょう》
武《たけし》
拓《たく》
到《いたる》
実《みのる》
尚《しょう》
岬《みさき》
忠《ただし》
朋《とも》
治《はる》
知《とも》
命《みこと》
卓《すぐる》
学《まなぶ》
茂《しげる》
青《あお》

8 - 1

宗一《そういち》
幸一《こういち》
征一《せいいち》
英一《えいいち》
侑一《ゆういち》
周一《しゅういち》

8 - 2

幸人《ゆきと》
岳人《がくと》
明人《あきと》
歩人《あゆと》
治人《はると》
直人《なおと》
尚人《なおと》
英二《えいじ》
侑人《ゆうと》
和人《かずと》
卓人《たくと》
学人《がくと》

8 - 3

拓也《たくや》
佳大《けいた》
侑大《ゆうだい》
昂大《こうだい》
朋也《ともや》
昊大《こうだい》
幸久《ゆきひさ》
拓巳《たくみ》
直己《なおき》
和也《かずや》
幸大《こうだい》
侑士《ゆうじ》
和久《かずひさ》
岳大《たけひろ》
尚也《なおや》
尚大《しょうた》
昇大《しょうた》
昊也《こうや》
朋大《ともひろ》
拓士《たくと》
英士《えいじ》
京也《きょうや》

典之《のりゆき》
尚之《なおゆき》
征也《せいや》
拓之《ひろゆき》
明久《あきひさ》
武大《たけひろ》
朋之《ともゆき》
治也《はるや》
直久《なおひさ》
直也《なおや》
英之《ひでゆき》
侑也《ゆうや》
卓也《たくや》
季也《ときや》

8-4

幸太《こうた》
明仁《あきひと》
旺介《おうすけ》
旺太《おうた》
岳斗《がくと》
幸斗《ゆきと》
昊太《こうた》
明斗《あきと》
歩太《あゆた》
武斗《たけと》
拓仁《たくと》
拓斗《たくと》
直太《なおた》
空斗《くうと》
英斗《えいと》
英太《えいた》
佳介《けいすけ》
侑心《ゆうしん》
和仁《かずひと》
幸介《こうすけ》
弦太《げんた》
尚文《なおふみ》
怜斗《れいと》
怜太《りょうた》
昂太《こうた》
昌斗《まさと》
明夫《あきお》
歩斗《あゆと》
武仁《たけと》
治斗《はると》
知仁《ともひと》
英心《えいしん》
英介《えいすけ》
京太《けいた》
京介《きょうすけ》
佳太《けいた》
侑斗《ゆうと》
侑介《ゆうすけ》
周太《しゅうた》

8-5

怜央《れお》
直生《なおき》
幸平《こうへい》
尚央《なお》
拓未《たくみ》
侑司《ゆうじ》
周平《しゅうへい》
怜生《れい》
尚生《なおき》
宗矢《そうや》
旺生《おうき》
昇矢《しょうや》
拓矢《たくや》
直弘《なおひろ》
知生《ともき》
知広《ともひろ》
佳弘《よしひろ》
京平《きょうへい》
昊司《こうじ》
幸弘《ゆきひろ》
幸矢《ゆきや》
幸正《ゆきまさ》
宗市《そういち》
宗平《しゅうへい》
宗史《そうし》
尚史《なおふみ》
尚矢《なおや》
征史《せいじ》
忠司《ただし》
怜矢《れいや》
怜史《さとし》
怜司《りょうじ》
怜平《りょうへい》
昂平《こうへい》
昊平《こうへい》
昌平《しょうへい》
明史《あきふみ》
武史《たけし》
朋矢《ともや》
直央《なお》
直正《なおまさ》

直矢 なおや
空矢 くうや
知弘 ともひろ
知史 さとし
英司 えいじ
京右 きょうすけ
佳右 けいすけ
侑正 ゆうせい
侑史 ゆうし
和矢 かずや
周生 しゅうせい
和史 かずふみ
卓矢 たくや

8-6

幸成 ゆきなり
侑成 ゆうせい
和帆 かずほ
幸吉 こうきち
知行 ともゆき
知成 ともなり
英吉 えいきち
和成 かずなり

8-7

和希 かずき
幸希 こうき
旺佑 おうすけ
昂汰 こうた
治希 はるき
空良 そら
英汰 えいた
和玖 わく
幸汰 こうた
宗志 そうし
幸助 こうすけ
昊汰 こうた
朋希 ともき
武志 たけし
英寿 ひでとし
知希 ともき
依吹 いぶき
幸志 こうし
怜汰 れいた
尚孝 なおたか
尚宏 なおひろ
尚吾 しょうご
幸杜 ゆきと
幸秀 ゆきひで
弦汰 げんた
昇吾 しょうご
明希 はるき
昌吾 しょうご
東吾 とうご
直希 なおき
知宏 ともひろ
佳希 よしき
侑希 ゆうき
幸伸 ゆきのぶ
弦希 げんき
幸作 こうさく
宗作 しゅうさく
宗汰 そうた
宝良 たから
岳玖 がく
岳志 たけし
尚希 なおき
忠秀 ただひで
拓杜 たくと
旺我 おうが
昇汰 しょうた
明良 あきら
昌宏 まさひろ
歩希 あゆき
朋宏 ともひろ
朋寿 ともひさ
空来 そら
知秀 ともひで
英孝 ひでたか
京吾 きょうご
典宏 のりひろ
佳佑 けいすけ
來希 らいき
佳孝 よしたか
佳宏 よしひろ
佳汰 けいた
侑志 ゆうし
侑杜 ゆうと
侑吾 ゆうご
和秀 かずひで
周作 しゅうさく
周吾 しゅうご
和寿 かずひさ
和孝 かずたか
和宏 かずひろ
虎希 とらき

8-8

拓実 たくみ

歩武《あゆむ》
和弥《かずや》
和空《わく》
宗治《そうじ》
怜旺《れお》
怜弥《れいや》
怜依《れい》
空芽《くうが》
侑弥《ゆうや》
和季《かずき》
和歩《かずほ》
和典《かずのり》
幸昌《ゆきまさ》
幸明《こうめい》
宗和《むねかず》
宗典《そうすけ》

尚弥《なおや》
尚季《なおき》
尚明《なおあき》
征宗《まさむね》
拓弥《たくや》
拓幸《ひろゆき》
昊明《こうめい》
昇英《しょうえい》
昌明《まさあき》
昌幸《まさゆき》
明典《あきのり》
武典《たけのり》
朋弥《ともや》
東弥《とうや》
直季《なおき》
直幸《なおゆき》

直弥《なおや》
直明《なおあき》
空弥《くうや》
英虎《ひでとら》
英明《ひであき》
英治《えいじ》
知明《ともあき》
知弥《ともや》
知典《とものり》
英和《ひでかず》
佳明《よしあき》
侑征《ゆうせい》
侑季《ゆうき》
侑和《ゆうわ》
侑青《ゆうせい》
和直《かずなお》

和明《かずあき》
卓弥《たくや》
季弥《ときや》

8-9

拓海《たくみ》
旺祐《おうすけ》
怜音《れおん》
知紀《ともき》
空哉《くうや》
和哉《かずや》
歩音《あゆと》
岳洋《たけひろ》
幸哉《ゆきや》
幸俊《ゆきとし》
宗祐《そうすけ》
拓哉《たくや》

拓郎《たくろう》
直政《なおまさ》
佳祐《けいすけ》
和紀《かずき》
幸信《ゆきのぶ》
幸星《こうせい》
幸紀《こうき》
宗則《むねのり》
尚彦《なおひこ》
尚春《なおはる》
忠俊《ただとし》
忠信《ただのぶ》
怜耶《れいや》
拓音《たくと》
昂洋《こうよう》
明洋《あきひろ》

昊紀《こうき》
明彦《あきひこ》
朋哉《ともや》
朋紀《ともき》
朋彦《ともひこ》
直音《なおと》
直哉《なおや》
直亮《なおあき》
直紀《なおき》
直彦《なおひこ》
知哉《ともや》
育海《いくみ》
京哉《きょうや》
京祐《きょうすけ》
佳亮《けいすけ》
佳紀《よしき》

佳哉　けいや
侑星　ゆうせい
侑哉　ゆうや
和洋　かずひろ
和泉　いずみ
和信　かずのぶ
和俊　かずとし
周哉　しゅうや
和彦　かずひこ
卓海　たくみ
季哉　ときや
虎珀　こはく

8-10

和真　かずま
拓真　たくま
拓馬　たくま

侑真　ゆうま
明真　はるま
武流　たける
侑馬　ゆうま
幸将　ゆきまさ
幸朔　こうさく
尚悟　しょうご
宗真　そうま
拓眞　たくま
拓朗　たくろう
歩真　あゆま
直起　なおき
知隼　ちはや
和馬　かずま
和起　かずき
幸晟　こうせい

幸真　こうま
宗馬　そうま
尚紘　なおひろ
尚真　しょうま
怜恩　れおん
昇馬　しょうま
昇真　しょうま
明紘　あきひろ
昌真　しょうま
昊真　こうま
武留　たける
武将　たけまさ
朋起　ともき
東悟　とうご
歩高　ほだか
直紘　なおひろ

直純　なおずみ
空悟　くうご
空真　くうま
英真　えいしん
知紘　ちひろ
知晃　ともあき
知朗　ともろう
知泰　ともやす
知将　ともまさ
英哲　えいてつ
育真　いくま
京悟　きょうご
佳晃　よしあき
佳悟　けいご
侑悟　ゆうご
侑起　ゆうき

和眞　かずま
和晃　かずあき
卓真　たくま
虎哲　こてつ
青馬　せいま

8-11

武琉　たける
和絆　かずき
直埜　なおや
岳琉　たける
昌隆　まさたか
直隆　なおたか
和都　かずと
和基　かずき

8-12

幸翔　ゆきと

岳翔　がくと
幸喜　こうき
拓翔　たくと
直翔　なおと
空翔　くうと
英翔　えいと
和陽　かずはる
幸博　ゆきひろ
幸雄　ゆきお
岳登　がくと
尚貴　なおき
尚登　なおと
明裕　あきひろ
昌道　まさみち
武陽　たけはる
朋貴　ともき

英貴　ひでき
知博　ともひろ
佳裕　よしひろ
和貴　かずき
和敬　かずたか
和博　かずひろ

8-13

歩夢　あゆむ
拓夢　たくむ
來夢　らいむ
空雅　くうが
虎鉄　こてつ
幸誠　こうせい
幸聖　こうせい
旺雅　おうが
知聖　ちさと
英嗣　えいじ
侑暉　ゆうき
幸暉　こうき
幸寛　ゆきひろ
尚暉　なおき
忠義　ただよし
怜雅　りょうが
昂雅　こうが
昊誠　こうせい
明寛　あきひろ
武嗣　たけつぐ
英慈　えいじ
知暉　ともき
育夢　いくむ
侑誠　ゆうせい
和義　かずよし
和雅　かずまさ
和寛　かずひろ
虎聖　とらきよ

8-14

波瑠　はる
幸徳　ゆきのり
明徳　あきのり
直緒　なお
英輔　えいすけ
佳輔　けいすけ
和徳　かずのり

8-15

幸輝　こうき
朋輝　ともき
昂輝　こうき
直輝　なおき
知輝　ともき
侑輝　ゆうき
昊輝　こうき
武蔵　むさし
英輝　えいき
和輝　かずき
宙輝　ひろき
昌輝　まさき
佳輝　よしき
和穂　かずほ
宗範　むねのり
尚輝　ひさき
忠慶　ただよし
拓摩　たくま
朋範　とものり
直澄　なおずみ
知慧　ちさと
和毅　かずき
和範　かずのり
奈槻　なつき

8-16

拓磨　たくま
直樹　なおき
和樹　かずき
朋樹　ともき
幸龍　こうりゅう
昂樹　こうき
昊樹　こうき
昇磨　しょうま
英樹　ひでき
佳樹　よしき
侑磨　ゆうま
和磨　かずま
幸樹　こうき
尚樹　なおき
征樹　まさき
拓樹　ひろき
昌樹　まさき
直磨　なおま
知憲　とものり
育磨　いくま
卓磨　たくま
茂樹　しげき
青龍　せいりゅう

8-17

和優　かずまさ
幸駿　ゆきとし
幸翼　こうすけ

明優 あきひろ
直優 なおひろ
知優 ちひろ
和駿 かずとし

8-18

依織 いおり
和騎 かずき

8（7）

虎之介 8 3 4 とらのすけ
幸之介 8 3 4 ゆきのすけ
昊之介 8 3 4 こうのすけ
京之介 8 3 4 きょうのすけ
侑之介 8 3 4 ゆうのすけ
直央人 8 5 2 なおと

8（9）

虎之丞 8 3 6 とらのすけ
怜央斗 8 5 4 れおと

8（10）

宗一郎 8 1 9 そういちろう
京一郎 8 1 9 きょういちろう
幸一郎 8 1 9 こういちろう
英一郎 8 1 9 えいいちろう
侑一郎 8 1 9 ゆういちろう
周一郎 8 1 9 しゅういちろう
幸之助 8 3 7 こうのすけ
弦之助 8 3 7 げんのすけ
虎之助 8 3 7 とらのすけ

8（11）

宗一朗 8 1 10 そういちろう
京一朗 8 1 10 きょういちろう

8（13）

幸乃進 8 2 11 ゆきのしん
幸士朗 8 3 10 こうしろう
京士朗 8 3 10 きょうしろう
虎士朗 8 3 10 こじろう
虎太郎 8 4 9 こたろう
直太郎 8 4 9 なおたろう
幸太郎 8 4 9 こうたろう
宗太郎 8 4 9 そうたろう
昂太郎 8 4 9 こうたろう
尚太郎 8 4 9 なおたろう
征太郎 8 4 9 せいたろう
昇太郎 8 4 9 しょうたろう
英太郎 8 4 9 えいたろう
京太郎 8 4 9 きょうたろう
享太郎 8 4 9 きょうたろう
佳太郎 8 4 9 けいたろう
侑太郎 8 4 9 ゆうたろう
周太郎 8 4 9 しゅうたろう
波琉人 8 11 2 はると

8（14）

宗太朗 8 4 10 そうたろう
虎太朗 8 4 10 こたろう
幸太朗 8 4 10 こうたろう
明日真 8 4 10 あすま
直太朗 8 4 10 なおたろう
尚太朗 8 4 10 しょうたろう
明日馬 8 4 10 あすま

8（15）

幸史朗 8 5 10 こうしろう
幸司朗 8 5 10 こうしろう
旺史朗 8 5 10 おうしろう
幸次郎 8 6 9 こうじろう
宗次郎 8 6 9 そうじろう
虎次郎 8 6 9 こじろう

8（16）

幸多朗 8 6 10 こうたろう
宗次朗 8 6 10 そうじろう
旺志郎 8 7 9 おうしろう
虎汰郎 8 7 9 こたろう
幸志郎 8 7 9 こうしろう
京志郎 8 7 9 きょうしろう

8（17）

昊之輔 8 3 14 こうのすけ
幸之輔 8 3 14 こうのすけ
虎之輔 8 3 14 とらのすけ
明日夢 8 4 13 あすむ
旺志朗 8 7 10 おうしろう
幸志朗 8 7 10 こうしろう
虎汰朗 8 7 10 こたろう

8（19）

明日輝 8 4 15 あすき

8（21）

奈央樹 8 5 16 なおき

1文字目の画数 9画

9

奏 かなで
柊 しゅう
春 はる
海 かい
洸 こう
昴 すばる
皇 こう
亮 りょう

咲　さく
要　かなめ
洵　じゅん
祐　ゆう
宥　ゆう
珀　はく
俊　しゅん
律　りつ
星　せい
柾　まさき
泉　いずみ
洋　よう
玲　れい
保　たもつ
信　しん
勇　ゆう
郁　かおる

9-1

柊一　しゅういち
勇一　ゆういち
栄一　えいいち
洋一　よういち
祐一　ゆういち
亮一　りょういち
信一　しんいち
俊一　しゅんいち

9-2

咲人　さくと
勇人　ゆうと
祐人　ゆうと
春人　はると
柊人　しゅうと
栄人　えいと
柊二　しゅうじ
洋人　ひろと
海人　かいと
研人　けんと
亮人　あきと
哉人　かなと
奏人　かなと
風人　ふうと
宥人　ゆうと
映人　えいと
政人　まさと
柾人　まさひと
皆人　かいと
玲人　れいと
郁人　いくと

9-3

洸大　こうた
奏大　かなた
虹大　こうた
柊也　しゅうや
珀久　はく
祐大　ゆうた
勇大　ゆうだい
星也　せいや
柊大　しゅうた
洋之　ひろゆき
洋也　ひろや
玲士　れいじ
玲也　れいや
紀之　のりゆき
祐也　ゆうや
信之　のぶゆき
俊也　しゅんや
勇士　ゆうし
音也　おとや
郁也　いくや

9-4

奏太　そうた
海斗　かいと
春斗　はると
勇太　ゆうた
柊太　しゅうた
洋太　ようた
奏介　そうすけ
柊斗　しゅうと
俊太　しゅんた
亮太　りょうた
奏斗　かなと
春仁　はると
柚太　ゆうた
柊介　しゅうすけ
珀斗　はくと
洸太　こうた
祐太　ゆうた
祐斗　ひろと
亮介　りょうすけ
俊介　しゅんすけ
俊斗　しゅんと
奏仁　かなと
哉太　かなた
虹太　こうた
恒介　こうすけ
栄太　えいた

春太《はるた》
映斗《えいと》
洸介《こうすけ》
信太《しんた》
勇介《ゆうすけ》
勇心《ゆうしん》
咲斗《さきと》
哉仁《かなと》
郁斗《いくと》
彦太《げんた》
建太《けんた》
宥介《ゆうすけ》
律斗《りつと》
恒太《こうた》
春介《しゅんすけ》
昭太《しょうた》

映太《えいた》
星太《せいた》
政斗《まさと》
柾斗《まさと》
柊仁《しゅうと》
洋文《ひろふみ》
洋介《ようすけ》
洵太《じゅんた》
洸心《こうしん》
玲斗《れいと》
研太《けんた》
祐介《ゆうすけ》
亮斗《あきと》
亮仁《あきひと》
勇午《ゆうご》
勇斗《ゆうと》

厚太《こうた》
南斗《みなと》
奎斗《けいと》
咲太《さくた》
草太《そうた》

9-5

玲生《れお》
玲央《れお》
海司《かいじ》
祐生《ゆうき》
俊平《しゅんぺい》
奏平《そうへい》
保弘《やすひろ》
律生《りつき》
恒平《こうへい》
春平《しゅんぺい》

柊生《しゅう》
柊矢《しゅうや》
栄司《えいじ》
柊史《しゅうじ》
洋平《ようへい》
洸平《こうへい》
玲司《れいじ》
祐司《ゆうじ》
祐市《ゆういち》
亮平《りょうへい》
亮司《りょうじ》
信司《しんじ》
俊矢《としや》
勇司《ゆうじ》
勇平《ゆうへい》
勇生《ゆうせい》

南央《なお》

9-6

奏多《かなた》
勇成《ゆうせい》
海成《かいせい》
亮成《りょうせい》
柊羽《しゅう》
洋成《ようせい》
海凪《みなぎ》
祐丞《ゆうすけ》
祐成《ゆうせい》
亮多《りょうた》
勇羽《ゆうわ》
勇吏《ゆうり》
勇伍《ゆうご》
奏至《そうし》

保行《やすゆき》
宥成《ゆうせい》
恒成《こうせい》
星名《せな》
星伍《せいご》
星成《せな》
柊成《しゅうせい》
柊次《しゅうじ》
柊宇《しゅう》
海吏《かいり》
海舟《かいしゅう》
洸成《こうせい》
皇成《こうせい》
玲伊《れい》
亮羽《りょう》
信行《のぶゆき》

俊行《としゆき》
俊成《しゅんせい》
勇多《ゆうた》
勇気《ゆうき》
勇次《ゆうじ》
風伍《ふうご》

9-7

柚希《ゆずき》
奏汰《かなた》
勇吹《いぶき》
春希《はるき》
祐希《ゆうき》
奏志《そうし》
洸希《こうき》
俐玖《りく》
亮汰《りょうた》
亮佑《りょうすけ》
奏良《そら》
柊吾《しゅうご》
勇志《ゆうし》
恒汰《こうた》
律希《りつき》
宥吾《ゆうご》
栄希《えいき》
栄作《えいさく》
春来《はるき》
柊志《しゅうじ》
洋希《ひろき》
洋助《ようすけ》
海里《かいり》
省吾《しょうご》
俊作《しゅんさく》
信志《しんじ》
俊汰《しゅんた》
勇希《ゆうき》
奏佑《そうすけ》
虹汰《こうた》
虹希《こうき》
飛呂《ひろ》
俐希《りき》
建吾《けんご》
宥希《ゆうき》
恒希《こうき》
春杜《はると》
春臣《はるおみ》
春亜《はるあ》
星吾《せいご》
映志《えいじ》
政孝《まさたか》
柚吾《ゆうご》
柊杜《しゅうと》
柊汰《しゅうた》
栄汰《えいた》
柊作《しゅうさく》
柊兵《しゅうへい》
海良《かいら》
海宏《みひろ》
洸佑《こうすけ》
玲児《れいじ》
玲杜《れいと》
研吾《けんご》
祐吾《ゆうご》
祐作《ゆうさく》
亮宏《あきひろ》
亮良《あきら》
亮吾《りょうご》
信吾《しんご》
俊佑《しゅんすけ》
俊宏《としひろ》
勇吾《ゆうご》
勇利《ゆうり》
勇作《ゆうさく》
勇伸《ゆうしん》
勇我《ゆうが》
厚希《あつき》
奏吾《そうご》
奏来《そら》
哉汰《かなた》
荘汰《そうた》
風希《ふうき》

9-8

奏和《そうわ》
俐空《りく》
音弥《おとや》
春弥《しゅんや》
政宗《まさむね》
柑治《かんじ》
宥和《ゆうわ》
恒明《こうめい》
春明《はるあき》
星弥《せいや》
政幸《まさゆき》
政典《まさのり》
政和《まさかず》
柊和《しゅうわ》
海青《かいせい》

海周 かいしゅう
洋幸 ひろゆき
洸明 こうめい
玲於 れお
玲弥 れいや
秋弥 しゅうや
祐季 ゆうき
亮河 りょうが
亮弥 りょうや
俐旺 りお
信幸 のぶゆき
信弥 しんや
信虎 のぶとら
信明 のぶあき
俊治 としはる
俊明 としあき

俊幸 としゆき
勇典 ゆうすけ
勇芽 ゆうが
南朋 なお
奏來 そら
音和 おとわ
風弥 ふうや
重明 しげあき
郁弥 ふみや

9-9

柊哉 しゅうや
奏音 かなと
海音 かいと
星哉 せいや
柊音 しゅうと
玲音 れおん

春哉 はるや
咲哉 さくや
恒星 こうせい
春紀 はるき
祐星 ゆうせい
俊哉 しゅんや
亮祐 りょうすけ
勇海 いさみ
勇祐 ゆうすけ
勇哉 ゆうや
奏祐 そうすけ
音哉 おとや
風音 ふうと
玲威 れい
風俄 ふうが
宥哉 ゆうや

春信 はるのぶ
春彦 はるひこ
星南 せな
政信 まさのぶ
柚紀 ゆずき
栄祐 えいすけ
海哉 かいや
海柊 かいしゅう
洋紀 ひろき
洋哉 ひろや
洵哉 じゅんや
洸星 こうせい
玲哉 れいや
玲皇 れお
祐亮 ゆうすけ
秋哉 しゅうや

神威 かむい
亮哉 りょうや
信彦 のぶひこ
俊洋 としひろ
俊祐 しゅんすけ
勇信 ゆうしん
勇紀 ゆうき
奏哉 そうや
郁哉 いくや

9-10

春馬 はるま
柊真 とうま
春真 はるま
勇真 ゆうま
勇悟 ゆうご
春眞 はるま

柊眞 とうま
玲真 れいま
祐馬 ゆうま
亮真 りょうま
勇馬 ゆうま
奏真 そうま
風真 ふうま
飛竜 ひりゅう
昴流 すばる
昭真 しょうま
星馬 せいま
柊悟 しゅうご
海紘 みひろ
祐真 ゆうま
亮眞 りょうま
亮悟 りょうご

俊浩　としひろ
勇起　ゆうき
郁真　いくま

9-11

咲都　さくと
玲凰　れお
祐基　ゆうき
飛鳥　あすか
昴琉　すばる
政隆　まさたか
柚琉　ゆずる
柊麻　しゅうま
柊都　しゅうと
海琉　かいる
祐理　ゆうり
奏都　かなと

9-12

海翔　かいと
春翔　はると
柚稀　ゆずき
春陽　はるひ
奏翔　かなと
海晴　かいせい
勇翔　ゆうと
柊翔　しゅうと
律貴　りつき
勇晴　ゆうせい
恒喜　こうき
栄翔　えいと
柚翔　ゆずと
柚貴　ゆずき
春喜　はるき
春道　はるみち
春登　はると
柊貴　しゅうき
政博　まさひろ
皇稀　こうき
玲翔　れいと
海惺　かいせい
海智　かいち
祐晴　ゆうせい
祐惺　ゆうせい
俊翔　しゅんと
俊陽　としあき
勇陽　ゆうひ
咲翔　さきと
奏登　かなと
香貴　こうき
飛瑛　ひえい
洛陽　らくよう
律稀　りつき
恒貴　こうき
恒晴　こうせい
思温　しおん
春貴　はるき
柚喜　ゆずき
柊晴　しゅうせい
柾貴　まさき
栄貴　はるき
海陽　かいよう
海遥　みはる
海登　かいと
海渡　かいと
洋貴　ひろき
洸晴　こうせい
洸喜　こうき
洸稀　こうき
洸貴　こうき
玲雄　れお
紀貴　かずき
紅陽　こうよう
秋翔　あきと
祐登　ゆうと
祐稀　ゆうき
亮晴　りょうせい
亮惺　りょうせい
亮裕　りょうすけ
俐貴　りき
俊博　としひろ
俊瑛　しゅんえい
俊晴　しゅんせい
俊貴　としき
勇喜　ゆうき
勇惺　ゆうせい
勇登　ゆうと
勇貴　ゆうき
勇稀　ゆうき
奏稀　そうき
虹晴　こうせい
風稀　ふうき
郁登　いくと

9-13

奏詩　そうた
亮雅　りょうが
勇聖　ゆうせい
勇雅　ゆうが

勇誠《ゆうせい》
風詩《ふうた》
風雅《ふうが》
春路《はるみち》
政義《まさよし》
洋誠《ようせい》
玲慈《れいじ》
奏楽《そら》

9-14

俊輔《しゅんすけ》
春瑠《はる》
亮輔《りょうすけ》
重徳《しげのり》
宥輔《ゆうすけ》
恒輔《こうすけ》
春綺《はるき》
柊輔《しゅうすけ》
栄輔《えいすけ》
海瑠《かいる》
洋輔《ようすけ》
洸輔《こうすけ》
玲緒《れお》
玲維《れい》
祐綺《ゆうき》
信輔《しんすけ》
勇徳《ゆうとく》
勇誓《ゆうせい》
南瑠《なる》
奏輔《そうすけ》
虹輔《こうすけ》
要輔《ようすけ》
音緒《ねお》

9-15

春輝《はるき》
柚輝《ゆずき》
勇輝《ゆうき》
恒輝《こうき》
柊輝《しゅうき》
海璃《かいり》
海輝《かいき》
祐輝《ゆうき》
虹輝《こうき》
風駕《ふうが》
建蔵《けんぞう》
宥輝《ゆうき》
律輝《りつき》
春駈《はるく》
映輝《えいき》
柊摩《しゅうま》
柾輝《まさき》
泉澄《いずみ》
洸輝《こうき》
祐毅《ゆうき》
俐輝《りき》
俊輝《としき》
勇毅《ゆうき》
奏輝《そうき》
風舞《ふうま》

9-16

春樹《はるき》
柊磨《しゅうま》
柚樹《ゆずき》
飛龍《ひりゅう》
春磨《はるま》
祐樹《ゆうき》
亮樹《りょうき》
勇樹《ゆうき》
奏磨《そうま》
俐樹《りき》
宥樹《ゆうき》
宥磨《ゆうま》
律樹《りつき》
恒樹《こうき》
春親《はるちか》
政樹《まさき》
泉樹《みずき》
洋樹《ひろき》
玲穏《れおん》
祐磨《ゆうま》
俊樹《としき》
勇磨《ゆうま》
郁磨《いくま》

9-17

飛優《ひゆう》
海優《かいゆう》

9-18

威織《いおり》
律騎《りつき》
春騎《はるき》

9-20

海響《うきょう》
勇護《ゆうご》

9(6)

信乃介《しんのすけ》 9 2 4
俊乃介《しゅんのすけ》 9 2 4
咲久也《さくや》 9 3 3

9（7）

恒之介《こうのすけ》
柚之介《ゆうのすけ》
洸之介《こうのすけ》
信之介《しんのすけ》
俊之介《しゅんのすけ》
勇之介《ゆうのすけ》

9（9）

玲央斗《れおと》
勇希人《ゆきと》

9（10）

栄一郎《えいいちろう》
柊一郎《しゅういちろう》
亮一郎《りょういちろう》
俊一郎《しゅんいちろう》
信之助《しんのすけ》

9（11）

柊一朗《しゅういちろう》
信一朗《しんいちろう》
俐玖斗《りくと》

9（12）

研士郎《けんしろう》
奏士郎《そうしろう》
珂津也《かつや》

9（13）

咲太郎《さくたろう》
春太郎《しゅんたろう》
城太郎《じょうたろう》
奏太郎《そうたろう》
建太郎《けんたろう》
宥太郎《ゆうたろう》
柊太郎《しゅうたろう》
祐太郎《ゆうたろう》
亮太郎《りょうたろう》
信太郎《しんたろう》
勇太郎《ゆうたろう》

9（14）

咲太朗《さくたろう》
亮太朗《りょうたろう》
奏太朗《そうたろう》
建太朗《けんたろう》
恒太朗《こうたろう》
春太朗《はるたろう》
政太朗《せいたろう》
柊太朗《しゅうたろう》
栄太朗《えいたろう》
洋太朗《ようたろう》
洸太朗《こうたろう》
祐太朗《ゆうたろう》
俊太朗《しゅんたろう》
勇太朗《ゆうたろう》
星史郎《せいしろう》
奏那汰《かなた》

9（15）

祐次郎《ゆうじろう》
勇次郎《ゆうじろう》
海唯斗《かいと》
耶麻斗《やまと》

9（16）

洸志郎《こうしろう》
胡汰郎《こたろう》

9（17）

信之輔《しんのすけ》
玲央翔《れおと》

10画

10

朔《さく》
隼《しゅん》
航《わたる》
晃《あきら》
悟《さとる》
将《しょう》
峻《しゅん》
浬《かいり》
凌《りょう》
連《れん》
祥《しょう》
格《いたる》

真《しん》
竜《りゅう》
粋《すい》
紘《ひろ》
倭《やまと》
修《しゅう》
倫《りん》
剛《つよし》
透《とおる》
晟《あきら》
恭《きょう》
晋《しん》
晄《ひかる》
桂《けい》
眞《まこと》
純《じゅん》

兼《けん》
涼《りょう》
剣《けん》
哲《さとし》

10-1

泰一《たいち》
恵一《けいいち》
修一《しゅういち》
将一《しょういち》
峻一《しゅんいち》
恭一《きょういち》
晋一《しんいち》
晄一《こういち》
朔乙《さくと》
浩一《こういち》
眞一《しんいち》
真一《しんいち》
竜一《りゅういち》
純一《じゅんいち》
祥一《しょういち》
耕一《こういち》
航一《こういち》
准一《じゅんいち》
隼乙《はやと》

10-2

隼人《はやと》
将人《まさと》
恵人《けいと》
真人《まさと》
竜人《りゅうと》
紘人《ひろと》
晃人《あきと》
桐人《きりと》
朗人《あきと》
泰人《たいと》
眞人《まさと》
修人《しゅうと》

10-3

朔也《さくや》
航大《こうだい》
凌大《りょうた》
将大《まさひろ》
眞大《まひろ》
透也《とうや》
隼士《はやと》
隼也《しゅんや》
竜大《りゅうた》
隼大《しゅんた》
恵大《けいた》
泰千《たいち》
航也《こうや》
莉久《りく》
桜大《おうた》
竜己《たつき》
竜也《たつや》
桐也《とうや》
晄大《こうだい》
朔久《さく》
真之《まさゆき》
真也《まさや》
耕大《こうだい》
祥大《しょうた》
純大《じゅんた》
修士《しゅうじ》
修也《しゅうや》
凌士《りょうじ》
哲也《てつや》
哲大《てつひろ》
高士《たかし》
晟也《せいや》
将之《まさゆき》
将也《しょうや》
峻大《たかひろ》
恭大《やすひろ》
恭也《きょうや》
恵也《けいや》
晃己《こうき》
晄士《こうし》
晄也《こうや》
時士《はると》
敏之《としゆき》
敏也《としや》
桜也《おうや》
栞大《かんた》
桃也《とうや》
桂大《けいた》
朔大《さくた》
泰三《たいぞう》
泰也《やすなり》
泰士《たいし》
泰大《やすひろ》
浬久《りく》
浩己《ひろき》
浩大《こうた》
浩之《ひろゆき》
真士《まなと》

紘大《こうだい》
紘己《こうき》
紘士《こうし》
紘之《ひろゆき》
紘也《ひろや》
純士《あつし》
祥也《しょうや》
航之《かずゆき》
航己《こうき》
凌也《りょうや》
准也《じゅんや》
修三《しゅうぞう》
倫也《ともや》
剛士《つよし》
剛大《ごうだい》
剛己《ごうき》

哲士《てつし》
哩久《りく》
夏也《なつや》

10-4

航太《こうた》
隼斗《はやと》
桜介《おうすけ》
凌太《りょうた》
桜太《おうた》
晃太《こうた》
真斗《まなと》
恵太《けいた》
将斗《まさと》
恵介《けいすけ》
泰斗《たいと》
浩太《こうた》

祥太《しょうた》
航介《こうすけ》
修斗《しゅうと》
剣心《けんしん》
隼太《しゅんた》
莞太《かんた》
将夫《まさお》
将太《しょうた》
将文《まさふみ》
峻介《しゅんすけ》
恭介《きょうすけ》
恭太《きょうた》
恵斗《けいと》
晃斗《あきと》
晃文《あきふみ》
晃仁《あきひと》

桐斗《きりと》
栞太《かんた》
桂太《けいた》
泰介《たいすけ》
浩文《ひろふみ》
真介《しんすけ》
竜太《りゅうた》
竜斗《りゅうと》
竜介《りゅうすけ》
紘介《こうすけ》
純太《じゅんた》
耕介《こうすけ》
耕太《こうた》
兼太《けんた》
凌斗《りょうと》
修太《しゅうた》

倖太《こうた》
倭斗《やまと》
倫斗《りんと》
剣斗《けんと》
剛太《ごうた》
哲太《てった》
哲心《てっしん》
隼介《しゅんすけ》

10-5

航平《こうへい》
桔平《きっぺい》
哲平《てっぺい》
竜生《たつき》
泰生《たいき》
純平《じゅんぺい》
晃生《こうき》

莉生《りお》
隼平《じゅんぺい》
恭平《きょうへい》
修平《しゅうへい》
将生《まさき》
恵司《けいじ》
将平《しょうへい》
晄世《こうせい》
晃弘《あきひろ》
時矢《ときや》
朔矢《さくや》
晄生《こうせい》
泰史《たいし》
泰平《たいへい》
真矢《しんや》
竜平《りゅうへい》

航矢《こうや》
航生《こうき》
修司《しゅうじ》
倖生《こうき》
凌平《りょうへい》
高弘《たかひろ》
晟矢《せいや》
峯生《ほうせい》
晄史《こうし》
将史《まさし》
将司《まさし》
将弘《まさひろ》
将広《まさひろ》
峻矢《しゅんや》
将矢《まさや》
峻平《しゅんぺい》

恭矢《きょうや》
悟史《さとし》
晃平《こうへい》
晃央《あきひろ》
晋平《しんぺい》
晃右《こうすけ》
晃史《こうし》
晃司《こうじ》
敏生《としき》
桃矢《とうや》
泰世《たいせい》
泰司《たいし》
浩平《こうへい》
浩史《ひろし》
眞生《まお》
眞広《まひろ》

真央《まひろ》
真弘《まさひろ》
真広《まさひろ》
真司《しんじ》
真史《まさふみ》
竜世《りゅうせい》
竜矢《たつや》
竜司《りゅうじ》
紘生《ひろき》
紘平《こうへい》
純矢《じゅんや》
祥平《しょうへい》
祥矢《しょうや》
耕平《こうへい》
航史《こうし》
航世《こうせい》

航正《こうせい》
凌司《りょうじ》
凌央《りょう》
凌世《りょうせい》
凌矢《りょうや》
准平《じゅんぺい》
倖平《こうへい》
倖世《こうせい》
倫平《りんぺい》
倫生《ともき》
剛史《つよし》
剛司《たけし》
哲矢《てつや》
哲司《さとし》
哲史《てつし》
夏生《なつき》

隼冬《はやと》
隼司《しゅんじ》
透矢《とうや》

10-6

竜成《りゅうせい》
将伍《しょうご》
恭伍《きょうご》
泰成《たいせい》
泰地《たいち》
珠吏《しゅり》
真成《まさなり》
高成《こうせい》
将光《まさみつ》
恭成《きょうせい》
恵多《けいた》
晃成《あきなり》

晄成《こうせい》
晋伍《しんご》
敏光《としみつ》
真行《まさゆき》
浩成《こうせい》
真伍《しんご》
竜羽《りゅう》
祥多《しょうた》
祥行《よしゆき》
航成《こうせい》
修次《しゅうじ》
倖成《こうせい》
隼成《しゅんせい》

10-7

航希《こうき》
莉玖《りく》

隼汰《しゅんた》 凌佑《りょうすけ》 息吹《いぶき》 恭佑《きょうすけ》 桜汰《おうた》 桜佑《おうすけ》 晃汰《こうた》 晃希《こうき》 晄希《こうき》 泰我《たいが》 航汰《こうた》 倖希《こうき》 凌汰《りょうた》 将吾《しょうご》 恵佑《けいすけ》 将宏《まさひろ》

将希《まさき》 恵吾《けいご》 栞汰《かんた》 桃李《とうり》 泰志《たいし》 浩志《こうし》 真宏《まさひろ》 祥希《しょうき》 竜佑《りゅうすけ》 竜汰《りゅうた》 竜希《たつき》 紘希《こうき》 純汰《じゅんた》 航佑《こうすけ》 凌我《りょうが》 兼伸《けんしん》

将克《まさかつ》 将孝《まさたか》 将汰《しょうた》 将臣《まさおみ》 峻希《しゅんき》 恭兵《きょうへい》 恭助《きょうすけ》 恭吾《きょうご》 悟志《さとし》 恵汰《けいた》 晃寿《あきひさ》 晃宏《あきひろ》 晄志《こうし》 晋作《しんさく》 晃良《あきら》 晃佑《こうすけ》

敏希《としき》 桜希《おうき》 桜我《おうが》 桐吾《とうご》 桂汰《けいた》 桂吾《けいご》 朔良《さくら》 朔玖《さく》 真汰《しんた》 真志《まさし》 泰伸《たいしん》 泰助《たいすけ》 浩汰《こうた》 浩希《ひろき》 泰良《たいら》 真吾《しんご》

竜吾《りゅうご》 竜志《りゅうじ》 紘汰《こうた》 純希《じゅんき》 祥吾《しょうご》 祥汰《しょうた》 耕汰《こうた》 耕作《こうさく》 航来《こうき》 兼吾《けんご》 凌吾《りょうご》 凉汰《りょうた》 凌玖《りく》 凌来《りく》 修汰《しゅうた》 修吾《しゅうご》

倖汰《こうた》 剣吾《けんご》 剛志《つよし》 剛汰《ごうた》 哲志《さとし》 隼杜《はやと》 透吾《とうご》

10-8

泰知《たいち》 朔弥《さくや》 真幸《まさき》 真宙《まひろ》 真拓《まひろ》 莉空《りく》 将明《まさあき》 桜河《おうが》

桜典　おうすけ
泰治　たいち
竜弥　りゅうや
素直　すなお
凌典　りょうすけ
隼弥　しゅんや
高明　たかあき
晟弥　せいや
晄弥　こうや
将宗　まさむね
将虎　まさとら
恭典　きょうすけ
恵治　けいじ
晃弥　こうや
晃河　こうが
時宗　ときむね

晃典　こうすけ
敏明　としあき
桜芽　おうが
真怜　まさと
浩幸　ひろゆき
浩和　ひろかず
竜青　りゅうせい
紘弥　ひろや
祥英　しょうえい
修弥　しゅうや
哲治　てつはる

10-9

真咲　まさき
竜哉　たつや
竜星　りゅうせい
純哉　じゅんや

将哉　まさや
将星　しょうせい
恭祐　きょうすけ
敏哉　としや
流星　りゅうせい
浩亮　こうすけ
真彦　まさひこ
真哉　しんや
竜海　たつみ
祥哉　しょうや
修哉　しゅうや
哲郎　てつろう
隼亮　しゅんすけ

10-10

将真　しょうま
透真　とうま

祥真　しょうま
修真　しゅうま
朔馬　さくま
泰晟　たいせい
竜真　りゅうま
竜馬　りょうま
凌真　りょうま
晟悟　せいご
晟真　せいま
将敏　まさとし
将馬　しょうま
恭悟　きょうご
恭真　きょうま
泰造　たいぞう
修造　しゅうぞう
哲朗　てつろう

10-11

将隆　まさたか
恵梧　けいご
恭梧　きょうご
恵都　けいと
晃都　あきと
真絃　まいと
真都　まさと
純基　じゅんき
透麻　とうま
将基　まさき
将梧　しょうご
晃基　こうき
晃清　こうせい
晃規　こうき
朔都　さくと

泰基　たいき
泰清　たいせい
泰盛　たいせい
浩基　ひろき
留唯　るい
竜清　りゅうせい
紘都　ひろと
航琉　わたる
隼都　はやと

10-12

真翔　まなと
恵翔　けいと
真尋　まひろ
竜翔　りゅうと
将博　まさひろ
将貴　まさたか

将瑛 しょうえい
恭裕 やすひろ
朔登 さくと
真琴 まこと
泰喜 たいき
浩登 ひろと
泰陽 やすはる
留偉 るい
紘登 ひろと
純晴 じゅんせい
哲雄 てつお

10-13

竜聖 りゅうせい
桜雅 おうが
泰誠 たいせい
竜暉 りゅうき
晃暉 こうき
晃誠 こうせい
竜誠 りゅうせい
兼続 かねつぐ
晃聖 こうせい
泰雅 たいが
流聖 りゅうせい
真滉 まひろ
紘夢 ひろむ
紘聖 こうせい
純聖 じゅんせい
航聖 こうせい
凉雅 りょうが
凌誠 りょうせい
浩獅 ひろし
将義 まさよし
恭聖 きょうせい
晃寛 あきひろ
真慈 しんじ
泰靖 たいせい
浩夢 ひろむ
竜義 りゅうぎ
航暉 こうき
倖誠 こうせい

10-14

恭輔 きょうすけ
峻輔 しゅんすけ
恵輔 けいすけ
晃輔 こうすけ
浩輔 こうすけ
真聡 まさと
高徳 たかのり
晄輔 こうすけ
真徳 まさのり
真緒 まお
留維 るい
竜輔 りゅうすけ
紘輔 こうすけ
航瑠 わたる
凌輔 りょうすけ

10-15

泰蔵 たいぞう
竜輝 たつき
凌駕 りょうが
将輝 まさき
恵蔵 けいぞう
晃輝 こうき
泰輝 たいき
浩輝 こうき
真輝 まさき
竜駕 りゅうが
航輝 こうき
剛輝 ごうき
高慶 たかよし
晃毅 こうき
真澄 ますみ
真慧 まさと
竜舞 りゅうま
透輝 とうき

10-16

将磨 しょうま
泰樹 たいじゅ
竜樹 たつき
航樹 こうき
将樹 まさき
夏樹 なつき

10-17

真優 まひろ
将檎 しょうご

10-18

竜騎 りゅうき
将騎 まさき
泰燿 たいよう

10-20

将護 しょうご
真護 しんご

10-(6)

10-2-4 竜乃介 りゅうのすけ
10-2-4 真乃介 しんのすけ
10-2-4 純乃介 じゅんのすけ

隼乃介　しゅんのすけ

10（11）

恵一朗　けいいちろう
隼一朗　しゅんいちろう
純一朗　じゅんいちろう
祥一朗　しょういちろう
修一朗　しゅういちろう
眞那斗　まなと
莉玖斗　りくと

10（12）

晃士郎　こうしろう
真之亮　しんのすけ
航士郎　こうしろう

10（13）

晃士朗　こうしろう
桜士朗　おうしろう
朔太郎　さくたろう
航太郎　こうたろう
倫太郎　りんたろう
真太郎　しんたろう
恭太郎　きょうたろう
祥太郎　しょうたろう
竜太郎　りゅうたろう
凌太郎　りょうたろう
高太郎　こうたろう
峻太郎　しゅんたろう
恵太郎　けいたろう
晄太郎　こうたろう
浩太郎　こうたろう
紘太郎　こうたろう
連太郎　れんたろう
真南斗　まなと

10（14）

航太朗　こうたろう
将太朗　しょうたろう
恵太朗　けいたろう
朔太朗　さくたろう
耕太朗　こうたろう
竜太朗　りゅうたろう
修太朗　しゅうたろう
高太朗　こうたろう
峻太朗　しゅんたろう
恭太朗　きょうたろう
晃太朗　こうたろう
晄太朗　こうたろう
晋太朗　しんたろう
真太朗　しんたろう
紘太朗　こうたろう
倫太朗　りんたろう
隼太朗　しゅんたろう
航史郎　こうしろう

10（15）

倖次郎　こうじろう

10（16）

恭志郎　きょうしろう
晃志郎　こうしろう

10（19）

莉玖翔　りくと
真輝斗　まきと

1文字目の画数 11画

11

陸　りく
悠　ゆう
健　たける
逞　たくま
渉　わたる
琉　りゅう
絆　きずな
爽　そう
涼　りょう
崚　りょう
徠　らい
梁　りょう
望　のぞむ
理　おさむ
淳　じゅん
羚　れい
啓　けい
基　はじめ
陵　りょう
進　すすむ
康　こう
庵　いおり
崇　しゅう
惇　あつし
彪　あきら
彬　あきら
梛　なぎ
渓　けい
渚　なぎさ
清　きよし
猛　たける
皐　こう
琢　たく

章　しょう
笙　しょう
脩　しゅう
絃　げん
紳　しん
凰　こう
唯　ゆい
隆　たかし
雫　しずく
貫　かん

11-1

悠一　ゆういち
理一　りいち
康一　こういち
涼一　りょういち
淳一　じゅんいち
琉一　りゅういち
健一　けんいち
啓一　けいいち
隆一　りゅういち
進一　しんいち

11-2

悠人　ゆうと
陸人　りくと
唯人　ゆいと
理人　りひと
健人　けんと
隆人　りゅうと
惇人　あつと
彩人　あやと
琉人　りゅうと
絆人　はんと
章人　あきと
啓人　ひろと
舷人　げんと
康人　やすひと
崇人　たかと
惟人　ゆいと
徠人　らいと
彪人　あやと
彬人　あきと
悠二　ゆうじ
梛人　なぎと
渓人　けいと
涼人　りょうと
淳人　あつと
清人　きよと
琢人　たくと
脩人　しゅうと
健二　けんじ
隆二　りゅうじ
逸人　はやと

11-3

悠大　ゆうだい
理久　りく
陸也　りくや
康己　こうき
悠士　ゆうし
健大　けんた
雫久　しずく
康之　やすゆき
惇也　あつや
悠久　はるひさ
淳也　じゅんや
清也　せいや
琢也　たくや
琉己　りゅうき
琉也　りゅうや
羚也　れいや
健也　けんや
啓士　けいし
唯士　ゆいと
隆大　りゅうだい
隆也　りゅうや
隆之　たかゆき
陸久　りく
陸士　りくと

11-4

悠斗　ゆうと
陸斗　りくと
悠仁　ゆうと
悠太　ゆうた
琉斗　りゅうと
健心　けんしん
啓太　けいた
康太　こうた
悠月　ゆづき
悠介　ゆうすけ
健斗　けんと
涼介　りょうすけ
健太　けんた
彩斗　あやと
康介　こうすけ
理仁　りひと
涼太　りょうた
貫太　かんた

脩斗 しゅうと
悠天 はるたか
章斗 あきと
勘太 かんた
隆太 りゅうた
康文 やすふみ
悠友 はるとも
崇太 そうた
彬仁 あきひと
彪斗 あやと
渉太 しょうた
爽太 そうた
琉心 りゅうしん
健介 けんすけ
啓介 けいすけ
唯太 ゆいた

唯斗 ゆいと
凰介 おうすけ
陸太 りくた
進太 しんた
隆文 たかふみ
雪斗 ゆきと
陵介 りょうすけ
章夫 あきお
康夫 やすお
麻斗 あさと
逞太 ていた
徠太 らいた
康心 こうしん
彗斗 けいと
彩太 あやた
康斗 やすと

康仁 やすひと
康友 やすとも
崇斗 たかと
崚介 りょうすけ
惟月 いつき
悠心 ゆうしん
徠斗 らいと
彬斗 あきと
捷斗 はやと
梁太 りょうた
梓月 しづき
渓太 けいた
清太 せいた
渓斗 けいと
清仁 きよひと
淳太 じゅんた

爽介 そうすけ
皐介 こうすけ
理斗 まさと
琉太 りゅうた
章太 しょうた
羚斗 れいと
舷太 げんた
健仁 けんと
凰太 おうた
勘介 かんすけ
啓斗 ひろと
啓仁 ひろと
蛍太 けいた
隆介 りゅうすけ
隆仁 たかひと
逸斗 はやと

陵太 りょうた

11-5

琉生 るい
悠生 はるき
理央 りお
康平 こうへい
理功 りく
隆広 たかひろ
康生 こうせい
悠史 ゆうし
悠平 ゆうへい
悠世 ゆうせい
皐平 こうへい
琉矢 りゅうや
淳史 あつし
琉世 りゅうせい

琉冬 りゅうと
羚央 れお
脩平 しゅうへい
健生 けんせい
逸平 いっぺい
隆弘 たかひろ
隆平 りゅうへい
進司 しんじ
麻央 まお
麻弘 まひろ
羚司 れいじ
康弘 やすひろ
康正 こうせい
康世 こうせい
庵司 あんじ
崇史 たかふみ

崇弘　たかひろ
峻平　りょうへい
崇正　たかまさ
惇弘　あつひろ
惇史　あつし
悠司　ゆうじ
悠右　ゆうすけ
彬史　あきふみ
渓史　けいし
清正　きよまさ
涼司　りょうじ
淳司　あつし
淳弘　あつひろ
涼矢　りょうや
爽矢　そうや
爽史　そうし

爽平　そうへい
皐生　こうき
理生　りお
琉以　るい
琉可　るか
琉司　りゅうじ
琉正　りゅうせい
章平　しょうへい
健正　けんせい
健弘　たけひろ
健司　けんじ
健史　たけふみ
啓矢　けいや
基史　もとふみ
基弘　もとひろ
唯冬　ゆいと

隆正　りゅうせい
隆史　たかし
隆世　りゅうせい
陵平　りょうへい
陸央　りくお
陸史　りくし

11-6

琉衣　るい
隆成　りゅうせい
康成　こうせい
悠羽　ゆう
琉羽　りゅう
康多　こうた
悠宇　ゆう
悠成　ゆうせい
悠伍　ゆうご

琉伊　るい
健成　けんせい
基成　もとなり
庵伍　あんご
兜伍　とうご
梁伍　りょうご
康至　こうし
崇成　たかなり
惇成　じゅんせい
悠至　ゆうし
涼成　りょうせい
淳行　あつゆき
涼羽　りょう
琉成　りゅうせい
健多　けんた
健匠　けんしょう

勘吉　かんきち
啓多　けいた
啓伍　けいご
隆吉　りゅうきち
陸羽　りくう
貫多　かんた
都羽　とわ

11-7

悠希　はるき
悠吾　ゆうご
健吾　けんご
悠佑　ゆうすけ
悠里　ゆうり
健汰　けんた
隆汰　りゅうた
悠杜　はると

惟吹　いぶき
理玖　りく
絆希　きずき
悠志　ゆうし
琉希　りゅうき
康希　こうき
康佑　こうすけ
崇良　たから
悠伸　ゆうしん
爽良　そら
琉玖　りく
章吾　しょうご
脩吾　しゅうご
啓希　ひろき
啓汰　けいた
陸玖　りく

紘希　げんき
庵吾　あんご
梁吾　りょうご
康孝　やすたか
康宏　やすひろ
康志　こうし
崚汰　りょうた
崚佑　りょうすけ
惇希　あつき
悠汰　ゆうた
悠助　ゆうすけ
徠希　らいき
悠作　ゆうさく
梨玖　りく
渉吾　しょうご
清志　きよし

涼佑　りょうすけ
涼吾　りょうご
涼汰　りょうた
淳希　あつき
淳吾　じゅんご
淳志　あつし
爽佑　そうすけ
皐志　こうし
皐希　こうき
理壱　りいち
理志　さとし
理来　りく
琉我　りゅうが
琉吾　りゅうご
章汰　しょうた
笙汰　しょうた

脩汰　しゅうた
紘汰　げんた
健佑　けんすけ
健作　けんさく
凰希　おうき
勘汰　かんた
啓志　けいし
基希　もとき
唯汰　ゆいた
啓伸　ひろのぶ
唯杜　ゆいと
蛍汰　けいた
隆希　りゅうき
隆宏　たかひろ
隆秀　たかひで
逸希　いつき

貫汰　かんた
陵汰　りょうた
陸杜　りくと
陸志　りくし

11-8

悠河　ゆうが
梨空　りく
琉空　りゅうく
淳弥　じゅんや
健治　けんじ
崇弥　しゅうや
悠弥　ゆうや
悠歩　ゆうほ
悠季　ゆうき
隆幸　たかゆき
隆治　りゅうじ

隆典　たかのり
陸弥　りくや
陸來　りく

11-9

琉星　りゅうせい
康祐　こうすけ
悠音　ゆうと
唯音　ゆいと
悠星　ゆうせい
琉音　りゅうと
清春　きよはる
陸音　りくと
崇哉　たかや
悠政　ゆうせい
悠哉　ゆうや
悠紀　ゆうき

悠信　ゆうしん
悠亮　ゆうすけ
望海　のぞみ
清哉　せいや
涼哉　りょうや
涼星　りょうせい
淳信　あつのぶ
理音　りおん
琢海　たくみ
琢郎　たくろう
琉威　るい
琉哉　りゅうや
脩哉　しゅうや
健洋　たけひろ
健祐　けんすけ
隆哉　りゅうや

隆則《たかのり》
陸哉《りくや》

11-10

悠真《ゆうま》
悠馬《ゆうま》
悠悟《ゆうご》
琉真《りゅうま》
悠晟《ゆうせい》
琢真《たくま》
隆真《りゅうま》
琉晟《りゅうせい》
脩真《しゅうま》
健真《けんしん》
健悟《けんご》
康将《こうすけ》
悠起《ゆうき》
彪流《たける》
彪馬《ひゅうま》
渉悟《しょうご》
琉馬《りゅうま》
涼真《りょうま》
琉夏《るか》
笙真《しょうま》
健剛《けんごう》
啓悟《けいご》
隆晟《りゅうせい》
庵悟《あんご》
兜悟《とうご》
康晟《こうせい》
康真《こうま》
康記《こうき》
康起《こうき》
崇将《たかまさ》
崚真《りょうま》
悠晋《ゆうしん》
悠将《ゆうすけ》
悠朔《ゆうさく》
悠眞《はるま》
彪真《ひゅうま》
清高《きよたか》
渉真《しょうま》
清将《きよまさ》
清剛《きよたけ》
涼将《りょうすけ》
涼晟《りょうせい》
涼馬《りょうま》
爽真《そうま》
猛流《たける》
爽馬《そうま》
皐起《こうき》
皐晟《こうせい》
琢眞《たくま》
琢朗《たくろう》
琉悟《りゅうご》
琉眞《りゅうま》
章馬《しょうま》
章悟《しょうご》
笙馬《しょうま》
脩悟《しゅうご》
紳悟《しんご》
健流《たける》
健朔《けんさく》
健隼《けんと》
兜馬《とうま》
健将《けんしょう》
凰将《おうすけ》
啓真《けいしん》
基起《もとき》
唯真《ゆうま》
隆将《たかまさ》
隆悟《りゅうご》
隆眞《りゅうま》
陸真《りくま》
逸真《いつま》
逞真《たくま》
陵馬《りょうま》

11-11

琉唯《るい》
健琉《たける》
悠理《ゆうり》
悠都《ゆうと》
琉惟《るい》
悠梧《ゆうご》
悠基《はるき》
涼都《すずと》
琉都《りゅうと》
絆理《ばんり》
雪都《ゆきと》

11-12

悠翔《ゆうと》
琉翔《りゅうと》
琉惺《りゅうせい》
悠貴《ゆうき》
悠陽《ゆうひ》
陸翔《りくと》
健翔《けんと》

悠惺《ゆうせい》
悠晴《ゆうせい》
悠登《ゆうと》
琉偉《るい》
琉晴《りゅうせい》
涼晴《りょうせい》
逞翔《たくと》
悠稀《ゆうき》
康晴《こうせい》
悠喜《ゆうき》
悠賀《ゆうが》
清貴《きよたか》
琉貴《りゅうき》
琉稀《りゅうき》
琉喜《りゅうき》
健登《けんと》

健晴《たけはる》
唯翔《ゆいと》
啓翔《けいと》
基晴《もとはる》
陸登《りくと》
隆晴《りゅうせい》
麻尋《まひろ》
康貴《こうき》
康裕《やすひろ》
康陽《こうよう》
康惺《こうせい》
康喜《こうき》
崇裕《たかひろ》
崇晴《たかはる》
惇貴《あつき》
悠揮《ゆうき》

悠満《ゆうま》
徠喜《らいき》
清登《きよと》
清翔《きよと》
淳貴《あつき》
淳晴《じゅんせい》
理登《りと》
琢登《たくと》
琉登《りゅうと》
章博《あきひろ》
脩登《しゅうと》
健裕《たけひろ》
凰貴《おうき》
啓貴《ひろき》
啓道《ひろみち》
唯登《ゆいと》

隆惺《りゅうせい》
隆貴《りゅうき》
隆翔《りゅうと》
隆景《たかかげ》
隆道《たかみち》
隆裕《たかひろ》
隆登《りゅうと》
隆博《たかひろ》
逸喜《いつき》

11〜13

悠雅《ゆうが》
悠聖《ゆうと》
琉雅《りゅうが》
琉聖《りゅうせい》
康誠《こうせい》
理夢《りむ》

涼雅《りょうが》
隆誠《りゅうせい》
悠慎《ゆうしん》
悠嗣《ゆうじ》
悠暉《ゆうき》
悠誠《ゆうせい》
徠夢《らいむ》
康聖《こうせい》
涼誠《りょうせい》
琉暉《りゅうき》
健慎《けんしん》
啓夢《ひろむ》
凰雅《おうが》
陵雅《りょうが》
涼路《りょうじ》
隆獅《たかし》

康義《やすよし》
康暉《こうき》
康雅《やすまさ》
庵慈《あんじ》
峻雅《りょうが》
崇寛《たかひろ》
悠靖《ゆうせい》
悠瑚《ゆうご》
望夢《のぞむ》
清慈《せいじ》
淳聖《じゅんせい》
涼聖《りょうせい》
琉誠《りゅうせい》
健慈《けんじ》
健誠《けんせい》
健嗣《けんじ》

啓資《けいすけ》
隆慈《りゅうじ》
隆寛《たかひろ》
隆聖《りゅうせい》
隆義《たかよし》
都夢《とむ》

11-14

悠輔《ゆうすけ》
爽輔《そうすけ》
健輔《けんすけ》
健瑠《たける》
啓輔《けいすけ》
隆徳《たかのり》
梁輔《りょうすけ》
康徳《やすのり》
康彰《やすあき》
康輔《こうすけ》
崚輔《りょうすけ》
悠誓《ゆうせい》
悠綺《ゆうき》
涼輔《りょうすけ》
琉嘉《るか》
琉維《るい》
琉綺《りゅうき》
隆綺《りゅうき》
隆輔《りゅうすけ》
陸駆《りく》

11-15

悠輝《ゆうき》
琉輝《りゅうき》
康輝《こうき》
悠摩《ゆうま》
涼輝《りょうき》
理輝《りき》
隆輝《りゅうき》

11-16

悠樹《ゆうき》
悠磨《ゆうま》
琢磨《たくま》
理樹《りき》
隆樹《りゅうき》
悠醐《ゆうご》
康樹《こうき》
淳樹《あつき》
涼磨《りょうま》
理穏《りおん》
琉樹《りゅうき》
琉磨《りゅうま》
脩磨《しゅうま》
健磨《けんま》
啓樹《ひろき》
基樹《もとき》
唯樹《ゆいき》
隆磨《りゅうま》
陸磨《りくま》
逸樹《いつき》

11-17

悠翼《ゆうすけ》
健優《けんゆう》

11-18

唯織《いおり》
康騎《こうき》
惟織《いおり》
悠騎《ゆうき》

11-19

悠羅《ゆら》
爽羅《そら》

11-20

康耀《こうよう》
悠護《ゆうご》
琉護《りゅうご》

11 (6)

琉乃介《りゅうのすけ》
隆乃介《りゅうのすけ》

11 (7)

隆之介《りゅうのすけ》
悠之介《ゆうのすけ》
淳之介《じゅんのすけ》
琉之介《りゅうのすけ》
健之介《けんのすけ》
康之介《こうのすけ》
惇之介《じゅんのすけ》
涼之介《すずのすけ》
清之介《しんのすけ》
理久斗《りくと》
紳之介《しんのすけ》
進之介《しんのすけ》
理央人《りおと》

11 (10)

悠一郎《ゆういちろう》
凰一郎《おういちろう》
康一郎《こういちろう》
渓一郎《けいいちろう》
淳一郎《じゅんいちろう》
爽一郎《そういちろう》
紳一郎《しんいちろう》

健一郎《けんいちろう》 (11・1・9)
啓一郎《けいいちろう》 (11・1・9)
隆一郎《りゅういちろう》 (11・1・9)
進一郎《しんいちろう》 (11・1・9)
隆之助《りゅうのすけ》 (11・3・7)
悠之助《ゆうのすけ》 (11・3・7)
紳之助《しんのすけ》 (11・3・7)
健之佑《けんのすけ》 (11・3・7)
隆之佑《りゅうのすけ》 (11・3・7)
進之助《しんのすけ》 (11・3・7)
琉希也《るきや》 (11・7・3)

11 (11)

悠一朗《ゆういちろう》 (11・1・10)
爽一朗《そういちろう》 (11・1・10)
脩一朗《しゅういちろう》 (11・1・10)
健一朗《けんいちろう》 (11・1・10)
隆一朗《りゅういちろう》 (11・1・10)
清十郎《せいじゅうろう》 (11・2・9)
健二郎《けんじろう》 (11・2・9)

11 (12)

悠士郎《ゆうじろう》 (11・3・9)
康士郎《こうしろう》 (11・3・9)
康之祐《こうのすけ》 (11・3・9)
悠之亮《ゆうのすけ》 (11・3・9)
琉之亮《りゅうのすけ》 (11・3・9)
健士郎《けんしろう》 (11・3・9)

11 (13)

康士朗《こうしろう》 (11・3・10)
健士朗《けんしろう》 (11・3・10)
健太郎《けんたろう》 (11・4・9)
悠太郎《ゆうたろう》 (11・4・9)
隆太郎《りゅうたろう》 (11・4・9)
峻太郎《りょうたろう》 (11・4・9)
章太郎《しょうたろう》 (11・4・9)
啓太郎《けいたろう》 (11・4・9)
梗太郎《こうたろう》 (11・4・9)
康太郎《こうたろう》 (11・4・9)
崇太郎《そうたろう》 (11・4・9)
惇太郎《じゅんたろう》 (11・4・9)
梁太郎《りょうたろう》 (11・4・9)
清太郎《せいたろう》 (11・4・9)
涼太郎《りょうたろう》 (11・4・9)
爽太郎《そうたろう》 (11・4・9)
琉太郎《りゅうたろう》 (11・4・9)
紳太郎《しんたろう》 (11・4・9)
勘太郎《かんたろう》 (11・4・9)
進太郎《しんたろう》 (11・4・9)
貫太郎《かんたろう》 (11・4・9)
陵太郎《りょうたろう》 (11・4・9)

11 (14)

琉太朗《りゅうたろう》 (11・4・10)
健太朗《けんたろう》 (11・4・10)
隆太朗《りゅうたろう》 (11・4・10)
梁太朗《りょうたろう》 (11・4・10)
康太朗《こうたろう》 (11・4・10)
峻太朗《りょうたろう》 (11・4・10)
悠太朗《ゆうたろう》 (11・4・10)
清太朗《せいたろう》 (11・4・10)
涼太朗《りょうたろう》 (11・4・10)
啓太朗《けいたろう》 (11・4・10)
進太朗《しんたろう》 (11・4・10)
清史郎《せいしろう》 (11・5・9)
健史郎《けんしろう》 (11・5・9)
琉希亜《るきあ》 (11・7・7)

11 (16)

清志郎《きよしろう》 (11・7・9)
康志郎《こうしろう》 (11・7・9)
紳汰郎《しんたろう》 (11・7・9)
健志郎《けんしろう》 (11・7・9)

11 (17)

隆之輔《りゅうのすけ》 (11・3・14)
清志朗《きよしろう》 (11・7・10)

1文字目の画数 12画

12

湊《みなと》
翔《しょう》
陽《はる》
晴《はる》
尊《たける》
葵《あおい》
遥《はる》
善《ぜん》
暁《さとる》
然《ぜん》
温《はる》
尋《ひろ》
開《かい》
惺《さとる》
晶《あきら》
敬《けい》
敦《あつし》
瑛《あきら》
竣《しゅん》
塁《るい》

創　そう
雄　ゆう
順　じゅん
嵐　らん
智　とも
景　けい
敢　かん
椋　りょう
渡　わたる
満　みつる
登　のぼる
皓　あきら
凱　がい
勝　まさる
堅　けん
裕　ひろ
遊　ゆう

12-1

貴一　きいち
皓一　こういち
翔一　しょういち
智一　ともかず
晴一　はるひと
敬一　けいいち
瑛一　えいいち
稀一　きいち
結一　ゆういち
創一　そういち
善一　よしかず
喜一　きいち
裕一　ゆういち
葵一　きいち
雄一　ゆういち
陽一　よういち
順一　じゅんいち

12-2

結人　ゆいと
湊人　みなと
陽人　はると
遥人　はると
瑛人　えいと
晴人　はると
裕人　ひろと
暁人　あきと
温人　はると
絢人　あやと
博人　ひろと
葵人　あおと
尊人　みこと
瑛二　えいじ
善人　よしと
喜人　よしと
堅人　けんと
詠人　えいと
達人　たつと
道人　みちと
貴人　たかと

12-3

翔大　しょうた
陽大　はると
遥大　はると
雄大　ゆうだい
瑛大　えいた
湊士　みなと
達也　たつや
瑛士　えいじ
智也　ともや
遥也　はるや
遥士　はると
温大　はると
絢士　あやと
結大　ゆいと
創士　そうし
雄士　ゆうし
智士　さとし
結士　ゆいと
結也　ゆうや
絢大　けんた
翔也　しょうや
凱士　かいと
智大　ともひろ
晴也　はるや
陽久　はるひさ
貴大　たかひろ
晶大　しょうた
晴久　はるひさ
晴大　はるた
敢大　かんた
敦也　あつや
湊也　そうや
湊大　そうた
湧大　ゆうた
陽也　はるなり
裕大　ゆうだい
陽己　はるき
葵士　あおと

董之《ただゆき》 湘也《しょうや》 嵐丸《らんまる》 尋也《ひろや》 尊也《たかや》 惺士《さとし》 惺大《せいた》 智己《ともき》 智之《ともゆき》 智久《ともひさ》 晴之《はるゆき》 晴己《はるき》 景大《けいた》 晶士《あきと》 敬也《たかや》 敬久《たかひさ》

敬之《たかゆき》 敬大《けいた》 敦大《あつひろ》 椋也《りょうや》 朝久《ともひさ》 朝也《ともや》 暁士《あきと》 暁大《あきひろ》 湧也《ゆうや》 瑛己《えいき》 皓己《こうき》 皓大《こうた》 瑛久《あきひさ》 竣也《しゅんや》 翔己《しょうき》 絢也《じゅんや》

結己《ゆうき》 統也《とうや》 創也《そうや》 勝久《かつひさ》 勝也《かつや》 博之《ひろゆき》 喬也《たかや》 喜久《よしひさ》 堅也《けんや》 裕士《ゆうじ》 裕之《ひろゆき》 裕也《ゆうや》 詠士《えいじ》 雄也《ゆうや》 陽之《はるゆき》 順也《じゅんや》

達己《たつき》 道大《みちひろ》 貴士《たかし》 貴久《たかひさ》 貴之《たかゆき》

12-4

陽斗《はると》 翔太《しょうた》 遥斗《はると》 瑛太《えいた》 結斗《ゆいと》 陽太《ようた》 晴斗《はると》 陽仁《はるひと》 瑛斗《えいと》 晴太《せいた》

湊斗《みなと》 結仁《ゆいと》 絢斗《けんと》 創太《そうた》 晴仁《はるひと》 敬太《けいた》 陽介《ようすけ》 雄斗《ゆうと》 遥太《はるた》 暁斗《あきと》 竣太《しゅんた》 裕太《ゆうた》 結太《ゆうた》 博斗《ひろと》 敢太《かんた》 智仁《ともひと》

晴天《はるたか》 琳太《りんた》 瑛仁《えいと》 湧仁《ゆうと》 湊太《そうた》 創介《そうすけ》 勝太《しょうた》 裕斗《ゆうと》 裕介《ゆうすけ》 雄太《ゆうた》 恵太《けいた》 惺太《せいた》 瑛心《えいしん》 瑛文《あきふみ》 瑛介《えいすけ》 湘太《しょうた》

湧斗 ゆうと
絢心 けんしん
翔斗 しょうと
凱斗 かいと
遊斗 ゆうと
陽日 はるひ
遥仁 はると
葵斗 あおと
貴夫 たかお
釉太 ゆうた
尋斗 ひろと
尊斗 たかと
惺斗 せいと
惣太 そうた
惠斗 けいと
智太 ともた

晶文 あきふみ
景斗 けいと
晴日 はるひ
敬介 けいすけ
敬文 たかふみ
敦仁 あつひと
椋介 りょうすけ
朝日 あさひ
暁仁 あきひと
湊介 そうすけ
然太 ぜんた
湧介 ゆうすけ
皓太 こうた
竣介 しゅんすけ
紫文 しもん
結介 ゆうすけ

紫月 しづき
統太 とうた
勝斗 かつと
博文 ひろふみ
喬介 きょうすけ
善太 ぜんた
堅介 けんすけ
塁斗 るいと
詠太 えいた
葉太 ようた
雄介 ゆうすけ
陽友 はるとも
順太 じゅんた
達仁 たつひと
道斗 みちと
遥介 ようすけ

12-5

陽生 はるき
翔生 しょう
結生 ゆうせい
創史 そうし
陽平 ようへい
惺矢 せいや
尊弘 たかひろ
智史 さとし
晴矢 はるや
智弘 ともひろ
智生 ともき
敦弘 あつひろ
敦司 あつし
椋平 りょうへい
皓生 こうき

琥白 こはく
翔央 しょう
翔平 しょうへい
偉生 いお
陽冬 はると
達矢 たつや
遥可 はるか
裕矢 ゆうや
貴弘 たかひろ
順平 じゅんぺい
湘平 しょうへい
智広 ともひろ
智功 とものり
智矢 ともや
晴市 はるいち
敬司 けいじ

敦生 あつき
暁生 あきお
瑛生 えいき
皓平 こうへい
瑛司 えいじ
瑛史 あきふみ
翔矢 しょうや
結矢 ゆうや
絢平 じゅんぺい
凱矢 ときや
創正 そうせい
勝弘 かつひろ
喜市 きいち
善弘 よしひろ
善矢 よしや
裕平 ゆうへい

裕司 ゆうじ
雄冬 ゆうと
雄司 ゆうじ
陽史 はるふみ
陽矢 はるや
順正 じゅんせい
遥冬 はると
遥平 ようへい
貴矢 たかや
貴史 たかふみ

12-6

陽向 ひなた
葵羽 あおば
晴成 はるなり
瑛次 えいじ
琥羽 こう
翔成 かなる
翔伍 しょうご
雄成 ゆうせい
陽成 ようせい
貴行 たかゆき
智至 さとし
湧成 ゆうせい
皓成 こうせい
瑛吉 えいきち
瑛多 えいた
竣成 しゅんせい
翔多 しょうた
統伍 とうご
勝成 かつなり
博成 ひろなり
裕多 ゆうた
裕行 ひろゆき
雄伍 ゆうご
道成 みちなり
貴成 たかなり

12-7

陽希 はるき
晴希 はるき
翔汰 しょうた
遥希 はるき
智希 ともき
翔吾 しょうご
翔希 しょうき
惺吾 せいご
智宏 ともひろ
敬汰 けいた
瑛志 えいじ
瑛汰 えいた
温志 あつし
創志 そうし
湘吾 しょうご
晴孝 はるたか
景吾 けいご
晴臣 はるおみ
瑛良 あきら
結汰 ゆうた
統吾 とうご
創吾 そうご
雄作 ゆうさく
陽助 ようすけ
雄汰 ゆうた
達志 たつし
貴志 たかし

12-8

晴空 はるく
智英 ともひで
智明 ともあき
翔弥 しょうや
翔英 しょうえい
結弦 ゆづる
惺弥 せいや
智和 ともかず
晴明 はるあき
瑛治 えいじ
結弥 ゆうや
裕和 ひろかず
裕明 ひろあき
達弥 たつや
遥弥 はるや

12-9

智哉 ともや
琥珀 こはく
陽音 はると
裕哉 ゆうや
朝飛 あさひ
晴哉 はるや
雄飛 ゆうひ
湊音 みなと
竣星 しゅんせい
翔哉 しょうや
陽祐 ようすけ
遥音 はると
尊哉 たかや
智紀 ともき
晴信 はるのぶ

結哉 ゆうや
創哉 そうや
雄亮 ゆうすけ
遥紀 はるき
貴哉 たかや
湘星 しょうせい
智彦 ともひこ
智則 とものり
智昭 ともあき
智春 ともはる
晴彦 はるひこ
敦郎 あつろう
暁洋 あきひろ
瑛彦 あきひこ
瑛祐 えいすけ
瑛俊 えいしゅん

竣哉 しゅんや
絢信 けんしん
勝彦 かつひこ
博哉 ひろや
裕亮 ゆうすけ
達彦 たつひこ
遥哉 はるや
貴洋 たかひろ
貴紀 たかのり
貴則 たかのり

12-10

翔真 しょうま
翔馬 しょうま
陽真 はるま
晴真 はるま
統真 とうま

晴馬 はるま
遥馬 はるま
智朗 ともろう
結馬 ゆうま
智浩 ともひろ
敦朗 あつろう
登真 とうま
裕晃 ひろあき
達朗 たつろう

12-11

翔琉 かける
瑛都 えいと
陽都 はると
尊琉 たける
智基 ともき
湊都 みなと

結都 ゆいと
遥都 はると
晴悠 はるひさ
晴彬 はるあき
晴規 はるき
景都 けいと
裕基 ゆうき
葉琉 はる
惺琉 さとる
智悠 ともひさ
智康 ともやす
敦啓 あつひろ
朝康 ともやす
瑛基 えいき
偉琉 たける
喜基 よしき

裕隆 ひろたか
遊都 ゆうと
貴教 たかのり

12-12

陽翔 はると
朝陽 あさひ
結翔 ゆいと
晴翔 はると
遥翔 はると
晴貴 はるき
晴登 はると
瑛翔 えいと
陽葵 はるき
陽登 はると
陽貴 はるき
裕翔 ゆうと

遥稀 はるき
晴道 はるみち
晴喜 はるき
晴渡 はると
裕貴 ひろき
陽稀 はるき
結登 ゆいと
雄登 ゆうと
裕登 ひろと
智尋 ともひろ
智喜 ともき
智晴 ともはる
敦裕 あつひろ
朝登 あさと
翔瑛 しょうえい
翔喜 しょうき

博貴 ひろき
善智 よしとも
裕晴 ゆうせい
雄晴 ゆうせい
陽渡 はると
達稀 たつき
貴裕 たかひろ
貴博 たかひろ

12-13

陽詩 ひなた
敦暉 あつき
雄聖 ゆうせい
智暉 ともき
敦嗣 あつし
瑛慈 えいじ
瑛暉 えいき

博雅 ひろまさ
裕夢 ひろむ
裕誠 ゆうせい
貴寛 たかひろ
貴雅 たかまさ

12-14

瑛輔 えいすけ
智徳 とものり
裕輔 ゆうすけ
陽輔 ようすけ
達徳 たつのり
貴彰 たかあき

12-15

陽輝 はるき
晴輝 はるき
裕輝 ゆうき

智輝 ともき
結輝 ゆうき
遥輝 はるき
裕範 ひろのり
智慶 ともよし
敬蔵 けいぞう
翔舞 しょうま
翔輝 しょうき
博輝 ひろき
雄輝 ゆうき
達輝 たつき

12-16

陽樹 はるき
晴樹 はるき
智樹 ともき
敦樹 あつき

満樹 みつき
瑛樹 えいき
博樹 ひろき
雄樹 ゆうき
雄磨 ゆうま
遥樹 はるき

12-17

智優 ちひろ
陽優 ひゆう
雄翼 ゆうすけ

12 (6)

晴乃介 12 2 4 はるのすけ
翔乃介 12 2 4 しょうのすけ

12 (7)

晴之介 12 3 4 はるのすけ
裕之介 12 3 4 ゆうのすけ

12 (11)

陽一朗 12 1 10 よういちろう
翔一朗 12 1 10 しょういちろう
裕一朗 12 1 10 ゆういちろう
晴一朗 12 1 10 せいいちろう
敬一朗 12 1 10 けいいちろう
瑛一朗 12 1 10 えいいちろう
創一朗 12 1 10 そういちろう
喜一朗 12 1 10 きいちろう
雄一朗 12 1 10 ゆういちろう
琥二郎 12 2 9 こじろう
陽那太 12 7 4 ひなた
陽南人 12 9 2 ひなと

12 (12)

瑛二朗 12 2 10 えいじろう
湊士郎 12 3 9 そうしろう
皓士郎 12 3 9 こうしろう
創士郎 12 3 9 そうしろう
陽奈太 12 8 4 ひなた

12 (13)

琥太郎 12 4 9 こたろう
翔太郎 12 4 9 しょうたろう
晴太郎 12 4 9 はるたろう
瑛太郎 12 4 9 えいたろう
湊太郎 12 4 9 そうたろう
勝太郎 12 4 9 しょうたろう
創太郎 12 4 9 そうたろう
惺太郎 12 4 9 せいたろう
恵太郎 12 4 9 けいたろう
敢太郎 12 4 9 かんたろう
敬太郎 12 4 9 けいたろう
琳太郎 12 4 9 りんたろう

結太郎《ゆうたろう》 12 4 9
裕太郎《ゆうたろう》 12 4 9
陽太郎《ようたろう》 12 4 9
陽南太《ひなた》 12 9 4

12 (14)

琥太朗《こたろう》 12 4 10
瑛太朗《えいたろう》 12 4 10
翔太朗《しょうたろう》 12 4 10
惺太朗《せいたろう》 12 4 10
晴太朗《せいたろう》 12 4 10
創太朗《そうたろう》 12 4 10
勝太朗《しょうたろう》 12 4 10
裕太朗《ゆうたろう》 12 4 10
雄太朗《ゆうたろう》 12 4 10

12 (15)

晴次郎《せいじろう》 12 6 9
瑛次郎《えいじろう》 12 6 9
裕次郎《ゆうじろう》 12 6 9
陽菜太《ひなた》 12 11 4

12 (17)

琥汰朗《こたろう》 12 7 10
琳汰朗《りんたろう》 12 7 10
裕志朗《ゆうしろう》 12 7 10

1文字目の画数 13画

13

蓮《れん》
蒼《あおい》
新《あらた》
楓《かえで》
暖《はる》
廉《れん》
煌《こう》
舜《しゅん》
誠《まこと》
慎《しん》
聖《ひじり》
想《そう》
椿《つばき》
雅《みやび》
楽《がく》
楷《かい》
滉《こう》
禅《ぜん》
福《ふく》
傑《すぐる》
奨《しょう》
零《れい》
幹《もとき》
寛《ひろし》
嵩《しゅう》
慈《しげる》
愼《しん》
照《しょう》
源《げん》
稜《りょう》
稔《みのる》
誉《ほまれ》
詩《うた》
豊《ゆたか》

13-1

新一《しんいち》
慎一《しんいち》
滉一《こういち》
誠一《せいいち》
蒼一《そういち》

13-2

暖人《はると》
蓮人《れんと》
蒼人《あおと》
寛人《ひろと》
睦人《むつと》
聖人《まさと》
義人《よしと》
雅人《まさと》
幹人《みきと》
廉人《れんと》
楽人《がくと》
誠二《せいじ》
楷人《かいと》
寛二《かんじ》
嵩人《たかひと》
慎二《しんじ》
瑞人《みずと》
蒔人《まきと》
蓮二《れんじ》

13-3

蒼大《そうた》
煌大《こうた》
蒼士《そうし》
寛大《かんた》
聖也《せいや》
蒼也《そうや》
雅久《がく》
雅也《まさや》

幹大　かんた
慎也　しんや
煌也　こうや
聖大　しょうた
義大　よしひろ
奨也　しょうや
零也　れいや
楷也　かいや
廉也　れんや
幹久　みきひさ
寛士　かんじ
寛久　ひろひさ
嵩之　たかゆき
楓也　ふうや
準也　じゅんや
義之　よしゆき

誠之　まさゆき
雅士　まさし
零士　れいじ

13-4

蒼太　そうた
蓮斗　れんと
寛太　かんた
幹太　かんた
煌太　こうた
蒼斗　あおと
蒼介　そうすけ
愛斗　まなと
煌介　こうすけ
新太　あらた
想太　そうた
楓太　ふうた

楓斗　ふうと
暖斗　はると
聖斗　まさと
稜太　りょうた
蓮介　れんすけ
鉄心　てっしん
想介　そうすけ
寛斗　ひろと
源斗　げんと
聖太　せいた
鉄太　てった
誠太　せいた
零斗　れいと
雅斗　まさと
幹介　かんすけ
廉斗　れんと

寛介　かんすけ
嵩介　しゅうすけ
慎太　しんた
楽斗　がくと
暖太　はるた
源太　げんた
滉太　こうた
準太　じゅんた
滉斗　ひろと
瑶太　ようた
稜介　りょうすけ
禅太　ぜんた
奨太　しょうた
誉斗　たかと
雅仁　まさひと
靖斗　やすと

13-5

煌生　こうせい
蒼生　あおい
煌世　こうせい
煌平　こうへい
瑞生　みずき
聖矢　せいや
蒼矢　そうや
蒼史　そうし
鉄生　てっしょう
誠矢　せいや
慎平　しんぺい
寛生　ひろき
暖生　はるき
新平　しんぺい
稜平　りょうへい

稜司　りょうじ
鉄平　てっぺい
零央　れお
雅矢　まさや
雅弘　まさひろ
煌司　こうじ
幹生　みきお
嵩史　たかふみ
嵩矢　しゅうや
慎司　しんじ
楓矢　ふうや
煌正　こうせい
照永　しょうえい
準平　じゅんぺい
滉平　こうへい
瑶平　ようへい

瑚白《こはく》
稔生《としき》
義史《よしふみ》
義正《よしまさ》
舜平《しゅんぺい》
聖平《しょうへい》
誉史《たかふみ》
誠史《せいじ》
蒼央《あお》
蒼司《そうし》
蒼平《そうへい》
蓮冬《れんと》
蓮司《れんじ》
蓮矢《れんや》
雅史《まさし》
零生《れい》

13-6

煌成《こうせい》
寛多《かんた》
寛成《ひろなり》
新多《あらた》
義成《よしなり》
誠次《せいじ》
雅光《まさみつ》

13-7

蒼汰《そうた》
新汰《あらた》
蒼佑《そうすけ》
蒼志《そうし》
暖希《はるき》
楓汰《ふうた》
瑞希《みずき》
聖那《せな》
蒼希《そうき》
雅希《まさき》
雅臣《まさおみ》
廉汰《れんた》
寛希《ひろき》
想良《そら》
想吾《そうご》
慎吾《しんご》
楓吾《ふうご》
楓我《ふうが》
煌我《こうが》
瑞来《みずき》
義孝《よしたか》
聖志《せいじ》
聖吾《せいご》
奨吾《しょうご》
誠志《せいじ》
蒼吾《そうご》
蓮汰《れんた》
蒼良《そら》
靖吾《せいご》
鉄兵《てっぺい》

13-8

蒼空《そら》
煌明《こうめい》
聖弥《せいや》
誠治《せいじ》
蒼弥《そうや》
想弥《そうや》
慈英《じえい》
慎治《しんじ》
義明《よしあき》
義知《よしとも》
睦季《むつき》
舜弥《しゅんや》
蒼典《そうすけ》
誠弥《せいや》
獅門《しもん》
幹弥《みきや》
廉弥《れんや》
寛幸《ひろゆき》
寛弥《ひろや》
寛和《ひろかず》
寛明《ひろあき》
寛治《かんじ》
慎弥《しんや》
新弥《しんや》
楓河《ふうが》
楓弥《ふうや》
煌征《こうせい》
照英《しょうえい》
滉英《こうえい》
滉明《こうめい》
瑞祈《みずき》
稜征《りょうせい》
稜弥《りょうや》
稜治《りょうじ》
稔和《としかず》
義和《よしかず》
義尚《よしなお》
義幸《よしゆき》
聖宗《まさむね》
聖英《しょうえい》

蒼和　そうわ
蒼河　そうが
蒼來　そら
蓮弥　れんや
雅治　まさはる
雅弥　まさや
雅明　まさあき
雅虎　まさとら
雅幸　まさゆき
雅季　まさき
雅宗　まさむね
靖幸　やすゆき

13-9

蒼祐　そうすけ
蓮音　れんと
詩音　しおん
寛紀　ひろき
瑞紀　みずき
煌星　こうせい
聖南　せな
蒼亮　そうすけ
雅紀　まさき
雅俊　まさとし
雅哉　まさや
蒼思　そうし
嵩哉　たかや
慎哉　しんや
煌哉　こうや
義信　よしのぶ
誠哉　せいや
蓮哉　れんや
雅彦　まさひこ
靖洋　やすひろ

13-10

蒼真　そうま
楓真　ふうま
暖真　はるま
蒼馬　そうま
想真　そうま
楓馬　ふうま
獅恩　しおん
舜悟　しゅんご
稜真　りょうま
蒼眞　そうま
蓮珠　れんじゅ
楓悟　ふうご
瑞記　みずき
煌真　こうま
聖悟　せいご
聖真　しょうま
奨悟　しょうご
奨真　しょうま
蓮恩　れおん
靖悟　せいご
蒼悟　そうご
蓮真　れんま
廉真　れんま
寛将　ひろまさ
寛晃　ひろあき
寛朗　ひろあき
想悟　そうご
慎悟　しんご
楓峨　ふうが
煌眞　こうま
瑞起　みずき
稜悟　りょうご
稜馬　りょうま
義将　よしまさ
聖将　きよまさ
奨馬　しょうま
蓮馬　れんま
誉将　たかまさ
誠剛　せいご
誠真　せいま
誠悟　せいご
雅浩　まさひろ
雅純　まさずみ
靖紘　やすひろ
鉄将　てっしょう
鉄馬　てつま

13-11

蒼唯　あおい
嵩琉　たける
愛都　まなと
煌基　こうき
煌悠　こうゆう
義基　よしき
蒼惟　あおい
雅基　まさき
雅埜　まさや
新埜　しんや
廉都　れんと
寛都　ひろと
慎梧　しんご
楓麻　ふうま
瑞基　みずき

瑞規《みずき》
稜基《いずき》
稜都《りょうと》
義隆《よしたか》
聖都《きよと》
聖隆《きよたか》
蒼麻《そうま》
雅隆《まさたか》

13-12

愛翔《まなと》
蓮翔《れんと》
楓翔《ふうと》
煌貴《こうき》
瑞貴《みずき》
瑞喜《みずき》
夢翔《ゆめと》
蒼稀《そうき》
雅翔《まさと》
蒼登《あおと》
寛登《ひろと》
寛貴《ひろき》
楓貴《ふうき》
獅童《しどう》
稜登《りょうと》
稔貴《としき》
義晴《よしはる》
義裕《よしひろ》
蒼貴《あおき》
雅晴《まさはる》

13-13

楓雅《ふうが》
煌雅《こうが》
煌聖《こうせい》
誠路《せいじ》
稜雅《りょうが》
誠慈《せいじ》
雅楽《うた》

13-14

煌輔《こうすけ》
稜輔《りょうすけ》
蒼維《あおい》
蒼輔《そうすけ》

13-15

楓駕《ふうが》
瑞輝《みずき》
瑞穂《みずほ》
夢輝《ゆめき》
蒼輝《そうき》

13-16

煌樹《こうき》
獅龍《しりゅう》
瑞樹《みずき》
聖龍《せいりゅう》
蒼樹《そうき》
雅樹《まさき》
寛樹《ひろき》
慈穏《じおん》
慈樹《いつき》
楓磨《ふうま》
稔樹《としき》
義樹《よしき》
聖樹《まさき》
詩穏《しおん》
雅憲《まさのり》

13-18

義騎《よしき》
煌騎《こうき》
瑞騎《みずき》

13-19

蒼羅《そら》
想羅《そら》

13 (7)

慎之介《しんのすけ》 13 3 4
煌之介《こうのすけ》 13 3 4
誠之介《せいのすけ》 13 3 4
蓮之介《れんのすけ》 13 3 4

13 (10)

慎一郎《しんいちろう》 13 1 9
蒼一郎《そういちろう》 13 1 9
想一郎《そういちろう》 13 1 9
煌一郎《こういちろう》 13 1 9
準一郎《じゅんいちろう》 13 1 9
誠一郎《せいいちろう》 13 1 9
慎之助《しんのすけ》 13 3 7
誠之助《せいのすけ》 13 3 7
福之助《ふくのすけ》 13 3 7
新之助《しんのすけ》 13 3 7
蓮之助《れんのすけ》 13 3 7

13 (11)

煌一朗《こういちろう》 13 1 10
慎一朗《しんいちろう》 13 1 10
新一朗《しんいちろう》 13 1 10
蒼一朗《そういちろう》 13 1 10

13 (12)

煌士郎《こうしろう》 13 3 9
誠士郎《せいしろう》 13 3 9

蒼士郎《そうしろう》
蓮大郎《れんたろう》

13 (13)

煌太郎《こうたろう》
寛太郎《かんたろう》
廉太郎《れんたろう》
蒼太郎《そうたろう》
蓮太郎《れんたろう》
幹太郎《かんたろう》
慎太郎《しんたろう》
愼太郎《しんたろう》
新太郎《しんたろう》
源太郎《げんたろう》
稜太郎《りょうたろう》
聖太郎《しょうたろう》
誠太郎《せいたろう》

13 (14)

蓮太朗《れんたろう》
廉太朗《れんたろう》
幹太朗《かんたろう》
寛太朗《かんたろう》
慎太朗《しんたろう》
源太朗《げんたろう》
誠太朗《せいたろう》
誠史郎《せいしろう》

13 (16)

廉汰郎《れんたろう》
誠志郎《せいしろう》
蒼汰郎《そうたろう》

13 (17)

慎之輔《しんのすけ》
誠志朗《せいしろう》

1文字目の画数 14画

14

颯《そう》
碧《あおい》
聡《さとし》
魁《かい》
肇《はじめ》
豪《ごう》
駆《かける》
彰《あきら》

14-1

嘉一《かいち》
遙一《よういち》
榮一《えいいち》
聡一《そういち》
颯一《そういち》

14-2

颯人《はやと》
綾人《あやと》
彰人《あきと》
碧人《あおと》
嘉人《よしと》
魁人《かいと》
綺人《あやと》
銀二《ぎんじ》

14-3

颯大《そうた》
颯士《そうし》
聡也《そうや》
碧大《あおと》
銀士《ぎんじ》
銀大《ぎんた》
徳之《のりゆき》
彰大《あきひろ》
彰久《あきひさ》
瑠也《りゅうや》
碧士《あおし》
聡士《さとし》
僚也《りょうや》
嘉之《よしゆき》
誓也《せいや》
静也《せいや》
豪士《ごうし》

14-4

颯太《そうた》
颯介《そうすけ》
碧斗《あおと》
聡太《そうた》
魁斗《かいと》
聡介《そうすけ》
維月《いつき》
綾太《りょうた》
綾斗《あやと》
彰太《しょうた》
碧仁《あおと》
僚太《りょうた》
魁心《かいしん》
颯斗《そうと》
遙太《ようた》
彰仁《あきひと》
彰斗《あきと》
槙斗《まきと》

総太《そうた》
綺斗《あやと》
綾介《りょうすけ》
豪太《ごうた》
銀太《ぎんた》
銀斗《ぎんと》

14-5

総司《そうし》
碧生《あおい》
聡史《さとし》
瑠生《るい》
颯矢《そうや》
颯平《そうへい》
遙平《ようへい》
瑠以《るい》
聡司《さとし》
銀司《ぎんじ》

14-6

魁成《かいせい》
颯多《そうた》
瑠伊《るい》
碧羽《あおば》
銀次《ぎんじ》

14-7

颯汰《そうた》
颯志《そうし》
維吹《いぶき》
颯佑《そうすけ》
颯希《そうき》
颯助《そうすけ》
瑠希《るき》
聡佑《そうすけ》
颯良《そら》
颯吾《そうご》
瑠汰《りゅうた》
豪志《ごうし》
魁里《かいり》
彰汰《しょうた》
彰良《あきら》
彰吾《しょうご》
彰宏《あきひろ》
聡吾《そうご》
聡希《さとき》
聡志《さとし》
綾汰《りょうた》
僚吾《りょうご》
嘉孝《よしたか》
豪希《ごうき》

14-8

颯弥《そうや》
瑠依《るい》
銀治《ぎんじ》

14-9

聡祐《そうすけ》
颯祐《そうすけ》
瑠星《りゅうせい》
颯亮《そうすけ》
槙哉《まきや》
瑠威《るい》
綾哉《りょうや》
魁星《かいせい》
颯哉《そうや》
彰則《あきのり》
聡哉《さとや》
静哉《せいや》

14-10

颯真《そうま》
聡真《そうま》
徳馬《とくま》
聡馬《そうま》
鳳真《ほうま》
颯眞《そうま》
颯悟《そうご》
彰真《しょうま》
彰馬《しょうま》
彰悟《しょうご》
聡悟《そうご》
総真《そうま》
綾馬《りょうま》
僚眞《りょうま》
僚馬《りょうま》
嘉浩《よしひろ》
静悟《せいご》
静流《しずる》

14-11

颯涼《そうすけ》
瑠唯《るい》
魁都《かいと》
徳啓《のりひろ》
碧都《あおと》
静琉《しずる》
豪琉《たける》

14-12

瑠偉《るい》
碧葉《あおば》
彰瑛《しょうえい》

豪貴 ごうき

14-13

颯慎 そうま
瑠聖 りゅうせい
維新 いしん
銀路 ぎんじ

14-14

颯輔 そうすけ
瑠維 るい
聡輔 そうすけ

14-15

瑠輝 るき
銀蔵 ぎんぞう
颯舞 そうま
遙輝 はるき
碧輝 あおき

嘉輝 よしてる
静輝 しずき
豪輝 ごうき

14-16

颯樹 そうき
聡樹 さとき

14 (7)

颯之介 14 3 4 そうのすけ
彰之介 14 3 4 しょうのすけ
槙之介 14 3 4 しんのすけ

14 (10)

総一郎 14 1 9 そういちろう
颯一郎 14 1 9 そういちろう
槙之助 14 3 7 しんのすけ
銀之助 14 3 7 ぎんのすけ
瑠希也 14 7 3 るきや

14 (11)

聡一朗 14 1 10 そういちろう
総一朗 14 1 10 そういちろう
颯一朗 14 1 10 そういちろう

14 (13)

颯士朗 14 3 10 そうしろう
颯太郎 14 4 9 そうたろう
彰太郎 14 4 9 しょうたろう
槙太郎 14 4 9 しんたろう
聡太郎 14 4 9 そうたろう
綸太郎 14 4 9 りんたろう
綾太郎 14 4 9 りょうたろう

14 (14)

彰太朗 14 4 10 しょうたろう
聡太朗 14 4 10 そうたろう
僚太朗 14 4 10 りょうたろう

14 (16)

銀次朗 14 6 10 ぎんじろう
颯志郎 14 7 9 そうしろう

1文字目の画数 15画

15

諒 りょう
輝 ひかる
遼 りょう
慧 けい
潤 じゅん
慶 けい
徹 とおる
縁 えにし
穂 みのる

憬 けい
樂 がく
毅 たけし
勲 いさお

15-1

輝一 きいち
慶一 けいいち
潤一 じゅんいち
諒一 りょういち
遼一 りょういち

15-2

璃人 りひと
慧人 けいと
遼人 はると
諒人 あきと
慶人 けいと

樂人 がくと
澄人 すみと
毅人 たけと
舞人 まいと

15-3

璃久 りく
遼大 りょうた
慶大 けいた
諒大 りょうた
遼也 りょうや
慧士 けいし
潤也 じゅんや
慧也 けいや
慶久 よしひさ
慶之 よしゆき
徹也 てつや

諒也 りょうや
諒久 あきひさ
輝久 てるひさ
輝之 てるゆき

15-4

慧太 けいた
慶太 けいた
諒太 りょうた
遼太 りょうた
慧斗 けいと
慶介 けいすけ
徹太 てった
潤斗 じゅんと
潤太 じゅんた
諒介 りょうすけ
遼仁 はるひと

15-5

潤矢 じゅんや
諒平 りょうへい
徹平 てっぺい
潤平 じゅんぺい
遼平 りょうへい
遼司 りょうじ

15-6

慶次 けいじ
慶伍 けいご
慧伍 けいご
諒成 りょうせい
慧多 けいた
慶行 よしゆき
潤成 じゅんせい
遼成 りょうせい

15-7

慶汰 けいた
慶吾 けいご
遼佑 りょうすけ
慶志 けいし
慧吾 けいご
慶佑 けいすけ
凜汰 りんた
遼希 はるき

15-8

璃空 りく
凜空 りく
遼佳 はるか
輝幸 てるゆき
慧弥 けいや
慶明 よしあき
慶和 よしかず
徹弥 てつや
潤弥 じゅんや
毅虎 たけとら
諒弥 りょうや
輝明 てるあき
遼弥 りょうや
遼河 りょうが

15-9

慶祐 けいすけ
慶信 けいしん
澄海 すかい
諒哉 りょうや
輝紀 てるき
慶春 よしはる
慶洋 よしひろ
慶紀 よしき
慶彦 よしひこ
慶哉 けいや
徹哉 てつや
輝哉 てるや
遼祐 りょうすけ

15-10

慶悟 けいご
澄真 とうま
穂高 ほたか
輝真 てるま
遼馬 りょうま
諒真 りょうま
慶真 けいしん
遼真 りょうま
慧悟 けいご
慶浩 よしひろ
徹朗 てつろう
諒馬 りょうま
諒悟 りょうご
輝晃 てるあき
遼悟 りょうご

15-11

毅琉 たける
凜都 りんと

15-12

遼翔 はると
澄晴 すばる
慶貴 よしき
慶翔 けいと
凜晴 りんせい
輝貴 てるき

15-13
- 諒雅 りょうが
- 慶慈 けいじ
- 遼雅 りょうが

15-14
- 慶輔 けいすけ
- 慶徳 けいとく
- 諒輔 りょうすけ
- 遼輔 りょうすけ

15-15
- 慶輝 よしき

15-16
- 慧樹 けいき
- 慶樹 けいじゅ
- 毅龍 きりゅう
- 璃樹 りき
- 遼樹 はるき
- 遼磨 りょうま

15-⑥
- 潤乃介 15 2 4 じゅんのすけ
- 凜乃介 15 2 4 りんのすけ

15-⑦
- 潤之介 15 3 4 じゅんのすけ
- 凜之介 15 3 4 りんのすけ
- 蔵之介 15 3 4 くらのすけ

15-⑨
- 璃央斗 15 5 4 りおと
- 璃玖人 15 7 2 りくと

15-⑩
- 慶一郎 15 1 9 けいいちろう
- 潤一郎 15 1 9 じゅんいちろう
- 遼一郎 15 1 9 りょういちろう
- 潤之助 15 3 7 じゅんのすけ
- 蔵之助 15 3 7 くらのすけ

15-⑪
- 慶一朗 15 1 10 けいいちろう
- 輝一朗 15 1 10 きいちろう

15-⑫
- 慶士郎 15 3 9 けいしろう
- 凜大郎 15 3 9 りんたろう

15-⑬
- 遼太郎 15 4 9 りょうたろう
- 凜太郎 15 4 9 りんたろう
- 慶太郎 15 4 9 けいたろう
- 諒太郎 15 4 9 りょうたろう
- 凜太郎 15 4 9 りんたろう

15-⑭
- 凜太朗 15 4 10 りんたろう
- 遼太朗 15 4 10 りょうたろう
- 慶太朗 15 4 10 けいたろう
- 凜太朗 15 4 10 りんたろう
- 諒太朗 15 4 10 りょうたろう

15-⑮
- 慶次郎 15 6 9 けいじろう
- 慶多郎 15 6 9 けいたろう

15-⑯
- 慶志郎 15 7 9 けいしろう
- 凜汰郎 15 7 9 りんたろう
- 遼汰郎 15 7 9 りょうたろう

15-⑰
- 璃央翔 15 5 12 りおと
- 諒汰朗 15 7 10 りょうたろう
- 遼汰朗 15 7 10 りょうたろう
- 慶治郎 15 8 9 けいじろう

1文字目の画数 16画

16
- 樹 いつき
- 龍 りゅう
- 薫 かおる
- 澪 れい
- 衛 まもる
- 頼 らい
- 篤 あつし
- 錬 れん
- 諧 かい
- 憲 けん
- 諭 さとし
- 賢 けん

16-1
- 龍一 りゅういち
- 樹一 きいち
- 賢一 けんいち

16-2
- 龍人 りゅうと
- 篤人 あつと
- 賢人 けんと
- 龍二 りゅうじ
- 憲人 けんと
- 衛人 えいと

16-3
- 龍己 りゅうき
- 龍士 りゅうじ
- 龍丸 たつまる
- 龍也 たつや

- 樹也　みきや
- 篤也　あつや
- 賢三　けんぞう
- 賢也　けんや

16-4

- 龍斗　りゅうと
- 龍太　りゅうた
- 龍心　りゅうしん
- 賢太　けんた
- 龍仁　りゅうと
- 澪斗　みおと
- 篤斗　あつと
- 諧斗　かいと
- 龍介　りゅうすけ
- 憲太　けんた
- 篤仁　あつひと
- 賢介　けんすけ

16-5

- 龍生　りゅうせい
- 樹生　いつき
- 龍平　りゅうへい
- 龍司　りゅうじ
- 龍矢　りゅうや
- 篤生　あつき
- 賢生　けんせい
- 賢司　けんじ
- 龍世　りゅうせい
- 龍正　りゅうせい
- 龍広　たつひろ
- 樹央　みきお
- 篤広　あつひろ
- 篤史　あつし
- 篤司　あつし
- 磨央　まお
- 薫平　くんぺい
- 頼正　よりまさ

16-6

- 龍成　りゅうせい
- 橙伍　とうご
- 憲成　けんせい
- 篤成　あつなり
- 賢成　けんせい

16-7

- 龍希　りゅうき
- 龍志　りゅうじ
- 樹希　いつき
- 龍我　りゅうが
- 龍汰　りょうた
- 龍臣　たつおみ
- 篤志　あつし
- 頼希　らいき
- 龍玖　りゅうく
- 憲伸　けんしん
- 賢吾　けんご
- 龍吾　りゅうご
- 橙吾　とうご
- 橙汰　とうた
- 憲汰　けんた
- 憲吾　けんご
- 憲志　けんし
- 篤宏　あつひろ
- 篤希　あつき
- 賢伸　けんしん
- 賢汰　けんた

16-8

- 龍空　りゅうく
- 龍治　りゅうじ
- 龍侍　りゅうじ
- 橙弥　とうや
- 龍河　りゅうが
- 龍青　りゅうせい
- 龍弥　りゅうや
- 龍征　りゅうせい
- 龍芽　りゅうが
- 龍昇　りゅうしょう
- 憲明　のりあき
- 樹弥　みきや
- 篤弥　あつや
- 篤季　あつき
- 賢治　けんじ
- 賢尚　けんしょう

16-9

- 龍星　りゅうせい
- 龍哉　りょうや
- 龍信　りゅうしん
- 龍紀　りゅうき
- 龍彦　たつひこ
- 篤紀　あつき
- 賢祐　けんすけ
- 憲信　けんしん
- 憲哉　けんや
- 樹紀　いつき
- 樹哉　たつや
- 篤郎　あつろう
- 篤哉　あつや
- 賢信　けんしん

16-10
賢哉《けんや》

16-10
龍馬《りょうま》 橙馬《とうま》 龍真《りゅうま》 龍晟《りゅうせい》 龍悟《りゅうご》 橙真《とうま》 篤朗《あつろう》

16-11
龍進《りゅうしん》 龍清《りゅうせい》 賢都《けんと》

16-12
龍翔《りゅうと》 龍貴《りゅうき》 龍登《りゅうと》 龍稀《りゅうき》 龍晴《りゅうせい》 樹貴《いつき》 篤貴《あつき》

16-13
龍聖《りゅうせい》 龍誠《りゅうせい》 龍雅《りゅうが》 龍慎《りゅうしん》 憲資《けんすけ》 賢誠《けんせい》 賢慎《けんしん》

16-14
龍輔《りゅうすけ》 賢輔《けんすけ》

16-15
龍輝《りゅうき》 龍毅《たつき》 篤輝《あつき》 憲蔵《けんぞう》 頼輝《らいき》

16-16
龍樹《たつき》 篤樹《あつき》 龍賢《りゅうけん》 頼樹《らいき》 賢樹《けんじゅ》

16-17
龍翼《りょうすけ》

16-18
龍騎《りゅうき》

16 (6)
龍乃介《りゅうのすけ》 (16・2・4)

16 (7)
龍之介《りゅうのすけ》 (16・3・4)

16 (8)
龍乃丞《りゅうのすけ》 (16・2・6)

16 (9)
龍乃助《りゅうのすけ》 (16・2・7) 龍之丞《りゅうのすけ》 (16・3・6)

16 (10)
龍一郎《りゅういちろう》 (16・1・9) 龍之助《りゅうのすけ》 (16・3・7)

16 (11)
龍一朗《りゅういちろう》 (16・1・10)

16 (13)
龍太郎《りゅうたろう》 (16・4・9) 憲太郎《けんたろう》 (16・4・9) 賢太郎《けんたろう》 (16・4・9) 錬太郎《れんたろう》 (16・4・9)

16 (14)
龍之進《りゅうのしん》 (16・3・11) 龍太朗《りゅうたろう》 (16・4・10) 憲太朗《けんたろう》 (16・4・10) 賢太朗《けんたろう》 (16・4・10)

16 (15)
憲史朗《けんしろう》 (16・5・10) 賢史朗《けんしろう》 (16・5・10)

16 (16)
賢汰郎《けんたろう》 (16・7・9) 賢志郎《けんしろう》 (16・7・9)

16 (17)
龍之輔《りゅうのすけ》 (16・3・14)

1文字目の画数 17画

17
翼《つばさ》 駿《しゅん》 優《ゆう》 謙《けん》 嶺《りょう》 鴻《こう》 環《かん》 瞭《りょう》

17-1
優一《ゆういち》 謙一《けんいち》 駿一《しゅんいち》

17-2

優人《ゆうと》 駿人《しゅんと》 謙人《けんと》

17-3

優大《ゆうだい》 優士《ゆうと》 優也《ゆうや》 駿也《しゅんや》 駿士《はやと》 駿大《しゅんた》 嶺士《れいじ》

17-4

優斗《ゆうと》 優太《ゆうた》 駿太《しゅんた》 優介《ゆうすけ》 優心《ゆうしん》 駿斗《しゅんと》 優月《ゆづき》 駿介《しゅんすけ》 優仁《ゆうと》 謙心《けんしん》 謙太《けんた》 駿仁《はやと》 鴻太《こうた》 嶺介《りょうすけ》 環太《かんた》 瞭太《りょうた》 謙介《けんすけ》

17-5

駿平《しゅんぺい》 優生《ゆうせい》 駿矢《しゅんや》 優矢《ゆうや》 優平《ゆうへい》 優史《ゆうし》 優司《ゆうじ》 謙正《けんせい》

17-6

優成《ゆうせい》 優羽《ゆうわ》 駿多《しゅんた》 駿成《しゅんせい》 翼早《つばさ》 優次《ゆうじ》 優気《ゆうき》 優有《ゆう》 優伍《ゆうご》 優吏《ゆうり》 優多《ゆうた》 謙成《けんせい》

17-7

優希《ゆうき》 優吾《ゆうご》 優杜《ゆうと》 優志《ゆうし》 駿希《しゅんき》 謙吾《けんご》 駿佑《しゅんすけ》 駿志《しゅんじ》 駿汰《しゅんた》 駿作《しゅんさく》 駿助《しゅんすけ》 駿吾《しゅんご》 鴻志《こうし》 優我《ゆうが》 優作《ゆうさく》 優佑《ゆうすけ》 謙臣《けんしん》 謙伸《けんしん》 謙志《けんし》

17-8

鴻明《こうめい》 優空《ゆうく》 駿弥《しゅんや》 優弥《ゆうや》 優和《ゆうわ》 駿明《としあき》 駿治《しゅんじ》 駿典《しゅんすけ》 瞳弥《とうや》 優治《ゆうじ》 優河《ゆうが》 優征《ゆうせい》

17-9

優音《ゆうと》 優星《ゆうせい》 駿祐《しゅんすけ》 駿亮《しゅんすけ》 謙信《けんしん》

17-10

優真《ゆうま》 優晟《ゆうせい》 優眞《ゆうま》 優悟《ゆうご》

謙真　けんしん
駿真　しゅんま
優起　ゆうき
優馬　ゆうま
謙悟　けんご

17-11

謙進　けんしん
優都　ゆうと
優基　ゆうき

17-12

優翔　ゆうと
優貴　ゆうき
優陽　ゆうひ
優晴　ゆうせい
駿貴　しゅんき
駿稀　しゅんき

駿瑛　しゅんえい
嶺登　れいと
優登　ゆうと
優裕　ゆうすけ
優喜　ゆうき
謙登　けんと

17-13

優聖　ゆうせい
優雅　ゆうが
優誠　ゆうせい
優楽　ゆら
優慈　ゆうじ

17-14

駿輔　しゅんすけ
駿彰　としあき
優豪　ゆうごう

優輔　ゆうすけ

17-15

優輝　ゆうき
謙蔵　けんぞう
駿輝　しゅんき
優毅　ゆうき
優駕　ゆうが

17-16

優樹　ゆうき
駿磨　しゅんま
駿樹　としき
優磨　ゆうま

17-20

優護　ゆうご

17(6)

駿乃介（17・2・4）　しゅんのすけ

優乃介（17・2・4）　ゆうのすけ

17(7)

駿之介（17・3・4）　しゅんのすけ
優之介（17・3・4）　ゆうのすけ
鴻之介（17・3・4）　こうのすけ
優之心（17・3・4）　ゆうのしん

17(10)

優一郎（17・1・9）　ゆういちろう
駿一郎（17・1・9）　しゅんいちろう
謙一郎（17・1・9）　けんいちろう
駿之助（17・3・7）　しゅんのすけ
優之助（17・3・7）　ゆうのすけ
優希也（17・7・3）　ゆきや

17(11)

駿一朗（17・1・10）　しゅんいちろう
謙二郎（17・2・9）　けんじろう

優希斗（17・7・4）　ゆきと

17(13)

駿太郎（17・4・9）　しゅんたろう
謙太郎（17・4・9）　けんたろう
優太郎（17・4・9）　ゆうたろう

17(14)

駿太朗（17・4・10）　しゅんたろう
鴻太朗（17・4・10）　こうたろう
優太朗（17・4・10）　ゆうたろう
謙太朗（17・4・10）　けんたろう

17(15)

謙史朗（17・5・10）　けんしろう
優希弥（17・7・8）　ゆきや

17(16)

優汰郎（17・7・9）　ゆうたろう
謙志郎（17・7・9）　けんしろう

17(18)

優樹人（17・16・2）　ゆきと

1文字目の画数 18画

18

瞬　しゅん
櫂　かい
燿　よう
藍　らん
類　るい

18-2

織人　おりと
藍人　あいと

18-3

櫂士　かいと

瞬大《しゅんた》
瞬也《しゅんや》
藤丸《ふじまる》

18-4
藍斗《あいと》
瞬太《しゅんた》
瞬介《しゅんすけ》
藍仁《あいと》
藍介《あいすけ》

18-5
櫂生《かいせい》
櫂世《かいせい》
瞬平《しゅんぺい》
顕司《けんじ》

18-6
櫂成《かいせい》

櫂舟《かいしゅう》

18-7
藍希《あいき》
櫂吾《とうご》
櫂汰《とうた》
瞬希《しゅんき》
瞬汰《しゅんた》

18-9
櫂洋《かいよう》
瞬哉《しゅんや》

18-10
藤馬《とうま》
櫂悟《とうご》
櫂真《とうま》

18-11
藍琉《あいる》

櫂都《かいと》
藍都《あいと》

18-12
櫂渡《かいと》
藍稀《あいき》

18-13
櫂聖《かいせい》

18-14
藍瑠《あいる》

18-15
瞬輝《しゅんき》
藍輝《あいき》

18-16
藍樹《あいき》

18 (7)
瞬之介《しゅんのすけ》 (18 3 4)
藍之介《あいのすけ》 (18 3 4)

18 (13)
瞬太郎《しゅんたろう》 (18 4 9)
顕太郎《けんたろう》 (18 4 9)

1文字目の画数 19画

19
蘭《らん》

19-2
麗二《れいじ》
瀬七《せな》

19-3
蘭丸《らんまる》

19-4
麗王《れお》

麗斗《れいと》

19-5
麗生《れお》
麗央《れお》

19-6
瀬名《せな》
瀬凪《せな》

19-7
麗志《れいじ》
瀬良《せら》
瀬那《せな》

19-8
麗弥《れいや》
麓弥《ろくや》

19-9
麗音《れおん》

麗哉《れいや》
瀬南《せな》

19-12
麗翔《れいと》

1文字目の画数 20画

20
響《ひびき》
護《まもる》
耀《てる》
馨《かおる》
譲《じょう》

20-1
耀一《よういち》
響一《きょういち》

20-3
耀大 ようた
響己 ひびき
響大 きょうた

20-4
響介 きょうすけ
耀斗 あきと
馨太 けいた
耀仁 あきひと
響太 きょうた

20-5
響平 きょうへい
耀生 ようせい
耀弘 あきひろ
耀司 ようじ
響生 ひびき

20-7
響希 ひびき
耀佑 ようすけ
響吾 きょうご

20-8
響季 ひびき
響弥 きょうや

20-9
耀星 ようせい
響祐 きょうすけ
響紀 ひびき

20-10
響起 ひびき
響真 きょうま

20-11
響基 ひびき

20-12
耀登 あきと
耀翔 あきと
響喜 ひびき
響貴 ひびき
響稀 ひびき

20-15
譲輝 ゆずき
響輝 ひびき

20-16
響樹 ひびき

20 (7)
響之介 20・3・4 きょうのすけ
響之心 20・3・4 きょうのしん

20 (10)
耀一郎 20・1・9 よういちろう

20 (11)
譲一郎 20・1・9 じょういちろう
響一郎 20・1・9 きょういちろう
耀一朗 20・1・10 よういちろう

20 (13)
響太郎 20・4・9 きょうたろう
耀太郎 20・4・9 ようたろう
譲太郎 20・4・9 じょうたろう

20 (14)
耀太朗 20・4・10 ようたろう
響太朗 20・4・10 きょうたろう

1文字目の画数 21画

21-4
櫻介 おうすけ

1文字目の画数 23画

23
鷲 しゅう

23-4
鷲斗 しゅうと

23 (10)
鷲一郎 23・1・9 しゅういちろう

1文字目の画数 24画

24
麟 りん

24-3
鷹也 たかや

24-4
麟太 りんた

24-7
鷹志 たかし
鷹宏 たかひろ

24-13
鷹雅 おうが

24-15
鷹輝 たかき

24 (7)
麟之介 24・3・4 りんのすけ

24 (13)
麟大朗 24・3・10 りんたろう
麟太郎 24・4・9 りんたろう

24 (14)
麟太朗 24・4・10 りんたろう

名前に使える

全漢字リスト

名づけに使える漢字は、常用漢字と人名用漢字です。
画数については『福武漢和辞典』『ベネッセ新修漢和辞典』と
監修者・栗原里央子先生の見解をもとにしています。

※P.469～478に記載された情報は2024年4月現在のものです。
名前の届け出の前に、法務省のホームページ内「戸籍統一文字情報」で確認することをおすすめします。

1画

一乙

2画

丁七九了二人入八刀
力十卜又乃

3画

丈三上下丸久亡凡刃
勺千叉及口土士夕大
女子寸小山川工己已
巾干弓才万与之也巳
乞

4画

不中丹乏云屯互五井
仁仏今介元内公六冗
凶分切刈勾匂勿匁化
匹区升午廿厄友壬反
円天太夫尤孔少尺幻
弔引心戸手支収文斗
斤方日月木止比毛氏
水火爪父片牛牙犬王
欠予双丑允巴

5画

且世丘丙主乎付仕仔
仙他代令以兄冊冬凧
凹出凸刊功加包北半
占去古句召可史右司

囚四圧外央失奴写尼
左巧巨市布平幼広庁
必戊打払斥未末本札
正母民永氷汁犯玄玉
瓦甘生用田由甲申疋
白皮皿目矛矢石示礼
穴禾立台旧処号弁込
辺卯只叶弘旦汀叱尻
丼氾

6画

交仰仲件任企伏伐休
仮伝充兆先光全両共
再刑列劣匠印危叫各

合同吉名后吏吐向回
吸因団在地壮多夷好
如妃妄存字宅宇守安
寺尖州帆年式弛忙成
扱托收旨早曳旬曲会
有朱机朽朴次此死毎
気汚江汝池汎汗灰灯
牟争当百尽竹米糸缶
羊羽老考而耳肉肌肋
自至臼舌舟色芝芋虫
血行衣西辻弐巡迅丞
亘互亥亦伊伍伎凪匡
圭庄旭汐瓜

7画

串乱亜来伯伴伸伺似
位但低佃住佐何作佛
克児兎兵冷初判別利
劫助努労励即却卵君
呑否吻含呈呉吹告吟
困囲図坂均坐坊坑壱
壯寿妊妙妥妨妖孝孜
完宋対尾尿局岐希床
庇序廷弟形役忌忍志
忘快応我戒戻扶批技
抄抑投抗折抜択把改
攻更材杉村条杖束歩

毎求汲決汽沈沌没沖
沢灸災灼牡状狂男町
社秀私究系声肖肘肝
臣良芥芦花芳芸芯芭
見角言谷豆貝売赤足
走身車辛迂迄辿迎近
返邦医里阪防余体麦
亨伶伽佑冴冶吾呂宏
李杏杜汰沙玖甫芙芹
辰邑那酉沃弄巫

8画

乳事亞些享京佳使例
侍供依価侮併來免兒

其具典函到制刹刷券
刺刻劾効卒卓協卑巻
参叔取受周味呼命和
固国坦坪垂夜奄奉奇
奔妹妻姉始姓委季学
宛定宕宜宗官宙実宝
尚居屈届岩岸岳岬岡
帖幸庚底店府延弦往
彼征径怖忽忠性怪或
念房所承抱抵押拙拍
拒拓拘抽招拝担拡拋
拐披抹拔拂放斧昊昏
昇明易昔昆服杭杯東

杵松板析枕杷枇林枚
果枝枢枠欧歩武殴毒
沓河沸油治沼況泊泌
法波沿泣注泳泥泡沫
炊炎炉争版牧物狀画
玩的盲直知祈祉社空
突竺並者肥肩肪肯育
肴肢舎苗若苦英茂茎
芽苔苺表迭迫述金長
門阜祁邸邪阻陀附雨
青非斉侃侑尭奈孟弥
怜於旺昂昌朋欣苑茉
茄茅虎迪采阿穹苛股

呪狙妬拉

9画

乗亭俄侠侯侵便係促
俗保信俊侮俣俐侶冠
則削前勅勃勇勉南卑
巻巷卸即厘厚単咲哀
品型城垣奏契娃姻姿
姪姥威孤客宣室封専
屋峠峡帝帥幽度廻建
弧待律後怒思怠急恒
恆恨悔恢恰按括挟拷
拶拾持指拭挑拝叙政
故施星映春昨昭是昼

冒昧枯柄架柑某染柔
査柵柿柘柱栃柏柳殆
栄段毘泉洋洗津活派
海浄浅洪洞洛炭為牲
狩狭独珍珈珂珊珀甚
畏界畑疫発皇皆盃盆
相盾省看砂研砕祖祢
祝神祈祇祉秋科秒窃
穿突竿籾紀約紅糾級
県美者耐肺胃背胎胞
胆臭茶草荒荘茨茸虐
衷要計訂変負貞赴軌
軍迷追退送迦逃逆郊

郎重臥限面革音頁風
飛食首香点亮勁哉奎
宥彦昴柊柚柾洲洵洸
玲眉祐耶胡胤茜虹衿
郁咽怨訃

10画

乘俺倶倦修俳俵倣倉
個倍倒候借値倫倹俸
兼冥凍准凄涼剖剛剤
剣勉匿原哨員哲唆唐
唇哩圃埋夏套娘姫娯
娠娩孫宮宰害宴家容
宵射将屑展峨峰峯峽

島差師席帯座庫庭弱
徐徒従恐恋恭悦恥恩
息悟恵悩悔扇挨振挽
挺捉捕捜挿挙敏料旅
既晄晒時書朕朗桧桔
校桁柴株栖核根格栽
桃案桑梅桜桟栓帰殉
殊残殺氣流浦浪浮浴
浸消涙浜泰海渉浬烏
烈特狼狭班珠畔留畜
畠畝疾病疲症益真眞
眠砥砧砲破祥祝神祖
祕秘租秩称秤窄笈笑

粉粋紋納純紙紛素紐
紡索翁耕耗耽胴胸脇
能脂脅脈臭致航般荻
莫荷華莊蚊蚕衰袖被
討訓託記訊豹財貢起
軒辱透逐途通速造連
逓逝郡郎配酒酎酌針
釘釜閃陛院陣除降陥
隻飢馬骨高鬼党竜倖
倭凌唄啄峻恕悌拳晃
晋晏晟朔栗栞桂桐浩
矩祐秦紗紘莉莞赳隼
挫恣脊捗剝哺

11画

乾偏停健側偶偽偵兜
冨凰剰副動勘務唯唱
商問啓喝圏國域執培
基埼堂堀埴堆埜婚婆
婦宿寂寄密尉將專崖
崇崩崎巣巢帳常帶庵
庶庸康張強彩彫得從
徠患悪惚悼情惜惨悉
悠戚捨掃掛措授排描
掘捲採探接控推掲据
捻捧掠掬教救敗敍敏
斜断旋族曹晦晝晩曽

望朗械條梳梛梗梯桶
梅梶梁欲殻液涼淑淡
深混清添渇渉渋済涯
渓淨淀淋淚牽猫猛猟
率現球理瓶産畢略異
盛盗眼眺眥票祭移窓
窒章笛符第粒粗粘笠
累紺細紹終組絆紳経
羚翌習粛脳脚脱舷舶
舵船菊菌菓菜著菅萄
菩萠菱萊虚蛍蛇術袋
袴規視祥訣訟訪設許
訳豚貧貨販貫責赦軟

転這逞逗逢逮週進逸
部郭郵都郷酔釈野釧
釣閉陪陰陳陵陶険陸
隆陷雀雫雪頃頂魚鳥
麻黄黒斎偲寅崚彗彪
彬惇惟捷捺晨梓梢梧
梨毬淳渚爽猪琢皐眸
笙笹紬絃脩菖菫萌袈
鹿亀琉祷萎淫惧痕斬
羞唾貪

12画

傍備偉傘割創剰勝募
勤博卿厨善喚喜喰喧

喪喫單喋圏堰堺堯堤
堵堪報堅場塔塁堕塀
塚奥婿媒富寓寒尊尋
就属帽幅幾廃廊弾御
復循悲惑惹愉慌惺惰
惡惠戟扉掌提揚換握
揮援揺搭揭揃敢散敬
斑斯晩普景晴暁晶暑
替最曾朝期椅棋棒森
棲棺植検極棚棟椀欺
款殖淵減渡測港湖湯
滋温湿湘湊湛満湾渦
渴焔焼焚無焦然煮営

爲犀猶琴琥琶琵甥番
畳疎疏痘痛痢登盜短
硯硝硫硬視税程童筈
筆等筋筒筑答策粥粧
粟結絶絡絞紫給統絵
着腔腕脹萱茸董萬葡
落葉葛葬著虚虜蛮衆
街裁裂裕補裡装覚評
訴詐診詔詞詠証註象
貴買貫貸費貯貼貿賀
超越距軸軽遂遇遊運
遍過道達遅逸都酢釉
量鈍開閑間閏陽隊階

随隅隈雄雁集雇雲雰
順項飲飯黄黒捜歯凱
喬媛嵐巽惣敦斐智椋
椎欽渚渥猪琢湧琳瑛
皓禄稀竣絢翔萩葵遥
須喉痩喩渾

13画

僅催傑債傷傾働僧傳
傭勢勧勤嗣嘆嘩園圓
塊塑塙塞塡塗墓夢奨
奥嫁嫌寝寛幌幕幹廉
廊微慎愼慨想愁意愚
愛感慈戦損搬携搾摂

搖数新暇暖暗暑業楽
棄楼楢楯楚楕歳殿溢
源準溶滅滑滞漢溜滝
溝漠溫煙煌照煎煤煉
煩献煮牒猿獅痴盟睡
督碁碎碓碑碗禍福禁
禽禅稚稟窟節絹継続
罪置署群義羨聖腹腰
腎腸艇蒸蓄葦蓋蓑蒐
蒲蒙虜虞蜂裏與裸褐
裾裝解触該試詩詰詣
話詳詮詫誇誠誉豊賃
資賄賊跨跳跡践路載

較辞農遁遠遺違酪酬
鈴鉛鉄鉱鉢隔隙雅零
雷電靴預頒頓頑飼飾
飽馴馳塩鼎鼓嵩嵯暉
椰椿楊楓楠滉瑚瑞瑶
睦禎禄稔稜舜蒔蒼蓉
蓮裟詢靖頌鳩彙楷毀
嗅傲嫉腫腺溺慄賂

14画

像僚僕僞僧厭嘗嘆團
境増墨塾奬奪嫡察寡
實寧寢寬壽嶋層彰徳
徴慢態慕慣憎摑摺摘

斡旗暮曆榮構槍模概
槌様榎榊歌歴漁漆漸
滴漂漫漏演漬漢滯漕
漣獄疑盡磁碑禍福種
穀稲窪端管箇箕算箔
精粹維綱網綿緑綠緒
練総綴罰署聞腐膏膜
蔭蒋蔓蓬蜜複製裳語
誤誌誓説認誘読貌豪
賑賓踊遡遜遥遭適遮
酵酷酸竪銀銃銑銅銘
銭閣閥関閤際障隠雑
雌需静鞄領頗駆駅駄

髪魂鳶鳴鼻齊嘉暢榛
槙槇樺漱熊爾瑠瑳碧
碩綜綸綺禎綾緋翠聡
肇蔦輔颯魁鳳熙箋綻
瘍辣蔑

15画

億儀價儉凜劇劍劉勳
噴器嘱噌噂墜墳增墨
審寮幡導履層幣廣廟
弊彈影徹徵德憤慰慮
慶憂憎戯撮撒撰撤撞
播撫摩撲撃敵敷暴暫
樋標横権樟槽樂樣歓

歎潔潤澄潮潜潟澁熟
熱畿瘦盤監確磐稿穂
稼稽穀稻窮窯箱節箸
範篇糊縁緣緩線編締
緊縄緒練罷膚舗舞蔵
蕎蕨蕃蕪蔽蝦衝褒課
諏請談調論誕諸誰諾
謁賓賜賠賦質賞賛賣
趣踏輪輩輝遷遺遵選
鄭醉鋭鋳鋒閲震霊鞍
養餓餅駐駕駈髮魅魯
黙凜嬉慧憧槻毅蕉蝶
誼諄諒遼醇駒黎璃潰
憬摯踪緻嘲罵膝餌

16画

儒凝勳器壇墾壁壊壌
奮嬢憲憶憾憩懐戰擁
操整曇曉曆樫樽橙機
橋樹橫歷激濁濃燕燃
燒燈獲獣磨積穏窺築
篤糖縛縦縫緯縞繁縣
膳膨興薪薦薄薫薬薗
薙蕾融衡衛衞親謂諮
謀諺諭謡謁諦諸賢頼
賴蹄輸輯還避醐醒醍
鋸鋼錯錘錆錐錠録錄
錫錬隣險隷靜鞘頰頭
館鴨默龍叡橘澪燎蕗
錦鮎黛憐諧骸錮賭麵

17画

償優徽厳嚇壕懇應戲
戴擬擦擢擊曖檜檢檎
濯濕濡燭燥爵犠環療
瞥矯礁禪穗篠縮績繊
縱繁瓢翼臆聴薰藁薩
螺覧謙講謝謹謎謠謄
購轄輿醜鍋鍵鍬鍛鍊
闇霜頻鮮齢嶺彌曙檀
燦瞭瞳磯霞鞠駿鴻

18画

儲叢壘懲曜櫂濫癖癒
瞬礎禮穫簡簞糧織繕
繭藥藝職蟬臨藩襖襟
覆観謹贈蹟轉醬鎧鎖
鎮鎭難雜鞭額顏題類
顕翻騎騒験闘燿穣藍
藤藏鎌雛鯉鵜麿韓顎
璧

19画

壞寵懷懲曝櫛櫓瀕瀬
瀨瀧爆獸璽禱禰簿簾
繰繫繡臓羅蘇藻蟹覇
識譜警贈蹴鏡難離顛
霧韻願類髄鯨鶏麒麗
麓艶蘭鯛鵬

20画

嚴孃懸欄競籍纂議護
譲醸鐘響騰騒巌耀馨

21画

攝櫻欄纏艦轟躍露蠟
顧飄魔鰯鷄鶴

22画

灘疊聽臟襲覽讃鑄響
饗驚驍穰鷗籠

23画

鑑顯驗巖纖鱒鷺

24画

讓釀鷹鷺麟鱗

25画

廳

29画

鬱

名前の候補が決まったら

・後悔しないために！・

最終チェック10＆メモ

名前の候補が決まったら、いろいろな視点からチェックしましょう。子どもが大きくなってから名前で不便な思いをしないよう、きちんと確認してから決定してあげたいですね。

check 1

□ 名前に使える字？

名前に使える字は法律で決まっています。人名に使えない字は、出生届を受理してもらえないので、P.469～の全漢字リストや漢和辞典で必ずチェック!

check 2

□ 姓とのバランスは？

視覚的なバランスをチェックするため姓と名前を続けて書いてみましょう。同じ部首の重なりはないか、画数や姓名の文字のバランスはどうかをチェック。

check 3

□ 読みやすい？

だれもが読めないようなあて字は子どもが将来、苦労することも。

check 4

□ 聞き取りやすい？

姓と名前を続けて声に出し、第三者が聞き取りやすいかを確認。相手が何度も聞き返すなら再検討したほうがいい場合も。

check 5

□ 書きやすい？

姓名を実際に書き、漢字の数や画数の多さなどをもう一度チェック。画数が多いと書くのが大変で、子どもが将来、苦労する可能性もあります。

check 6

□ 変換しやすい？

パソコンやスマホなどで名前を入力・変換してみましょう。すぐに変換できない場合、第三者からのメールや文書で、間違われる可能性が大です。

check 7

□ ローマ字＆イニシャルは？

ローマ字やイニシャルを書いてみましょう。マイナスイメージの強い単語やイニシャルにならないかをチェック。W・CやN・Gなどは避けたいもの。

check 8

□ 変な意味はない？

姓名を続けて読んだときに、たとえば「大庭加門→おおばかもん→大馬鹿もん」のように、別の意味にならないか確認しましょう。

check 9

□ 説明のしやすさは？

名前の漢字を第三者に説明するときに、たとえば、太陽の「よう」に、平和の「へい」で陽平(ようへい)など、相手にわかりやすく説明できることも大切なポイント。

check 10

□ 呼びやすさは？

同じ母音(アイウエオ)が続くなど、声に出して読んだときに呼びにくくないかをチェック。「ともくん」「ゆうちゃん」など呼び名も考えてみましょう。

＼＼ 気になる人はここも！ ／／

「画数」を確認

候補名の画数が気になる人は、P.337の五格の考え方を参考にチェック。吉数になるように、候補名をアレンジすることも可能です。

候補名をチェック!

\\ check! //

□ 名前に使える字?

□ 姓とのバランスは?

□ 読みやすい?

□ 聞き取りやすい?

□ 書きやすい?

□ 変換しやすい?

漢字

〈姓〉

画数

画

画

画

天格

画

人格

画

〈名〉

画

画

画

地格

画

総格 画

外格 画

□ ローマ字&イニシャルは?

ローマ字

イニシャル

□・□

□ 変な意味はない?

□ 説明のしやすさは?

説明のしかた

□ 呼びやすさは?

くん・ちゃん

※このチェックリストは、姓3字、名前3字まで記入できる形ですが、五格の考え方は2字姓2字名が基本となります。姓と名の文字数が異なる場合、仮成数（その文字数の差にあたる数）を入れて計算する必要があります。詳しい画数の出し方については、P.337〜を参考にしてください。

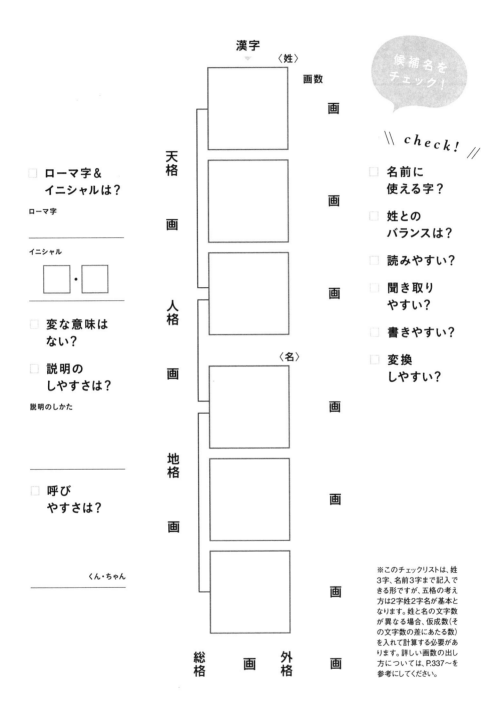

□ ローマ字＆
イニシャルは？

ローマ字

イニシャル

□・□

□ 変な意味は
ない？

□ 説明の
しやすさは？

説明のしかた

□ 呼び
やすさは？

くん・ちゃん

漢字

〈姓〉

画数

画

画

画

天格

画

人格

画

〈名〉

画

画

画

地格

画

総格　画　外格　画

\\ check! //

□ 名前に
使える字？

□ 姓との
バランスは？

□ 読みやすい？

□ 聞き取り
やすい？

□ 書きやすい？

□ 変換
しやすい？

※このチェックリストは、姓3字、名前3字まで記入できる形ですが、五格の考え方は2字姓2字名が基本となります。姓と名の文字数が異なる場合、仮成数（その文字数の差にあたる数）を入れて計算する必要があります。詳しい画数の出し方については、P.337〜を参考にしてください。

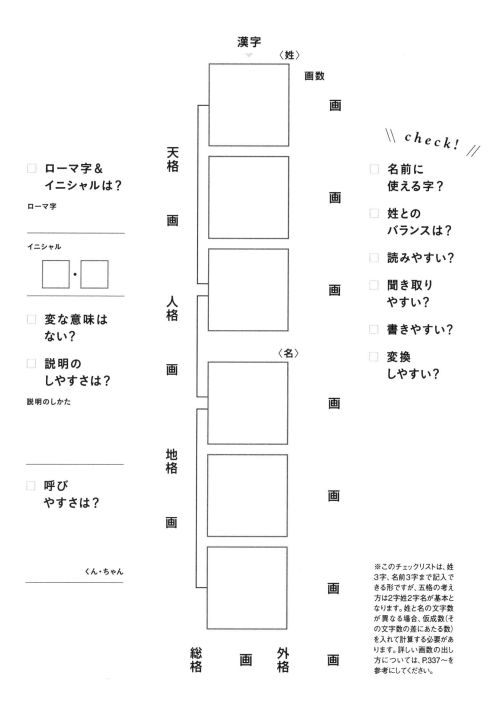

- □ ローマ字＆イニシャルは？

ローマ字

イニシャル

・

- □ 変な意味はない？
- □ 説明のしやすさは？

説明のしかた

- □ 呼びやすさは？

くん・ちゃん

漢字

〈姓〉

画数

画

天格　画

画

画

人格　画

〈名〉

画

地格　画

画

画

総格　画

外格　画

\\ check! //

- □ 名前に使える字？
- □ 姓とのバランスは？
- □ 読みやすい？
- □ 聞き取りやすい？
- □ 書きやすい？
- □ 変換しやすい？

※このチェックリストは、姓3字、名前3字まで記入できる形ですが、五格の考え方は2字姓2字名が基本となります。姓と名の文字数が異なる場合、仮成数（その文字数の差にあたる数）を入れて計算する必要があります。詳しい画数の出し方については、P.337～を参考にしてください。

□ ローマ字＆イニシャルは？

ローマ字

イニシャル

□・□

□ 変な意味はない？

□ 説明のしやすさは？

説明のしかた

□ 呼びやすさは？

くん・ちゃん

漢字

〈姓〉

画数

画

画

画

天格　画

人格　画

〈名〉

画

画

画

地格　画

総格　画

外格　画

＼＼ check! ／／

□ 名前に使える字？

□ 姓とのバランスは？

□ 読みやすい？

□ 聞き取りやすい？

□ 書きやすい？

□ 変換しやすい？

※このチェックリストは、姓3字、名前3字まで記入できる形ですが、五格の考え方は2字姓2字名が基本となります。姓と名の文字数が異なる場合、仮成数（その文字数の差にあたる数）を入れて計算する必要があります。詳しい画数の出し方については、P.337～を参考にしてください。

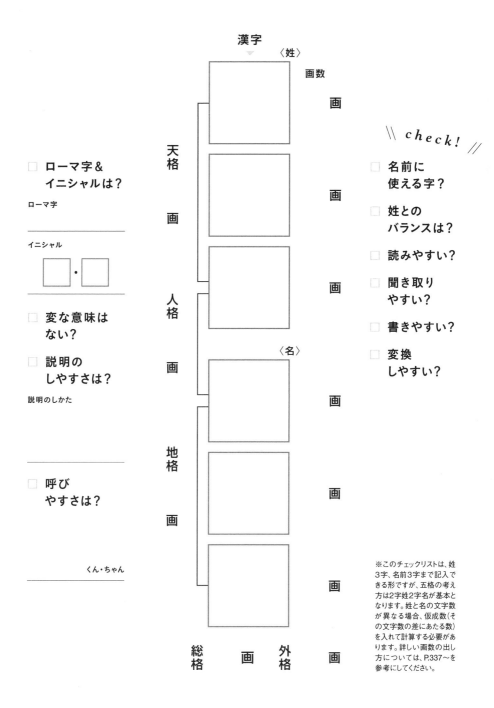

漢字

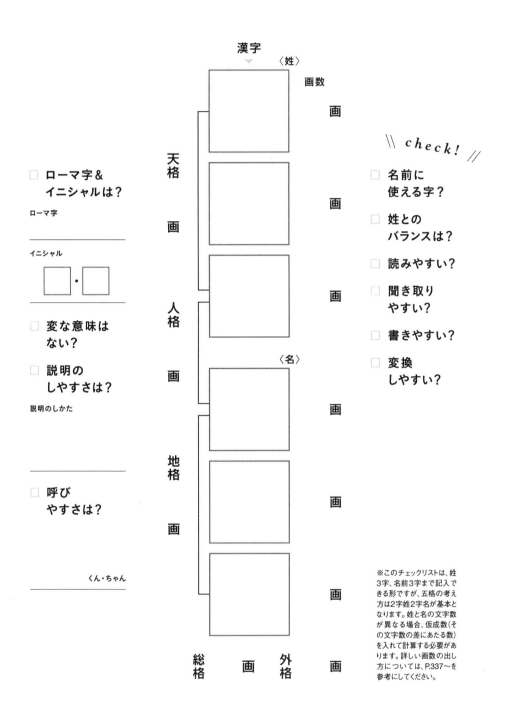

〈姓〉

画数

画

画

画

〈名〉

画

画

画

天格　画

人格　画

地格　画

総格　画

外格　画

□ ローマ字＆イニシャルは？

ローマ字

イニシャル

□・□

□ 変な意味はない？

□ 説明のしやすさは？

説明のしかた

□ 呼びやすさは？

くん・ちゃん

\\ check! //

□ 名前に使える字？

□ 姓とのバランスは？

□ 読みやすい？

□ 聞き取りやすい？

□ 書きやすい？

□ 変換しやすい？

※このチェックリストは、姓3字、名前3字まで記入できる形ですが、五格の考え方は2字姓2字名が基本となります。姓と名の文字数が異なる場合、仮成数（その文字数の差にあたる数）を入れて計算する必要があります。詳しい画数の出し方については、P.337～を参考にしてください。

□ ローマ字＆
イニシャルは？

ローマ字

イニシャル

□・□

□ 変な意味は
ない？

□ 説明の
しやすさは？

説明のしかた

□ 呼び
やすさは？

くん・ちゃん

漢字

〈姓〉

画数

画

画

画

〈名〉

画

画

画

天格　画

人格　画

地格　画

総格　画

外格　画

\\ check! //

□ 名前に
使える字？

□ 姓との
バランスは？

□ 読みやすい？

□ 聞き取り
やすい？

□ 書きやすい？

□ 変換
しやすい？

※このチェックリストは、姓3字、名前3字まで記入できる形ですが、五格の考え方は2字姓2字名が基本となります。姓と名の文字数が異なる場合、仮成数（その文字数の差にあたる数）を入れて計算する必要があります。詳しい画数の出し方については、P.337～を参考にしてください。

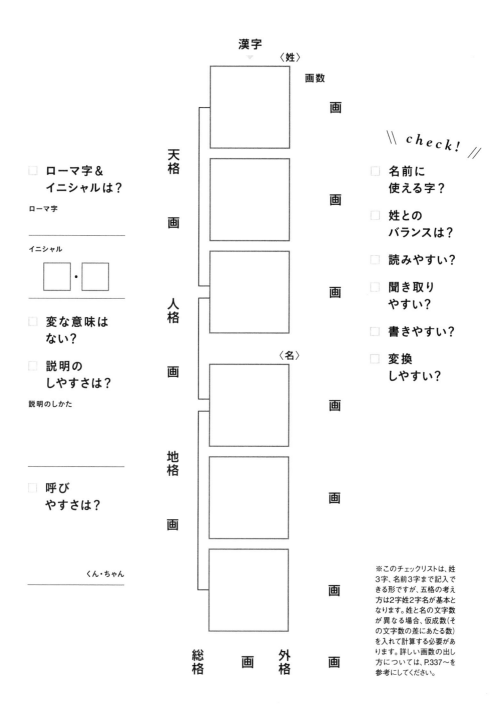

監修
栗原　里央子（くりはら　りおこ）

日本占術協会常任理事、認定占術士、ハワイ・台湾フォーチュン友の会主宰。20代から占術の不思議な魅力にひかれ、故・大熊芽楊師に師事。周易をはじめ、命名・姓名判断・気学・人相・手相・家相・風水・生年月日によるバイオリズム周期などを合わせて、総合的に鑑定を行うほか、改名などの相談にも応じる。ハワイと台湾では、ボランティアでラジオ出演や講演を行い、精力的な活動を展開。一般の方から芸能人・プロスポーツ選手まで、幅広い支持を得ている。鑑定のモットーは“初心を忘れず　謙虚な心で”。

<連絡先>
ホームページ　https://fortune-rioko.com/

最新 たまひよ
男の子のしあわせ名前事典

発行日　2023年 1 月31日　第1刷発行
　　　　2024年 5 月31日　第3刷発行

編者　たまごクラブ編
発行人　西村俊彦
編集人　米谷明子

発行所　株式会社ベネッセコーポレーション
〒206-8686　東京都多摩市落合1-34
お問い合わせ　0120-68-0145

編集　株式会社ベネッセコーポレーション
株式会社ベネッセクリエイティブワークス

印刷所／製本所　大日本印刷株式会社

ISBN978-4-8288-7257-5 C2077